CODE MINIER EXPLIQUÉ

Analyse systématique et croisée avec le Règlement Minier

D/2022/4910/24

ISBN : 978-2-8061-0666-7

© **Éditions Academia**
10 rue du Poirier
B-1348 Louvain-la-Neuve

www.editions-academia.be

Garry SAKATA M.TAWAB

CODE MINIER EXPLIQUÉ

Analyse systématique et croisée avec le Règlement Minier

Préface du Sénateur Professeur Modeste BAHATI LUKWEBO
Président du Sénat

Avant-propos de N'SAMBA KALAMBAY Antoinette
Ministre des Mines

ACADEMIA

À Henriette SAKATA Tabiana,
mon épouse

Pour Just Fontaine, Gilchrist, Cécile-Esther
et Garance-Océane SAKATA,
nos enfants.

Préface

Il était urgent qu'un auteur qualifié s'attaquât enfin aux commentaires et explications du code minier en y apportant son expérience personnelle.

Il n'est point besoin de rappeler l'étendue et la richesse du patrimoine minier congolais qui est, de surcroît, le premier secteur porteur des richesses en République démocratique du Congo, et contribue à lui seul, à près, de 25 % au budget national.

L'arsenal juridique dont la République démocratique du Congo s'est doté pour gérer et valoriser durablement les ressources minières est la loi n° 007/2002 du 11 juillet 2002 portant code minier tel que modifiée et complétée par la loi n° 18/001 du 09 mars 2018 ainsi que le décret n° 038/2003 du 26 mars 2003 tel que modifié et complété par celui n° 18/024 du 08 juin 2018 portant Règlement minier.

Dans la mesure où le contenu des textes juridiques est souvent technique, et parfois complexe, je me réjouis de l'initiative prise par Monsieur Garry SAKATA M. TAWAB de commenter et d'expliquer article par article le Code minier au regard du Règlement minier ainsi que des autres textes réglementaires relatifs au secteur minier. Le contenu de son texte tient également compte de nombreux échanges, souvent houleux, qui ont eu lieu lors des travaux préparatoires de l'élaboration dudit code auxquels il a pris part en qualité d'expert.

Avec un style libre, empreint de pédagogie et de sobriété, l'auteur relève, à certains égards, des contradictions entre différentes dispositions du Code minier. Ce qui s'apparente à un clin d'œil adressé au législateur pour une réécriture plus saine et cohérente du texte.

L'auteur de cette œuvre est non seulement un professeur d'universités et député national, il est également mandataire en mines et carrières, avocat et a été l'un des membres de l'équipe d'experts chargée depuis 2012 d'élaborer pour le compte du gouvernement le pré-projet de modification du code minier de 2002. À ce titre, il connaît le contexte et les motivations des principales innovations contenues dans la nouvelle loi, rendant ainsi le contenu du texte plus attrayant et lisible pour les lecteurs de toutes catégories.

En tant que Président du Sénat, je salue cette démarche qui ne peut que contribuer au succès de la mission d'information et de vulgarisation du Code minier qui est, avant tout, l'œuvre du Parlement. En effet, les lois, que l'institution que j'ai l'honneur de présider adopte, ont vocation à être intériorisées par les citoyens en vue d'une parfaite application.

À travers les nombreux exemples concrets ainsi que des cas d'illustration contenus dans le texte, l'ouvrage permet au lecteur de trouver les repères dans un secteur aussi complexe et de se familiariser avec les principes fondamentaux qui régissent l'accès à l'activité minière industrielle et artisanale ; les institutions limitativement autorisées à appliquer les dispositions du code minier ; la procédure d'instruction, d'octroi et de retrait des droits et titres miniers et de carrières ; les principes de transparence dans le secteur minier ; le régime fiscal, parafiscal, douanier et de change minier ; l'étendue de la responsabilité des titulaires miniers ou de carrières ; les relations entre les sociétés minières et les communautés locales affectées par le projet minier ; la portée de la garantie de stabilité ; la répression des infractions à la législation minière ; etc.

L'ouvrage se veut pratique et à la rencontre des préoccupations de tous les citoyens et opérateurs intéressés, qu'ils relèvent du secteur public ou du secteur privé.

En acceptant de préfacer cet ouvrage, je tiens à rendre accessible à un large public de tous bords, en ce compris les députés nationaux et les sénateurs, le Code minier et à en faciliter sa compréhension.

Au-delà des commentaires et explications du Code minier, il est question de promouvoir, à partir du secteur minier, la création d'une classe moyenne congolaise, actrice du développement, de la stabilité et de la pacification de notre pays.

Fait à Kinshasa, le 21 février 2022

Sénateur Professeur Modeste BAHATI LUKWEBO

Président du Sénat

Avant-propos

D'un point de vue historique, les différentes législations minières qui ont régi la République démocratique du Congo depuis le décret du 8 juin 1888 jusqu'à l'ordonnance-loi du 2 avril 1981 ont été marquées par une visée utilitariste et un dirigisme étatique. Ce modèle de gouvernance a eu un effet négatif sur l'attrait des investissements, la production minière et les finances publiques.

C'est au regard de cette situation que la loi n° 007/2002 du 11 juillet 2002 portant code minier fut élaboré, adopté et promulgué. Sous celui-ci, l'État joue le rôle de régulateur dans le secteur minier en l'ouvrant aux opérateurs privés. Ce qui permit à plusieurs opérateurs de venir investir dans le secteur.

Cependant, aux dires de certains observateurs, ce code a été trop libéral et généreux aux investisseurs engendrant ainsi un déséquilibre entre les gains engrangés par les investisseurs par rapport aux droits, taxes et redevances dus à l'État.

Il y a été spécialement relevé certaines lacunes et faiblesses notamment la survivance de deux régimes douaniers et fiscaux à savoir conventionnel, d'une part, et celui relevant du code minier, d'autre part ; un régime fiscal, douanier et de change très avantageux ; l'insuffisance de dispositions relatives au gel des substances minérales dans les périmètres couverts par les droits miniers et de carrières ; la modicité de la quotité de la participation de l'État dans le capital social des sociétés minières ; le faible taux des droits fixes pour l'enregistrement des hypothèques, des contrats d'amodiation et de mutation ; l'extension, sans condition préalable, du régime privilégié du Code aux sous-traitants et sociétés affiliées ainsi qu'aux titulaires des droits miniers en production depuis plusieurs années ; l'éligibilité aux droits miniers et de carrières des personnes physiques, peu susceptibles de disposer des capacités financières et techniques exigées par l'activité minière ; la non-prise en charge des profits engendrés par les cessions d'actions ou de parts sociales ; la question des profits excédentaires engendrés par des prix du marché en très forte hausse et de leur répartition ; l'absence d'un cahier de charges type reprenant les obligations socio-environnementales des opérateurs miniers vis-à-vis des populations locales ; le manque d'obligation quant à la transparence des opérations minières et financières ; le faible profit retiré par l'État congolais de l'exploitation des substances minérales de son sol et sous-sol, etc.

De manière sommaire, la révision du code minier par la loi n° 18/001 du 09 mars 2018 s'inscrivait dans l'objectif d'accroître le niveau de contrôle de la gestion des titres et domaines miniers ; repréciser les éléments relatifs à la responsabilité sociale des entreprises minières à l'égard des communautés affectées par les projets miniers ; remédier au déséquilibre constaté entre les avantages consentis aux investisseurs et ceux concédés à l'État congolais ; revoir le régime fiscal, douanier et de change.

Près de quatre ans depuis sa révision, les principaux acteurs du secteur minier à savoir l'administration des mines, les régies financières, les services spécialisés, les opérateurs miniers, la société civile, les mandataires en mines et carrières ont souvent des interprétations divergentes et intéressées sur certaines dispositions du code minier.

J'en ai pour preuve qu'en ma qualité de ministre en charge des mines, je suis quotidiennement confrontée aux multiples courriers et notes m'adressés par ces différents acteurs sur la compréhension et l'interprétation des dispositions du code minier.

En publiant cet ouvrage, Monsieur Garry SAKATA M. TAWAB fait une œuvre triplement utile. D'une part, il fournit un guide d'usage pour la mise en œuvre pratique des code et règlement miniers. D'autre part, il contribue à la compréhension des dispositifs contenus dans l'arsenal juridique minier. Enfin, l'ouvrage constitue un outil idéal de communication et de vulgarisation qui pourra être avantageusement mis à profit comme support pédagogique à l'occasion de la prise de décisions ou d'éventuels échanges.

On saura gré à Monsieur Garry SAKATA d'avoir ainsi rapproché le Code minier de ses usagers, en leur facilitant sa lecture, sa compréhension et son application.

Fait à Kinshasa, le 21 février 2022

Antoinette N'SAMBA KALAMBAYI

Ministre des Mines

Sigles et abréviations

- ACE : Agence Congolaise de l'Environnement
- AECP : Autorisation d'Exploitation des Carrières Permanentes
- AECT : Autorisation d'Exploitation des Carrières Temporaires
- ANAPI : Agence Nationale de Promotion des Investissements
- ARPC : Autorisation de Recherche des Produits des Carrières
- ART. : Article
- AUDCG : Acte Uniforme portant sur le Droit Commercial Général
- AUDSCGIE : Acte Uniforme relatif au Droit des Sociétés Commerciales et Groupement d'Intérêt Économique
- BCC : Banque Centrale du Congo
- CAMI : Cadastre Minier
- CE : Certificat d'Exploitation
- CEEC : Centre d'Évaluation, d'Expertise et de Certification des substances Minérales précieuses
- CECT : Certificat d'Exploitation des Carrières Temporaires
- CECP : Certificat d'Exploitation des Carrières Permanentes
- CEPM : Certificat d'Exploitation de la Petite Mine
- CER : Certificat d'Exploitation des Rejets
- CIRDI : Centre International pour le Règlement des Différends relatifs aux Investissements
- CLD : Comité Local de Développement
- CM : Code Minier
- CR : Comité de Réinstallation
- CRPC : Certificat de Recherches des Produits de Carrière
- CTCPM : Cellule Technique de Coordination et de Planification Minière
- CV : Curriculum Vitae
- DGDA : Direction Générale de Douane et Accises

- DGI : Direction Générale des Impôts
- DGRAD : Direction Générale des Recettes Administratives et Domaniales
- DIRMINES : Direction des Mines
- DPEM : Direction de Protection de l'Environnement Minier
- EIES : Étude d'Impact Environnemental et Social
- ETD : Entité Territoriale Décentralisée
- FNPSS : Fonds National de Promotion et de Service Social
- FOMIN : Fonds Minier pour les générations futures
- FPI : Fonds pour la Promotion de l'Industrie
- IBP : Impôt sur les Bénéfices et Profits
- ICCN : Institut congolais pour la Conservation de la Nature
- IERE : Impôt Exceptionnel sur les Rémunérations des Expatriés
- IM : Impôt Mobilier
- IPR : Impôt Professionnel sur les Rémunérations
- ISPE : Impôt Spécial sur les Profits Excédentaires
- ITIE : Initiative de Transparence dans les Industries Extractives
- ITOA : Initiative pour la Traçabilité de l'Or Artisanal
- OCC : Office congolais de Contrôle
- PAR : Plan d'Atténuation et de Réhabilitation
- PE : Permis d'Exploitation
- PEPM : Permis d'Exploitation de Petite Mine
- PER : Permis d'Exploitation des Rejets
- PGES : Plan de Gestion Environnementale et Sociale
- PR : Permis de Recherche
- RM : Règlement Minier
- RSE : Responsabilité Sociétale des Entreprises
- SAEMAPE : Service d'Assistance et d'Encadrement de l'Exploitation Minière à Petite Échelle
- TPI : Taxe pour la Promotion de l'Industrie
- TRICOM : Tribunal de Commerce
- ZEA : Zone d'Exploitation Artisanale
- ZRG : Zone réservée à la Recherche Géologique

Titre I : Des généralités

Chapitre I : Des définitions des termes, du champ d'application et des principes fondamentaux

Section I : Des definitions des termes et du champ d'application

Article 1er : Des définitions

Aux termes du présent Code, on entend par :

1. acheteur : tout employé agréé d'un comptoir d'achat, d'une entité de traitement d'or, de diamant et d'autres substances minérales d'exploitation artisanale, qui exerce ses activités conformément aux dispositions du présent Code ;

1 bis. ACE, Agence congolaise de l'Environnement : établissement public à caractère technique et scientifique, créé par décret n° 14/030 du 18 novembre 2014 en vertu de la Loi portant principes fondamentaux relatifs à la protection de l'environnement et exerçant, sur toute l'étendue du territoire national, les activités d'évaluation et d'approbation de l'ensemble des études environnementales et sociales ainsi que le suivi de leur mise en œuvre et veillant à la prise en compte de la protection de l'environnement dans l'exécution des projets miniers ;

2. activités minières : tous services, fournitures ou travaux de l'art des mines directement liés à la recherche, à l'exploitation minière et au traitement et/ou transformation des substances minérales, y compris les travaux de développement, de construction et d'infrastructure ;

3. administration des mines : ensemble des directions, divisions et autres services publics des mines et des carrières ;

3bis. aire protégée : espace géographique clairement défini, reconnu, consacré et géré par tout moyen efficace, juridique ou autre, afin d'assurer à long terme la conservation de la nature ainsi que les services des écosystèmes et les valeurs culturelles qui lui sont associées conformément à l'article 2.1 de la Loi n° 14/003 du 11 février 2014 relative à la conservation de la nature ;

4. amodiation : un louage pour une durée déterminée ou indéterminée, sans faculté de sous-louage, de tout ou partie des droits attachés à un droit minier ou une autorisation de carrières moyennant une rémunération fixée par accord entre l'amodiant et l'amodiataire ;

5. ayant-droit : toute personne physique de nationalité congolaise ayant la jouissance du sol en vertu du droit coutumier ou toute personne physique ou morale occupant le sol en vertu d'un titre foncier ;

5 bis. bonus de signature : rémunération non remboursable exigée par l'offrant, l'État, et acceptée par le sollicitant au titre de droit d'accès, lors de la procédure d'appel d'offres, pour un gisement étudié, documenté ou travaillé appartenant à l'État, perçue par le Trésor public ;

5 ter. carré : unité cadastrale minimum octroyable, de caractère indivisible, délimitée par les méridiens et les parallèles du système des coordonnées de la carte de retombes minières, ayant une superficie de 84,95 Ha ;

6. carrière : tout gisement des substances minérales classées en carrières exploitable à ciel ouvert et/ou toute usine de traitement de produits de cette exploitation se trouvant dans le Périmètre de carrière pour réaliser leur transformation en produits marchands, y compris les installations et les matériels mobiliers et immobiliers affectés à l'exploitation ;

7. carte d'exploitant artisanal : titre en vertu duquel l'exploitant artisanal se livre à l'exploitation artisanale ;

8. carte de négociant : titre délivré conformément aux dispositions du présent Code, qui autorise la personne au nom de laquelle il est établi de se livrer aux opérations d'achat des substances minérales provenant de l'exploitation artisanale auprès des coopératives minières agréées et de les revendre aux comptoirs agréés et aux entités de traitement ;

9. carte de retombes minières ou carte cadastrale : une carte topographique officielle où sont indiquées les limites de chaque Périmètre minier ou de carrière en vigueur, ou dont la demande est en instance, maintenue à jour pour chaque province et zone par le Cadastre Minier conformément aux dispositions du chapitre II du titre Ier du présent Code ;

9 bis. CEEC, Centre d'Expertise, d'Évaluation et de Certification : établissement public à caractère technique régi par la Loi sur les établissements publics et ayant pour objet l'expertise, l'évaluation et la certification des substances minérales précieuses, semi-précieuses et pierres de couleur, les métaux précieux et semi-précieux, métaux rares ainsi que des substances minérales produites par l'exploitation artisanale ;

9 ter. Certificat environnemental : document administratif délivré par l'Agence congolaise de l'Environnement à l'issue de l'instruction environnementale et sociale attestant que l'exécution du projet ainsi que l'exploitation de l'ouvrage se conforment aux principes de sauvegarde environnementale et sociale ;

9 quater. certification : ensemble de mécanismes, procédures et procédés visant à établir la nature, les caractéristiques physiques et/ou chimiques, l'origine et la provenance légale et licite des substances minérales, et ce, conformément aux normes nationales, régionales et internationales en la matière, prenant en compte à la fois le suivi et la traçabilité des substances minérales tout au long de la chaîne d'approvisionnement ;

9 quinquies. communauté locale : population traditionnellement organisée sur la base de la coutume et unie par les liens de la solidarité clanique ou parentale qui fonde sa cohésion interne. Elle est caractérisée, en outre, par son attachement au territoire du projet minier ;

10. comptoir agréé : toute personne autorisée à acheter des substances minérales d'exploitation artisanale provenant des négociants ou des exploitants artisanaux, en vue de les revendre localement ou de les exporter conformément aux dispositions du présent Code ;

10 bis. contribuable : titulaire d'un droit minier de recherches ou d'exploitation, d'une autorisation d'exploitation de carrières permanente ainsi que le sous-traitant préalablement agréé conformément à la loi sur la sous-traitance ;

10 ter. coopérative minière : société coopérative régie par l'Acte Uniforme du 15 décembre 2010 relatif au droit des sociétés coopératives regroupant les exploitants artisanaux, agréée par le ministre, et s'adonnant à l'exploitation artisanale de substances minérales ou de produits de carrières à l'intérieur d'une zone d'exploitation artisanale ;

11. date de commencement de l'exploitation effective : la date de l'expédition du premier chargement des produits marchands, quelle que soit la nature de la vente commerciale, exception faite des échantillons envoyés à l'étranger pour analyse et essai ;

12. détournement des minerais : tout changement de destination des substances minérales, appartenant à autrui, par n'importe quel moyen de locomotion ;

13. développement et construction : toute activité par laquelle une personne se livre, à travers les travaux d'aménagement des terrains, de construction des infrastructures, de mise en place et des essais des matériels et des équipements, à mettre au point son projet d'exploitation minière ou de carrière, en vue d'assurer sa viabilité commerciale ;

14. droit minier : toute prérogative d'effectuer la recherche et/ou l'exploitation des substances minérales classées en mines conformément aux dispositions du présent Code. Le Permis de Recherches, le Permis d'Exploitation, le Permis d'Exploitation des Rejets et le Permis d'Exploitation de Petite Mine sont des droits miniers ;

15. droit de carrières : toute prérogative d'effectuer la recherche et/ou l'exploitation des substances minérales classées en carrières conformément aux dispositions du présent Code. L'Autorisation de Recherches des Produits de Carrières, l'Autorisation d'Exploitation de Carrière Temporaire et l'Autorisation d'Exploitation de Carrière Permanente sont des droits de carrières ;

16. entité de traitement : toute entité économique constituée sous forme d'une entreprise individuelle, de société commerciale ou de coopérative minière qui, par des procédés minéralurgiques et/ou métallurgiques obtient, à partir des minerais, un produit minier marchand sous forme d'un concentré ou de métal affiné ou raffiné ;

17. entité de transformation : toute entité économique constituée sous forme d'une entreprise individuelle, de société commerciale ou de coopérative minière qui, par des procédés industriels, change la forme et la nature du concentré ou du métal affiné ou raffiné et en obtient les produits finis ou semi-finis commercialisables ;

18. État : le Pouvoir central, la Province et l'Entité Territoriale Décentralisée ;

18 bis. étude de faisabilité : un rapport détaillé faisant état de la faisabilité de la mise en exploitation d'un gisement découvert dans le périmètre minier couvert par les droits de recherches et exposant le programme envisagé pour cette mise en exploitation lequel devra comprendre notamment :

a. l'évaluation des réserves exploitables conformément aux normes internationalement admises ;

b. le choix de la méthode d'exploitation et sa justification ;

c. le choix du procédé de traitement et sa justification sur base des résultats des tests de traitement ;

d. le planning de construction des installations principales de production et infrastructures connexes ;

e. le compte d'exploitation prévisionnel assorti des détails sur les coûts opératoires ;

f. le coût total d'investissement en ce compris, le coût en capital devant être exposé pour acquérir et installer toutes les machines, équipements nécessaires de production et infrastructures connexes ;

g. les spécifications des produits à élaborer et tous les produits intermédiaires.;

h. le programme séquentiel des opérations d'exploitation au regard des objectifs de production ;

i. le plan de commercialisation des produits et frais correspondants ;

j. le calendrier arrêté pour la mise en route de la production commerciale tenant compte de la période d'essais.

19. EIES, Étude d'Impact Environnemental et Social : processus systématique d'identification, de prévision, d'évaluation et de réduction des effets physiques, écologiques, esthétiques et sociaux préalable au projet d'aménagement, d'ouvrage, d'équipement, d'installation ou d'implantation d'une exploitation minière ou de carrière permanente, ou d'une entité de traitement, et permettant d'en apprécier les conséquences directes ou indirectes sur l'environnement ;

19 bis. exploitant artisanal : toute personne physique majeure de nationalité congolaise détentrice d'une carte d'exploitant artisanal en cours de validité membre d'une coopérative minière qui se livre aux travaux d'exploitation artisanale des substances minérales à l'intérieur d'une zone d'exploitation artisanale ;

20. exploitation : toute activité par laquelle une personne morale se livre, à partir d'un gisement identifié, et au moyen des travaux de surface et/ou souterrains, à l'extraction des substances minérales d'un gisement ou d'un gisement artificiel, et éventuellement à leur traitement afin de les utiliser ou de les commercialiser ;

21. exploitation artisanale : toute activité par laquelle un exploitant artisanal, se livre, dans une zone d'exploitation artisanale à l'extraction et à la concentration des substances minérales en utilisant des outils, des méthodes et des procédés non industriels conformément aux dispositions du présent Code ;

22. exploitation minière à petite échelle ou de petite mine : toute activité par laquelle une personne morale se livre à une exploitation de petite taille et permanente, exigeant un minimum d'installations fixes, en utilisant des procédés semi-industriels ou industriels, après la mise en évidence d'un gisement ;

23. exploitation des rejets des mines : toute activité par laquelle un tiers, personne morale, extrait d'un gisement artificiel des substances afin de les traiter éventuellement et de les utiliser ou de les commercialiser ;

23 bis. extinction d'un droit minier ou de carrières : fin de la validité d'un droit minier ou de carrières du fait de la caducité, de l'annulation, du retrait, de la renonciation et de l'expiration du droit, conformément aux dispositions du présent Code ;

24. installation classée de la catégorie 1A : source fixe ou mobile, quel que soit son propriétaire ou son affectation, susceptible d'entraîner des nuisances et porter atteinte à l'environnement, notamment aux ressources du sol, du sous-sol, en eau, à l'air et aux ressources forestières soumise à autorisation ;

25. gisement artificiel : tout gîte artificiel exploitable de manière rentable dans les conditions économiques du moment ;

26. gîte Artificiel : toute concentration artificielle des substances minérales à la surface provenant de l'exploitation des mines et/ou des rejets découlant des traitements minérallurgique et métallurgique ;

27. gîte Géothermique : tous gîtes minéraux naturels classés à haute ou basse température et dont on peut extraire de l'énergie sous forme thermique, notamment par l'intermédiaire des eaux chaudes et vapeurs souterraines qu'ils contiennent ;

28. gîte Minéral : toute concentration anormale et naturelle des substances minérales à la surface ou en profondeur de l'écorce terrestre ;

28 bis. loi sur la protection de l'environnement : loi n° 11/009 du 9 juillet 2011 portant principes fondamentaux relatifs à la protection de l'environnement ;

28 ter. loi sur les établissements publics : loi n° 08/009 du 07 juillet 2008 portant dispositions générales applicables aux établissements publics ;

28 quater. matériaux de construction à usage courant : toutes substances minérales non métalliques de faible valeur, classées en carrières et utilisées dans l'industrie du bâtiment comme matériaux ordinaires non décoratifs, exploitées extensivement à petite échelle, tels qu'énumérés par voie réglementaire ;

28 quinquies. métaux de base : métaux qui s'oxydent, se ternissent ou se corrodent de manière relativement aisée quand ils sont exposés à l'air ou à l'humidité. Le cuivre, l'étain, l'aluminium, le nickel, le zinc et le plomb en font partie. Du fait de leur abondance naturelle dans la croûte terrestre, les métaux de base ont des prix de loin plus bas que ceux des métaux précieux tels l'or, le rhodium, le platine, le palladium, l'argent ;

28 sexies. métaux ferreux : outre le fer et la fonte, les aciers dits au carbone et les aciers spéciaux ;

28 septies. métaux non-ferreux : métaux de base auxquels peuvent être ajoutés certains métaux rares et semi-précieux comme le titane, le cobalt, le vanadium et le molybdène. Ces métaux entrent dans la composition des alliages ne contenant que très peu ou pas de fer ;

29. mine : tout gisement exploitable à ciel ouvert ou en souterrain avec l'usine comprise de traitement ou de transformation des produits issus de cette exploitation et se trouvant dans le périmètre minier, y compris les installations et les matériels mobiliers et immobiliers affectés à l'exploitation ;

29bis. mine distincte : mine distincte d'une autre mine existante et de ce fait nouvelle, qui fait l'objet d'un nouveau droit minier d'exploitation ou d'un contrat d'amodiation, dès lors qu'elle concerne un gisement distinct nécessitant des méthodes d'exploitation et des procédés de traitement séparés ainsi que des moyens de production nettement individualisés, ou du fait de leur éloignement ou de leurs conditions d'exploitation, nécessitant la création d'installations minières distinctes ;

30. minerai : toute roche contenant un ou plusieurs minéraux possédant un ou plusieurs éléments chimiques ayant une valeur économique ;

30bis. minerais radioactifs : toute roche contenant un ou plusieurs minéraux radioactifs possédant un ou plusieurs éléments chimiques ayant une valeur économique ;

31. minéral : l'ensemble d'éléments chimiques constituant un corps naturel, simple ou composé, inorganique ou organique, généralement à l'état solide, et dans quelques cas exceptionnels, à l'état liquide ou gazeux ;

31bis. minéraux industriels : substances et minéraux, non métalliques pour la plupart, se trouvant en concentrations variables dans divers types de roches naturelles et qui sont utilisées comme matières premières de base ou complémentaires dans les processus de fabrication de nombreux secteurs industriels. Ce sont essentiellement les argiles, la silice, le kaolin, le quartz, le gypse, le talc, le mica, le feldspath et l'andalousite ;

32. ministre : ministre du Gouvernement ayant les Mines et les Carrières dans ses attributions ;

32 bis. ministre des Finances : ministre du Gouvernement ayant les Finances dans ses attributions ;

32 ter. ministre de l'Environnement : ministre du Gouvernement ayant l'Environnement et le Développement durable dans ses attributions ;

32 quater. ministre provincial : ministre du Gouvernement provincial ayant les mines et les carrières dans ses attributions ;

33. négociant : toute personne physique majeure de nationalité congolaise, détentrice d'une carte de négociant délivrée conformément aux dispositions du présent Code ;

34. non-résident : une personne qui n'a ni domicile ni résidence en République Démocratique du Congo ;

35. opération Minière : toute activité de recherche et/ou d'exploitation des substances minérales ;

36. organisme spécialisé de recherches : établissement public placé sous la tutelle du ministre, créé par décret du Premier ministre, en vue de réaliser des activités d'investigation du sol ou du sous-sol dans le but d'améliorer la connaissance géologique du territoire national ou des provinces à des fins scientifiques ou d'amélioration et de promotion de l'information géologique ;

36 bis. pas de porte : taxe non remboursable perçue par l'État, en cas d'appel d'offres, au titre de rémunération des efforts initialement consentis ou fournis par l'État ou une entreprise minière de son portefeuille pour découvrir un gisement considéré dès lors comme étudié, documenté et travaillé ou un gisement repris par l'État après extinction d'un droit minier d'exploitation, conformément aux dispositions du présent Code ;

37. périmètre : une superficie délimitée en surface et indéfiniment en profondeur sur laquelle porte un droit minier ou un droit de carrière ;

38. pierres précieuses : substances minérales précieuses constituées d'un ou de plusieurs éléments chimiques et possédant les propriétés particulières qui leur donnent ainsi une valeur marchande élevée. Il s'agit notamment de : diamant, émeraude, rubis, saphir, chrysobéryl, topaze, andésine, tanzanite, corindon, tourmaline et toute autre pierre de joaillerie de valeur comparable généralement négociée en carats ;

39. personne : une personne physique ou morale ;

40. plan d'Atténuation et de Réhabilitation, PAR en sigle, : le plan requis pour les opérations en vertu d'un droit minier ou de carrières de recherches, ou d'une Autorisation d'Exploitation de Carrière Temporaire, consistant en l'engagement du titulaire de réaliser certaines mesures d'atténuation des impacts de son activité sur l'environnement ainsi que des mesures de réhabilitation du lieu de leur implantation, y compris l'engagement du titulaire, de fournir ou de constituer une sûreté financière pour assurer ou garantir le coût d'atténuation et de réhabilitation de l'environnement ;

41. PGES, Plan de Gestion Environnementale et Sociale : cahier des charges environnementales du projet minier consistant en un programme de mise en œuvre et de suivi des mesures envisagées par l'EIES pour supprimer, réduire et éventuellement compenser les conséquences dommageables du projet minier sur l'environnement ;

41 bis. pleine concurrence : principe selon lequel les prix pratiqués pour des transactions entre sociétés affiliées ou toutes autres conditions convenues qui s'appliquent auxdites transactions, doivent être établis par référence aux prix pratiqués sur le marché par des entreprises indépendantes ;

42. produit marchand : toute substance minérale commercialisable, légalement extraite de manière artisanale, semi-industrielle ou industrielle, ou tout produit élaboré dans des usines de concentration, d'extraction métallurgique ou de traitement, et ce, conformément à la nomenclature édictée par l'autorité compétente ;

42 bis. produits radioactifs : tous produits issus du traitement et/ou de la transformation des substances radioactives ;

42 ter. projet ou projet minier : tout projet mis sur pied par le titulaire, visant une ou plusieurs activités minières ou de carrières, en vue de la découverte ou de l'exploitation d'un gisement et la commercialisation des produits marchands ;

42 quater. projet minier d'exploitation : projet mis sur pied par le titulaire d'un droit minier d'exploitation visant l'exploitation soit d'une ou plusieurs mines se trouvant dans le même périmètre minier soit d'une mine distincte ;

42 quinquies. projet minier de recherches : tout projet mis sur pied par le titulaire d'un ou de plusieurs droits miniers de recherches visant la recherche d'une ou plusieurs substances minérales ;

43. (abrogé) ;

44. recherche : toute activité par laquelle le titulaire d'un droit minier ou de carrière de recherche se livre, à partir d'indices de l'existence d'un gîte minéral, et au moyen des travaux de surface ou en profondeur, en utilisant notamment des techniques géologiques, géophysiques et géochimiques, y compris diverses méthodes telles que la télédétection, à mettre en évidence l'existence d'un gisement des substances minérales, à le délimiter, et à évaluer la qualité et la quantité des réserves ainsi que les possibilités techniques et commerciales de leur exploitation ;

44 bis. rayonnement ionisant : rayonnement capable de produire des paires d'ions dans la matière biologique ;

45. règlement minier : ensemble des mesures d'exécution des dispositions du présent Code, prises par Décret du Premier ministre délibéré en Conseil des ministres ;

46. rejets des mines : les stériles ou le remblai provenant de l'exploitation minière ou tout résidu solide ou liquide provenant du traitement minéralurgique ou métallurgique ;

46 bis. requérant : toute personne qui sollicite l'obtention d'un titre minier ou de carrières ;

46 ter. SAEMAPE, Service d'Assistance et d'Encadrement de l'Exploitation Minière à Petite Échelle : service public à caractère technique doté d'une autonomie administrative et financière, lequel a pour objet l'assistance et l'encadrement de l'exploitation artisanale et à petite échelle des substances minérales ;

47. société affiliée : toute société qui détient directement ou indirectement plus de 50 % des droits de vote du titulaire ou celle dans laquelle des droits de vote sont détenus directement ou indirectement par le titulaire. Ce terme désigne également toutes les sociétés qui ont la caractéristique commune d'avoir plus de 50 % de leurs droits de vote détenus directement ou indirectement par une société qui en détient ce pourcentage du titulaire, directement ou indirectement ;

48. sous-traitant : toute personne morale de droit congolais à capitaux congolais fournissant du matériel ou effectuant des travaux et/ou prestations des services nécessaires pour le compte du titulaire dans le cadre de ses activités minières en vertu de son titre minier et comprenant notamment la construction des infrastructures industrielles, administratives, socio-culturelles et autres nécessaires au projet ainsi que toutes autres prestations directement liées au projet minier ;

48 bis. substance radioactive : toute substance ou matière contenant des atomes radioactifs instables qui émettent du rayonnement ionisant lorsqu'ils se désintègrent ;

48 ter. substance réservée : toute substance minérale qui, pour des exigences liées à la nécessité d'assurer la sûreté nationale et/ou la sécurité des populations, est déclarée comme telle conformément aux dispositions du présent Code, notamment la substance radioactive ;

48 quater. substance stratégique : toute substance minérale qui, suivant la conjoncture économique internationale du moment, à l'appréciation du Gouvernement, présente un intérêt particulier au regard du caractère critique et du contexte géostratégique ;

49. substance minérale : tout corps naturel inerte ou artificiel contenant un ou plusieurs minéraux sous forme amorphe ou cristalline, solide, liquide ou gazeuse ayant une valeur économique. Les produits des carrières sont des substances minérales au sens du présent Code ;

49 bis. superprofits ou profits excédentaires : profits supplémentaires au-delà des taux de rentabilité actuels et normaux, et dus à des conditions particulièrement favorables du marché ;

49 ter. taxe : tout prélèvement autre que les impôts et les droits de douane, perçu soit au profit du Gouvernement, de la province, de l'Entité territoriale décentralisée soit au profit d'autres services publics personnalisés de tous niveaux ;

50. territoire national : le sol, le sous-sol et les eaux constituant à la date du 30 juin 1960 le territoire de la République Démocratique du Congo dans ses limites du 1er août 1885, telles que modifiées par les conventions subséquentes, sa mer territoriale délimitée par la loi n° 74-009 du 10 juillet 1974, sa zone économique exclusive ainsi que son plateau continental ;

51. titres de carrières : les certificats officiels délivrés par le Cadastre Minier conformément aux dispositions du présent Code et constatant les Autorisations de Carrières. Le Certificat de Recherches de Produits de Carrières, le Certificat d'Exploitation de Carrière Permanente et le Certificat d'Exploitation de Carrière Temporaire sont des titres de carrières ;

52. titres miniers : les certificats officiels délivrés par le Cadastre Minier conformément aux dispositions du présent Code et constatant les droits miniers. Le Certificat de Recherches, le Certificat d'Exploitation, le Certificat d'Exploitation des Rejets et le Certificat d'Exploitation de Petite Mine sont des titres miniers ;

53. titulaire : toute personne morale au nom de laquelle un droit minier ou de carrières est accordé et un titre minier ou un titre de carrières est établi, conformément aux dispositions du présent Code. Toutefois, l'amodiataire est assimilé au titulaire ;

53 bis. traçabilité : mécanisme mis en place pour assurer le suivi des étapes de la filière de production minière et de flux financiers subséquents depuis le site d'extraction des produits miniers jusqu'à leur exportation en passant par leur détention, transport, commercialisation, traitement et/ou transformation ;

54. traitement : procédé minéralurgique et/ou métallurgique qui aboutit à l'obtention d'une substance minérale commercialisable à partir des minerais extraits ;

54 bis. transparence : ensemble de règles, mécanismes et pratiques rendant obligatoires les déclarations et les publications, de la part de l'État et des entreprises extractives, en particulier celles de l'industrie minière, des revenus et paiements de tout genre, comprenant, notamment les revenus des exploitations et des transactions minières, la publication des statistiques de production et de vente, la publication des contrats et la divulgation des propriétaires réels des actifs miniers ainsi que les données sur l'allocation des ressources provenant du secteur minier. Elle s'étend également au respect des obligations de procédures d'acquisition et d'aliénation des droits miniers ;

55. transformation : tout procédé industriel qui consiste à changer la forme et la nature d'une substance minérale traitée et à en obtenir les produits finis ou semi-finis commercialisables ;

55 bis. valeur commerciale brute : valeur du produit marchand au moment de sa sortie des installations d'extraction ou de traitement pour expédition. Cette valeur est égale à la cotation moyenne du produit marchand sur le marché international pendant le mois précédant cette sortie ou, à défaut, tout autre indice fiable du marché ;

56. zone d'exploitation artisanale : aire géographique délimitée en surface et en profondeur par le ministre.

Cette disposition définit les principaux concepts contenus dans le CM pour en donner la signification et la portée que le législateur leur confère.

Article 2 : Du champ d'application

Les dispositions du présent Code s'appliquent, dans leur intégralité et dans leur ensemble, aux opérations de recherches, d'exploitation industrielle, semi-industrielle et artisanale ainsi que de traitement, de stockage, de détention, de transport, de commercialisation et d'exportation des substances minérales.

Les activités de transformation des substances minérales et des produits des carrières extraits ou traités, effectuées par une personne autre que le titulaire d'un droit minier ou de carrière d'exploitation, sont régies par la législation et la réglementation générale sur l'industrie.

Sont exclues du champ d'application du présent Code, la prospection, l'exploration et l'exploitation des hydrocarbures liquides ou gazeux ainsi que les activités ou opérations concernant les eaux thermales ou minérales qui sont régies par la loi portant régime général des hydrocarbures ou par les législations particulières, selon le cas.

1. Quelles sont les opérations qui relèvent du présent CM ?

Les opérations qui relèvent du CM sont celles de prospection, de recherche et d'exploitation à partir du puits jusqu'à l'exportation. Elles peuvent être industrielles, semi-industrielles ou artisanales.

Sous la présente loi, la prospection ne donne plus lieu à autorisation et délivrance d'un permis spécifique. Elle est désormais considérée comme une des phases de la recherche.

2. Quelles sont les catégories d'activités exclues ?

Parmi les activités qui ne relèvent pas du champ d'application du CM, on peut citer les hydrocarbures qui sont régis par la loi n° 15/012 du 1er août 2015 portant régime général des hydrocarbures.

De même, toute personne qui n'est pas titulaire d'un droit minier ou de carrières mais qui procède à la transformation d'un produit minier ou des carrières est régie par la réglementation particulière sur l'industrie.

Exemple : un bijoutier qui se procure de l'or pour en fabriquer un bijou n'est pas soumis au CM.

SECTION II : DES PRINCIPES FONDAMENTAUX

Article 3 : De la propriété des substances minérales

Les gîtes des substances minérales, y compris les gîtes artificiels, les eaux souterraines et les gîtes géothermiques se trouvant sur la surface du sol ou renfermés dans le sous-sol ou dans les cours d'eaux du territoire national sont la propriété exclusive, inaliénable et imprescriptible de l'État, fondée sur sa souveraineté sur les ressources naturelles.

Toutefois, les titulaires de droit minier ou de carrières d'exploitation acquièrent la propriété des produits marchands en vertu de leur droit.

La propriété des gîtes des substances minérales, y compris les eaux souterraines et les gîtes géothermiques dont question à l'alinéa 1er du présent article constitue un droit immobilier distinct et séparé des droits découlant d'une concession foncière. En aucune manière, le concessionnaire foncier ne peut se prévaloir de son titre pour revendiquer un droit de propriété quelconque sur les gîtes des substances minérales, y compris les eaux souterraines et les gîtes géothermiques que renfermerait sa concession.

1. À qui appartiennent les mines ?

Le principe général de la propriété sur les mines est énoncé à l'article 9 de la Constitution du 18 février 2006 en ces termes : « L'État exerce une souveraineté permanente notamment sur le sol, le sous-sol, les eaux et les forêts, sur les espaces aérien, fluvial, lacustre et maritime congolais ainsi que sur la mer territoriale congolaise et sur le plateau continental.Les modalités de gestion et de concession du domaine de l'État visé sont déterminées par la loi ».

La première législation qui vient en appui est celle n° 73/021 du 20 juillet 1973 portant régime général des biens, régime foncier et immobilier telle que modifiée et complétée par la loi 80-008 du 18 juillet 1980 dont l'article 6 prévoit que les mines sont immeubles par leur nature.

Or, par définition, l'immeuble par nature, au regard de son rattachement au sol et/ou au sous-sol, est la propriété exclusive et imprescriptible de l'État.

Cette disposition du CM confirme la propriété des mines en faveur de l'État congolais.

Ainsi, toutes les substances minérales se trouvant sur des superficies non concédées ou reprises sont la propriété de l'État.

2. De quoi le concessionnaire minier est-il propriétaire ?

Le concessionnaire minier est propriétaire du produit minier extrait de son milieu naturel ou façonné dans les usines en vue de sa commercialisation. Plus clairement, il est propriétaire du produit minier marchand.

Contrairement à l'État qui jouit d'un droit imprescriptible de propriété, le concessionnaire a un droit de propriété limité dans le temps.

La durée dépend du type de droits et/ou titres obtenus.

3. Un concessionnaire foncier peut-il revendiquer le droit de propriété sur les substances trouvées sur sa concession ou vice-versa ?

Il ressort du présent article que le législateur a fait une nette distinction entre le régime de la propriété foncière et le régime de la propriété des substances minières.

Il n'est pas interdit que l'État octroie sur une même superficie un droit de concession foncière à X et un droit de concession minière à Y.

Les deux types de concession sont distincts.

Ainsi, le concessionnaire foncier ne peut revendiquer le droit de jouir de manière automatique des substances minérales du sous-sol de la concession lui attribuée.

En d'autres termes, l'octroi d'une concession minière n'accorde des droits réels que sur les substances concédées, le concessionnaire minier ne peut prétendre au droit de propriété foncière sur la partie du sol où il est établi.

Article 4 : Du classement des gîtes minéraux

Les gîtes minéraux sont classés en mines et en carrières.

Sont classés en mines, les gîtes ou gisements des substances minérales non classées en carrières, autres que les combustibles minéraux liquides ou gazeux.

Sont classés en carrières : les gîtes ou gisements des substances minérales non-métalliques utilisables comme matériaux de construction, d'empierrement et de viabilité, de l'industrie céramique, d'amendement pour la culture des terres, y compris notamment le sable, la craie, le gravier, les pierres à chaux et à ciment, la latérite, les terres à foulons et les argiles smectiques, les copals fossiles et les diatomites, à l'exception du marbre, du granite, des phosphates, des nitrates, des sels alcalins et d'autres sels associés qui sont classés en mines dans les mêmes gisements.

Nonobstant la classification ci-dessus, le Premier ministre peut, par décret délibéré en Conseil des ministres, sur proposition du ministre, après avis de l'organisme spécialisé de recherches, s'il y a opportunité, décider de classer, de déclasser ou de reclasser une substance des mines en produit de carrières et inversement.

1. Quelle est la portée de la classification des gîtes minéraux ?

L'étendue du champ d'application des mines est large. En effet, le législateur procède par l'énumération des substances considérées comme étant des carrières. Toutes celles qui ne figurent pas sur la liste sont considérées comme mines.

En sus, parmi les produits de carrière, il est établi une distinction entre les minéraux industriels et les matériaux de construction d'usage courant.

Les minéraux industriels sont notamment les gypse, kaolin, dolomie, calcaire à ciment, sables de verrerie, fluorine, diatomites, montmorillonite, barytine, calcaire à chaux (art. 2 RM).

Par contre, les matériaux de construction d'usage courant sont notamment les argiles à brique, sables, grès, calcaire à moellon, marne, quartzite, craie, gravier alluvionnaire, latérites, basaltes (art. 2 RM).

2. Qui est compétent pour le classement, le déclassement et le reclassement des substances minérales en mines ou en produits des carrières ?

La compétence de classer, déclasser ou reclasser les substances minérales en mines ou en produits des carrières et vice-versa relève du Premier ministre (art. 9, b CM).

En d'autres termes, la classification des gîtes minéraux n'est pas définitive, certaines substances pouvant faire l'objet des va-et-vient entre la catégorie mines ou catégorie carrières, selon que le gouvernement le décidera.

Article 5 : De l'autorisation des opérations minières et/ou de carrières

Toute personne morale est autorisée à se livrer à la recherche ou à l'exploitation non artisanale des substances minérales sur toute l'étendue du territoire national, à condition qu'elle soit titulaire d'un droit minier et/ou de carrières en cours de validité accordé par l'autorité compétente conformément aux dispositions du présent Code.

Toute personne physique majeure de nationalité congolaise, excepté la femme enceinte, qui désire se livrer à l'exploitation artisanale des substances minérales sur toute l'étendue du territoire national, ne peut le faire que dans le cadre d'une coopérative minière agréée, conformément aux dispositions du présent Code, et dont l'adhésion est subordonnée à la détention d'une carte d'exploitant artisanal.

Sont autorisés à commercialiser les substances minérales :

- les titulaires des droits miniers et/ou de carrières d'exploitation ;
- les entités de traitement ;
- les comptoirs agréés ;
- les coopératives minières agréées ;
- les négociants. Toutefois, ne peuvent exporter que les titulaires des droits miniers et/ou de carrières d'exploitation, les entités de traitement et les comptoirs agréés. L'exploitant détenteur d'une carte d'exploitant artisanal ne peut commercialiser les produits issus de l'exploitation artisanale que par le truchement de la coopérative minière à laquelle il a adhéré.

1. Qui est autorisé à se livrer aux opérations minières ?

Cette disposition pose le principe général selon lequel seules les personnes morales sont autorisées à se livrer aux opérations minières (cf. aussi les art. 23 CM et 26 RM).

Même en cas d'exploitation artisanale, les personnes physiques ne peuvent exploiter que dans le cadre des coopératives minières qui sont des personnes morales dotées de la personnalité juridique (cf. les articles 114 bis CM et 233 bis à nonies RM).

La disposition énumère les personnes admises à détenir, commercialiser et exporter les produits miniers.

2. Quelles sont les personnes supplémentaires autorisées à détenir les produits miniers ?

En sus des personnes indiquées, l'article 108 sexies ajoute des catégories supplémentaires autorisées à détenir les produits miniers à savoir les établissements de crédit, le Trésor public, l'administration des mines, les universités et institutions de recherche, les bijoutiers, joailliers, artistes et dentistes.

3. L'autorisation de commercialisation entraîne-t-elle le droit d'exporter ?

Il ressort du présent article que toutes les personnes autorisées à commercialiser ne sont pas toutes admises à exporter.

Ainsi, les coopératives et les négociants ne peuvent pas exporter les produits miniers. Ils se limitent à la vente au niveau local.

4. Que retenir sur la qualité de personnes compétentes pour détenir, commercialiser et exporter ?

De manière sommaire, l'on peut schématiser comme suit :

– il y a des personnes à qui le législateur ne reconnaît que le droit de détention des produits miniers (art. 108, sexies CM) ;

– certains peuvent, au-delà de la détention, assurer la commercialisation (art. 5 CM) ;

– d'autres encore se limitent à en assurer le transport (art.108 septies CM) ;

– et enfin une catégorie restreinte est reconnue comme pouvant assurer l'exportation (art. 5 CM).

Article 5 bis : Des sondages, ouvrages souterrains, fouilles, levées géophysiques, travaux de terrassement, travaux d'utilité publique

Toute personne titulaire de droits miniers ou de carrières, à l'extérieur du périmètre couvert par son droit, qui entreprend des travaux de recherches, notamment sondages, ouvrages souterrains, fouilles, quel qu'en soit l'objet, à l'exception des puits à usage domestique, dont la profondeur dépasse dix mètres, est tenue de faire une déclaration préalable auprès de la Direction de géologie.

Sans préjudice des dispositions du présent Code, toute personne qui désire faire des levées géophysiques ou toutes campagnes de prospection géochimique fait préalablement une déclaration auprès de la Direction de géologie et est tenue de communiquer à cette dernière les résultats de ces levées et campagnes qui sont couverts par la confidentialité en application de l'article 324 du présent Code.

Toute personne titulaire de droits miniers ou de carrières à l'extérieur du périmètre couvert par ces droits, désireuse d'effectuer des travaux de terrassement, quel que soit le lieu ou l'objet, est tenue de solliciter et d'obtenir auprès de la Direction de géologie une autorisation préalable de terrassement avant ces travaux.

Les travaux d'utilité publique font l'objet d'une déclaration préalable à la Direction de géologie.

Les agents compétents de la Direction de géologie disposent du libre accès à tous sondages, ouvrages souterrains, travaux de fouilles, travaux de terrassement et travaux d'utilité publique organisés par le présent article et peuvent se faire remettre tous échantillons et se faire communiquer tous les documents et renseignements d'ordre géologique, géotechnique, hydrologique, topographique, chimique ou minier dans le respect des dispositions de l'article 324 du présent Code.

Les conditions et procédures afférentes aux déclarations visées à l'alinéa 1er, 2 et 4 du présent article ainsi que celles de la demande de l'autorisation de terrassement visée à l'alinéa 3 du présent article sont fixées par le Règlement minier.

1. Quels sont les effets de la déclaration préalable faite auprès de la direction de géologie en cas des travaux de recherche à l'extérieur du périmètre ?

En cas de déclaration préalable lors des travaux de recherche à l'extérieur du périmètre et qui dépasse dix mètres de profondeur, la direction de géologie doit y émettre un avis technique adressé au titulaire en y indiquant les conséquences géologiques de tels travaux (art. 9, 8e tiret RM). En l'absence d'un tel avis, le titulaire peut recevoir un avertissement de la direction de géologie l'invitant à corriger ce manquement.

À défaut, une mise en demeure suivie d'une suspension des activités prise par arrêté du ministre des Mines pour une durée de trois mois pourrait être prononcée (art. 293 CM) ;

2. ***Quels sont les effets de la déclaration préalable faite auprès de la direction de géologie pour la déclaration préalable à l'exécution des travaux publics ?***

En cas de déclaration préalable à l'exécution des travaux publics, la direction de géologie est tenue de délivrer un document de « donner acte » (art. 9, 11e tiret RM). En l'absence du donner acte, le maître d'ouvrage et/ou l'entrepreneur reçoit un avertissement de la direction de géologie les invitant à corriger ce manquement.

À défaut, une mise en demeure suivie d'une suspension des activités prise par arrêté du ministre des Mines pour une durée de trois mois est prononcée (art. 293 CM) ;

3. ***Quels sont les effets de la déclaration faite auprès de la direction de géologie pour la déclaration faite en vue de procéder aux levées géophysiques ou prospection géochimique ?***

La déclaration faite en vue de procéder aux levées géophysiques ou prospection géochimique revêt un caractère informatif. La direction de géologie n'émet ni ne délivre aucun avis ou document.

Par contre, le titulaire est tenu à l'obligation de porter à la connaissance de la direction de géologie les résultats ainsi recueillis. À son tour, la direction de géologie s'abstiendra de divulguer les informations ainsi reçues pendant une durée de dix ans (art. 324 CM).

4. Quelles sont les conditions pour débuter les travaux de terrassement ?

Une autorisation préalable délivrée par la direction de géologie est requise avant de commencer les travaux de terrassement.

À défaut, le titulaire est passible d'une amende de 10.000 à 250.000 USD (art. 299 CM).

Article 6 : Des zones interdites

Si la sûreté nationale, la sécurité publique, l'incompatibilité de l'activité minière et des travaux de carrières avec d'autres usages existants ou planifiés du sol ou du sous-sol, la protection de l'environnement ainsi que la préservation des sites touristiques l'exigent, le Premier ministre peut, sur proposition du ministre et des ministres ayant respectivement l'Aménagement du territoire, l'Environnement et le Tourisme dans leurs attributions ou du Gouverneur de province, après avis du Cadastre minier et de l'organisme spécialisé de recherches, déclarer une zone interdite aux activités minières et/ou aux travaux de carrières.

La déclaration de classement d'une zone interdite est faite sans limitation de durée par décret délibéré en Conseil des ministres.

Lorsque la conservation de la faune, de la flore, du sol, des eaux, et en général d'un milieu sensible présente un intérêt spécial nécessitant de les soustraire à toute intervention susceptible d'en altérer l'aspect, la composition et l'évolution, le Premier ministre peut, par décret délibéré en Conseil des ministres, sur proposition conjointe du ministre et des ministres ayant l'Environnement et la conservation de la nature ainsi que le Tourisme dans leurs attributions, délimiter une portion du territoire national en aire protégée, après avis du Cadastre minier et de l'organisme spécialisé de recherches.

Le décret portant délimitation des aires protégées peut en déterminer la durée.

Il ne peut être octroyé de droits miniers ou de carrières dans une aire protégée ni y être érigé une zone d'exploitation artisanale.

1. Quelles sont les différentes zones visées par le CM et le RM ? Quels en sont les effets sur l'exploitation des activités minières préexistantes ?

Le contenu de cet article n'est pas aisé à comprendre dans la mesure où les zones interdites semblent inclure à la fois les aires protégées, les réserves naturelles, les zones interdites, etc.

Pour ce faire, il faut se référer aux articles 3 à 6 du RM relatifs aux zones spéciales et qui font une nette distinction entre les aires protégées, les zones interdites, les zones d'interdiction, les zones de réserves, les zones de restriction.

2. Qu'en est-il des aires protégées ?

Le classement d'une portion du territoire en aire protégée est prévu dans la loi n° 14/003 du 11 février 2014 relative à la conservation de la nature spécialement aux articles 22 à 44.

L'article 3 du RM apporte quelques spécificités aux aires protégées qui sont susceptibles d'avoir un impact sur les activités minières.

Le principe général énoncé est qu'il ne peut être ni octroyé des droits miniers ou des carrières dans une aire protégée ni érigé des zones d'exploitation artisanale.

Ainsi, l'article 74 de la loi du 11 février 2014 relative à la conservation de la nature punit d'une amende de cent millions à un milliard de francs congolais, toute personne qui, dans une aire protégée, exerce une activité de prospection ou d'exploitation forestière, minière, des hydrocarbures ou des carrières.

Lorsque les droits miniers ou de carrières préexistent, il n'est pas interdit de soustraire de manière totale ou partielle des périmètres appartenant au titulaire si les raisons de conservation de la faune, de la flore, du sol, des eaux, etc. s'avèrent indispensables.

Dans ce cas, la procédure sera la suivante :

– un décret de classement du Premier ministre, pris sur proposition conjointe des ministres ayant dans leurs attributions respectivement les mines, la conservation de la nature et le tourisme après un avis du cadastre minier et du service géologique national du Congo, est requis ;

– dans les six mois suivant la date de la signature du décret de classement, l'État est tenu de payer une juste indemnité au titulaire lésé. Celui-ci a la faculté de contester le montant d'indemnité proposé par l'État et de faire une contre-proposition.

– si les parties ne se mettent pas d'accord sur le montant, elles peuvent recourir à la voie judiciaire ou arbitrale.

3. Qu'en est-il des zones interdites ?

Si les aires protégées sont érigées pour des raisons de conservation de la nature, les zones interdites le sont pour des raisons de protection des personnes et de leurs biens. Ces zones sont érigées par voie de décret du Premier ministre et les activités minières y sont interdites.

Lorsque les activités minières préexistent au classement en zones interdites, l'État est tenu de payer une juste indemnité au titulaire lésé dans les six mois suivant la date de la signature du décret de classement. Celui-ci a la faculté de contester le montant d'indemnité proposé par l'État t et de faire une contre-proposition.

Si les parties ne se mettent pas d'accord sur le montant, elles peuvent recourir à la voie judiciaire ou arbitrale.

4. Qu'en est-il des zones de réserve ?

Selon l'article 2 du RM, les zones de réserve sont constituées des réserves naturelles intégrales ; des réserves de la biosphère établies par l'UNESCO et des réserves forestières.

Pour l'article 5 du RM, des droits miniers ou des carrières peuvent être octroyés sur des périmètres qui empiètent sur des zones de réserve pour autant que les plans environnementaux prévoient des mesures adéquates pour atténuer les effets nuisibles des opérations sur la zone de réserve.

Par cette disposition, l'empiétement d'une zone de réserve est autorisé pour les besoins d'exploitation minière ou des carrières.

Néanmoins, l'article 5 du RM est en contradiction avec l'article 3 du même RM. En sus, il n'est pas en cohérence, ni avec l'esprit et la lettre du CM, ni avec la loi de 2014 sur la conservation de la nature.

En effet, aux termes de l'article 2, point 39 de la loi de 2014, « la réserve naturelle intégrale est une catégorie d'aires protégées qui sont mises en réserve pour protéger la diversité biologique et aussi, éventuellement, des caractéristiques géologiques et/ou géomorphologiques, où les visites, l'utilisation et les impacts humains sont strictement contrôlés et limités pour garantir la protection des valeurs de conservation ».

De surcroît, l'article 31 de la même loi prévoit que « les réserves naturelles intégrales et les réserves de biosphères font partie des aires protégées ».

Il en découle qu'aucun empiétement de la zone de réserve ne pourrait être considéré comme légal. Néanmoins, les autorités pourraient avoir la latitude de procéder au déclassement préalable des portions convoitées de la réserve naturelle intégrale ou de biosphère avant de concéder un quelconque droit.

5. Qu'en est-il des zones de restriction ?

Les zones de restrictions sont prévues à l'article 279 du CM et 1er du RM.

Il s'agit de :

– terrain réservé au cimetière ;

– terrain contenant des vestiges archéologiques ou un monument national ;

– terrain proche des installations de la Défense nationale ;

– terrain faisant partie notamment d'un aéroport ;

– terrain réservé au projet de chemin de fer ;

– terrain réservé à la pépinière pour forêt ou à la plantation des forêts ;

– terrain situé à moins de nonante mètres des limites d'un village, d'une cité, d'une commune ou d'une ville ;

– terrain situé à moins de cinq cents mètres d'un barrage hydroélectrique ou d'un bâtiment appartenant à l'État ;

– terrain compris dans un parc national ;

– terrain constituant une rue, une route, une autoroute ainsi que les autres ;

– terrain contenant des vestiges archéologiques ou un monument national

Dans les zones citées ci-dessus, l'occupation à des fins minières est autorisée sous réserve de l'autorisation préalable selon les cas de l'autorité compétente, du propriétaire ou de l'occupant légal.

Selon l'Annexe I du RM, les autorités compétentes visées sont les Gouverneurs de province ou de la ville de Kinshasa, les maires des villes, les bourgmestres, les chefs de secteur ou de chefferie.

6. Qu'en est-il des zones d'interdiction ?

La zone d'interdiction est toute aire géographique située autour des sites d'opérations minières ou de travaux de carrières empêchant les tiers d'y circuler ou d'y effectuer des travaux quelconques. Elle est instituée par le ministre des Mines sur demande du titulaire du droit minier d'exploitation ou d'une autorisation d'exploitation de carrières permanente.

Les dommages causés à la suite des travaux d'exploitation dans cette zone ne donnent lieu à aucune réparation (art. 282 CM).

Article 7 : Des substances réservées

Si la sécurité publique l'exige, le Premier ministre peut, par décret délibéré en Conseil des ministres, sur proposition du ministre, après avis du Cadastre minier et de l'Organisme spécialisé de recherches, déclarer une substance minérale substance réservée qu'il soumet à des règles spéciales.

Le décret classant une substance minérale en substance réservée précise les règles et les dispositions auxquelles est soumise cette substance.

Les minerais d'uranium, de thorium et, d'une manière générale, tous les minerais radioactifs sont placés sous le régime des substances réservées prévu aux alinéas ci-dessus du présent article.

1. Quels sont les types des substances réservées ?

Il existe deux types des substances réservées :

– les substances de droit commun qui sont déclarées comme telles par la loi ;

– les substances qui sont déclarées comme telles par le fait du décret du Premier ministre.

a) Dans la première hypothèse, on compte l'uranium, le thorium et tous les minerais radioactifs. Il est fait obligation à tout titulaire de droit minier qui identifie des gîtes ou des indices des substances réservées d'en informer la direction de géologie ;

b) Dans la deuxième hypothèse, il s'agit de toutes autres substances minérales, qui pour des raisons de sécurité publique, pourraient être déclarées comme réservées.

Dès lors qu'une substance est classée comme réservée, son mode d'accès, d'exploitation, de transport et de commercialisation devient dérogatoire au code minier. C'est le décret de classement qui en détermine les différents modes d'accès, d'exploitation, de transport et de commercialisation en tenant compte de sa spécificité (art. 6 bis RM).

2. Illustration

Comme on le sait, la RDC comprend des substances réservées telles que la mine d'uranium de Shinkolobwe qui fait partie du périmètre appartenant à la Gécamines. Son exploitation est soumise à des critères très rigoureux.

Le gouvernement de la RDC et la Société française Areva ont signé le 26 mars 2009, un Mémorandum d'intention pour la recherche et l'exploitation en commun des substances uranifères et autres radioactives associées en RDC.

Les principaux travaux prévus à charge des parties tournaient autour de la :

- *délimitation des zones et échelles de travail ;*
- *compilation et la synthèse de toutes les données cartographiques, numériques et papiers ;*
- *compilation de toutes les données minières relatives à l'uranium disponibles et issues des recherches minières antérieures ;*
- *compilation des données géophysiques numériques et des données issues de l'imagerie satellitaire ;*
- *visite des sites géologiques et miniers ayant des indices uranifères ;*
- *sélection des régions prioritaires à forte potentialité uranifère sur l'ensemble du territoire de la RDC ;*
- *prospection et la recherche dans les régions sélectionnées ;*
- *mise sur pied d'une Commission conjointe.*

À ce jour, ce projet est aux arrêts.

Le CM confère aux services de l'État un pouvoir énorme de contrôle sur les produits à commercialiser pour s'assurer qu'ils ne contiennent pas des teneurs d'uranium anormales.

À titre d'exemple, le 06 septembre 2018, la société Katanga Mining Limited annonce la suspension de ses exportations de cobalt de sa filiale KCC SA, pour avoir, semble-t-il, détecté de l'uranium à des seuils anormaux.

Le gouvernement, par le ministre des Mines, y avait réagi avec vigueur par sa lettre n° 1055 du 22 novembre 2018 considérant le communiqué comme une tentative de jeter un discrédit au niveau international sur les produits miniers venant de la RDC en invitant ladite société de fournir des éléments plus probants.

En effet, plusieurs services étatiques et privés procèdent au contrôle de qualité et de radioactivité des produits miniers (la société elle-même, l'OCC, le laboratoire privé agréé, le commissariat général à l'énergie atomique). Il était donc nécessaire de procéder aux vérifications objectives d'une telle déclaration.

Article 7 bis : Des substances minérales stratégiques

Si la conjoncture économique nationale ou internationale le permet, le Premier ministre peut, par décret délibéré en Conseil des ministres, sur avis des ministres sectoriels concernés, déclarer certaines substances minérales substances stratégiques.

L'accès, la recherche, l'exploitation et la commercialisation des substances stratégiques sont régis par des dispositions réglementaires particulières.

1. Quelles les raisons qui peuvent inciter le gouvernement de classer une substance comme stratégique ?

Si les substances réservées sont classées notamment en raison de leur dangerosité, les substances minérales stratégiques le sont notamment en raison de la conjoncture économique, et éventuellement, de leur criticité.

Ainsi, une substance minérale peut être déclarée stratégique lorsqu'elle est très sollicitée sur le marché national ou international, ou simplement parce que non renouvelable, elle tendrait à s'épuiser.

2. Quelles sont les substances minérales stratégiques à ce jour ?

À ce jour, le cobalt, le germanium et la colombo-tantalite (coltan) ont été déclarés substances minérales stratégiques par décret n° 18/042 du 24 novembre 2018.

3. Quel est le principal but poursuivi pour le classement d'une substance minérale stratégique ?

L'objectif poursuivi est d'ordre économique. Dès lors, le taux de la redevance pour ces trois substances est désormais de 10 % de la valeur commerciale brute des produits marchands au moment de leur sortie du site au lieu de 3,5 % (art. 240 et 241 CM).

4. Quelles sont les mesures d'encadrement des substances minérales stratégiques ?

Pour mieux encadrer les substances minérales stratégiques, le Premier ministre a créé, par son décret n° 19/16 du 05 novembre 2019, une Autorité de régulation et de contrôle des marchés des substances minérales stratégiques, en sigle ARECOMS. Sa mission principale est de veiller à la stabilité des marchés des substances minérales stratégiques et à l'attractivité économique et industrielle de la RDC ainsi qu'au respect des entreprises soumises à son contrôle, de la législation portant lutte contre le blanchiment des capitaux et le financement du terrorisme.

Dans le domaine artisanal, un décret portant n° 19/15 du 05 novembre 2019 a été signé par le Premier ministre pour assurer la sauvegarde des activités relatives aux substances minérales stratégiques d'exploitation artisanale.

Cette inflation réglementaire sur les substances minérales stratégiques est intéressante mais il est prématuré de préjuger de son efficacité.

Article 7 ter : De la transparence, la traçabilité et la certification

Des mesures légales ou réglementaires particulières sont édictées en application des normes nationales, régionales et internationales en matière de transparence dans l'industrie minière, de traçabilité et de certification des substances minérales, notamment la divulgation et la publication des contrats et des bénéficiaires réels des actifs miniers ainsi que les déclarations de tous les impôts, taxes, droits et redevances dus et payés à l'État

Plus d'une vingtaine d'articles ont été insérés dans le RM pour décortiquer les mesures relatives à la transparence, la traçabilité et la certification, et ce, en conformité avec les normes régionales et internationales notamment l'ITIE, le processus de Kimberley, l'ITOA, etc. Il s'agit notamment des articles 25 bis à 25 vecies ter et 28 du RM.

La transparence, la traçabilité et la certification concernent aussi bien l'exploitation industrielle qu'artisanale.

Par exemple, l'identification du transporteur des produits miniers est rendue obligatoire parce que considérée comme un élément de transparence et de traçabilité (art. 108 septies du CM).

Par ailleurs, l'article 311 ter du CM a consacré une nouvelle infraction à savoir l'entrave à la transparence et à la traçabilité dans l'industrie minière qui est

gravement sanctionnée au paiement d'une amende de 100.000 à 1.000.000 USD.

Le législateur congolais confère aux procédés de transparence, de traçabilité et de certification une place de choix.

Article 7 quater : De la publication

Les contrats miniers, leurs annexe et avenant sont publiés au Journal officiel et sur le site web du ministère des Mines endéans soixante jours de la date de leur signature.

La publication visée dans cette disposition est l'un des éléments de bonnes pratiques de transparence prévues à l'article 7 ter ci-dessus et l'article 25 ter, 3e tiret du RM.

La sanction du non-respect des règles de transparence est celle prévue à l'article 311 ter du CM.

Chapitre II :
Du rôle de l'État et de la répartition des compétences

SECTION 1RE : DU ROLE DE L'ÉTAT

Article 8 : De la promotion et de la régulation du secteur minier

Le rôle principal de l'État est de promouvoir et de réguler le développement du secteur minier.

l'État assure la mise en valeur des substances minérales dont il est propriétaire en faisant appel notamment à l'initiative privée conformément aux dispositions du présent Code.

À cet effet, il entreprend, à travers des organismes spécialisés créés à cet effet, des activités d'investigation du sol ou du sous-sol dans le but d'améliorer la connaissance géologique du territoire national ou à des fins scientifiques ou d'amélioration et de promotion de l'information géologique du pays ou de la province qui ne requièrent pas l'obtention d'un droit minier ou d'un droit de carrières.

En tant que puissance publique, l'État se limite à son rôle de régulateur et d'arbitre du secteur minier en édictant les normes et en s'assurant de leur application conforme sous peine de sanctions à l'endroit des contrevenants.

Cependant, l'État peut aussi adopter le costume d'entrepreneur c'est-à-dire de commerçant en se livrant seul ou en association avec les tiers à une activité minière. Les personnes morales publiques, créées à cet effet, doivent être traitées sur un même pied d'égalité que les personnes morales non étatiques ou privées qui se livrent à cette même activité. Elles sont soumises aux mêmes droits et obligations.

Exemple : La Gécamines, propriété de l'État, dispose des mêmes droits et obligations et est soumise aux prescrits du CM au même titre que toute autre société appartenant aux privés.

Article 8 bis : Du fonds minier pour les générations futures

Il est institué un fonds minier pour les générations futures. Les ressources du fonds minier pour les générations futures sont constituées d'une quotité de la redevance minière.

Un décret du Premier ministre, délibéré en Conseil des ministres, crée et organise le fonds minier pour les générations futures.

L'institution du Fonds minier pour les générations futures constitue l'une des innovations majeures sur le plan institutionnel de ce CM.

Ainsi, par décret n° 19/017 du 25 novembre 2019, le Premier ministre a créé un établissement public dénommé Fonds minier pour les générations futures en sigle « FOMIN ».

Son objet principal est de constituer une réserve importante de richesses matérielles et/ou financières en nature ou en numéraires pour garantir l'après-mine en faveur des générations futures.

Pour la réalisation de sa mission, le FOMIN peut procéder :

- *au financement de tout ou partie des projets de recherches dans le domaine minier à travers le service géologique national du Congo ;*
- *au financement de tout ou partie des projets d'intégration de l'industrie minière à l'économie nationale ;*
- *à la prise de participation de l'*État *dans les Entreprises impliquées dans la filière de transformation locale des produits miniers ou de carrières ;*
- *à la prise de participations dans les projets de diversification de l'économie nationale ;*
- *l'appui financier aux entreprises du portefeuille de l'*État *sous forme de prêts rémunérés, en vue du développement des projets miniers ;*
- *au financement des projets d'infrastructures de base identifiés par le gouvernement pour le développement durable du pays ;*
- *au financement des PME et PMI à impact pour les générations futures ;*
- *au placement des fonds dans les institutions bancaires et/ou financières en vue de générer des intérêts à son profit.*

Les ressources du FOMIN proviennent :

– de la quotité de 10 % de la redevance minière, conformément aux dispositions des articles 242 du Code Minier et 526 du Règlement Minier ;

– des dividendes provenant de ses prises de participations dans les entreprises impliquées dans la filière de transformation locale des produits miniers ou de carrières ;

– des intérêts des placements faits dans les institutions bancaires et/ou financières ;

Le FOMIN est placé sous la tutelle du ministre des Mines.

De manière générale, l'organisation et le fonctionnement du FOMIN sont conformes au modèle standard des autres établissements publics existants.

Malgré la création par décret de FOMIN depuis le 25 novembre 2019 et l'attribution de la tutelle au ministre des Mines, le ministère des Finances continue de faire la résistance en se considérant comme la vraie tutelle.

Pour preuve, en l'absence de direction générale nommée dudit Fonds, le ministre des Mines avait enjoint dès 2018, par l'entremise du Secrétaire Général de son ministère, au CAMI d'ouvrir un compte « séquestre » pour recevoir les sommes résultant de la quotité de 10 % de la redevance minière prévue à l'article 242 du CM. Après avoir encaissé plus de 13 millions USD, le gouvernement instruisit, sur requête du ministre des Finances, le CAMI de clôturer ce compte séquestre ouvert à la RAWBANK et toutes les sommes d'argent sont transférées dans un sous-compte dit séquestre du Trésor public dénommé compte BCC-FOMIN logé à la CITIBANK.

Il est fort à craindre que les sommes versées dans un tel sous-compte, quoique qualifié de « séquestre », soient utilisées à des fins autres que les objectifs définis pour le FOMIN.

Ainsi, l'on peut affirmer qu'à ce jour, le FOMIN a une tutelle statutaire : celle du ministre des Mines mais est sous une tutelle et une gestion effectives du ministre des Finances et de la BCC. Dans ces conditions, il serait préférable de modifier l'article 21 du décret du 25 novembre 2019 en désignant l'autorité de tutelle la plus idoine.

Depuis le 3 décembre 2021, une ordonnance du Président de la République a nommé les membres du conseil d'administration et de la direction générale de FOMIN.

En résumé, Le FOMIN est un établissement public qui a une visée de solidarité intergénérationnelle. Il est conseillé que sa gestion et son administration se fassent de manière parcimonieuse et transparente.

Pour des commentaires relatifs à la problématique du paiement de la quotité de 10 % de redevance minière due au FOMIN, lire sous article 242 du présent CM.

Section II : De la competence du pouvoir central

Il est bon de rappeler que les compétences jadis reconnues au Président de la République ont été supprimées au regard de l'évolution constitutionnelle de la répartition des compétences. Selon la Constitution du 18 février 2006 telle que modifiée et complétée par la loi n° 11/002 du 20 janvier 2011, le pouvoir réglementaire général appartient désormais au Premier ministre et non pas au Président de la République dont le champ et l'étendue des compétences sont limitativement énumérés par la Constitution.

Article 9 : Du Premier ministre

Conformément aux dispositions du présent Code et des autres textes en la matière, le Premier ministre est compétent pour :

a. édicter ou modifier le Règlement minier pour l'application du présent Code ;

Seule la personne investie du pouvoir de Premier ministre a la compétence d'édicter ou modifier le RM. Cette attribution ne peut faire l'objet de délégation de pouvoirs en faveur d'un intérimaire. En d'autres termes, un autre membre du gouvernement exerçant l'intérim du Premier ministre, momentanément absent ou indisponible, ne peut pas signer un décret modifiant le Règlement minier.

b. classer, déclasser ou reclasser les substances minérales en mines ou en produits des carrières et inversement ;

Pour la mise en application de cet alinéa, le Premier ministre va se référer notamment aux articles 4, alinéa 4 et 10, l du CM.

c. confirmer la réservation d'un gisement soumis à l'appel d'offres faite par arrêté du ministre ;

Pour la mise en application de cet alinéa, le Premier ministre va se référer notamment aux articles 10, point i ; 33 du CM et 45 et suivants du RM.

d. déclarer une substance minérale substance minérale stratégique ;

Pour la mise en application de cet alinéa, le Premier ministre va se référer notamment aux articles 7bis du CM et 524bis du RM.

e. décréter une zone interdite aux travaux miniers, à l'activité minière ou aux travaux de carrières ;

Pour la mise en application de cet alinéa, le Premier ministre va se référer notamment aux articles 6, alinéa 1 du CM et 4 du RM.

f. déclarer le classement ou le déclassement d'une substance minérale en substance réservée ;

Pour la mise en application de cet alinéa, le Premier ministre va se référer notamment aux articles 7 du CM et 6bis du RM.

g. délimiter ou classer une portion du territoire en aire protégée.

Pour la mise en application de cet alinéa, le Premier ministre va se référer notamment aux articles 6, alinéa 3 du CM et 3 du RM.

Le Premier ministre exerce les prérogatives ci-dessus par voie de décret, délibéré en Conseil des ministres sur proposition du ministre, et le cas échéant, des ministres compétents.

L'exercice des prérogatives reconnues au Premier ministre au littera a de l'alinéa 1 du présent article n'est pas susceptible de délégation.

Article 10 : Du ministre

Conformément aux dispositions du présent Code et aux autres textes en la matière, le ministre est compétent pour :

a. octroyer ou refuser d'octroyer les droits miniers et/ou de carrières pour les substances minérales autres que les matériaux de construction à usage courant ;

Pour la mise en application de cet alinéa, le ministre des Mines pourrait utilement se référer notamment aux articles 57, 72, 76, 92, 105, 153 alinéa 2 du CM.

b. déchoir le titulaire, retirer les droits miniers et/ou de carrières, donner acte aux déclarations de renonciation aux droits miniers et/ou de carrières et acter l'expiration des droits miniers et/ou de carrières, conformément aux dispositions du présent Code ;

Pour la mise en application de cet alinéa, le ministre des Mines pourrait utilement se référer notamment aux articles 48 ter, alinéa 6, 60, 70, 288 bis, alinéa 6, 289, 290 du CM.

c. autoriser, par dérogation, les exportations des minerais à l'état brut par arrêté interministériel délibéré en Conseil des ministres ;

Pour la mise en application de cet alinéa, le ministre des Mines pourrait utilement se référer notamment à l'article 108 ter. L'autorisation exceptionnelle ainsi accordée conjointement avec le ministre du Commerce extérieur par arrêté interministériel ne peut dépasser la durée d'un an.

d. instituer les zones d'exploitation artisanale ;

Pour la mise en application de cet alinéa, le ministre des Mines pourrait utilement se référer notamment à l'article 109, alinéa 2 du CM. Des avis préalables du SGNC, du Gouverneur de province, du chef de division provinciale des mines, de l'autorité de l'entité territoriale décentralisée et du CAMI sont préalablement requis.

e. agréer et retirer l'agrément des comptoirs d'achat des produits de l'exploitation artisanale, des coopératives minières ou des produits de carrières et des entités de traitement des substances minérales ;

Pour la mise en application de cet alinéa, le ministre des Mines pourrait utilement se référer notamment aux articles 108 quater, 114 bis, alinéa 6, 120 alinéa 2 du CM.

f. autoriser l'extension des travaux d'exploitation ;

Pour la mise en application de cet alinéa, le ministre des Mines pourrait utilement se référer notamment à l'article 77 ter du CM.

g. approuver les hypothèques minières ;

Pour la mise en application de cet alinéa, le ministre des Mines pourrait utilement se référer notamment aux articles 169 et 170 du CM.

h. exercer la tutelle des Services publics spécialisés du ministère des Mines ;

Les services publics incluent à la fois les institutions, les organismes publics ou paraétatiques entrant dans l'administration du CM.

Pour ce faire, le ministre des Mines pourrait utilement se référer au droit commun notamment la loi du 7 juillet 2008 sur les établissements publics, aux statuts de chaque service public concerné ainsi qu'à l'ordonnance portant attributions du ministère des Mines, etc.

i. réserver les gisements à soumettre à l'appel d'offres, à confirmer par le Premier ministre ;

Pour la mise en application de cet alinéa, le ministre des Mines pourrait utilement se référer notamment aux articles 33 du CM et 45 et suivants du RM.

j. accepter ou refuser l'extension d'un droit minier ou de carrières aux substances non associées ;

Pour la mise en application de cet alinéa, le ministre des Mines pourrait utilement se référer notamment à l'article 77bis du CM.

k. délivrer les autorisations de traitement des produits de l'exploitation artisanale ;

Pour la mise en application de cet alinéa, le ministre des Mines pourrait utilement se référer notamment aux articles 124 et 125 du CM.

l. proposer au Premier ministre le classement, le reclassement ou le déclassement des substances réservées, des substances minérales classées en mines ou en produits de carrières et inversement ainsi que des zones interdites ;

Pour la mise en application de cet alinéa, le ministre pourrait utilement se référer notamment à l'article 4, alinéa 4.

m. nommer, sur proposition des ministres sectoriels concernés, les membres de la Commission Interministérielle chargée de sélectionner les offres relatives à l'exploitation d'un gisement soumis à l'appel d'offres ainsi que les membres de la Commission Interministérielle chargée d'examiner les listes des biens à importer pour les activités minières ;

Pour la mise en application de cet alinéa, le ministre pourrait utilement se référer notamment aux articles 33, alinéa 6, 225 du CM et 517 à 519 du RM.

n. agréer les mandataires en mines et carrières ;

Pour la mise en application de cet alinéa, le ministre pourrait utilement se référer notamment aux articles 25 du CM et 30 à 38 du RM.

o. agréer les laboratoires d'analyses des substances minérales ;

Pour la mise en application de cet alinéa, le ministre pourrait utilement se référer notamment à l'article 9 du RM.

p. agréer les bureaux d'études géologiques ;

Pour la mise en application de cet alinéa, le ministre pourrait utilement se référer notamment aux articles 93 bis et suivants du RM.

q. approuver ou refuser les transferts des droits miniers ;

Pour la mise en application de cet alinéa, le ministre pourrait utilement se référer notamment à l'article 185 bis du CM.

r. édicter, en collaboration avec les ministres ayant l'Économie et le Commerce extérieur dans leurs attributions, la nomenclature des produits marchands ;

Pour la mise en application de cet alinéa, le ministre pourrait utilement se référer notamment à l'article 108 octies du CM.

s. statuer sur les résultats des audits environnementaux conjointement avec le ministre ayant l'environnement dans ses attributions ;

Pour l'application de cet alinéa, le ministre pourrait utilement se référer à l'article 379 ter du RM.

t. approuver, conjointement avec le ministre ayant les Finances dans ses attributions, les listes des biens à importer sous le régime douanier privilégié ;

Pour la mise en application de cet alinéa, le ministre pourrait utilement se référer notamment à l'article 225 du CM.

u. fixer, conjointement avec le ministre ayant les Finances dans ses attributions, les taux des droits, taxes et redevances à percevoir à l'initiative du ministre en charge des mines.

Le Titre IX du CM énumère certains droits, taxes et redevances dont les taux doivent être fixés par arrêté interministériel (ministres Mines-Finances). À travers le CM et le RM, il existe également de nombreuses dispositions qui obligent les deux ministres à signer des arrêtés interministériels.

***N. B.** :*

– l'agrément des bureaux d'étudesenvironnementales est une compétence dévolue au ministre. Cependant, le CM l'avait omis dans son énumération de l'article 10. Le RM a suppléé cette carence en l'insérant aux articles 8, 418 et suivants.

Il convient de préciser que le ministre agit par voie d'arrêté pour les compétences qui lui sont dévolues.

En conséquence, le législateur a érigé en infraction le non-respect par une personne des dispositions des arrêtés ministériels. Ainsi, tout contrevenant aux dispositions des arrêtés ministériels dûment notifiés est puni de sept jours à un mois d'emprisonnement et d'une amende qui ne dépasse pas 1.000 USD pour le secteur artisanal et 10.000 USD pour le secteur industriel (art. 311 CM).

Il est important de noter que le législateur a conféré au ministre des Mines plusieurs compétences dans la mise en œuvre du CM comme le montre l'article 10 et d'autres articles du CM et du RM.

Cependant, que l'on ne se trompe pas !

Le CM ne confère nullement au ministre des Mines des pouvoirs discrétionnaires ou autoritaires. Celui-ci est soumis au respect des avis émis par l'administration.

Ainsi, si un avis est favorable, le ministre ne pourra qu'octroyer le droit minier ou des carrières convoité.

Si par contre, l'avis est défavorable, il ne pourra que refuser d'octroyer ledit droit.

Le ministre a donc une compétence liée dans la gestion du domaine et des droits miniers.

Article 10 bis : De l'Administration des mines

L'Administration des mines comprend le Secrétariat général, les directions, les divisions et autres services administratifs du ministère en charge des mines, y compris ceux qui interviennent dans l'administration du Code minier et de toutes ses mesures d'application. Ils sont régis conformément aux textes légaux et réglementaires en vigueur relatifs à l'Administration publique.

Les directions techniques qui interviennent dans le processus de l'octroi de droits miniers et/ou de carrières sont :

- la Direction de géologie ;
- la Direction des mines ;
- la Direction de protection de l'environnement minier.
- Le Règlement minier détermine les attributions de chacun des services de l'Administration des Mines.

L'administration centrale des mines comprend des directions normatives dont certaines sont standards (directions de Ressources humaines ; administrative et financière ; Études et Planification ; Archives et nouvelles technologies de l'information et de communication) et d'autres sont des métiers (directions des Mines ; Géologie ; Protection de l'environnement minier ; Inspection minière).

Il est utile de faire noter que lorsque le CM a été promulgué, la direction des carrières n'était pas encore une direction autonome, elle était une division au sein de la direction des mines de sorte que l'article 10 bis n'a pas pu l'énumérer.

Elle a été insérée comme direction autonome par l'article 12 bis du RM après restructuration du secrétariat général des mines et à la suite de l'Arrêté N° 060/ME/MIN.FP/2018 du 09 avril 2018 portant revisitation et agrément provisoire du Cadre et des Structures Organiques du Secrétariat Général aux Mines.

Parmi ces directions, seules les directions des métiers, en plus du secrétaire général, sont autorisés d'agir dans le secteur minier. C'est ce qu'on qualifie de restriction de compétence (art. 16 CM).

Les attributions respectives de chaque direction sont reprises dans le RM de la manière suivante :

***1. Secrétaire Général** (art. 8 ter RM)*

Il est chargé de :

– assister le ministre des Mines dans ses prérogatives en matière de gestion du secteur des mines et de carrières ;

– notifier les arrêtés ministériels autres que ceux relatifs aux droits miniers et de carrières et, selon le cas, ceux interministériels dans la mise en œuvre du CM et ses mesures d'applications ;

– notifier aux services concernés de l'administration des mines les arrêtés ministériels relatifs aux droits miniers et de carrières ;

– superviser l'élaboration des projets des textes sur la législation ou la réglementation du secteur des mines, en collaboration avec les services spécialisés du ministère des Mines ;

convoquer et présider les réunions de la Commission interministérielle d'adjudication des offres.

2. ***Direction de Géologie** (art. 9 RM)*

Elle est chargée de :

– concevoir et élaborer les avant-projets de politiques et des stratégies du secteur minier en matière de géologie et en assurer la mise en application ; les avant-projets de textes législatifs et réglementaires du secteur minier en matière de géologie et en assurer la mise en œuvre ;

– s'assurer de l'archivage et de la conservation des échantillons des sols, des roches, des carottes de sondage et des minerais déposés par les Titulaires de droits miniers et de carrières ;

– produire des cartes géologiques et minières en collaboration avec le Service national Géologique du Congo ;

– apposer le visa valant laissez-passer sur la description des échantillons prélevés pour analyse ou essais à l'étranger conformément aux dispositions des articles 50 bis et 64 bis du Code minier révisé ;

– assurer l'instruction technique des demandes d'agrément ou de renouvellement d'agrément, au titre de laboratoire d'analyses des substances minérales ;

– apprécier à travers un formulaire ad hoc la quantité et le volume des échantillons des substances minérales nécessaires pour analyses et essais ;

– émettre des avis en cas de certification de commencement des travaux de recherches, introduite par le titulaire des droits miniers de recherche ; d'extension du Permis de recherches à d'autres substances ; de demande d'agrément des bureaux d'études géologiques ;

– émettre un avis technique sur les travaux de recherches à entreprendre à l'extérieur du périmètre couvert par un droit minier ou de carrières ;

– recevoir de toute personne, titulaire de droits miniers ou de carrières, la déclaration écrite des levées géophysiques ou de campagne de prospection géochimique et se faire communiquer les résultats ;

– délivrer une autorisation préalable aux travaux de terrassement, quel que soit le lieu où l'objet, à effectuer à l'extérieur du périmètre couvert par un droit minier ou de carrières ;

– prendre acte de la déclaration préalable des travaux d'utilité publique par « le maître d'ouvrage » ;

– inspecter et contrôler tous sondages, ouvrages souterrains, travaux de fouilles, travaux de terrassement et travaux d'utilité publique ainsi que se faire remettre tous échantillons et se faire communiquer tous documents et renseignements d'ordre géologique, géotechnique, hydrologique, topographique, chimique ou minier ;

– s'assurer de la constitution et de l'utilisation, par le titulaire des droits miniers, de la provision pour la reconstitution du gisement ;

– contrôler et inspecter les activités des laboratoires d'analyses des produits miniers marchands agréés par le ministre ;

– participer aux travaux de la Commission Interministérielle d'Adjudications des Offres ; de la Commission Interministérielle d'approbation des listes des biens à importer sous le régime douanier privilégié ; du Comité permanent d'Évaluation « CPE ».

***3. Direction des Mines** (art. 10 RM)*

Elle est chargée de :

– concevoir et élaborer les projets de politiques, de stratégies et de normes relatives aux activités minières et en assurer la mise en œuvre ;

– contribuer à l'élaboration des avant-projets des textes législatifs et réglementaires ayant trait aux produits des mines et en assurer la mise en œuvre ;

– contrôler et suivre la réalisation des activités ayant trait aux mines conformément aux dispositions légales et réglementaires en vigueur ;

– constater et liquider les actes générateurs des recettes non fiscales du secteur des mines ;

– collecter et traiter les données des recettes fiscales, non fiscales et douanières du secteur minier ;

– émettre des avis techniques sur les questions relatives à l'opportunité de soumettre un droit d'exploitation à un appel d'offres ; aux caractéristiques de l'exploitation à petite échelle ; à l'extension du permis d'exploitation ou d'autorisation d'exploitation de carrières ;

– assurer l'instruction technique sur les demandes d'agrément au titre des mandataires en mines et carrières ; d'octroi et renouvellement de droits miniers d'exploitation ; de commencement des travaux de développement et de construction ; de mutations et hypothèques ; d'agrément au titre de comptoirs d'achat et de vente des substances minérales d'exploitation artisanale et leur renouvellement ; d'agrément au titre d'acheteurs et d'acheteurs supplémentaires des comptoirs agréés des substances minérales d'exploitation artisanale ; de traitement exceptionnel des produits miniers pour traitement à l'étranger ;

– examiner le plan d'industrialisation déposé par le titulaire d'un droit minier d'exploitation ou d'une autorisation minière d'exploitation ;

– surveiller et exercer le contrôle des opérations de rapatriement obligatoire des recettes d'exploitation, sur le titulaire de droit minier et de carrières ainsi que sur toutes les institutions bancaires en collaboration avec la BCC ;

– vérifier et émettre un avis de concordance ou de discordance, en rapport avec les pratiques sur le marché des conditions et termes des conventions d'emprunt conclues par le titulaire de droit minier avec des bailleurs de fonds étrangers ;

– contrôler l'affectation de fonds empruntés par le titulaire conformément au plan d'investissement de fonds reçus en emprunt ;

– participer à la mise en œuvre de mesures légales ou réglementaires particulières édictées des normes nationales, régionales et internationales en matière de transparence, de traçabilité et de certification des substances minérales ; du Manuel des procédures de traçabilité des produits miniers de l'extraction à l'exportation ;

– assurer, conformément aux dispositions légales et réglementaires en vigueur le contrôle de bornage, de commencement des travaux de développement et de construction de la mine et de l'exploitation ; a mise en œuvre des mesures d'application relatives à l'approbation de la liste des biens bénéficiant du régime douanier privilégié du Code minier ;

– instruire le contentieux relatif à l'établissement d'un périmètre de l'exploitation de carrières sur un périmètre d'un permis d'exploitation ou d'un permis d'exploitation de petite mine ;

– régler par voie d'arbitrage des différends concernant les servitudes de passage entre les titulaires des droits miniers et/ou ceux des autorisations d'exploitation de produit de carrières ;

– participer aux réunions de la Commission Interministérielle d'Adjudication des Offres ; réunions du Comité permanent d'Évaluation (CPE) ;

– assurer la Présidence et le Secrétariat permanents de la Commission Interministérielle d'approbation de liste des biens à importer sous le régime douanier privilégié ;

– examiner les rapports périodiques d'activités et réaliser des études économiques ainsi que des statistiques minières sur leur base.

4. Direction de Protection de l'Environnement Minier *(art. 11 RM)*

Elle est chargée de :

– en collaboration avec l'ACE et le FNPSS, le cas échéant, tout autre organisme de l'État concerné de mettre en œuvre la réglementation minière en matière de protection de l'environnement ; de procéder à l'instruction environnementale de : du PAR ; e l'EIES » et du PGES ;

– assurer le contrôle et le suivi des obligations incombant aux titulaires des droits miniers et de carrières, des entités de traitement ou de transformation des substances minérales, des laboratoires d'analyses de produits miniers marchands en matière de sécurité, d'hygiène, de santé, de protection de l'environnement dans le secteur des mines ;

– délivrer l'attestation de libération des obligations environnementales ;

– émettre un avis pour l'agrément des bureaux d'études environnementales.

– veiller à la mise en œuvre de la politique de responsabilité sociétale des entreprises minières et des carrières (RSE) vis-à-vis des communautés locales affectées par les projets miniers.

Elle est chargée à titre exclusif de :

– contribuer à la conception et à l'élaboration de projets de politiques, de textes législatifs et réglementaires ainsi que des stratégies et la mise en œuvre de normes (ex. OP, ISO, SFI, etc.) relatives à la protection de l'environnement dans le secteur des mines ;

– contribuer au règlement des différends dans le cadre de l'exécution des plans environnementaux dans le secteur minier ;

– émettre un avis de non-lieu à la délivrance du certificat environnemental pour toute demande d'extension du PE et de l'AECP à d'autres substances minérales associées ;

– s'assurer du respect des normes relatives à la mise en œuvre et à l'évolution des techniques et mesures d'atténuation des effets négatifs des opérations minières sur les écosystèmes et les populations ; techniques de réhabilitation des milieux affectés par les activités minières ;

– effectuer des contrôles périodiques ou ponctuels des opérations de recherches et en contrôler la conformité dans la tenue des registres et la véracité des rapports d'activités ;

– constituer et gérer la base des données sur l'état environnemental dans les zones d'activités minières et contribuer à la publication des statistiques y relatives sur le site internet et le journal du ministère des Mines ;

– émettre un avis sur la demande de certification de commencement des travaux de Recherches ; de certification de commencement des travaux du développement et construction.

– délivrer l'autorisation environnementale appuyant la déclaration d'ouverture ou de fermeture d'un centre de recherches ou d'exploitation avant le commencement des travaux ;

– veiller à la constitution de la sûreté financière de réhabilitation des sites miniers ; au respect de la réglementation en matière de délocalisation et de l'indemnisation des populations affectées par les projets miniers ;

– s'assurer annuellement de la constitution de la provision et du plafond du 0,5 % du chiffre d'affaires et de son utilisation pour la réhabilitation des sites ;

– participer aux travaux de la Commission Interministérielle d'approbation des listes des biens à importer sous le régime douanier privilégié du Code minier ; la Commission Interministérielle d'Adjudications des offres.

***5. Direction de l'Inspection Minière** (art. 12 RM)*

Elle est chargée de :

– rechercher, détecter, constater et réprimer les infractions liées aux activités minières prévues par le Code minier et ses mesures d'application ; – mettre en œuvre toute mesure de surveillance et de protection contre les vols, recel, détournement, détention, transport, achat et vente illicite ainsi que la fraude des substances minérales précieuses, semi-précieuses et autres substances du genre ;

– assurer le suivi (de) et participer à l'exécution des mesures pratiques de collaboration sur le terrain entre les services et organismes publics ayant dans leurs attributions, la lutte contre fraude et la contrebande dans le secteur minier ;

– contre-vérifier les actions des différents Services, Organismes et entreprises intervenant dans l'exploitation, l'évaluation et la commercialisation des produits miniers et des carrières ;

– participer au processus (initiatives ou normes nationales, régionales et internationales) de certification et de traçabilité des minerais de production artisanale, de la petite mine et d'exploitation industrielle, et le cas échéant, en contrôler la mise en œuvre effective ;

– assurer le contrôle de performances des comptoirs et des entités de traitement et/ou de transformation des substances minérales de production artisanale.

*6. **Direction des Carrières*** *(art. 12bis RM)*

Elle est chargée de :

– concevoir, élaborer les projets de politiques, de stratégies et de normes relatives à la recherche et à l'exploitation des produits de carrières ;

– contribuer à l'élaboration des avant-projets des textes législatifs et réglementaires ayant trait à la recherche et à l'exploitation des produits de carrières ;

– organiser, contrôler et suivre la réalisation des activités ayant trait à la recherche et à l'exploitation des produits de carrières, conformément aux dispositions légales et réglementaires en vigueur ;

– assurer le contrôle de bornage et le suivi de la réalisation des travaux de carrières en Province ;

– veiller au respect des dispositions légales concernant l'occupation des terrains, par le titulaire, et l'indemnisation des ayants droit ; des règles de l'art concernant l'exploitation des produits de carrières ; au respect des règles de transport, d'entreposage et de commercialisation des produits de carrières ; au règlement par voie de conciliation des différends concernant les servitudes de passage entre les titulaires des Autorisations d'Exploitation des Produits des Carrières.

SECTION III : DE LA COMPETENCE DE LA PROVINCE

Au niveau provincial, le législateur a commis plusieurs coquilles dans la répartition des compétences entre le gouverneur de province, le ministre provincial et le chef de division provinciale. En effet, certaines compétences sont bizarrement attribuées en même temps au gouverneur et au ministre provincial, d'une part, et d'autre part, entre ce dernier et le chef de division provinciale.

À titre d'exemples, l'article 11bis, point d, g, h, i en contradiction avec l'article 108 sexies, alinéas 2, 3 ; article 129 ; 153 ; 133.

Face à ces contradictions, le RM a souvent opté en faveur de l'autorité hiérarchique.

Article 11 : Du Gouverneur de province

Sans préjudice des prérogatives lui reconnues notamment par la loi sur la libre administration des province et d'autres lois en la matière, le

Gouverneur de province est, conformément aux dispositions du présent Code, compétent pour :

a. élaborer et proposer, conformément aux normes générales du planning national, à l'assemblée provinciale la politique provinciale relative aux programmes miniers, minéralogiques, industriels, énergétiques d'intérêt provincial ;

Cet alinéa confère au Gouverneur de province le pouvoir d'initiative dans les matières visées. Cette compétence à caractère général résulte de la Constitutionen son article 204, point 19 et est exclusive au Gouverneur. Celui-ci est le levier de la bonne gouvernance minière au niveau provincial pour les compétences à caractère minier qui sont dévolues de manière exclusive à la province.

À côté de la Constitution, il y a la loi n° 08/012 du 31 juillet 2008 portant principes fondamentaux relatifs à la libre administration des provinces telle que modifiée et complétée par la loi n° 13/008 du 22 janvier 2013.

b. superviser l'exécution par le gouvernement provincial des édits relatifs à la politique provinciale relative aux programmes miniers, minéralogiques, industriels, énergétiques d'intérêt provincial ;

Cet alinéa confère au Gouverneur le pouvoir de supervision dans la mise en œuvre des édits pris dans le secteur minier.

c. proposer l'érection d'une zone interdite aux activités minières ;

Pour la mise en application de cet alinéa, le Gouverneur pourrait utilement se référer notamment à l'article 6, alinéa 1 du CM.

d. émettre un avis en cas d'institution d'une zone d'exploitation artisanale.

Pour la mise en application de cet alinéa, le Gouverneur pourrait utilement se référer notamment à l'article 109, alinéa 2 du CM.

Le Règlement minier organise les normes générales du planning national en matière minière, et fixe le cadre général des programmes miniers, minéralogiques, industriels et énergétiques d'intérêt provincial.

Le Gouverneur dispose d'autres compétences qui ne sont pas reprises à cet article. Il s'agit notamment de :

– l'autorisation de l'ouverture d'une carrière pour les travaux d'utilité publique sur un terrain domanial ne faisant pas l'objet d'un PE ou AECP (art. 133 CM et 15 RM).

Il convient de faire observer que le législateur a accordé la même compétence au ministre provincial des mines à l'article 11 bis, point i. La compétence dévolue concurremment au ministre provincial a été neutralisée par l'article 15 du RM au profit du gouverneur qui est l'autorité hiérarchique ;

– l'autorisation de détenir les produits miniers aux bijoutiers, joailliers, artistes et dentistes (art. 108 sexies, alinéa 2 CM). Le législateur a accordé la même compétence au ministre provincial des mines à l'article 11 bis, point d. La compétence dévolue concurremment au ministre provincial devrait également être neutralisée en faveur de l'autorité hiérarchique.

***N.B.** Tout contrevenant aux dispositions des arrêtés du Gouverneur, dûment notifiés, est puni de sept jours à un mois de servitude pénale et d'une amende qui ne dépasse pas 1.000 USD pour le secteur artisanal et 10.000 USD pour le secteur industriel (art. 311 CM).*

Article 11 bis : Du ministre provincial

L'article 11 bis est la disposition la plus controversée du CM. Il est au centre de plusieurs contradictions en matière de répartition des compétences entre différentes autres autorités. Il est également en contradiction avec plusieurs autres dispositions du CM.

L'une des raisons qui explique cette situation résulte des nombreuses divergences qui avaient émergé quant à la question de savoir s'il fallait ou non conférer au ministre provincial des attributions distinctes par rapport au Gouverneur.

Selon les experts du gouvernement, il fallait accorder les compétences au Gouverneur de province et qu'il appartiendra à ce dernier de charger son ministre de les exercer. On considérait donc les membres du gouvernement provincial comme faisant partie d'un cabinet dont le gouverneur est le seul chef.

En d'autres termes, le ministre provincial ne devait être doté d'aucune compétence spécifique.

Mais le Parlement en a décidé autrement en conférant au ministre provincial des mines des compétences spécifiques. Et malheureusement, le Parlement a omis d'harmoniser son texte en tenant compte de nombreuses compétences déjà dévolues, soit au Gouverneur, soit au chef de division provinciale des mines.

Ce qui explique les nombreuses contradictions ci-dessous.

Conformément aux dispositions du présent Code et sans préjudice des dispositions de la loi sur la libre administration des provinces, le ministre provincial est compétent, après avis de conformité du Chef de Division provinciale des mines, pour :

a. exécuter, sous la supervision du Gouverneur de province, et le cas échéant en concertation avec d'autres départements ministériels provinciaux impliqués, les édits relatifs à la politique provinciale relative aux programmes miniers, minéralogiques, industriels, énergétiques d'intérêt provincial ;
b. délivrer les cartes d'exploitant artisanal ;

Pour la mise en application de cet alinéa, le ministre provincial pourrait utilement se référer notamment aux articles 111 bis, et 114 du CM pour le retrait de ladite carte.

c. délivrer les cartes des négociants des produits d'exploitation artisanale ;

Pour la mise en application de cet alinéa, le ministre provincial pourrait utilement se référer notamment aux articles 117, alinéa 2, et 119 alinéa 1 du CM pour le retrait.

d. autoriser la détention des produits miniers par des bijoutiers, joailliers, artistes et dentistes ;

Cette même compétence a été également reconnue au Gouverneur de province à l'article 108 sexies, alinéa 2 du CM. En cas d'attributions multiples et concurrentes d'une même compétence, c'est l'autorité hiérarchique qui est préférée. Il est dès lors préférable de neutraliser la compétence dévolue au ministre provincial au point « d » ci-dessus au profit du Gouverneur de province.

e. exercer, en harmonie avec les services techniques du ministère des Mines et des établissements sous tutelle du ministre, la supervision des activités des services du ministère des Mines installés en province ;
f. délivrer un récépissé au titulaire d'un droit minier ou de carrières avant le commencement de ses activités dans la province, conformément aux dispositions de l'article 215 du présent Code ;

Pour la mise en application de cet alinéa, le ministre provincial va se référer notamment à l'article 215 du CM.

g. accorder aux artistes agréés par le ministère en charge de la Culture et des Arts l'autorisation spéciale dont il est question à l'article 115 du présent Code ;

Pour les besoins de leurs métiers, il est autorisé aux artistes préalablement agréés par le ministre de la Cultureet des Arts de détenir et transporter en quantité limitée des substances minérales. Pour ce faire, une autorisation du ministre provincial est requise.

L'on peut néanmoins noter que cette même compétence a été également dévolue au chef de division des mines aux articles 115, alinéa 2 et 108 sexies, alinéa 3 du CM.

En cas d'attributions multiples et concurrentes d'une même compétence, il est dès lors préférable de neutraliser la compétence dévolue au chef de division aux articles susmentionnés pour reconnaître ladite compétence au profit du ministre provincial, son autorité.

h. octroyer les autorisations de recherches des produits de carrières et les Autorisations d'exploitation de carrières de matériaux de construction à usage courant ;

Cette compétence a été également dévolue au chef de division des mines aux articles 129, 142 et 153 du CM. En cas d'attributions multiples et concurrentes d'une même compétence, il est dès lors préférable de neutraliser la compétence dévolue au chef de division aux articles susmentionnés pour ne reconnaître ladite compétence qu'en faveur du ministre provincial des mines.

i. décider de l'ouverture des carrières pour les travaux d'utilité publique sur les terrains domaniaux.

Cette même compétence a été également dévolue au Gouverneur de province à l'article 133 du CM. En cas d'attributions multiples et concurrentes d'une même compétence, il est dès lors préférable de neutraliser la compétence dévolue au ministre provincial à l'article précité pour ne reconnaître ladite compétence qu'en faveur du Gouverneur de province qui est son autorité hiérarchique.

Par ailleurs, l'article 15 du RM a eu à lever cette option.

Le Règlement minier détermine les procédures de la délivrance des cartes d'exploitant artisanal et de négociant ainsi que les règles de collaboration entre les services techniques du ministère en charge des mines et des établissements sous tutelle du ministre.

Selon l'article 13 du RM, l'exercice des compétences dévolues au ministre provincial est soumis au dépôt et à l'enregistrement préalables desdits dossiers auprès de la division provinciale des mines.

Article 11 ter : Du Chef de Division provinciale des mines

Conformément aux dispositions du présent Code et sans préjudice d'autres prérogatives lui assignées par le cadre organique du ministère des Mines, le Chef de Division provinciale des mines est compétent pour :

a. contrôler et surveiller les activités minières en province ;

b. réceptionner les dépôts de demande d'agrément au titre des coopératives minières adressée au ministre ;

c. émettre des avis de conformité préalablement aux décisions et actes du ministre provincial relativement à l'administration des dispositions du présent Code.

Le RM spécifie les attributions du chef de division qui est compétent pour :

– contrôler et surveiller les activités minières en province ;

– réceptionner les dépôts de demande d'agrément au titre des coopératives minières adressée au ministre ;

– réceptionner, enregistrer la demande de carte d'exploitant artisanal ou de négociant et émettre un avis de conformité avant transmission au ministre provincial pour octroi desdites cartes ;

– réceptionner, enregistrer la demande de détention des produits miniers par des bijoutiers, joailliers, artistes et dentistes et émettre un avis de conformité avant transmission au ministre provincial pour autorisation de ladite détention ;

– émettre un avis technique et environnemental pour les demandes d'octroi ou de renouvellement des autorisations d'exploitations de carrières permanentes pour les matériaux de construction à usage courant ;

– réceptionner et instruire la déclaration d'ouverture et/ou de fermeture d'un centre de recherches ou d'exploitation ;

– viser, à sa présentation, l'attestation de commencement des travaux de recherches ou de développement et de construction ;

– poser les actes de constatation et de liquidation des recettes relevant du secteur des mines et dévolues à la province, aux entités administratives décentralisées ainsi que celles à caractère national, conformément à la législation en la matière ;

– émettre un avis sur l'institution d'une Zone d'Exploitation Artisanale.

***N.B.** Le fait que le CM ait classé le chef de division des mines sous la section relative aux compétences de la province ne fait pas de celui-ci un fonctionnaire provincial.*

En effet, le chef de division des mines comme tous les chefs de division dépendent du pouvoir central. Ses chefs sont le directeur et le secrétaire général sous l'autorité du ministre national des Mines et du ministre de la Fonction Publique qui sont les seuls compétents à prendre une sanction disciplinaire à son encontre.

Le gouverneur de province et le ministre provincial n'ont aucune compétence de sanction à son endroit si ce n'est que des mesures provisoires dans l'intérêt du service.

Section IV : Des Services techniques specialises

Le CM n'a pas été exhaustif dans l'énumération de services techniques spécialisés qui doivent, en vertu de l'article 16, intervenir pour appliquer les dispositions du CM. Il faudrait se référer également au RM spécialement en ses articles 14 et 14 bis.

Article 12 : Du Cadastre minier

Le Cadastre minier est un établissement public chargé de la gestion du domaine minier ainsi que celle des titres miniers et des carrières et placé sous la tutelle du ministre.

Pour couvrir ses frais de fonctionnement, le Cadastre minier est autorisé à percevoir et à gérer les frais de dépôt des dossiers et une quotité des droits superficiaires annuels par carré.

Un décret du Premier ministre, délibéré en Conseil des ministres, en fixe les statuts, l'organisation et le fonctionnement conformément au présent Code et à la loi n° 08/008 du 7 juillet 2008 portant dispositions générales applicables aux établissements publics.

Voir commentaires sous l'article 12 bis.

Article 12bis : De l'organisme spécialisé des recherches

Un décret du Premier ministre institue un organisme spécialisé chargé de la recherche dans le domaine minier.

Il en détermine l'organisation et le fonctionnement.

En parlant de l'organisme spécialisé des recherches, le législateur fait allusion au Service Géologique national du Congo (SGNC). Voir commentaires ci-dessous.

Les services techniques et organismes spécialisés

Le CM (art. 12 et 12 bis) et le RM (art. 14 à 14 septies) ont identifié six services techniques spécialisés sous tutelle du ministre des Mines qui sont autorisés d'intervenir dans l'application du code minier. Il s'agit du Cadastre minier (CAMI) ; du Service géologique national du Congo (SGNC) ; du Centre d'évaluation, d'expertise et de certification des substances minérales précieuses (CEEC) ; du Service d'assistance et d'encadrement de l'exploitation minière artisanale et à petite échelle (SAEMAPE) ; de la Cellule technique de coordination et de planification minière (CTCPM) ; du Fonds Minier pour les générations futures (FOMIN).

1. Le Cadastre minier (CAMI)

Le CAMI est un établissement public qui est régi par le décret n° 17/005 du 03 avril 2017 portant statuts, organisation et fonctionnement d'un établissement public dénommé « Cadastre minier ». Il est aussi régi par la loi du 7 juillet 2008. Il est doté d'une personnalité juridique et jouit d'une autonomie administrative et financière. Ses attributions sont de procéder à l'inscription de la demande d'octroi des droits miniers et/ou de carrières ;des droits miniers et/ou de carrières octroyés ainsi que des décisions de refus ;du cas de retrait, d'annulation et de déchéance de droits miniers et de/ou de carrières ; des mutations et amodiations des droits miniers ;des sûretés minières.

Il est aussi chargé de l'instruction cadastrale des demandes des droits miniers et/ou de carrière ; du renouvellement, de l'extension, des mutations, des amodiations et de la renonciation des droits miniers et/ou de carrières.

Il est sous la tutelle du ministre des Mines.

2. Le Service géologique national du Congo (SGNC)

Le SGNC est un établissement public qui a été créé par le décret n° 17/016 du 04 décembre 2017 portant ses statuts, organisation et fonctionnement. Il est régi par la loi du 7 juillet 2008. Il a une personnalité juridique et jouit d'une autonomie administrative et financière.

Il est notamment chargé de procéder à :

– la cartographie géologique assistée par la télédétection, les levées géophysiques et les études géochimiques ;

– l'investigation du sol et/ou du sous-sol en vue de l'identification des indices des gîtes minéraux et des produits de carrières ;

– la compilation, l'archivage, l'étude, la synthèse, la publication et la vulgarisation de l'information sur la géologie nationale et internationale et, en général, la promotion de l'investissement en recherche géologique dans le Territoire National.

– la réception, le contrôle, l'archivage et la conservation des échantillons témoin des sols, des roches et des minerais déposés par les prospecteurs CT les titulaires des droits miniers et des carrières, ainsi que l'apposition du visa sur les descriptions des échantillons témoins déposés ;

– l'étude et l'élaboration des avis techniques sur le classement, le déclassement ou le reclassement des substances minérales en mines ou en produits de carrières et inversement ; l'ouverture et la fermeture d'une zone d'exploitation artisanale et le classement ou le déclassement d'une substance déclarée « substance réservée » ;

– l'élaboration et mise en œuvre du programme national d'infrastructure géologique spécialement en matière de cartes géologiques régulières et autres cartes thématiques à des échelles définie par voie réglementaire ;

– la conservation du patrimoine de connaissances géologiques nationales ;

– l'élaboration et mise à jour de l'inventaire minéral national ;

– l'élaboration des normes relatives à la classification et à l'estimation des ressources minérales et des réserves minières selon diverses catégories ;

– la réalisation et publication officielle des cartes géologiques de la RDC, les revues et annales portant sur les géosciences, etc. ;

– la participation aux travaux des commissions nationales et aux programmes internationaux de géosciences ;

– la réalisation des diverses prestations sous forme d'assistance technique aux opérateurs économiques, aux chercheurs et étudiants ;

– la possibilité de contracter des accords avec des organismes internationaux similaires. Il est sous la tutelle du ministre des Mines.

3. Centre d'évaluation, d'expertise et de certification des substances minérales précieuses (CEEC)

Le CEEC est un établissement public créé par décret n° 11/28 du 7 juin 2011. Il est régi par la loi du 7 juillet 2008.

Il a une personnalité juridique et jouit d'une autonomie administrative et financière.

Il a pour objet d'expertiser, analyser, évaluer et certifier en RDC :

– les substances minérales précieuses ;

– les substances minérales semi-précieuses et pierres de couleur ;

– les métaux précieux et semi-précieux et les métaux rares associés ou non aux métaux majeurs ferreux et non ferreux ;

– les substances minérales de production artisanale.

Il est sous la tutelle du ministre des Mines.

4. Service d'assistance et d'encadrement de l'exploitation minière artisanale et à petite échelle (SAEMAPE)

Le SAEMAPE est un service public créé par décret n° 17/09 du 4 avril 2017.

Comme tout service public, il n'a pas de personnalité juridique distincte de celle de l'État mais il est doté d'une autonomie administrative et financière.

Il est notamment chargé de :

– assister et encadrer l'exploitation artisanale et à petite échelle des substances minérales ;

– encourager et s'assurer du regroupement des exploitants artisanaux des substances minérales ou de produits de carrières en coopérative minière ;

– ramener, à l'ensemble des activités de l'exploitation artisanale ou semi-industrielle, les produits de carrières dans le circuit officiel de production et de commercialisation ;

– requérir auprès du ministre des Mines l'institution d'une Zone d'Exploitation Artisanale ;

– recevoir notification de l'institution d'une ZEA ;

– émettre un avis sur notamment sur la fermeture de la ZEA ;

– informer les coopératives minières ou de produits de carrières agréées de la fermeture d'une ZEA.

5. Cellule technique de coordination et de planification minière (CTCPM)

La CTCPM est un bureau d'études et un organe de conseil créée par ordonnance n° 78/153 du 11 avril 1978 telle que modifiée par décret n° 08/10 du 16 juin 2008.

Elle n'a pas de personnalité juridique. Il s'agit du prolongement du cabinet du ministre des Mines pour exercer les compétences qui lui sont dévolues. Il joue le rôle de cabinet permanent lorsque celui politique est obligé de changer au gré d'incessants et continuels remaniements ministériels.

Elle est chargée de :

– l'harmonisation et la coordination entre les ministères et les organismes intéressés à la solution des problèmes miniers ;

– la programmation des activités minières nationales liées à la recherche, à la valorisation des indices minières, à la production, au traitement, au transport et à la commercialisation des produits miniers ;

– la centralisation et l'organisation de la circulation de l'information du secteur minier ;

– le contrôle de la réalisation des activités minières programmées.

6. Fonds Minier pour les générations futures (FOMIN)

Voir commentaires sous article 8 bis.

Article 13 : (abrogé).

Article 14 : (abrogé).

Article 15 : (abrogé).

Article 16 : De la restriction de compétence

Sans préjudice des dispositions de l'article 46 du présent Code et des dispositions du Règlement minier, en dehors des ministères en charge des Mines, de l'Environnement et des Finances, des gouvernements provinciaux, des services publics qui en dépendent ou qui sont sous leur tutelle ainsi que des organes de l'État expressément visés dans le Code ou dans le Règlement minier, aucun autre service ou organisme public ou étatique n'est compétent pour faire appliquer les dispositions du présent Code et agir directement dans le secteur minier.

Pour éviter des inspections injustifiées ou des contrôles intempestifs de la part de quiconque le voudrait, le législateur a préféré limiter l'application du CM à certaines institutions exhaustivement citées.

En dehors d'elles, les titulaires des droits miniers et de carrières ne sont pas obligés de les recevoir ni de donner suite à leurs requêtes ou injonctions.

En ce qui concerne les autorités politico-administratives :

Au niveau central

Premier ministre ; ministre des Mines ; ministre des Finances ; ministre de l'Environnement ; ministre des Affaires sociales.

Au niveau provincial

Gouverneur de province ; ministre provincial des mines ; chef de secteurs en qualité d'autorité de l'entité territoriale décentralisée.

En ce qui concerne l'administration publique

Secrétaire Général aux mines ; direction des mines ; direction de géologie ; direction de carrières ; direction de protection de l'environnement minier ; direction de l'inspection minière ; division provinciale des mines.

En ce qui concerne les organismes techniques spécialisés

CAMI ; SAEMAPE ; CEEC ; CTCPM ; SGNC ; FOMIN ; DGDA ; DGRAD ; DGI ; ACE ; FNPSS.

Ainsi, le décret n° 19/16 du 5 novembre 2019 portant création, organisation et fonctionnement de l'Autorité de régulation et de contrôle des marchés des substances minérales stratégiques (ARECOMS) constitue une violation du CM et du RM.

Cet établissement public qui n'est cité ni par le CM ni par le RM semble s'attribuer des compétences relevant du CEEC, du SAEMAPE, de la DGM, de l'OCC, etc.

Ce qui n'est pas conforme ni au CM ni au RM.

Article 16 bis : De la formation

Le Gouvernement définit et met en œuvre la politique de l'emploi et de la formation des nationaux dans le secteur des mines.

Le Règlement minier fixe les modalités de l'application du présent article.

Cette disposition impose au Gouvernement une double obligation :

– d'adopter une politique claire en matière d'accès à l'emploi en faveur des Congolais qui bénéficient de la priorité d'embauche ;

– d'assurer une formation continue de qualité en vue de renforcer les capacités des employés congolais.

Cette disposition vise à contribuer à la création d'une classe moyenne des Congolais dans le secteur minier.

1. De l'emploi

En matière d'accès à l'emploi, selon la phase du projet minier, un quota minimum d'employés congolais est requis (art. 405 quinquies RM).

Tableau de l'article 405 quinquies

Catégorie d'emploi	***Phases du projet***				
	Recherche minière	*Développement et construction*	*Production commerciale*		
			1e- 5e année	*6e- 10e année*	*11e et au-delà*
Cadres de direction	*20 %*	*25 %*	*60 %*	*65 %*	*70 %*
Cadres de maîtrise	*30 %*	*35 %*	*70 %*	*75 %*	*80 %*
Ouvriers qualifiés	*60 %*	*40 %*	*80 %*	*85 %*	*90 %*
Manœuvres	*80 %*	*85 %*	*90 %*	*95 %*	*100 %*

Le tableau ci-dessus prévu à l'article 405 quinquies du RM n'est pas conforme à l'article 185, point 8 du Code du travail qui interdit à l'employeur d'avoir dans les effectifs de son personnel plus de 15 % des personnes de nationalité étrangère.

Par ailleurs, l'arrêté ministériel n° 121/CAB.MIN/TPS/112/2005 du 26 octobre 2005 fixant les pourcentages maxima autorisés des travailleurs étrangers au sein des entreprises édicte que dans les entreprises extractives dont celles minières, les étrangers, agents subalternes ne peuvent être supérieurs à 2 % de l'ensemble du personnel de cette catégorie ; de même que les étrangers, agents de maîtrise et cadres de collaboration ne peuvent être supérieurs à 2,5 % de l'ensemble de cette catégorie, alors les étrangers, agents de direction ne peuvent être supérieurs à 2 %.

Or, la lecture du RM montre que les étrangers œuvrant dans les industries minières, peuvent selon les catégories et la phase du projet être plus nombreux que la norme dans les autres secteurs.

Ceci s'explique par le caractère parfois spécifique du secteur minier et par l'absence des qualifications nationales pour certains postes. Dans l'avenir, il est nécessaire de se rapprocher des maxima prévus dans les autres législations. Il est clair que, quoiqu'étant défavorables aux nationaux sur cette question, les CM et RM seront seuls d'application et non pas le Code du travail ni l'arrêté susvisé.

Illustration

Pour la mise en œuvre de l'article 16 bis du CM, nos recherches montrent que certaines sociétés minières notamment Kibali GoldMines, dont les rapports sont disponibles, s'emploie très activement dans le renforcement des capacités et le transfert des compétences, tant de son personnel que des entrepreneurs congolais, partenaires à son projet minier.

Pour ce qui est du transfert des compétences, les rapports sur cette société renseignent qu'elle s'assure de l'effectivité du transfert des compétences entre les sous-traitants étrangers ayant été impliqués dans les divers travaux et les entrepreneurs locaux. Progressivement, la main-d'œuvre congolaise remplace celle étrangère dès que leur niveau de connaissance atteint le confort requis (Lire Rapport KGM, 2020).

Tel est le cas des sous-traitants congolais ayant assisté la société étrangère chargée de la construction des 2 premières centrales hydroélectriques qui se sont vus confier l'entière responsabilité des travaux de génie civil et construction de la 3e centrale hydroélectrique d'Azambi.

En ce qui concerne les employés congolais de Kibali, le transfert des compétences se réalise en conformité avec le Plan de la localisation des expatriés.

En termes de quota, 100 % des manœuvres et 90 % de ses cadres seraient congolais (Lire Rapport KGM, 2020).

Ce qui est appréciable et conforme au tableau ci-dessus prévu par le RM.

2. De la formation

En matière de formation, chaque société doit disposer d'un budget annuel pour le renforcement des capacités de ses agents selon ses besoins. L'un des buts poursuivis est d'assurer l'efficacité de la société dans ses activités de terrain et de voir les Congolais occuper la quasi-totalité des postes de direction et de maîtrise dans les dix années qui suivent la production commerciale.

Les sociétés sont tenues d'inclure un volet de formation en faveur des élèves et étudiants qui sont dans la filière des sciences et techniques minières (art. 405 sexies).

Illustration

Selon les rapports consultés de 2020, Kibali GoldMines constitue également un exemple en matière de formation. Celle-ci investirait considérablement dans la formation continue de son personnel, grâce au budget alloué annuellement par l'entreprise.

En ce qui concerne les différents domaines clés des formations organisées au cours des deux dernières années, il est cité notamment :

– les opérateurs des différentes machines affectés dans les opérations d'exploitation souterraines (Jumbo ; solo...) ;

– les superviseurs des postes ;

– les opérateurs dispache (Automation dans la mine souterraine et la maintenance électrique) ;

– la mécanique automobile, générale et auto-électrique.

La société organise également, en collaboration avec les universités locales, des stages académiques et professionnelles dans les filières administratives et techniques.

Un programme de bourses est développé par le Département des Ressources humaines, en collaboration avec les responsables communautaires. Les élèves ont la possibilité de continuer leurs études dans les universités et établissements d'enseignement supérieur du pays. En partenariat avec l'INPP, la société construit un centre de formation professionnel à Durba. Ce projet est développé en collaboration avec les autorités locales pour le développement des jeunes. Les modules et programmes seront adaptés à la demande en main-d'œuvre locale. Ce qui est conforme à l'article 405 sexies alinéa 3 du RM.

3. Quelles sont les institutions chargées du suivi de l'embauche et de la formation ?

La CTCPM est chargée du suivi et du contrôle du plan d'embauche, de formation et de perfectionnement du personnel (art. 405 sexies du RM). Toutefois, lorsqu'il s'agit de l'exploitation artisanale, cette attribution est dévolue au conjointement à l'Administration des mines, au SAEMAPE et à la CTCPM (art. 233 RM).

4. Qui sont débiteurs de l'obligation d'organiser les formations ?

Les redevables de cette obligation sont les titulaires des droits miniers ou de carrières, l'amodiataire et les détenteurs d'agrément au titre d'entité de traitement ou de transformation. Ceux-ci doivent établir et mettre en œuvre un programme de formation du personnel congolais afin que ces derniers acquièrent des compétences requises en vue de l'occupation des postes de directions dans les dix années suivantes.

Chapitre III :
De la prospection

Article 17 : (abrogé)

Article 18 : (abrogé)

Article 19 : (abrogé)

Article 20 : (abrogé)

Article 21 : (abrogé)

Article 22 : (abrogé)

Titre II :
Des dispositions communes

Chapitre I :
De l'éligibilité

Article 23 : De l'éligibilité aux droits miniers et de carrières

Sans préjudice des dispositions de l'article 27 ci-dessous, sont éligibles aux droits miniers et de carrières :

a. toute personne morale de droit congolais qui a son siège social et administratif sur le territoire national et dont l'objet social porte exclusivement sur les activités minières ;

b. toute personne morale de droit étranger dont l'objet social porte exclusivement sur les activités minières et qui se conforme aux lois de la République ;

c. tout organisme à vocation scientifique.

Les personnes éligibles visées au littera b du présent article sont tenues d'élire domicile auprès d'un mandataire en mines et carrières établi dans le Territoire National et d'agir par son intermédiaire.

Les personnes morales de droit étranger et les organismes à vocation scientifique cités aux littera b et c du présent article ne sont éligibles qu'aux droits miniers et/ou de carrières de recherches.

Deux innovations sont apportées à cet article :

– Avant la modification de 2018, les personnes physiques et morales pouvaient être éligibles aux droits miniers et de carrières. Désormais, la règle est

clairement établie : seules les personnes morales sont éligibles aux droits miniers et de carrières.

Cette disposition ne vise que l'exploitation industrielle et à petite échelle. N'est pas concernée l'exploitation artisanale qui est traitée à l'article 26 du CM.

– l'objet social de la société doit porter exclusivement sur les activités minières.

Le Guichet unique de création d'entreprise et les greffes des tribunaux de commerce font de cette disposition l'une des conditions de recevabilité et d'octroi du Registre de commerce et de crédit immobilier (RCCM).

Pour être éligibles, l'amodiataire (art. 179 CM), le créancier hypothécaire, le tiers substitué (art.172 CM), le cessionnaire (art. 182 bis CM) et le titulaire par transmission (art. 187 CM) doivent remplir les conditions prévues à l'article 23.

La personne morale de droit étranger est supposée ne pas avoir de siège social en RDC. Par conséquent, elle est tenue d'élire domicile auprès d'un mandataire en mines.

Cette personne morale de droit étranger et l'organisme à vocation scientifique se limitent au niveau du permis de recherche ou de l'autorisation de recherche des produits de carrières.

Il ne leur est pas reconnu la possibilité de solliciter ni le PE ni l'AECP.

Article 23 bis : De l'accès à l'exercice des droits miniers et de carrières

Les personnes morales désireuses d'investir dans le secteur minier sont tenues de fournir les documents ci-après :

a. l'attestation fiscale ou l'équivalent, en cours de validité délivrée par l'Institution compétente du pays d'origine du requérant ;

b. l'attestation de bonne vie et mœurs et l'extrait du casier judiciaire en cours de validité pour les associés de la personne morale, délivrés par les autorités compétentes du pays d'origine ;

c. l'engagement écrit de déclarer en République Démocratique du Congo les profits et revenus réalisés.

Cette disposition contribue à la moralisation et à l'assainissement du droit des affaires parce qu'elle vise à lutter contre les financements des crimes internationaux notamment le blanchiment des capitaux, le terrorisme, etc.

Elle concerne la personne morale titulaire, et dans la mesure du possible, les associés, personnes physiques, qui la composent.

La non-présentation de l'un des documents prévus autorise l'administration à déclarer irrecevable la requête en vue d'accéder aux droits miniers et de carrières.

Article 24 : De l'élection de domicile

L'élection de domicile dont question à l'article précédent est expresse et ne peut se faire que par écrit.

Toutes significations, demandes et poursuites pour l'exécution d'un acte pour lequel le domicile a été élu, sont valablement faites à ce domicile.

La personne morale de droit congolais dispose d'un siège social géographiquement identifié sur le territoire congolais. Par contre, la personne morale de droit étranger élit domicile à l'adresse du mandataire en mines.

Dans les deux cas, la personne morale est tenue de faire déclaration de son domicile au cadastre minier national ou provincial en vue des notifications éventuelles.

Tout changement de domicile doit être signalé dans les 15 jours suivants ledit changement. À défaut, les notifications continueront d'être transmis à l'ancien domicile (art. 27 RM).

Article 25 : Des mandataires en mines et carrières

Les mandataires en mines et carrières sont préalablement agréés par le ministre en raison de leur honorabilité, moralité, compétences et connaissances approfondies dans la législation minière ou dans la gestion du domaine des mines ou de carrières.

Outre la représentation, les mandataires en mines et carrières ont pour mission de conseiller et/ou d'assister toute personne intéressée dans l'octroi et l'exercice des droits miniers et de carrières ainsi que dans le contentieux y afférent.

L'Administration des Mines tient et publie la liste des mandataires agréés et l'actualise annuellement.

Le Règlement Minier fixe les conditions d'agrément des mandataires en mines et carrières.

Cette disposition est mise en application par les articles 30 à 38 du RM.

Dans l'esprit du législateur, les mandataires disposent d'une compétence exclusive de représentation des titulaires miniers et de carrières devant l'administration et les tiers. Ainsi, un avocat qui n'est pas revêtu de la qualité de mandataire en mines ne saurait, à défaut d'irrecevabilité, adresser une requête en faveur d'un titulaire minier et de carrières auprès ni de l'administration publique des mines ni du CAMI, ni du ministre des Mines.

Toute personne physique ou morale peut être agréée en qualité de mandataire en mines et carrières aux conditions énumérées aux articles 32 et 33 du RM.

Le dossier de demande fait en double exemplaire est adressée au ministre des Mines mais déposée à la direction des Mines.

L'agrément est accordé par voie d'arrêté du ministre des Mines. Contrairement au prescrit de l'article 36, alinéa 2 du RM qui confère au directeur des mines le pouvoir de notifier l'arrêté d'agrément, cette compétence est plutôt dévolue au Secrétaire général en vertu de l'article 8 ter du RM.

La direction des mines tient à jour une liste de mandataires en mines et carrières agréés.

Article 26 : De l'éligibilité à l'exploitation artisanale

Sans préjudice des dispositions de l'article 27 ci-dessous, seules les personnes physiques majeures de nationalité congolaise détentrices des cartes d'exploitant artisanal et affiliées aux coopératives minières ou des produits de carrières agréées sont éligibles à l'exploitation artisanale.

Sans préjudice des dispositions de l'article 27 ci-dessous, seules les personnes physiques majeures de nationalité congolaise peuvent acquérir et détenir les cartes de négociant.

Dans le strict respect des dispositions de l'article 27 du présent Code, sont éligibles au titre de comptoir d'achat des substances minérales d'exploitation artisanale :

. a) toute personne physique majeure de nationalité congolaise ;

. b) toute personne physique majeure de nationalité étrangère ayant un domicile dans le Territoire National ;

. c) toute personne morale de droit congolais ayant son siège social et administratif dans le Territoire National et dont l'objet social porte sur l'achat et la vente des substances minérales d'exploitation artisanale.

Cette disposition ressort les considérations suivantes :

– les personnes physiques majeures de nationalité congolaise, sont éligibles à l'exploitation artisanale. Cependant, elles doivent nécessairement remplir une double condition : posséder une carte d'exploitant artisanal et s'affilier à une coopérative minière agréée (art. 109 à 114 bis CM et 223 à 232 RM). Un exploitant artisanal ne peut donc exercer l'activité minière à titre isolé ;

– les personnes physiques majeures congolaises peuvent détenir les cartes de négociant (art. 117 à 119 CM) ;

– les personnes physiques congolaises ou étrangères et les personnes morales peuvent ouvrir des comptoirs d'achat des substances issues de l'exploitation artisanale (art. 120 à 127 CM).

Article 27 : Des personnes non éligibles

Ne sont pas éligibles pour solliciter et obtenir les cartes d'exploitant artisanal, de négociant, l'agrément au titre de coopérative minière ou des produits de carrières ainsi que l'agrément au titre de comptoir d'achat et de vente des substances minérales d'exploitation artisanale :

. a) les agents et fonctionnaires de l'État, les magistrats, les membres des Forces armées, les agents de la Police nationale et des Services de Sécurité, les employés des organismes publics habilités à procéder aux opérations minières. Toutefois, cette incompatibilité ne concerne pas leur prise de participation dans le capital des sociétés minières ;

. b) toute personne frappée d'incapacité juridique prévue à l'article 215 de la loi n° 87-010 du 01 août 1987 portant Code de la Famille, telle que modifiée à ce jour ;

. c) toute personne frappée d'interdiction, notamment :

a. la personne condamnée par un jugement coulé en force de chose jugée pour des infractions à la législation minière et de carrières ou à celles se rapportant aux activités économiques de ses droits miniers et de carrières et de ses sociétés affiliées et ce, pendant dix ans ;

b. la personne à laquelle la carte d'exploitation artisanale ou de négociant a été retirée et ce, pendant trois ans ;

c. la personne à laquelle l'agrément au titre des comptoirs d'achat et de vente des substances minérales d'exploitation artisanale a été retirée et ce, pendant cinq ans.

Cette disposition vise l'exploitation artisanale prévue à l'article 26 parce qu'elle concerne les personnes physiques lesquelles sont déjà exclues de l'éligibilité pour l'exploitation industrielle et à petite échelle.

Article 27 bis : De la remise en cause de l'éligibilité aux droits minier et de carrières

L'éligibilité du titulaire d'un droit minier ou de carrières ne peut être remise en cause et entraîner l'annulation dudit droit par le juge, conformément à l'article précédent du présent Code, à la diligence du Cadastre minier, de l'officier du ministère public ou de tout tiers lésé, que dans les trois mois qui suivent la publication de cette loi au Journal officiel ou à défaut, dans les trois mois qui suivent la date de la prise de connaissance de son existence.

Après le délai de trois mois dont question à l'alinéa précédent du présent article, à l'initiative du Cadastre minier, de l'officier du ministère public ou de tout tiers lésé, l'inéligibilité du titulaire peut être constatée par une décision de justice, coulée en force de chose jugée, laquelle est notifiée au Cadastre minier par l'officier du ministère public, le juge ou tout tiers lésé. Dans ce cas, le Cadastre minier prépare et envoie à l'autorité d'octroi, dans les dix jours qui suivent la notification, un projet d'arrêté du retrait dudit droit avec effet rétroactif au jour de la perte de l'éligibilité.

1. Quelles les personnes visées ?

Cette disposition est ambiguë dans la mesure où elle vise l'article précédent (art. 27) lequel concerne l'inéligibilité des personnes physiques à l'exploitation artisanale alors que son contenu évoque des titulaires de droit minier ou de carrières qui sont concernés par l'article 23.

En réalité, la disposition pose la question de la découverte ultérieure d'une cause d'inéligibilité dans le chef d'un titulaire dont l'éligibilité a pourtant été reconnue mais à tort.

2. Quelle est la nature de ce contentieux ? Qui peut l'enclencher ? Et quel est le tribunal compétent ?

Seuls le CAMI, l'Officier du ministère public et le tiers lésé peuvent enclencher la procédure devant le juge. Il s'agit d'un procès en contestation de l'éligibilité. Sauf si le titulaire est un organisme à vocation scientifique, le tribunal compétent est celui de commerce (Tricom).

En effet, les contestations entre commerçants, ou entre un non-commerçant et un commerçant, si ce dernier est défendeur, relèvent de la compétence du

Tricom selon l'article 17 de la loi du 03 juillet 2001 portant création, organisation et fonctionnement des tribunaux de commerce.

Chapitre II :
Des périmètres miniers et de carrières

Article 28 : De la forme des Périmètres miniers et de carrières

Les droits miniers ou de carrières sont accordés pour des substances minérales à l'intérieur du Périmètre.

Le périmètre est en forme de polygone composé de carrés entiers contigus, sous réserve des limites imposables par les frontières du territoire national et celles se rapportant aux zones interdites et aires protégées telles que précisées dans le Règlement minier.

Le Territoire National fait l'objet d'un quadrillage cadastral minier selon le système des coordonnées appropriées précisé dans le Règlement Minier. Ce quadrillage définit les carrés uniformes et indivisibles dont les côtés sont orientés Nord-Sud et Est-Ouest.

Le Périmètre ne comprend pas des carrés qui ne font pas partie du Périmètre faisant l'objet du droit minier ou de carrières.

> *Le principe posé est que l'activité minière ne peut s'exercer que dans les limites du périmètre accordé.*
>
> *L'unité cadastrale de base est le carré minier. Sa superficie est de 84,955 hectares.*
>
> *Cette disposition est mise en application par les articles 39 ; 102, alinéa 2 ; 120 alinéa 1, point 3 ; 149 alinéa 2 ; 275, alinéa 2 ; 307, alinéa 1 du RM.*

Article 29 : De la localisation des Périmètres miniers et de carrières

La situation géographique du Périmètre est identifiée par les coordonnées du centre de chaque carré dont il est composé.

Les Périmètres sont indiqués sur des cartes à l'échelle 1/200.000 détenues par le Cadastre Minier.

Le Règlement Minier fixe les modalités du quadrillage cadastral minier ainsi que les règles régissant l'identification des Périmètres miniers et de carrières.

Si les carrés miniers octroyés chevauchent deux ou plusieurs provinces, le CAMI prend la décision de les affecter à la province où se trouve le centre du carré.

Si le centre se trouve exactement sur la ligne de frontière entre provinces, le carré relève de la compétence de la province où se trouve la plus grande partie de la superficie du carré.

Si la superficie des carrés est divisée en parts égales entre provinces, le CAMI affecte la première à l'une des provinces concernées, la seconde à l'autre province et ainsi de suite.

Cette disposition est mise en application par l'article 40 du RM.

Article 30 : Des empiétements des Périmètres miniers et de carrières

Les Périmètres des droits miniers et de carrières ainsi que les zones d'exploitation artisanale sont exclusifs. Ils ne peuvent empiéter les uns sur les autres, sauf dans les cas suivants :

. a) le Périmètre d'un droit minier de recherches peut être superposé sur le Périmètre d'un droit de carrières de recherches ou d'exploitation temporaire ;

. b) le périmètre d'un droit minier d'exploitation peut être superposé sur le périmètre d'un droit de carrières de recherches ou d'exploitation temporaire. Le droit sur la partie du périmètre de l'Autorisation de recherches des produits de carrières sur laquelle le périmètre d'un droit minier d'exploitation est superposé, est éteint moyennant une juste indemnisation ;

. c) le périmètre d'une autorisation de recherches des produits de carrières peut être superposé sur le périmètre d'un droit minier de recherches, moyennant le consentement du titulaire du Permis de recherches ;

. d) le périmètre d'une autorisation de carrières d'exploitation peut être superposé sur le périmètre d'un droit minier de recherches ou, avec le consentement du titulaire, sur une partie du périmètre d'un Permis d'exploitation ;

. e) le périmètre d'une zone d'exploitation artisanale peut être superposé sur le périmètre d'un droit minier ou de carrières avec l'autorisation expresse et écrite du titulaire. Dans tous les cas, le titulaire est tenu de déposer concomitamment une demande de renonciation sur la partie du périmètre empiétée par la zone d'exploitation artisanale.

La superposition peut être définie comme la coexistence de deux droits miniers ou de carrières distincts sur un même périmètre. C'est une exception au principe d'exclusivité de droits miniers ou de carrières sur un périmètre. Il s'agit d'un empiétement.

Le législateur a prévu plusieurs hypothèses :

– un empiétement sans contrepartie (point a et d sur le PR uniquement) ;

– un empiétement moyennant une indemnisation (point b) ;

– un empiétement moyennant consentement du titulaire et sans indemnisation (point c et d sur le PE uniquement) ;

– un empiétement moyennant consentement écrit et renonciation du titulaire effectués de manière concomitante (point e). À cet effet, il faudrait lire également l'article 109, alinéa 3, in fine du CM et les commentaires qui s'y rapportent pour comprendre la cohérence entre les deux dispositions.

Cette disposition est mise en application par l'article 40 bis du RM.

Droits empiètants	***Droits empiétés***	***Observations***
PR	ARPC ou AECT	Sans indemnisation
PE	ARPC ou AECT	Indemnisation
ARPC	PR	Consentement du titulaire du PR
AECP	PR	Sans contrepartie
AECP	PE	Consentement du titulaire du PE
ZEA	PR, PE, PEPM, ARPC, AECT, AECP	Consentement suivi de la renonciation du titulaire

En d'autres termes, le législateur consacre le principe d'empiétements négociés dans la mesure où les cas envisagés font appel, soit au consentement du titulaire victime, soit au paiement d'une juste indemnisation.

Article 31 : Du bornage des Périmètres miniers ou de carrières

Dans les deux mois suivant la délivrance d'un titre minier ou de carrières d'exploitation, le titulaire procède, à ses frais, au bornage de son Périmètre.

Le bornage consiste en la pose d'une borne à chacun des sommets du Périmètre couvert par son titre en y installant un poteau permanent indiquant les mentions du nom du titulaire, du numéro de son titre et de celui de l'identification de la borne.

La nature et la forme de la borne ainsi que les modalités de réalisation du bornage sont déterminées par le Règlement minier.

Le bornage poursuit plusieurs buts notamment de permettre aux tiers d'identifier le titulaire, d'indiquer que le périmètre est attribué, d'éviter les accidents de circulation.

Les bornes doivent être en bois et non pas en acier et fixées de manière visible.

Le bornage est effectué par le titulaire du droit minier ou des carrières sous le contrôle d'un agent assermenté du CAMI.

Le défaut de bornage constitue une infraction qui est punie d'une peine de six mois d'emprisonnement et d'une amende de 2.000 à 10.000 USD.

Cette disposition est mise en œuvre par les articles 19, 482 et 483 du RM ainsi que 310 du CM.

Chapitre III :
De la procédure d'octroi des droits miniers ou de carrières et de la délivrance des titres miniers et de carrières

Article 32 : Du principe de la transparence des procédures

En vue d'assurer la transparence, l'objectivité, l'efficacité et la rapidité dans les processus de réception, d'instruction, de décision et de notification relatifs aux demandes d'octroi des droits miniers ou de carrières ainsi que dans la délivrance des titres octroyés y afférents, la procédure prévue dans le présent chapitre, s'applique, sous réserve des dispositions particulières à chaque droit minier et de carrières, à l'octroi des droits miniers et de carrières organisés dans le présent Code.

La procédure d'octroi des droits miniers ou de carrières et de délivrance des titres y afférents est de stricte application.

Cette disposition établit le principe général en matière de transparence, d'objectivité, d'efficacité et de rapidité.

Le principe de transparence est le principe phare dans la mesure où il englobe les autres. En effet, évoquer la transparence suppose que l'objectivité, l'efficacité et la rapidité ont été respectées (art. 28 RM).

Le principe d'objectivité est mis en œuvre notamment dans les critères d'éligibilité en vue d'obtenir des décisions non discriminatoires et non fantaisistes.

Les principes d'efficacité et de rapidité sont mis en œuvre lors de la réception du dossier de demande, de son instruction, des décisions qui s'en suivent ainsi que des mécanismes de leur inscription par voie judiciaire.

Article 33 : Des droits miniers et de carrières soumis à un appel d'offres

Le Gouvernement, par le truchement du ministre, soumet à l'appel d'offres, ouvert ou restreint, les droits miniers et de carrières portant sur tout gisement étudié, documenté ou éventuellement travaillé par l'État, à travers ses services.

Dans ce cas, le ministre réserve, par arrêté, les droits miniers sur le gisement à soumettre à l'appel d'offres. Avant de réserver des autorisations des carrières pour l'appel d'offres, le ministre consulte le ministre provincial des mines et la communauté locale concernée dans le cadre d'une commission de consultation dont les modalités sont fixées par voie réglementaire.

La réservation des droits miniers et/ou de carrières sur le gisement soumis à l'appel d'offres est confirmée par le Premier ministre dans les trente jours de l'entrée en vigueur de l'arrêté y relatif du ministre.

L'appel d'offres est conclu endéans neuf mois à compter de la réservation du gisement à soumettre à l'appel d'offres.

L'appel d'offres, précisant les termes et conditions des offres ainsi que la date et l'adresse auxquels les offres devront être déposées, est publié au Journal officiel. Il peut également être publié dans les journaux locaux et internationaux spécialisés.

Les offres déposées conformément aux termes et conditions de l'appel d'offres sont examinées promptement par une Commission Interministérielle dont les membres sont nommés et convoqués par le ministre afin de sélectionner la meilleure offre sur la base de :

. a) programme des opérations proposées et des engagements des dépenses financières y afférentes ;

. b) ressources financières et techniques disponibles de l'offrant ;

. c) l'expérience antérieure de l'offrant dans la conduite des opérations proposées ;

. d) divers autres avantages socio-économiques pour l'État, la province et la communauté environnante, y compris le bonus de signature offert.

L'appel d'offres se fait conformément à la procédure prévue par la législation congolaise en matière de passation des marchés publics et à celle généralement admise ou reconnue par la pratique minière internationale.

À la conclusion de la procédure de l'appel d'offres, le ministre publie le résultat de la sélection et la levée de la réservation.

Le Règlement minier détermine les modalités d'organisation et de fonctionnement de la Commission Interministérielle prévue à l'alinéa 6 du présent article.

Lorsqu'un gisement est documenté ou travaillé par l'État, il ne peut être cédé aux tiers que par une procédure d'appel d'offres conformément à la loi n° 10/010 du 27 avril 2010 relative à la passation des marchés publics.

Les acteurs qui interviennent sont le Premier ministre, le ministre des Mines, le ministre provincial des mines, la communauté locale et la commission interministérielle d'adjudication.

C'est au ministre des Mines qu'est reconnue la compétence de réserver les droits miniers.

Il dispose de la même prérogative lorsqu'il s'agit des droits de carrières sauf qu'ici, il doit préalablement consulter le ministre provincial des mines et la communauté locale.

Dans les deux cas, il agit par voie d'arrêté.

Cependant, l'arrêté ne produit ses effets qu'après que le Premier ministre l'ait confirmé par décret.

Dès ce moment, une commission interministérielle d'adjudications, composée de 15 membres et dirigée par le Secrétaire Général aux mines, est nommée par le ministre des Mines pour examiner et sélectionner la meilleure offre.

Les adjudicataires doivent remplir les conditions d'éligibilité aux droits miniers et de carrières prévues à l'article 23 littéras a et b.

Sont exclus, les organismes à vocation scientifique et les personnes morales en liquidation judiciaire.

Cette disposition est mise en application par les articles 43 à 66 du RM.

Article 33 bis : De l'accès à l'exploitation d'un gisement étudié

L'accès à l'exploitation d'un gisement étudié, documenté ou travaillé appartenant à l'État, obtenu par appel d'offres, est conditionné par le versement d'un pas de porte à ce dernier, représentant 1 % de la valeur en place dudit gisement. La valeur en place du gisement est définie comme étant le prix obtenu pour ledit gisement dans le cadre de l'appel d'offres.

Lorsque le gisement a été étudié, documenté ou travaillé par une société commerciale appartenant à l'État, le pas de porte revient à 100 % à cette société.

1. Pas de porte payé pour le gisement étudié, documenté et travaillé par l'État

À la suite de la procédure d'appel d'offres remportée par une société X, celle-ci est tenue de verser au Trésor public une taxe non remboursable appelée pas de porte à hauteur de 1 % de la valeur du gisement avant qu'elle ne soit autorisée d'accéder au gisement. Il doit s'agir d'un gisement étudié et documenté par l'État à travers ses organismes ou établissements publics spécialisés tels que le SGNC.

2. Pas de porte payé pour le gisement étudié, documenté et travaillé par une société commerciale du Portefeuille de l'État

Lorsque le gisement a été étudié, documenté ou travaillé par une société commerciale du Portefeuille, telle que Gécamines, le taux du pas de porte est fixé dans le contrat de joint-venture, de partenariat, d'amodiation et autres et est acquis à 100 % par la société commerciale du portefeuille concernée.

Ce taux varie d'un contrat à un autre mais il oscille entre 2 à 5 % de la réserve certifiée.

En d'autres termes, rien ne sera versé au Trésor public.

Ce dernier alinéa est critiquable. En effet, rien ne justifie, dans le contexte d'une pleine concurrence que les sociétés commerciales du Portefeuille, ayant une personnalité juridique distincte de l'État, bénéficient d'un tel avantage. Il est toujours bon de faire une différence entre, d'une part, l'État, puissance publique, et d'autre part, l'État, entrepreneur. Dans cette dernière hypothèse, ses obligations ne doivent guère être différentes de toutes les autres sociétés commerciales appartenant aux personnes privées.

3. Possible contradiction entre l'article 33 bis, alinéa 2 et l'ord.-loi du 13 mars 2018

L'article 33 bis alinéa 2 est également en contradiction avec l'ordonnance-loi n° 18-003 du 13 mars 2018 fixant des droits, taxes et redevances du Pouvoir central (Annexe, Rubrique XXIV, au point 18) qui prévoit le paiement d'une quotité de 50 % des pas de porte dont bénéficient les sociétés commerciales du Portefeuille de l'État. À lire cette ordonnance-loi, les sociétés commerciales du Portefeuille seraient tenues de verser 50 % de pas de porte encaissés au Trésor public. Une telle disposition est manifestement contraire à l'article 33 bis, alinéa 2.

4. Pas de porte et royalties

L'on peut profiter du cas de pas de porte prévu dans cette disposition pour en faire une différence avec une autre taxe que l'on appelle « royalties ».

Il est étonnant que les royalties aient été omises du CM dans le chapitre relatif au régime fiscal. On les retrouve de manière incidente à l'article 264, point e du CM, qui traite des transferts des revenus vers l'étranger.

La DGRAD prélève cette taxe en se fondant sur la loi des Finances (art. 33 pour celle 2021).

Si le pas de porte est perçue à la suite de la signature du contrat, les royalties, quant à elles, sont perçues à la production en vue de compenser l'épuisement du sol suite à l'exploitation des substances minérales qui sont des ressources naturelles non-renouvelables.

Son taux de prélèvement est fixé dans le contrat signé avec la société du portefeuille du secteur minier et calculé sur base de la production brute.

Une quotité de 50 % du montant prélevé est portée sur les recettes non fiscales et perçue par la DGRAD au profit du Trésor public.

Article 34 : De la priorité d'instruction

Sans préjudice de l'octroi des droits miniers et/ou de carrières suivant la procédure d'appel d'offres prévue à l'article 33 du présent Code, et sauf si elles sont irrecevables, les demandes des droits miniers et/ou de carrières pour un périmètre donné sont inscrites dans l'ordre chronologique de leur dépôt.

Tant qu'une demande est en instance, aucune autre demande concernant le même Périmètre, entièrement ou partiellement, ne peut être instruite.

Cette disposition réaffirme le principe de transparence et d'équité : Premier arrivé, premier à être inscrit, premier à l'examen de recevabilité, premier à l'instruction. Ainsi, le cahier d'enregistrement spécial du CAMI doit avoir une numérotation continue, sans blanc ni rature.

Pour s'assurer de la tenue conforme et régulière du cahier, il aurait été nécessaire de mettre en place un comité restreint de surveillance du cahier d'enregistrement spécial. Il serait composé des membres de la société civile, de la FEC et de l'État en vue d'accroître la confiance entre les différents acteurs impliqués.

Cette disposition est mise en application par les articles 29 et 69 du RM.

Article 35 : De la demande des droits miniers ou de carrières

Toute demande des droits miniers ou de carrières est rédigée sur un formulaire à retirer auprès du Cadastre minier pour le droit concerné et comprend des renseignements ci-après :

. a) les statuts, l'inscription au Registre de Commerce et de Crédit Mobilier, et la preuve de publication au Journal officiel ;

. b) les renseignements sur l'identifiant fiscal ;

. c) la qualité et le pouvoir de la personne habilitée à engager la personne morale et l'identité de son mandataire si la demande est introduite par ce dernier ;

. d) l'adresse du siège social de la personne morale, ainsi que tous les changements ultérieurs ;

. e) le type de droit minier ou de carrières demandé ;

. f) l'indication des substances minérales pour lesquelles le droit minier et/ou de carrières est sollicité ;

. g) l'emplacement géographique du périmètre sollicité ;

. h) le nombre de carrés constituant la superficie du périmètre requis ;

. i) l'identité des sociétés affiliées du requérant ;

. j) la nature, le nombre et la superficie des périmètres de droit minier ou de carrières déjà détenus par le requérant et ses sociétés affiliées ;

. k) la preuve de la capacité financière du requérant.

Le dossier de demande comprend le formulaire de demande dûment rempli et signé, les pièces d'identité du requérant et les autres documents requis selon le type de droit postulé. Le requérant dépose le dossier de demande auprès du Cadastre Minier.

Le Règlement minier fixe le modèle du formulaire de demande de droit minier ou de carrières.

Le formulaire dépend du type de droits sollicités mais aussi de la qualité du titulaire. Ainsi, l'organisme à vocation scientifique ne saurait fournir les éléments prévus à l'alinéa 1, points a), b) et i).

À titre indicatif, il faudrait se référer aux articles suivants pour le contenu des formulaires :

– PR : articles, 96, 111, 125, 126, 134 du RM

– PE : articles 145, 161, 166 quinquies et sexies, 181 du RM

– ARPC : article 291 du RM

– AECT : article 304 du RM

– AECP : articles 323, 337 et 350 du RM.

Article 36 : De la langue de la demande

La demande d'institution, de renouvellement, de mutation ou d'amodiation des droits miniers et/ou de carrières ou toute autre demande formulée dans l'exécution des dispositions du présent Code est rédigée en langue française.

Tous autres documents produits ou pièces jointes à la demande sont rédigés en langue française ou accompagnés d'une traduction en langue française dûment certifiée par un traducteur agréé auprès des tribunaux.

En pratique, les demandes introduites dans une langue autre que le français sont déclarées irrecevables.

Article 37 : Des frais de dépôt du dossier

Il est perçu, en contrepartie de la prestation, au titre des frais de dépôt, un montant à l'occasion du dépôt de chaque demande d'institution, de renouvellement, d'extension, de mutation ou d'amodiation d'un droit minier ou de carrières.

Toute demande de cette nature doit, sous peine d'irrecevabilité, être accompagnée de la preuve du versement des frais de dépôt prévu à l'alinéa ci-dessus.

Ces frais ne sont pas remboursables quelle que soit la suite réservée à la demande.

Comme l'indique la disposition, il s'agit des frais qui sont exclusivement gérés et répartis entre services intervenants tels que le CAMI, l'ACE, le CPE, la DPEM, le FNPSS.

Ce n'est pas une taxe à verser au Trésor public selon les procédures de perception de la DGRAD ou toute autre régie financière.

Selon l'Annexe à l'arrêté interministériel n° 0081/CAB ; MINES/01/2019 et n° 026/CAB/MIN/FINANCES/2019 du 22 mars 2019 fixant le barème des frais de dépôt à percevoir par le CAMI et les modalités de leur répartition aux services intervenants au sein du comité permanent d'évaluation, les frais de dépôt sont repris comme suit :

Gouvernement de la République

ANNEXE A L'ARRETE INTERMINISTERIEL N°...0081.../CAB.MIN/MINES/01/2019 ET N° ..026.../CAB/MIN/FINANCES/2019 DU ..22 MARS 2019..FIXANT LE BAREME DES FRAIS DE DEPOT A PERCEVOIR PAR LE CADASTRE MINIER ET LES MODALITES DE LEUR REPARTITION AUX SERVICES INTERVENANTS AU SEIN DU COMITE PERMANENT D'EVALUATION

N°	LIBELLE DES FRAIS DE DEPOT	TAUX EN USD
01.	Frais de demande d'octroi d'un PR/Carré	**1.000**
02.	Frais de demande d'octroi d'une ARPC/Carré	**1.000**
03.	Frais de dépôt du PAR/Titre	**3.500**
04.	Frais de demande de transformation de PR en PE/PEPM/PER/Titre	**5.500**
05.	Frais de demande de transformation d'ARPC en AECP/Titre	**5.500**
06.	Frais de demande d'amodiation ou hypothèque PE/PEPM/AECP/Titre	**5.500**
07.	Frais de demande de cession PR/Titre	**5.500**
08.	Frais de demande de cession PE/PEPM/PER/AECP/Titre	**5.500**
09.	Frais de demande de contrat d'option PR/ARPC/Titre	**5.500**
10.	Frais de demande de renouvellement PR/Carré	**1.000**
11.	Frais de demande de renouvellement ARPC/Carré	**1.000**
12.	Frais de demande de renouvellement PE/PEPM/PER/AECP/AECT/Titre	**10.500**
13.	Frais de demande d'extension des substances/Titre	**5.500**
14.	Frais de dépôt de mise à jour des EIES/PGES	**5.500**
15.	Frais de dépôt de mise à jour des études de faisabilité	**5.500**

Fait à Kinshasa, le 22 MARS 2019

Henri YAV MULANG

Ministre des Finances

Martin KABWELULU

Ministre des Mines

Boulevard du 30 Juin - Kinshasa/Gombe – RDC
Email : cabfinances@minfinrdc.com
URL : http://minfinrdc.com

3ème Etage, Hôtel du Gouvernement, Place Royal, Boulevard du 30 Juin
Kinshasa/Gombe – RDC/Site Web : www.mines-rdc.cd
Email : info@mines-rdc.cd

Article 38 : De la recevabilité de la demande

La demande de droit minier ou de carrières n'est recevable que si elle remplit les conditions suivantes :

a) l'existence de tous les renseignements requis à l'article 35 du présent Code ;

b) la production de la preuve du paiement des frais de dépôt ainsi que celle du numéro fiscal, d'identification nationale et du Registre de Commerce et de Crédit Mobilier pour les personnes morales ;

c) la conformité de la forme et de la localisation du Périmètre aux dispositions des articles 28 et 29 du présent Code ;

d) – l'existence de l'entièreté du périmètre demandé à l'intérieur du périmètre faisant l'objet du Permis de recherches ou de l'Autorisation de recherches des produits de carrières, s'il s'agit d'une demande des droits miniers ou celle d'exploitation de carrière permanente ;

– la production de la preuve d'immatriculation du requérant au Registre du Commerce et de Crédit Mobilier s'il est légalement assujetti à cette obligation.

Le Cadastre Minier se prononce sur la recevabilité de la demande au moment du dépôt du dossier.

Si la demande est déclarée recevable, le Cadastre Minier délivre au requérant un récépissé indiquant les jour, heure et minute du dépôt, qui fait foi, et inscrit la demande dans le registre correspondant, avec mention des jour, heure et minute du dépôt.

La recevabilité dont il est question consiste à vérifier uniquement si tous les renseignements prescrits sont contenus dans le dossier de demande. Il ne s'agit pas d'un examen au fond ni d'une instruction.

La personne compétente pour déclarer de la recevabilité est l'agent préposé du CAMI commis pour recevoir les dossiers (art. 69 RM).

Article 39 : De l'instruction de la demande

Conformément aux dispositions de l'article 34 du présent Code, l'instruction de la demande commence par l'instruction cadastrale suivie de l'instruction technique et de l'instruction environnementale.

Le législateur institue trois types d'instruction distincte :

– instruction cadastrale par le CAMI ;

instruction technique par la direction des mines (l'une des directions de l'administration publique des mines) ;

– instruction environnementale et sociale : de manière conjointe, l'ACE, la DPEM et le FNPSS.

Tous les dossiers de demande de droits miniers ou de carrières ont une seule porte d'entrée : le CAMI. C'est ce dernier qui transmet le dossier à la direction des mines pour instruction technique et à la DPEM pour instruction environnementale conjointe avec les autres services désignés.

Article 40 : De l'instruction cadastrale

Le Cadastre minier central ou provincial procède à l'instruction cadastrale dans un délai de vingt jours ouvrables au maximum à compter du dépôt de la demande.

Aux fins d'instruction, le Cadastre Minier vérifie si :

. a) le requérant est éligible pour le type de droit minier ou de carrières demandé ;

. b) les limites du nombre de droit minier ou de carrières, de la forme et de la superficie du Périmètre demandé ont été respectées ;

. c) le Périmètre demandé empiète sur un Périmètre faisant l'objet d'un droit minier ou de carrière ou d'une demande en instance d'instruction, saut empiétements autorisé à l'article 30 du présent Code.

Lors de l'instruction cadastrale des demandes des droits miniers et/ou de carrières, les règles suivantes s'appliquent en cas d'empiétements autres que ceux prévus à l'article 30 du présent Code :

a. lorsqu'une demande des droits miniers et/ou de carrières de recherches porte sur un périmètre dont plus de 25 % empiètent sur un autre périmètre minier ou de carrières en cours de validité ou est introduite pendant qu'une autre demande est en instruction, cette demande est rejetée.

b. lorsqu'une demande des droits miniers et/ou de carrières de recherches porte sur un périmètre dont 25 % au maximum empiètent sur un autre périmètre minier ou de carrières en cours de validité ou est introduite pendant qu'une demande est en instruction, la situation est corrigée de façon à éliminer les empiétements.

Dans tous le cas, les demandes suivantes ne peuvent être rejetées pour cause d'empiétement lors de l'instruction cadastrale :

a. la demande de droits miniers ou de carrières d'exploitation du titulaire de droit minier ou de carrières de recherches sur le même périmètre ;

b. la demande de transformation des droits miniers ou de carrières de recherches ou d'exploitation en plusieurs droits miniers ou de carrières de recherches ou d'exploitation sur le même périmètre ;

c. la demande du Permis d'exploitation des rejets du titulaire du droit minier couvrant le périmètre sur lequel sont entreposés les rejets.

Cette disposition pose le principe général en matière d'instruction des droits miniers et de carrières par le CAMI.

Elle indique des cas où les demandes ne peuvent être rejetées.

La durée d'instruction est désormais de 20 jours alors que sous la version de la loi (2002), elle était de 10 jours.

Néanmoins, il existe des conditions particulières pour chaque droit :

a) Pour les PR : art. 102, 104, 129 et 136 du RM ;
b) Pour les PE : art. 149 et 183 du RM ;
c) Pour la transformation du PE en PER : art. 192 du RM ;
d) Pour les PEPM : art. 208 du RM ;
e) Pour les ARPC : art. 275 et 294 du RM ;
f) Pour les AECT : art. 307 du RM ;
g) Pour les AECP : art. 327 du RM ;
h) Pour les PAR : art. 308 du RM ;
i) Pour PR et ARPC des coopératives minières : art. 236 du RM ;
j) Pour l'approbation d'hypothèque : art. 361 ;
k) Pour la mutation du droit en faveur du créancier hypothécaire : art. 367 du RM ;
l) Pour l'amodiation : art. 371 du RM ;
m) Pour la cession : art. 377 du RM.

L'instruction se termine par un avis émis par le CAMI appelé « avis cadastral ».

Article 41 : De l'instruction technique

Aux fins d'instruction technique, la Direction des Mines détermine si les conditions d'octroi du droit minier ou de carrière sollicité sont satisfaites. Elle transmet son avis technique au Cadastre Minier dans le délai d'instruction prescrit à chaque type de demande prévu dans le présent Code.

Dans un délai maximum de cinq jours ouvrables à dater de la réception de l'avis technique, le Cadastre Minier procède à :

. a) l'affichage du résultat de l'avis technique dans la salle de consultation de ses locaux. Une copie dudit avis est communiquée au requérant ;

. b) la transmission du dossier de demande, avec l'avis cadastral et l'avis technique, à l'autorité compétente pour décision.

L'instruction technique est assurée par la direction des mines. Il convient de noter que la demande de PR et de l'ARPC ne requiert pas d'instruction technique (art. 55 CM). Les conditions ainsi visées par l'alinéa 1 de cette disposition sont celles prévues à l'article 71, 71 bis du CM et 152 du RM pour le PE et 154 du CM ainsi que 310 et 330 du RM pour l'AECT et l'AECP.

À l'issue de l'instruction technique, la direction des mines rend un avis qu'elle transmet au CAMI.

Article 42 : De l'instruction environnementale et sociale

Conformément aux dispositions des articles 16 et 185 du présent Code et des dispositions concernant chaque type des droits miniers et/ou de carrières, l'Agence congolaise de l'Environnement, le Fonds national de promotion et de service social, en collaboration avec la Direction chargée de la protection de l'environnement minier et, le cas échéant, tout autre organisme de l'État concerné, instruisent l'EIES et le PGES relatifs à la demande de droit minier d'exploitation ou de l'autorisation d'exploitation de carrière permanente, le PAR relatif à une demande d'autorisation d'exploitation de carrière temporaire, le dossier de la demande de transfert du droit minier ou de l'autorisation d'exploitation de carrières permanente, ainsi que le plan pour la contribution du projet au développement des communautés environnantes.

Une synthèse de l'EIES, du PGES ou du PAR, le cas échéant, est publiée au site web du ministère en charge des Mines dans les quinze jours après réception. Le demandeur du droit minier et/ou de carrières concerné est tenu de publier cette synthèse sur son propre site web, au cas où il en a un. L'Agence congolaise de l'Environnement transmet, à la conclusion de l'instruction environnementale réalisée, son certificat environnemental, le cas échéant, au Cadastre minier dans le délai prescrit pour chaque type des droits miniers et/ou de carrières. Une copie du certificat environnemental est communiquée au requérant.

Dans un délai maximum de cinq jours ouvrables à compter de la réception du certificat environnemental, le Cadastre minier procède à :

a. l'affichage du certificat environnemental de l'Agence congolaise de l'Environnement dans la salle déterminée par le Règlement minier. Une copie du certificat environnemental est communiquée au requérant ;

b. la transmission du dossier de demande, avec l'avis cadastral, l'avis technique et le certificat environnemental, le cas échéant, à l'autorité compétente pour décision.

L'Agence congolaise de l'Environnement, en collaboration avec la Direction chargée de la protection de l'environnement minier instruit également le PAR soumis par le titulaire des droits miniers et/ou des carrières de recherches et transmet, à la conclusion, son certificat environnemental au Cadastre minier dans le délai prescrit dans le Règlement minier.

Toute personne qui, pour les besoins d'une activité minière, est contrainte de déboiser une portion de forêt, est tenue au préalable d'obtenir à cet effet un permis de déboisement auprès de l'administration compétente.

Les principaux acteurs habilités pour l'instruction environnementale et sociale sont : l'ACE, le FNPSS et la DPEM.

Lorsqu'il s'agit de l'EIES et du PGES, les différents acteurs procèdent à ladite instruction dans le cadre du comité permanent d'évaluation (CPE). Celui-ci est composé de 21 membres et présidé par le directeur de la DPEM alors que la vice-présidence est assurée par l'ACE.

Le délai d'instruction est de 180 jours à dater de la transmission du dossier par le CAMI à la DPEM (art. 331 et 455 RM).

Si l'instruction concerne le PAR, seules l'ACE et la DPEM interviennent (art. 203 CM). Le FNPSS est donc exclu de ladite instruction.

À l'issue de l'instruction, la DPEM transmet l'avis environnemental à l'ACE, qui à son tour, établit un certificat environnemental qu'elle transmet au CAMI (art. 153, 331 et 455 RM).

Il convient de préciser que la demande de PR ne peut faire l'objet d'instruction environnementale (art. 55 CM).

Article 43 : De la décision d'octroi

À la réception du dossier de demande avec avis cadastral et, le cas échéant, technique, environnemental et social favorables, l'autorité compétente prend et transmet sa décision d'octroi au Cadastre minier dans le délai de décision prescrit pour chaque type de demande de droit minier ou de carrières.

Dans ce cas, le Cadastre Minier procède à l'inscription du droit accordé, à la notification de la décision d'octroi au requérant et à son affichage dans la salle déterminée par le Règlement Minier.

Au cas où l'autorité compétente ne transmet pas sa décision conformément à l'alinéa 1er ci-dessus, la décision d'octroi du droit minier ou de carrières est réputée accordée.

Le requérant demande au Cadastre minier, dans les soixante jours de l'expiration du délai imparti à l'autorité compétente, de procéder à l'inscription de son droit et à la délivrance du titre y afférent. Passé ce délai, le droit est d'office renoncé.

Le Règlement minier détermine les modalités de cette renonciation d'office.

Il ressort de cette disposition que l'autorité compétente, spécifiée ci-dessous, est tenue par une compétence liée.

En d'autres termes, elle ne peut que prendre une décision d'octroi si les avis sont favorables. Sa marge de refus est quasi-inexistante.

C'est ainsi qu'en pratique, lorsque l'autorité n'est pas convaincue des avis rendus par les services, en lieu et place de prendre une décision de refus ou d'octroi contre son gré, elle s'abstiendra de toute décision.

Le dépassement volontaire des délais légaux prévus entraînera un octroi et une inscription d'office ou par voie judiciaire.

L'autorité visée à l'alinéa 1 est le ministre national des Mines pour les PR, PE, PER, PEPM ainsi que les AECT et AECP pour les substances autre que les matériaux de construction à usage courant.

Le ministre provincial des mines est l'autorité compétente pour les ARPC ou les AECT et AECP des matériaux de construction à usage courant.

Si pour l'ARPC, le délai imparti à l'autorité pour décider est de 20 jours, il est de 30 jours pour les autres droits.

Au-delà de ce délai, il y a inscription d'office pour autant que le requérant lui-même le demande au CAMI dans les 60 jours à dater de l'expiration du délai. Si ce dernier s'abstient de le faire, on suppose qu'il y a renoncé d'office.

Pour davantage d'informations sur les procédures et modalités de renonciation d'office, il faudrait se référer aux articles 106, 107, 115, 131, 138, 118 à 124 du RM pour le PR ; 155, 173 à 179 du RM pour le PE ; 200 du RM pour le PER ; 214 à 215 du RM pour le PEPM ; 283 à 289 du RM pour l'ARPC et 343 à 348 du RM pour l'AECP.

Article 44 : De la décision de refus d'octroi

À la réception du dossier de la demande avec avis cadastral, et le cas échéant, technique et environnemental défavorables, l'autorité prend et transmet sa décision de refus motivée au Cadastre Minier dans le délai prescrit pour chaque type de demande de droit minier ou de carrières.

Dans ce cas, le Cadastre Minier procède à l'inscription de la décision de refus d'octroi des droits sollicités, à la notification de la décision au requérant et son affichage dans la salle déterminée par le Règlement Minier.

Au cas où l'autorité compétente ne transmet pas sa décision conformément à l'alinéa 1er du présent article, le Cadastre Minier radie, sans délai, l'inscription du Périmètre sur la carte cadastrale. L'acte de radiation est notifié au requérant.

Comme pour l'article 43 ci-dessus, l'autorité a une compétence liée aux avis rendus par les services. S'ils sont défavorables, elle prend une décision de refus d'octroi.

En cas de radiation dûment notifiée, le périmètre ayant fait l'objet d'inscription revient dans le domaine privé de l'État. Ledit périmètre est à nouveau susceptible de demande de droit minier ou de carrières par toute personne remplissant les conditions.

Article 45 : Du délai de décision d'octroi ou de refus

Le délai d'octroi ou de refus d'octroi de droit minier ou de carrières imparti à l'autorité compétente par les dispositions du présent Code commence à courir au jour de la réception du dossier transmis par le Cadastre minier avec les avis cadastral et, le cas échéant, technique, environnemental et social requis.

La transmission du dossier à l'autorité compétente par le Cadastre minier se fait par courrier avec accusé de réception.

La transmission du dossier à l'autorité compétente par le Cadastre Minier se fait par tout moyen de communication tel que le courrier électronique, la télécople, le courrier recommandé à la poste ou par courrier au porteur avec accusé de réception.

Dans tous les cas, le dossier transmis est censé être reçu au plus tard un jour ouvrable en cas de transmission par courrier électronique ou télécopie et huit jours ouvrables pour les autres moyens de communication.

Toutefois, il est censé être transmis avec accusé de réception le même jour en cas du courrier au porteur.

Le Cadastre Minier réserve une copie de la lettre de transmission du dossier au requérant.

L'autorité compétente saisie du dossier par le Cadastre Minier prend à son tour, dans les 30 jours ouvrables qui suivent la réception dudit dossier, la décision d'octroi ou de refus du droit sollicité et la notifie au requérant.

Quoique l'alinéa 2 soit redondant, le législateur admet tout moyen de transmission, qu'il soit électronique ou par courrier au porteur, susceptible d'atteindre plus facilement et plus rapidement le requérant aux fins de notification.

Selon le cas, les délais sont d'un à huit jours ouvrables endéans lesquels le dossier est censé avoir été reçu.

Article 46 : De l'inscription par voie judiciaire

Si le Cadastre Minier ne procède pas à l'inscription du droit minier ou de carrières conformément à l'alinéa 4 de l'article 43 du présent Code dans les cinq jours ouvrables à compter de la demande d'inscription, le requérant peut, par requête adressée au Président du Tribunal de Grande Instance territorialement compétent, avec copie et les éléments du dossier à l'Officier du ministère public près cette juridiction, obtenir un jugement valant titre minier ou de carrières selon le cas.

Dans les quarante-huit heures de la réception de la requête, le Président du Tribunal de Grande Instance territorialement compétent fixe l'affaire à la première audience utile de sa juridiction. Le Tribunal notifie, par voie d'huissier, le jour et l'heure de l'audience au requérant, au Cadastre minier et à l'Officier du ministère public.

Conformément aux dispositions de l'article 68 alinéa 2 et en dérogation de celles de l'article 69 alinéa 1er de la loi organique n° 013/011-B du 11 avril 2013 portant organisation, fonctionnement et compétence des juridictions de l'ordre judiciaire, le ministère public émet son avis verbalement sur les bancs lequel est acté au plumitif de l'audience.

Sans qu'il y ait lieu à remise, l'affaire est appelée, instruite, plaidée et prise en délibéré à l'audience déterminée dans l'exploit de notification de date d'audience.

Sous peine d'irrecevabilité, la requête dont question à l'alinéa précédent doit :

. a) être introduite dans un délai des huit jours ouvrables à compter de l'expiration du délai de cinq jours prévu à l'alinéa premier du présent article ;

. b) contenir en original ou en copie certifiée conforme, outre les éléments de la demande prévus à l'article 35 du présent Code, le récépissé de sa demande, la preuve du paiement de frais de dépôt de sa demande et les copies des avis cadastral, technique et le cas échéant, environnemental requis.

La décision du Tribunal intervient dans les 72 heures à compter de la prise en délibéré de l'affaire et doit :

. a) constater l'absence de la décision d'octroi de l'autorité compétente dans le délai de décision qui lui est imparti ;

. b) déterminer le Périmètre sur lequel porte le droit minier ou de carrières postulé, sa localisation géographique ainsi que le nombre de carrés entiers constituant sa superficie ;

c) enjoindre le Cadastre Minier d'inscrire le dispositif du jugement dans ses registres et de délivrer le titre minier ou de carrières correspondant et de porter le Périmètre minier ou de carrière sur la Carte de retombes minières.

En tout état de cause, le jugement obtenu vaut titre minier ou de carrières.

L'inscription par voie judiciaire est l'expression du respect des droits garantis aux requérants dans une procédure dominée par les services publics hiérarchisés et dont on peut craindre des injonctions dans le processus de l'examen du dossier.

Pour parer à ce risque, il a été prévu l'intervention du tribunal de grande instance saisi sur demande du requérant.

On pourrait s'interroger sur le choix de ce tribunal en lieu et place du tribunal de commerce ? Ce n'est pas le caractère réel et immobilier des droits miniers ou des carrières qui pourrait justifier le choix du législateur. A-t-on considéré qu'il s'agit d'un acte mixte dont le défendeur CAMI n'est pas commerçant ? Fort probable !

Les parties à l'instance judiciaire sont le requérant, le CAMI et le ministère public.

La procédure est contentieuse.

Les principales caractéristiques de cette procédure sont les suivantes :

– saisine du tribunal à bref délai dans un délai de huit jours ouvrables à compter du délai de cinq jours prévu à l'alinéa premier du présent article ;

– délai d'instruction et de mise en délibérée : première audience ;

– délai du prononcé : 3 jours à dater de la prise en délibérée ;

– contenu minimal du jugement connu d'avance à savoir : constat d'absence de décision d'octroi ; détermination du périmètre ; injonction au CAMI de délivrer le titre minier ou des carrières.

Selon le législateur, même si le CAMI ne délivre pas le titre, le jugement en soi vaut titre minier ou des carrières.

Article 47 : De la délivrance du titre

En cas de décision d'octroi ou en cas de décision d'inscription par voie judiciaire prévue à l'article 46 du présent Code, le Cadastre minier délivre au requérant les titres miniers et/ou de carrières constatant les droits miniers ou des carrières octroyés, moyennant paiement des droits superficiaires annuels par carrés y afférents.

Aux fins de la délivrance du titre, le Cadastre minier s'assure de l'authenticité des preuves de paiement des droits superficiaires annuels par carré et inscrit le titre minier ou de carrières dans le registre correspondant.

Sans préjudice des dispositions de l'article 198 du présent Code, les droits superficiaires annuels par carré sont payés, pour la première année, au plus tard trente jours ouvrables à compter de la notification de l'octroi du droit sollicité et des notes de débit afférentes aux droits superficiaires annuels par carré. Passé ce délai, le droit accordé devient d'office caduc.

Les droits superficiaires sont une contrainte à l'égard du requérant pour éviter le gel des carrés. En principe, ils sont payés au plus tard le 31 janvier de chaque année (art. 76 et 108 RM).

Cependant, pour la première année, ces droits sont payés dans les trente jours non pas de la signature de l'arrêté d'octroi du droit mais plutôt de la notification de l'octroi du droit.

Article 48 : De la fin de l'instruction de la demande

L'instruction de la demande des droits miniers et/ou de carrières prend fin au jour de la notification de la décision d'octroi au requérant ou de la décision du juge prévue à l'article 46 du présent Code au Cadastre Minier.

En cas de décision de refus et sous réserve des dispositions des articles 313 et 314 du présent Code, l'instruction de la demande des droits miniers et/ou de carrières prend fin au jour de la notification de la décision au requérant.

Après la délivrance du titre, les droits miniers et/ou de carrières accordés sont portés sur la carte des retombes minières.

Le législateur est clair : il s'agit de la date de la notification de la décision d'octroi et non pas de la signature de ladite décision.

Article 48 bis : Du début de la durée de validité des droits miniers et/ou de carrières

La durée de validité des droits miniers et/ou de carrières commence à courir à compter du jour de la notification de la décision d'octroi au requérant, de la notification de l'inscription d'office ou de la signification de la décision du juge prévue à l'article 46 du présent Code.

Cette disposition définit le moment à partir duquel le titre produit des effets à l'égard du requérant. Le point de départ est soit la notification de la décision d'octroi ; soit la notification de l'inscription d'office ; soit la signification du jugement.

Article 48 ter : De l'extinction des droits miniers et/ou de carrières

Les droits miniers et/ou de carrières s'éteignent par :

a. la caducité ;

b. l'annulation. ;

c. l'expiration ;

d. la renonciation ;

e. le retrait.

Les droits miniers et/ou de carrières deviennent caducs de plein droit en application de l'article 47 alinéa 2 du présent Code.

Ils peuvent faire l'objet d'annulation, avec effet rétroactif, par décision du juge administratif saisi en annulation par un officier du ministère public ou un tiers lésé, dans les trois mois qui suivent la publication de la décision d'octroi au Journal officiel ou à défaut, dans les trois mois qui suivent la date de la prise de connaissance de son existence, pour illégalité, en cas d'incompétence de l'autorité d'octroi, de vice de forme ou en cas de détournement de pouvoir par l'autorité d'octroi.

Les droits miniers et/ou de carrières expirent lorsqu'ils arrivent à terme, conformément aux articles 61, 78, 94, 106, 144 et 163 du présent Code.

Ils s'éteignent par renonciation totale de leurs titulaires, conformément aux articles 60, 79, 96, 108, 145 alinéa 4 et 164 du présent Code. En cas de renonciation partielle, les droits miniers et/ou de carrières s'éteignent sur la partie du périmètre qui fait l'objet de ladite renonciation, conformément aux mêmes dispositions.

À l'issue de la déchéance du titulaire, le Permis de recherches, le Permis d'exploitation, le Permis d'exploitation des rejets et le Permis d'exploitation de petite mine, les autorisations d'exploitation de carrières permanente autres que celles des matériaux de construction d'usage courant sont retirés par le ministre, et par le ministre provincial des mines pour les Autorisations d'exploitation de carrières permanente, conformément à l'article 290 du présent Code.

Les droits miniers et/ou de carrières peuvent être retirés ou rapportés, sans effet rétroactif, par l'autorité d'octroi en cas d'illégalité lors de l'octroi, dans les trois mois qui suivent la publication de la décision d'octroi au Journal officiel ou à défaut, dans les trois mois qui suivent la date de la prise de connaissance de son existence, soit à la demande d'un tiers lésé, soit à l'initiative de l'autorité d'octroi.

Le Règlement minier détermine les modalités d'application de cet article.

Cette disposition énumère cinq différentes façons dont un titre peut mourir.

a) par caducité : lorsque le titulaire du titre s'abstient de payer les droits superficiaires annuels par carré dans le délai imparti. Les modalités de déclaration de caducité sont définies aux articles 108, alinéa 5 ; 159, alinéas 1 et 2 ; 187, alinéa 5 ; 315, alinéa 4 du RM ;

b) par annulation : en cas d'illégalité, d'excès de compétence dans le chef de l'autorité ayant pris la décision, de vice de forme, l'officier du ministère public ou toute personne intéressée peut saisir le Conseil d'État ou le tribunal administratif pour solliciter l'annulation de ladite décision ;

c) *par expiration : les titres ont une durée limitée. Au-delà de ce cette durée et à défaut de renouvellement, les titres sont éteints. Les périmètres deviennent libres de tout droit (notamment art. 61 et 78 CM) ;*
d) *par renonciation : un titulaire peut renoncer partiellement ou totalement à son périmètre. Elle se fait par déclaration du titulaire de ce droit. Selon les types de droits, les modalités sont fixées aux articles 118 à 124 ; 173 à 179 ; 200 ; 214 ; 283 à 289 ; 343 à 348 du RM ;*
e) *par retrait : en cas de découverte ultérieure d'une illégalité, l'autorité qui a pris la décision peut la retirer. Mais aussi à la suite de la déchéance pour manquement aux engagements vis-à-vis des obligations sociales. En ce dernier cas, les périmètres tombent dans le domaine public de l'État et peuvent être reversés dans les zones réservées à la recherche géologique (art. 290 CM).*

Article 49 : De la prorogation de la validité de droits miniers et/ou de carrières pendant l'instruction

Dans le cas où une demande de transformation d'un droit minier ou de carrières de recherches en celui d'exploitation ou celle de renouvellement d'un droit minier ou de carrières de recherches est en cours d'instruction au moment de son expiration, la validité de ce droit est prorogée tant qu'il n'a pas été statué sur ladite demande.

Lorsque le processus de transformation ou de renouvellement est engagé, la durée du titre est d'office prolongée jusqu'à la date de la décision par l'autorité compétente.

Cette prolongation est soumise à la condition que la demande ait été introduite avant la date d'expiration. À défaut, le titre sera considéré comme éteint pour expiration.

Titre III :
Des droits miniers

Chapitre I :
De la recherche minière

Article 50 : De la portée du Permis de Recherches

Le Permis de recherches porte sur les substances minérales classées en mines pour lesquelles il a été accordé et sur les substances associées, si son titulaire en demande l'extension à ces dernières.

> *Le titulaire visé est celui du PR ou d'un PE en cours de validité ainsi que ses amodiataires éventuels (art. 94 RM).*
>
> *En effet, il est admis que le titulaire du PR transforme partiellement son PR en PE ou en PEPM et conserve ses droits exclusifs de recherche sur le reste de la superficie non transformée (art. 63, alinéa 1, CM).*

Article 50 bis : Des droits conférés par le Permis de recherches

Le Permis de recherches confère à son titulaire le droit exclusif d'effectuer, à l'intérieur du Périmètre sur lequel il est établi et pendant la durée de sa validité, les travaux de recherches des substances minérales classées en mines pour lesquelles le permis est accordé et les substances associées, si le titulaire demande l'extension du permis à ces substances.

Toutefois, le titulaire du Permis de recherches ne peut initier des travaux sur le terrain sans avoir obtenu au préalable l'approbation de son PAR, conformément aux dispositions du présent Code.

Le titulaire d'un Permis de recherches est autorisé à prélever des échantillons des substances minérales dans le Périmètre faisant l'objet de son Permis de recherches pour des analyses ou des essais industriels dans le laboratoire ou dans l'usine de son choix.

Tout échantillon prélevé dans le cadre du Permis de recherches est propriété de l'État.

Sans préjudice de la législation douanière, si le titulaire désire envoyer les échantillons prélevés à l'étranger pour analyse ou essais, il dépose préalablement une description desdits échantillons reprenant notamment leurs nombre, volume et poids auprès de la Direction de géologie et obtient le visa de ce service sur une copie de la description, qui vaut laissez-passer pour les échantillons prélevés.

Le Permis de recherches confère également à son titulaire le droit d'obtenir un Permis d'exploitation pour tout ou partie des substances minérales qui font l'objet du Permis de recherches et les substances associées à l'intérieur de la superficie couverte par le Permis de recherches s'il en découvre un gisement économiquement exploitable.

Cette disposition apporte quelques éclairages suivants :

– Avant le commencement des travaux de recherche, le titulaire du PR doit déposer un PAR approuvé par l'ACE et la DPEM. Les modalités de présentation, de rédaction et de dépôt du PAR sont fixées par le RM en son Annexe VII portant directive pour l'élaboration du PAR ;

– Dans les quinze jours qui suivent l'approbation du PAR, le titulaire du PR dépose trois exemplaires du PAR au bureau du Cadastre provincial du ressort des carrés miniers. À son tour, le cadastre central transcrit la date d'approbation au registre des droits octroyés (art. 110 RM) ;

– Pour le besoin de sa recherche, le titulaire peut prélever des échantillons. Jusqu'à preuve du contraire, ceux-ci sont, en phase de recherche, propriété de l'État. Parmi les échantillons prélevés en vue des essais et analyses, quelques-uns sont pris au titre des témoins. Ces derniers sont archivés et gardés sous clé dans les magasins de la direction de géologie qui y tient à cet effet un registre (art. 486 et 488 RM) ;

– Si le titulaire estime nécessaire de procéder à des analyses plus approfondies, il est autorisé d'exporter des échantillons prélevés. Pour ce faire, il est tenu d'obtenir un visa de la direction de géologie. Il ne doit pas introduire de requête et la direction de géologie n'est pas tenue de donner suite par voie épistolaire. Le visa est donné au moyen d'une annotation sur la copie du document décrivant lesdits échantillons. Les échantillons prélevés en vue de l'exportation ne doivent pas avoir un caractère commercial ni représenter une quantité

exorbitante par rapport aux besoins d'analyse sous peine d'imposition ou de taxation au droit de droit commun.

– L'exportation des échantillons prélevés pour essais et analyses est exonérée de tout droit de douane et autres impôts et taxes. Cependant, si les échantillons sont exportés, soit sans visa, soit revêtent un caractère commercial soit encore représentent une quantité exorbitante par rapport aux besoins d'analyse ou sont vendus aux tiers, ils sont imposables au taux de droit commun (art. 220 bis, point b, 3 et 226 CM) ;

– En phase de commercialisation, les services et établissements publics peuvent prélever des échantillons qu'ils archivent sous leur garde. Ces échantillons font partie du domaine privé de l'État. Ceux-ci ne peuvent être aliénés que sur autorisation préalable du ministre des Mines (art. 488 bis RM).

Ainsi, les échantillons prélevés par le CEEC dans le cadre de ses attributions ne peuvent nullement être vendus ou cédés aux tiers par la direction générale ou d'autres organes de cet établissement public sans autorisation préalable du ministre des Mines.

Article 51 : De la nature du Permis de Recherches

Le Permis de Recherches est un droit réel, immobilier, exclusif, cessible et transmissible conformément aux dispositions du présent Code.Ce droit est constaté par un titre minier dénommé « Certificat de Recherches ».

Les principales caractéristiques du PR sont :

*– **droit réel** : ce droit est celui qui porte directement sur la chose. En l'espèce, ladite chose est la mine qui fait l'objet de la recherche. Cependant, il faudrait admettre que cette disposition est complémentaire à l'article 1er de la loi du 20 juillet 1973 sur le régime général des biens qui énumère les droits réels à savoir « la propriété, la concession perpétuelle, les droits d'emphytéose, de superficie, d'usufruit, d'usage et d'habitation, les servitudes foncières, le gage, le privilège et d'hypothèque » ;*

*– **droit immobilier** : ce droit est immobilier parce qu'il porte sur une chose considérée par la loi comme immobilière. En effet, aux termes de l'article 6 de la loi du 20 juillet 1973, « le sol et les mines sont des immeubles par nature ». Et l'article 3 de la même loi d'ajouter que « sont immobiliers, tous les droits réels qui ont pour objet des immeubles » ;*

*– **droit exclusif** : ce droit est exclusif parce que seul le titulaire, bénéficiaire du titre, est autorisé à rechercher les substances dans le périmètre identifié et indiqué ;*

– ***droit cessible :*** *ce droit est cessible parce qu'il est dans le commerce et donc susceptible de faire l'objet des transactions licites de tout genre ;*

– ***droit transmissible****: la transmissibilité peut parfois se confondre avec la cessibilité parce que celui qui cède, transmet. Souvent, on l'utilise pour des personnes physiques en cas de décès. Étant donné que les personnes physiques ne sont plus éligibles aux droits miniers, la transmissibilité concerne ici les cas de fusion et de liquidation de la personne morale titulaire ;*

– ***droit non amodiable*** *(art. 177, alinéa 2 du CM) au simple motif qu'il ne porte pas sur un gisement exploitable susceptible de faire l'objet d'une location au profit des tiers intéressés ;*

– Le Certificat de Recherche est délivré par CAMI en suivant les règles établies par les articles 47 du CM et 109 du RM.

Article 52 : De la Durée du Permis de Recherches

La durée du Permis de recherches est de cinq ans, renouvelable une fois pour la même durée pour toutes les substances minérales.

Le législateur limite la durée du PR dans le temps. Quoiqu'il en soit, aucun PR ne peut avoir une durée supérieure à dix ans, renouvellement compris.

Article 53 : Des limitations

La superficie du Périmètre faisant l'objet d'un Permis de Recherches ne peut pas dépasser un maximum de 400 km^2.

Une personne et ses sociétés affiliées ne peuvent détenir plus de cinquante Permis de Recherches.

Dans tous les cas, la superficie leur accordée ne peut dépasser 20.000 km^2 sur l'ensemble du Territoire National.

En termes de carrés miniers, cette disposition signifie que la superficie du PR ne peut excéder un maximum de quatre cent septante et un (471) carrés miniers.

De même, aucun titulaire et ses affiliés ne peuvent, pour l'ensemble de PR détenus, couvrir une superficie supérieure à vingt-trois mille cinq cent quarante-deux (23.542) carrés miniers (art. 95 RM).

Article 54 : De l'établissement, du dépôt, de la recevabilité et de la demande de Permis de Recherches

Le requérant doit établir sa demande du Permis de Recherches et la déposer auprès du Cadastre Minier pour son instruction conformément aux dispositions des articles 35 à 42 du présent Code.

Il est joint à la demande la preuve de la capacité financière minimum.

1. Comment est établie la demande du PR ?

Le dossier de demande est établi et déposé au CAMI en trois exemplaires sur base d'un formulaire préétabli par le même cadastre. Tous les éléments à compléter sont repris à l'article 97 du RM. Parmi les innovations de la loi en vigueur, il y a l'obligation de déposer un CV d'au moins un géologue, membre d'un bureau d'études géologiques agréé.

2. Où est déposée la demande de PR ?

La demande de PR peut être déposée au choix du requérant soit au CAMI central soit à celui provincial. Cependant, lorsque le périmètre chevauche plusieurs provinces, la demande doit être déposée au CAMI central lequel informe les différents CAMI provinciaux concernés (art. 98 RM).

3. En quoi porte l'examen de recevabilité de la demande du PR ?

La recevabilité dont il est question consiste à vérifier uniquement si toutes les pièces prévues aux articles 97, 98 et 99 du RM sont contenues dans le dossier de demande. Il ne s'agit pas d'un examen au fond ni d'une instruction.

À l'issue de la vérification et en cas de recevabilité, le CAMI délivre un récépissé au requérant. En cas d'irrecevabilité, le CAMI restitue le dossier au requérant en indiquant les pièces omises (art. 69 et 100 RM).

Article 55 : De l'instruction technique et environnementale de la demande du Permis de Recherches

La demande du Permis de Recherches ne peut faire l'objet des instructions technique et environnementale.

Cette disposition vise uniquement la demande.

Cependant, lorsque la demande est instruite de manière favorable du point de vue cadastral et qu'un arrêté a été signé en faveur du requérant par le ministre des Mines, le PR fait l'objet d'une instruction environnementale et sociale en vue de l'approbation du PAR avant le commencement des travaux.

Article 56 : Des Conditions d'octroi du Permis de Recherches

Pour obtenir un Permis de recherches, le requérant :

- apporte la preuve de la capacité financière et de la compétence technique nécessaires pour mener à bien les recherches afférentes au Permis sollicité ;
- remplit les exigences formulées aux articles 23 bis et 38 du présent Code.

> *Pour la meilleure application de cette disposition, le requérant doit fournir en son dossier les éléments prévus aux articles 23bis et 38 du CM ainsi que 96, 97 in fine et 99 du RM.*
>
> *La compétence technique visée concerne particulièrement la présentation du curriculum vitae du géologue chargé du programme de recherches, membre d'un bureau d'études géologiques agréé par le ministre des Mines.*

Article 57 : De l'octroi ou refus d'octroi du Permis de Recherches

Sans préjudice des dispositions de l'article 46 du présent Code, le Permis de Recherches portant sur un Périmètre défini est octroyé ou refusé par le ministre au requérant qui a réuni les conditions d'octroi du Permis dans un délai qui ne peut excéder trente jours ouvrables à compter de la date de la réception du dossier transmis par le Cadastre Minier.

Tout refus d'octroi du Permis de Recherches est motivé et donne droit aux recours prévus par les dispositions des articles 313 et 314 du présent Code.

> *Le délai imparti au ministre des Mines va de 1 à 30 jours. Ce délai est compté sur base de la preuve de l'accusé de réception du projet d'arrêté transmis par le CAMI au cabinet du ministre.*
>
> *Pendant ce délai, le ministre des Mines prend l'arrêté d'octroi ou de refus et le transmet au CAMI.*
>
> *Si le ministre ne décide pas dans le délai imparti alors que l'avis cadastral est favorable, le PR est réputé octroyé.*
>
> *Par contre, si dans les mêmes conditions, l'avis cadastral est défavorable, le PR est réputé refusé.*
>
> *En cas de refus, le requérant a le droit d'introduire un recours administratif devant le Conseil d'État.*

Article 58 : De la preuve de la capacité financière minimum

Conformément à l'article 56 du présent Code, la capacité financière minimum est fonction du budget prévu pour l'exécution du programme de recherches.

Dans tous les cas, la capacité financière minimum ne peut être inférieure à cinquante fois le montant total des droits superficiaires annuels payables pour la dernière année de la première période de la validité du Permis de Recherches sollicité.

Les fonds représentant cette capacité sont versés dans un compte ouvert auprès d'une banque congolaise agréée et sont bloqués pendant toute la période de l'examen du dossier.

La capacité financière minimum diffère selon le programme de recherches. Le principal étalon de référence est qu'elle ne doit pas être inférieure à cinquante fois le montant des droits superficiaires annuels payables pour la dernière année de la première période de validité du PR.

La capacité financière minimum fait l'objet d'une certification par le CAMI. Le requérant est tenu de produire un extrait bancaire original délivré par une banque congolaise agréée indiquant la disponibilité des fonds propres.

Ces fonds sont vérifiés périodiquement et certifiés par le CAMI et restent bloqués pendant toute la période de l'examen de la demande (art. 80 et 99 du RM).

Article 59 : De l'extension du permis à d'autres substances

Avant de procéder à la recherche active des substances minérales autres que celles pour lesquelles son Permis de Recherches a été établi, le titulaire doit obtenir l'extension de son permis à ces autres substances. Une telle extension est de droit si :

a) le Permis de Recherches est en cours de validité ;

b) le titulaire décrit l'information qui lui fait croire à l'existence des substances minérales pour lesquelles l'extension du permis est demandée.

Les modalités de la procédure d'extension sont déterminées par le Règlement Minier.

On part de l'idée que le requérant a sollicité dans sa demande de PR originaire une substance minérale déterminée et qu'au regard des indices géologiques, il veut désormais l'étendre à d'autres substances. Le législateur lui impose alors de solliciter l'extension de son PR à d'autres substances (art. 111 à 117 RM).

Pour ce faire, le titulaire dépose au CAMI central ou provincial sa demande en trois exemplaires. Le CAMI vérifie la recevabilité ou l'irrecevabilité de ladite demande et doit s'assurer que le PR initial est encore en cours de validité.

Il transmet la demande auprès de la direction de géologie pour vérification technique laquelle consiste à s'assurer du sérieux de la description d'indices d'existence des substances minérales. La direction de géologie transmet son avis technique au CAMI.

Si l'avis est favorable, le CAMI transmet une copie au ministre des Mines avec un projet d'arrêté accordant l'extension du PR aux substances minérales demandées.

Si l'avis est défavorable, un projet d'arrêté de refus est transmis au ministre des Mines.

Dans un délai de cinq jours à compter de la réception de l'arrêté du ministre des Mines, le CAMI inscrit la décision d'extension au registre des droits octroyés. À défaut, le requérant peut recourir à la procédure judiciaire prévue à l'article 46 du CM.

Il convient de noter que si l'extension sollicitée implique un changement énorme dans les méthodes de recherche, un PAR modifié devra être approuvé par l'ACE et la DPEM.

Article 60 : De la renonciation au Permis de Recherches

Le titulaire d'un Permis de Recherches peut renoncer à tout moment en tout ou en partie au droit couvrant son Périmètre.

La déclaration de renonciation partielle ou totale adressée au ministre, déposée au Cadastre minier, précise les coordonnées du tout ou de la partie du périmètre renoncée et celle retenue. Elle prend effet au jour du donner acte du ministre ou dans tous les cas, dans les trois mois à dater du dépôt de la déclaration.

La partie du Périmètre faisant l'objet de renonciation doit être composée de carrés entiers.

La partie du Périmètre restant doit respecter la forme d'un Périmètre minier prévue à l'article 28 du présent Code.

Le Périmètre couvert par le Permis de Recherches est libre en tout ou en partie selon le cas, de tout droit à compter du donner acte du ministre.

La renonciation totale ou partielle n'ouvre droit à aucun remboursement des droits et frais payés à l'État pour l'octroi ou le maintien du permis. Elle ne dégage pas le titulaire de sa responsabilité relative à la protection de l'environnement.

Chaque titulaire est libre de renoncer aux droits qui lui sont reconnus. C'est l'une des manifestations de l'autonomie de la volonté. La demande est adressée au ministre des Mines mais déposée au CAMI. Celui-ci en vérifie la recevabilité au regard de l'article 118 du RM.

Dans les dix jours à compter de la date du dépôt de la déclaration de renonciation, le CAMI la transmet au ministre des Mines.

Sans délai, le ministre des Mines prend acte par voie d'arrêté (et non pas par une simple lettre) de la renonciation partielle ou totale et renvoie le dossier au CAMI.

Quoiqu'il en soit, même si le CAMI n'enclenche pas la procédure ou que le ministre des Mines ne prend pas de décision, la renonciation est d'office acquise trois mois après le dépôt de la demande.

Aucun remboursement des droits, taxes et frais payés à l'État n'est dû et la responsabilité environnementale du requérant demeure engagée. La partie du PR renoncé rentre dans le domaine privé de l'État et peut faire l'objet de nouvelles demandes.

Cette disposition est mise en œuvre par les articles 118 à 124 du RM.

Article 61 : De l'expiration du Permis de Recherches

Le Permis de Recherches expire lorsqu'il arrive au dernier jour de sa dernière période de validité ou lorsqu'il n'a pas été renouvelé à la fin des premières périodes de validité, ni transformé en Permis d'Exploitation ou en Permis d'Exploitation de Petite Mine.

Dans ce cas, le Périmètre couvert par le Permis de Recherches est libre de tout droit à compter de la date de l'expiration du Permis.

À l'expiration du Permis de recherches, le Cadastre minier notifie immédiatement au titulaire l'expiration de son droit avec copie à l'Organisme spécialisé de recherches et à la Direction de géologie.

Toutefois, le titulaire n'est pas déchargé de ses responsabilités en matière de réhabilitation environnementale après l'expiration de son droit.

Le PR dure cinq ans. S'il est renouvelé, sa vie se poursuit jusqu'à la dixième année. Après la dixième année, s'il n'est pas transformé, il meurt. Et le périmètre qu'il couvrait rentre dans le domaine privé de l'État.

Notification du constat d'expiration est faite par le CAMI au titulaire avec copie au SGNC et à la direction de géologie.

La responsabilité environnementale du titulaire demeure engagée.

Article 62 : Des conditions du renouvellement du Permis de Recherches

Le Permis de recherches est renouvelable à condition que le titulaire :

a. n'ait pas failli à ses obligations de maintien de la validité du permis prévues aux articles 196 à 199 du présent Code, en présentant :

– la preuve de la certification de commencement des travaux dûment délivrée par le Cadastre minier ;

– la preuve de paiement des droits superficiaires annuels par carré et de l'impôt sur la superficie des concessions minières et d'hydrocarbures.

b. dépose un rapport des travaux de recherches réalisés pendant la période antérieure de validité de son titre et les résultats obtenus ;

c. dépose un calendrier d'exécution des travaux de recherche ;

d. prouve l'ouverture effective d'un Centre de recherches dûment constaté par les autorités locales et la Division provinciale des mines ;

e. n'ait pas failli à ses obligations fiscales, parafiscales et douanières ;

f. détermine les phases restantes à réaliser pour arriver à l'étape finale de certification des réserves et l'élaboration des études de faisabilité ;

g. présente le budget complémentaire en rapport avec le programme des travaux de recherches correspondant aux phases restantes reprises ci-dessus.

La demande de renouvellement du Permis de recherches est adressée par le requérant au Cadastre minier au moins trois mois et pas plus de six mois avant la date de l'expiration du Permis, et doit contenir les renseignements ci-après :

a. les mentions prévues aux litteras b et c de l'article 35 du présent Code ;

b. le nombre de carrés à renouveler et leur localisation ;

c. l'identité des sociétés ;

d. la nature, le nombre et la superficie des périmètres des Permis de recherches détenus par le titulaire et ses sociétés affiliées.

À l'occasion du renouvellement, le titulaire du Permis de recherches renonce d'office à au moins 50 % du périmètre couvert par son permis et doit élaborer et obtenir l'approbation du Plan d'atténuation et de réhabilitation révisé pour l'activité proposée, avant de poursuivre les travaux de recherches minières.

Le Règlement minier détermine les modalités du dépôt, de la recevabilité ou de l'irrecevabilité, de l'instruction, de la décision du renouvellement du Permis de recherches ainsi que son inscription et affichage.

Tout titulaire peut solliciter le prolongement de son PR lorsque celui-ci arrive à expiration. Ce prolongement ne s'opère pas de manière automatique. Il est soumis à certaines conditions liées au dépôt, à la recevabilité, à l'instruction et à la décision.

1. Quelles sont les conditions liées au dépôt de la demande ?

– En prenant la date d'expiration comme point de chute, le titulaire doit déposer son dossier entre le sixième et le troisième mois précédant la date d'expiration.

Exemple : si le PR expire le 30 juin, le dossier doit être déposé entre le 1er janvier et le 31 mars. À partir du 1er avril, il est forclos et sa demande devrait être déclarée irrecevable ;

– La demande est déposée au CAMI central ou provincial ;

– les éléments qui accompagnent le dossier sont non seulement ceux prévus à l'article 62 du présent code mais aussi ceux repris aux articles 125 et 126 du RM.

2. Quelles sont les conditions de recevabilité ?

La recevabilité ou l'irrecevabilité est assurée par le CAMI central dès réception du dossier (art. 69 et 128 RM).

3. Quelles sont les conditions d'instruction ?

L'instruction cadastrale porte sur la vérification des éléments prévus dans l'article 23, 62, 196, 197, 198, 199 du CM et 129 du RM.

À la fin de l'instruction, le CAMI émet un avis soit favorable, soit défavorable qu'il notifie au titulaire et transmet au ministre des Mines.

4. Quelles sont les conditions conduisant à la décision ?

À la suite de l'avis émis et dans les trente jours à compter de la réception du dossier de la demande, le ministre des Mines signe un arrêté d'octroi ou de refus de renouvellement. Le ministre est tenu par la compétence liée.

À défaut de décision du ministre dans le délai de trente jours à dater de la réception du projet d'arrêté, le renouvellement est réputé accordé ou refusé selon que l'avis était favorable ou défavorable.

5. Quelles sont les conditions liées à l'inscription ?

Dans les cinq jours suivants la décision du ministre des Mines, le CAMI inscrit la décision dans le registre des droits octroyés et notifie ladite décision au titulaire (art. 131 RM).

6. Quelles sont les conditions liées à la radiation ?

Si la décision prise est celle de refus de renouvellement, le CAMI radie l'inscription du périmètre du registre des droits octroyés. Le périmètre retombe ainsi dans le domaine privé de l'État.

Si cette radiation résulte de la caducité c'est-à-dire du non-respect du délai de dépôt du dossier, le titulaire dispose du droit de priorité dans l'instruction du dossier de demande dudit périmètre.

Si la radiation est due au non-respect du présent article, la nouvelle demande du titulaire devrait être irrecevable dans la mesure où ladite radiation est prise à la suite d'une faute.

Article 63 : De la transformation partielle du Permis de Recherches en Permis d'Exploitation ou en Permis d'Exploitation de Petite Mine

Le titulaire d'un Permis de Recherches peut à tout moment demander la transformation partielle de celui-ci en Permis d'Exploitation ou en Permis d'Exploitation de Petite Mine pour une partie de la superficie couverte par son Permis de Recherches tout en maintenant ses droits exclusifs de recherches sur le reste de la superficie, à condition de respecter les dispositions des articles 28 et 29, 69 à 76 et 103 à 105 du présent Code.

Le titulaire d'un Permis de Recherches peut également demander un Permis d'Exploitation ou un Permis d'Exploitation de Petite Mine pour un Périmètre qui comprend les superficies de plusieurs Permis de Recherches.

Si c'est nécessaire, le titulaire d'un Permis de Recherches peut solliciter la transformation de son Permis de Recherches initial en multiples Permis de Recherches sur la partie du Périmètre non transformée en Permis d'Exploitation ou en Permis d'Exploitation de Petite Mine afin de se conformer aux dispositions du présent Code sur la forme du Périmètre de recherches. Le cas échéant, le titulaire doit respecter la limite sur le nombre de Permis de Recherches qu'une seule personne peut détenir.

La durée des multiples permis est égale à la durée non échue du permis initial.

La partie du Périmètre non transformée reste soumise aux termes et conditions du Permis de Recherches en cours de validité.

– l'obtention du PR a une finalité principale : sa transformation en PE ou en PEPM en vue de passer à la phase de production. Dans ce cas, le régime juridique applicable est celui prévu aux articles 64 et suivants du CM.

– À tout moment, le titulaire peut estimer nécessaire de saucissonner son PR en transformant une partie en PE ou PEPM mais de maintenir une partie de sa superficie en un ou plusieurs PR distincts.

L'établissement de ces nouveaux PR obéit à certaines conditions.

1. Quelles sont les conditions pour le dépôt de la demande ?

– La demande est déposée au CAMI central ou provincial ;

– les éléments qui accompagnent le dossier sont repris à l'article 134 du RM.

2. Quelles sont les conditions de recevabilité ?

La recevabilité ou l'irrecevabilité est assurée par le CAMI central ou provincial dès réception du dossier. En cas de recevabilité, il est enregistré au cahier d'enregistrement du CAMI central ou provincial. En cas d'irrecevabilité, le CAMI restitue le dossier au titulaire (art. 135 RM).

3. Quelles sont les conditions relatives à l'instruction ?

L'instruction cadastrale porte sur la vérification des éléments prévus à l'article 136 du RM. À la fin de l'instruction, le CAMI émet un avis soit favorable, soit défavorable qu'il notifie au titulaire et transmet au ministre des Mines.

4. Quelles sont les conditions conduisant à la décision ?

À la suite de l'avis émis et dans les trente jours à compter de la réception du dossier de la demande, le ministre des Mines signe un arrêté d'octroi ou de refus de transformation. Le ministre est tenu par la compétence liée.

À défaut de décision dans le délai de trente jours à dater de la réception du projet d'arrêté, la transformation est réputée accordée ou refusée selon que l'avis était favorable ou défavorable (art. 137 RM).

5. Quelles sont les conditions liées à l'inscription ?

Dans les cinq jours suivants la décision du ministre des Mines, le CAMI inscrit la décision dans le registre des droits octroyés et notifie ladite décision au titulaire (art. 138 RM).

6. Quelles sont les conditions liées au PAR ?

Une nouvelle approbation du PAR par l'ACE et la DPEM est requise en cas de transformation du PR.

Chapitre II :
De l'exploitation minière

Article 64 : De la portée du Permis d'Exploitation

Le Permis d'exploitation autorise son titulaire d'exploiter, à l'intérieur du périmètre qu'il couvre, les substances minérales pour lesquelles il est spécifiquement établi. Ces substances minérales sont celles que le titulaire a identifiées et dont il a démontré l'existence d'un gisement économiquement exploitable.

Sans préjudice de l'article 33 du présent Code, la superficie du périmètre faisant l'objet du Permis d'exploitation est celle du Permis de recherches dont il découle ou celle de la partie du périmètre d'un ou plusieurs Permis de recherches transformée en Permis d'exploitation ou encore celle du périmètre du Permis d'exploitation en cas de la transformation d'un Permis d'exploitation en plusieurs autres Permis d'exploitation.

Le Permis d'exploitation peut s'étendre aux substances associées ou non-associées conformément aux dispositions de l'article 77 du présent Code.

Le Règlement minier détermine les conditions de ladite transformation.

Un PE vise essentiellement la commercialisation des substances minérales. Cette disposition pose le principe général sur l'étendue du PE qui se limite aux substances indiquées dans le permis.

Les applications diverses, dont notamment la demande, l'instruction, l'extension à d'autres substances, la décision, sont prévues dans les dispositions suivantes.

Article 64 bis : Des droits conférés par le Permis d'exploitation

Le Permis d'exploitation confère à son titulaire le droit exclusif d'effectuer, à l'intérieur du Périmètre sur lequel il est établi et pendant la durée de sa validité, les travaux de recherche, de développement, de construction et d'exploitation visant les substances minérales pour lesquelles le permis est établi et les substances associées ou non associées s'il en a demandé l'extension. Il permet en outre, sans limitation, de :

a. entrer dans le périmètre d'exploitation pour procéder aux opérations minières ;

b. construire les installations et infrastructures nécessaires à l'exploitation minière ;

c. utiliser les ressources d'eau et du bois se trouvant à l'intérieur du périmètre minier pour les besoins de l'exploitation minière, en se conformant aux normes définies dans l'EIES et le PGES ;

d. disposer, transporter et commercialiser librement ses produits marchands provenant du Périmètre d'exploitation ;

e. procéder aux opérations de concentration, de traitement métallurgique ou technique des substances minérales extraites du gisement à l'intérieur du Périmètre d'exploitation ;

f. procéder aux travaux d'extension de la mine.

Le titulaire du Permis d'exploitation a l'obligation de traiter et de transformer sur le territoire congolais les substances minérales par lui exploitées.

Le législateur énumère une série de droits fondamentaux reconnus au titulaire du PE.

Il convient de préciser que la coupe des arbres donne lieu à obtention du permis de déboisement et au paiement d'une taxe de reboisement. En effet, les articles 42, alinéa 5 et 220 bis, b, point 5 et 238 bis du CM, impose à toute personne qui déboise, pour raisons de son activité minière, d'obtenir un permis de déboisement et de payer la taxe de reboisement.

Et l'article 527 sexies du RM de préciser qu'aucune exonération du paiement de cette taxe n'est admise au regard de son importance pour la lutte contre le réchauffement climatique qui constitue un engagement international de la RDC.

Par ailleurs, le législateur précise également quelques obligations notamment celle de traiter et de transformer en RDC les substances minérales exploitées. Pour l'instant, cette obligation ressemble à un vœu à long terme à cause notamment du déficit énergétique qui handicape les titulaires de réaliser ladite obligation.

Article 65 : De la nature du Permis d'Exploitation

Le Permis d'Exploitation est un droit réel, immobilier, exclusif, cessible, transmissible et amodiable conformément aux dispositions du présent Code.

Ce droit est constaté par un titre minier dénommé Certificat d'Exploitation.

À l'instar du PR, les principales caractéristiques du PE sont :

*- **droit réel**: ce droit est celui qui porte directement sur la chose. En l'espèce, ladite chose est constituée des substances minérales identifiées lesquelles sont économiquement exploitables. Cependant, il faudrait considérer que cette disposition est complémentaire à l'article 1er de la loi du 20 juillet 1973 sur le régime général des biens qui énumère les droits réels à savoir « la propriété, la concession perpétuelle, les droits d'emphytéose, de superficie, d'usufruit, d'usage et d'habitation, les servitudes foncières, le gage, le privilège et d'hypothèque » ;*

*- **droit immobilier**: ce droit est immobilier parce qu'il porte sur une chose considérée par la loi comme immobilière. En effet, aux termes de l'article 6 de la loi du 20 juillet 1973 « le sol et les mines sont des immeubles par nature ». Et l'article 3 de la même loi d'ajouter que « sont immobiliers tous les droits réels qui ont pour objet des immeubles » ;*

*- **droit exclusif**: ce droit est exclusif parce que seul le titulaire, bénéficiaire du titre, est autorisé à exploiter les substances dans le périmètre lui octroyé ;*

*- **droit cessible :** ce droit est cessible parce qu'il est dans le commerce et donc susceptible de faire l'objet des transactions licites de tout genre ;*

*- **droit transmissible**: la transmissibilité peut parfois se confondre avec la cessibilité parce que celui qui cède, transmet. Souvent, on l'utilise pour des personnes physiques en cas de décès. Étant donné que les personnes physiques ne sont plus éligibles aux droits miniers, la transmissibilité concerne ici les cas de fusion et de liquidation de la personne morale titulaire.*

*- **droit amodiable**: ce droit est amodiable c'est-à-dire qu'il peut faire l'objet d'une location au profit d'un tiers.*

- Le Certificat d'Exploitation est délivré par CAMI en suivant les règles établies par les articles 47 du CM et 160 du RM.

Article 66 : (abrogé)

Article 67 : De la durée du Permis d'Exploitation

La durée de validité du Permis d'exploitation ne peut excéder vingt-cinq ans.

Il est renouvelable sur demande de son titulaire pour des périodes n'excédant pas quinze ans chacune.

La durée du PE est limitée dans le temps (vingt-cinq ans) mais prorogeable par tranches d'années (quinze ans) de manière infinie tant que le titulaire réunit les conditions requises.

Article 68 : Des limitations du Permis d'Exploitation

La superficie du Périmètre faisant l'objet du Permis d'Exploitation est celle du Permis de Recherches dont il découle ou celle de la partie du Périmètre du Permis de Recherches transformée en Permis d'Exploitation.

Une personne et ses sociétés affiliées ne peuvent détenir plus de cinquante Permis d'Exploitation.

Le législateur confirme que la superficie du PE ne peut être supérieure à celle du PR dont il découle.

Ainsi, le périmètre du PE ne peut nullement dépasser quatre cent septante et un (471) carrés. Le nombre maximum de permis par titulaire et ses affiliés est également limité au nombre de cinquante.

En d'autres termes, nul ne peut être titulaire de plus de cinquante PE.

Il faut entendre par affiliées, les sociétés dans lesquelles le titulaire détient 50 % des parts sociales ou celles qui détiennent 50 % des parts sociales au sein de la société titulaire du titre minier.

Article 69 : De l'établissement de la demande du Permis d'Exploitation

Le requérant établit sa demande de Permis d'Exploitation et la dépose auprès du Cadastre Minier conformément aux articles 35 et 37 du présent Code.

Il est joint à la demande les documents ci-après :

. a) une copie du Certificat de Recherches en cours de validité ;

. b) le rapport sur le résultat de recherches en ce qui concerne la nature, la qualité, le volume et la situation géographique de la ressource minérale identifiée ;

. c) l'étude de faisabilité de l'exploitation du gisement ;

. d) le plan d'encadrement technique des travaux de développement, de construction et d'exploitation de la mine ;

. e) l'EIES et le PGES pour le projet ;

. f) le rapport sur les consultations avec les communautés locales et leurs représentants en application notamment des dispositions de la loi portant principes fondamentaux relatifs à la protection de l'environnement ;

. g) le plan pour la contribution du projet au développement des communautés environnantes ;

. h) le plan de financement avec identification des sources de financement visées ;

. i) la preuve de paiement des frais de dépôt.

La demande de PE est réalisée au moyen d'un formulaire disponible au CAMI central ou provincial. Il peut être rempli par le titulaire ou par le mandataire en mines désigné par lui.

Outre ce qui est prévu au présent article, plusieurs autres pièces doivent y être jointes. Leur énumération est faite aux articles 23bis, 35, 37, 71 et 71 bis du CM et 145 du RM.

L'étude de faisabilité visée au point c doit se réaliser conformément à l'Annexe XVI du RM. Par contre, l'EIES et le PGES visés au point e doivent être effectués suivant l'Annexe VIII du RM.

La loi mentionnée au point f est celle n° 11/009 du 9 juillet 2011 portant principes fondamentaux relatifs à la protection de l'environnement.

Le dépôt du formulaire de demande se fait au CAMI central ou provincial.

Si le PE comporte des carrés chevauchant deux provinces, le dépôt doit se faire au CAMI central.

Les frais de dépôt, dont le taux est fixé par arrêté interministériel, sont payés par le titulaire (voir commentaires sous art. 37 du CM).

Article 70 : De la recevabilité et de l'instruction de la demande du Permis d'Exploitation

La demande du Permis d'Exploitation est reçue et instruite aux conditions et procédures fixées par les dispositions des articles 38 à 45 telles que complétées par celles des articles 74 à 76 du présent Code.

Pour une meilleure compréhension de la procédure de recevabilité et d'instruction, il convient de lire les commentaires sous les articles 38 à 45 du présent Code. Il faudrait également lire les articles 147 et 148 du RM.

Article 71 : Des conditions de l'octroi du Permis d'Exploitation

L'octroi du Permis d'Exploitation est subordonné aux conditions suivantes dans le chef du requérant :

. a) démontrer l'existence d'un gisement économiquement exploitable en présentant une étude de faisabilité, accompagnée d'un plan d'encadrement technique des travaux de développement, de construction et d'exploitation de la mine ;

. b) démontrer l'existence des ressources financières nécessaires pour mener à bien son projet selon un plan de financement des travaux de développement, de construction et d'exploitation de la mine ainsi que le plan de réhabilitation du site à sa fermeture. Ce plan précise chaque type de financement, les sources de financement visées et les justifications de leur disponibilité probable. Dans tous les cas, le capital social apporté par le requérant ne peut être inférieur à 40 % desdites ressources ;

. c) obtenir au préalable l'approbation de l'EIES et du PGES du projet ;

. d) céder à l'État 10 % des parts ou actions constitutives du capital social de la société requérante. Ces parts sont libres de toutes charges et non diluables ;

. e) créer, à chaque transformation, dans le cadre d'une mine distincte ou d'un projet minier d'exploitation distinct, une société affiliée dans laquelle la société requérante détient au moins 51 % des parts ou actions sociales ;

. f) déposer un acte d'engagement de se conformer au cahier des charges définissant la responsabilité sociétale vis-à-vis des communautés locales affectées par les activités du projet ;

. g) avoir respecté les obligations de maintien de la validité du permis prévues aux articles 196, 197, 198 et 199 du présent Code, en présentant : – la preuve de la certification de commencement des travaux dûment délivrée par le Cadastre minier ;

– la preuve de paiement des droits superficiaires annuels par carré et de l'impôt sur la superficie des concessions minières ;

h) donner la preuve de la capacité de traiter et de transformer les substances minérales en République Démocratique du Congo et déposer un acte d'engagement de traiter et de transformer ces substances sur le territoire congolais.

Outre les conditions prévues au présent article, le titulaire doit également remplir celles prévues à l'article 143 du RM.

Il importe de donner des éclaircissements sur quelques conditions légales :

1. De l'étude de faisabilité

L'étude de faisabilité vise à :

– vérifier si le projet minier d'exploitation est techniquement faisable et économiquement viable et rentable ;

– justifier le projet d'exploitation en termes d'objectifs chiffrés, réalistes, mesurables, atteignables et temporellement définis, dans un contexte donné tout en présentant les moyens pour les réaliser ;

– évaluer les risques et les conditions critiques qui l'entourent et à décider de sa réalisation ou non.

Elle comporte plusieurs volets dont une étude technique, commerciale, économique, financière, juridique, organisationnelle et environnementale.

Elle est élaborée par le promoteur lui-même et/ou par un bureau d'étude agréé.

L'instruction de l'étude de faisabilité est effectuée par une Commission d'Évaluation des Études de Faisabilité (CEEF), composé de quinze membres nommés par le ministre des Mines sur proposition des ministères ou des services qu'ils représentent :

– le directeur-chef des services de la direction des mines, plus deux délégués de son service ;

– deux délégués de la DPEM ;

– trois délégués de la direction de géologie dont un hydrogéologue, un géochimiste et un géophysicien ;

– trois délégués de la CTCPM dont un géologue, un mineur et un métallurgiste ;

– trois délégués du ministère des Finances dont un délégué de la DGI, un de la DGDA et un autre de la DGRAD ;

– un délégué du ministère ayant l'environnement dans ses attributions ;

La CEEF est dirigée par le directeur-chef des services de la direction des mines en qualité de Président de la Commission et un Vice-Président parmi les délégués de la CTCPM et un Secrétaire rapporteur parmi les délégués de la direction des mines nommés par le ministre des Mines (lire Annexe XVI RM, notamment art. 3, 5 et 74).

2. Des apports financiers

Le titulaire est tenu de présenter un plan de financement qui inclut tous les travaux du commencement du projet jusqu'à sa fermeture.

De ce fait, le législateur impose qu'au moins 40 % des ressources doivent être apportées en propre par le titulaire. Ce qui limiterait à coup sûr l'existence des sociétés mallettes constituées par des personnes ou des démarcheurs qui n'ont pas de fonds propres suffisants.

3. De la cession de 10 % à l'État

Le titulaire est tenu de céder à l'État 10 % des parts ou actions sociales dans la société constituée.

La procédure se déroule par déclaration devant notaire à la diligence du représentant statutaire du titulaire (la société minière détentrice des titres). La déclaration notariée comprend notamment le nombre et la valeur totale des parts du capital social de la personne morale au moment de la déclaration notariée ; le nombre et la valeur totale des parts sociales ou actions du capital social de la personne morale prévus immédiatement après la cession de 10 % des parts ou actions du capital social à l'État ; la forme, les affectations, le nombre et la valeur des 10 % des parts du capital social de la personne morale qui seront cédés à l'État (art. 144 RM).

De son côté, l'État doit spécifier la personne publique qui va acquérir les parts ou actions. Normalement, ce sera le ministère du Portefeuille de l'État.

La déclaration notariée de cession de 10 % fait l'objet d'instruction technique de la direction des mines.

Les parts ou actions de l'État sont libres de toutes charges et non diluables. En d'autres termes, les impositions qui frapperaient les parts ou actions des autres associés ou actionnaires n'auront aucun effet sur celles de l'État. En sus, il n'est pas autorisé aux organes de la société de réduire ni de céder les 10 % par quelques opérations que ce soit.

La non-cession des 10 % en faveur de l'État constitue une cause de caducité du PE (art. 159 RM).

Cependant, le point d du présent article n'est pas exempt de critiques. En consacrant que les 10 % des parts ou actions sont constitutives du capital social, le législateur se méprend parce qu'en réalité, l'État ne fait apport ni en numéraire ni en nature, sinon quelle en serait l'évaluation ? Par conséquent, son apport ne devait pas être considéré comme concourant à la formation du capital social.

La cession devrait être vue comme une mise à disposition du sol et sous-sol, propriété exclusive et inaliénable de l'État congolais au profit du titulaire donnant lieu à l'attribution de titres sociaux et ouvrant droit au vote et au partage des bénéfices.

4. De l'approbation de l'EIES et du PGES

La procédure de dépôt et d'approbation est prévue aux articles 450 à 465 ainsi qu'à l'Annexe VIII du RM. Pour davantage de commentaires, lire sous article 204 du présent code.

5. Des autres obligations

Le législateur impose au titulaire de créer une nouvelle société minière à chaque transformation de son PE dans laquelle elle doit détenir au moins 51 % des parts ou actions sociales.

Dans la perspective de la création des sociétés locales, le titulaire doit donner la preuve qu'il est en mesure de traiter et transformer ses substances sur le territoire congolais. Cette obligation est reprise aux articles 64bis in fine et 108bis du CM ainsi que 218 du RM.

Article 71 bis : De la participation des personnes physiques de nationalité congolaise au capital social

La participation des personnes physiques de nationalité congolaise est requise pour la constitution de capital social des sociétés minières.

Les personnes visées à l'alinéa précédent détiennent au moins 10 % de capital social.

Le législateur continue d'admettre le principe de la liberté contractuelle en matière de constitution de société commerciale prévue par l'Acte uniforme sur le droit des sociétés commerciales et du groupement d'intérêt économique de l'OHADA (art 4).

Cependant, il y insère un régime de privilège en imposant qu'au moins 10 % de l'actionnariat soit constitué des Congolais. C'est l'un des moyens de permettre aux nationaux disposant d'un minimum de capacité financière de prendre part à la création et à la vie des sociétés minières souvent constituées des personnes non congolaises.

Il doit s'agir des personnes physiques. Ce n'est pas nécessaire ni obligatoire qu'une seule personne physique congolaise souscrive aux 10 % de parts ou actions sociales. L'on peut avoir plusieurs personnes physiques partageant les

10 %. Ce serait d'ailleurs l'idéal pour compenser la difficulté de trouver des Congolais ayant la capacité financière nécessaire pour être actionnaire.

Par ailleurs, le RM prévoit que pour les 10 % de parts ou actions sociales devant être souscrites par les Congolais, priorité est accordée aux employés de ladite société qui peuvent acquérir jusqu'à 5 % des parts ou actions sociales et les 5 % restants reviennent à tous les autres Congolais, personnes physiques (art. 144bis RM).

Que l'on ne se trompe pas ! Il ne s'agit pas d'un don fait en faveur des personnes physiques congolaises ; celles-ci doivent souscrire et libérer obligatoirement leurs parts ou actions sociales promises selon les modalités de droit commun.

Article 72 : De l'octroi du Permis d'Exploitation

Sans préjudice des dispositions de l'article 46 du présent Code, le Permis d'Exploitation est octroyé par le ministre au titulaire du Permis de Recherches qui a réuni les conditions d'octroi du Permis dans un délai qui ne peut excéder trente jours ouvrables à compter de la date de la réception de la demande lui transmise par le Cadastre Minier.

Tout refus d'octroi du Permis d'Exploitation est motivé et donne droit au recours prévu par les dispositions des articles 317 à 320 du présent Code.

Comme déjà mentionné à l'article 10, point a, le législateur reconnaît le ministre des Mines comme autorité compétente en matière de délivrance du PE (bien entendu, le Certificat d'exploitation est délivré par le CAMI sur présentation du PE).

Le délai qui lui est imposé est celui de 30 jours à dater de la réception de la demande.

Selon cette disposition, le différend résultant du refus d'octroi du PE ne donne lieu qu'au recours arbitral prévu aux articles 317 à 320 du CM. À moins d'une coquille de la part du législateur, rien ne justifie la position du législateur. En effet, les recours administratif et judiciaire devaient être admis et même priorisés étant donné qu'il est question d'apprécier la conformité de la décision d'une autorité administrative.

Article 73 : Des justifications du refus de l'octroi du Permis d'Exploitation

Le Permis d'Exploitation ne peut être refusé que si :

. a) l'étude de faisabilité est rejetée ;

. b) la capacité financière du requérant est insuffisante ;

. c) l'EIES a été rejetée de façon définitive conformément aux dispositions ci-dessous.

L'étude de faisabilité ne peut être rejetée que pour les motifs suivants :

. a) sa non-conformité à la directive du ministère des Mines précisant son contenu conformément à la pratique internationale généralement reconnue ;

. b) la présence d'une erreur manifeste ;

c) sa non-conformité à l'EIES.

La preuve de la capacité financière du requérant ne peut être rejetée que pour l'un des motifs suivants :

a) la non-conformité du plan de financement avec l'étude de faisabilité ;

b) l'insuffisance manifeste des justifications de la disponibilité probable du financement qui est obtenu auprès des sources identifiées par le requérant.

La preuve de la capacité financière ne peut pas être rejetée si le requérant a produit, en cas de financement externe, des attestations des sources de financement identifiées prouvant la faisabilité du financement dans les paramètres envisagés par le requérant, et en cas de financement interne, les états financiers de la personne ou de la société certifiés par un Expert Comptable ou un Comptable agréé par les tribunaux démontrant sa capacité d'autofinancement.

Le législateur a tenu à encadrer l'autorité compétente en déterminant les conditions dans lesquelles elle pourrait refuser d'octroyer le PE.

Il est question d'éviter des décisions autoritaires, arbitraires, discrétionnaires ou fondées sur les humeurs.

Article 74 : Du délai de l'instruction technique de la demande du Permis d'Exploitation

L'instruction technique de la demande du Permis d'Exploitation déclarée recevable est réalisée dans un délai qui ne peut excéder soixante jours ouvrables à compter de la date de réception du dossier de demande transmis par le Cadastre Minier à la Direction des Mines.

Il est rappelé que le délai imparti par le législateur à la direction des mines pour assurer l'instruction technique est de soixante jours maximum.

En d'autres termes, ce délai peut aller de 1 à 60 jours mais ne pourrait pas dépasser ce seuil.

Article 75 : Du délai de l'instruction environnementale et sociale de la demande du Permis d'Exploitation

L'instruction environnementale et sociale de l'EIES et du PGES afférente à une demande de Permis d'exploitation déclarée recevable est réalisée dans les six mois à compter de la date de transmission du dossier de demande par le Cadastre minier à l'Agence congolaise de l'Environnement et le Fonds national de promotion et de service social, en collaboration avec la Direction chargée de la protection de l'environnement minier, conformément à la réglementation en matière de protection de l'environnement.

Les trois organismes (ACE, FNPSS et DPEM) désignés par le législateur pour l'instruction environnementale et sociale fonctionnent au sein du Comité permanent d'évaluation (CPE) lequel dispose d'un délai de six mois à dater de la réception de la demande pour rendre un avis.

Article 76 : De la décision du ministre

Si les avis cadastral, technique, environnemental et social à la suite de l'instruction de la demande du Permis d'exploitation sont favorables, le ministre prend sa décision d'octroi dans un délai de trente jours ouvrables à compter de la date de la réception du dossier de demande lui transmis par le Cadastre minier.

Si l'avis cadastral sur une demande de Permis d'exploitation est défavorable, le ministre prend sa décision de rejet de la demande dans le délai de trente jours ouvrables à compter de la date de réception du dossier de demande lui transmis par le Cadastre minier.

Si l'avis technique sur une demande de Permis d'exploitation est défavorable mais l'avis cadastral favorable, le ministre prend sa décision de rejet dans un dél ai de trente jours ouvrables à compter de la date de réception du dossier de demande lui transmis par le Cadastre minier.

Si les avis cadastral et technique à la suite de l'instruction de la demande du Permis d'exploitation sont favorables mais le certificat environnemental est défavorable, le ministre prend sa décision de refus dans un délai de trente jours ouvrables à compter de la date de la réception du dossier de demande lui transmis par le Cadastre minier.

Si les avis cadastral et technique à la suite de l'instruction de la demande du Permis d'exploitation sont favorables mais le certificat environnemental n'est pas encore émis, le ministre prend une décision d'approbation préliminaire et conditionnelle dans un délai de vingt jours ouvrables à compter de la date de la réception du dossier de demande lui transmis par le Cadastre minier et diffère sa décision finale d'octroi ou de rejet du Permis d'exploitation jusqu'à la réception du certificat environnemental.

La décision d'approbation préliminaire et conditionnelle du ministre a pour effet d'entériner de façon définitive les avis cadastral et technique. Elle conditionne sa décision finale d'octroi à la réception d'un certificat environnemental favorable.

Le ministre prend et transmet la décision d'octroi ou de rejet motivé du Permis d'exploitation au Cadastre minier pour exécution dans un délai de trente jours à compter de la date de réception du certificat environnemental lui transmis par le Cadastre minier.

Avis cadastral	*Avis technique*	*Avis environnemental*	*Décision du ministre*
Favorable	*Favorable*	*Favorable*	Octroi du PE
Défavorable	-	-	*Rejet de la demande*
Favorable	*Défavorable*	-	*Rejet de la demande*
Favorable	*Favorable*	*Défavorable*	*Refus de la demande*
Favorable	*Favorable*	*Non encore émis*	*Approbation préliminaire et conditionnelle.*

Il apparaît que la décision de rejet est applicable lorsque les avis cadastraux et techniques sont défavorables alors que c'est la décision de refus qui est évoquée lorsque l'avis environnemental est défavorable.

Y aurait-il une différence entre la décision de refus et celle de rejet ? S'il est clairement énoncé que la décision de refus doit être motivé et susceptible de faire l'objet d'un recours, il y a peu de clarifications en ce qui concerne la décision de rejet. Et pourtant, le législateur confère un contenu identique aux deux concepts. Il y a lieu de considérer que l'utilisation par le législateur du concept « rejet » est simplement une coquille. Le mot approprié est le « refus ».

L'on peut s'interroger sur l'opportunité de créer une décision d'approbation préliminaire et conditionnelle alors que celle-ci ne produit aucun ou peu d'effets ?

Au regard de la complexité de la procédure et du nombre des institutions intervenant dans l'instruction des droits miniers susceptibles d'occasionner des lenteurs, ne serait-il pas souhaitable, pour des raisons de célérité, de créer un guichet unique d'instruction des demandes des droits miniers et de carrières ?

Article 77 : De l'extension aux substances minérales associées

Avant de procéder aux activités de recherches ou d'exploitation visant des substances minérales autres que celles pour lesquelles son Permis d'exploitation a été établi, le titulaire est tenu d'obtenir l'extension de son permis à ces autres substances associées.

Dans le cas où le titulaire du Permis d'exploitation ne sollicite pas une telle extension, la Direction des mines le met en demeure de la solliciter dans un délai de soixante jours.

À l'expiration de ce délai, les dispositions de l'article 299 du présent Code s'appliquent au titulaire s'il continue à exploiter ces substances.

Toute substance minérale associée découverte et renoncée par le titulaire du Permis d'exploitation dans le cadre de l'extension, devient d'office propriété de l'État.

Cette disposition constitue l'un des piliers de la bonne gouvernance des ressources minières en renforçant la transparence et la traçabilité des substances exploitées.

En effet, lorsque le titulaire X obtient un PE, celui-ci indique les substances qui font l'objet d'exploitation. Si en cours d'exploitation, il y a l'existence d'autres substances minérales non indiquées dans le PE et dont l'exploitation exige une extraction nécessairement simultanée, l'on se trouve en présence des substances dites associées.

Exemples :

– dans le secteur cuprocobaltifère : si le titulaire X dispose d'un PE pour exploiter le cuivre et qu'il y découvre également le cobalt ;

– dans le secteur stannifère : si le titulaire Y dispose d'un PE pour exploiter la cassitérite et qu'il y découvre le coltan ou le wolframite.

L'exploitation de ces dernières substances n'est pas automatique du fait de la détention du PE. Une demande en extension du PE est requise.

Dans ce cas, le titulaire X fait une demande au moyen d'un formulaire à retirer auprès du CAMI. La demande d'extension fait l'objet d'une instruction cadastrale (CAMI), technique (direction des mines) et environnementale et sociale (ACE, DPEM, FNPSS).

Dans le délai de trente jours à compter de la réception du projet d'arrêté, le ministre des Mines octroie ou refuse l'extension (art. 161 à 166 RM).

Néanmoins, le titulaire X dispose de la liberté de renoncer à exploiter une substance minérale associée. En pareil cas, celle-ci devient propriété de l'État.

Toute exploitation d'une substance associée sans en avoir obtenu l'autorisation constitue une infraction d'exploitation minière illicite punissable d'une amende de 10.000 USD à 250.000 USD.

Article 77 bis : De l'exploitation des substances minérales non-associées

Le titulaire d'un Permis d'exploitation qui désire exploiter les substances minérales non-associées est obligé de demander un droit minier d'exploitation distinct sur ces substances, conformément aux dispositions du présent Code.

Dans le cas où le titulaire du Permis d'exploitation ne sollicite pas une telle extension, la Direction des mines le met en demeure de la solliciter dans un délai de soixante jours.

Le titulaire qui ne sollicite pas l'octroi d'un nouveau titre, alors qu'il exploite lesdites substances dans le contexte d'une mine distincte, se fait appliquer les dispositions de l'article 299 du présent Code.

Le Règlement minier détermine les modalités de cette exploitation.

1. Qu'entendre par mine distincte ?

En parlant des substances non associées, le législateur vise ce qu'il qualifie de mine distincte. L'art. 1er, point 29 bis du CM et 166 bis du RM définissent la mine distincte comme « une mine distincte d'une autre mine existante et de ce fait nouvelle, qui fait l'objet d'un nouveau droit minier d'exploitation ou d'un contrat d'amodiation, dès lors qu'elle concerne un gisement distinct nécessitant des méthodes d'exploitation et des procédés de traitement séparés ainsi que des moyens de production nettement individualisés, ou du fait de leur éloignement ou de leurs conditions d'exploitation, nécessitant la création d'installations minières distinctes ».

2. Brève analyse de l'obligation de créer une mine distincte

Il y a trois hypothèses qui peuvent entraîner à la création d'une mine distincte :

a) Première hypothèse : Le titulaire d'un PE de cuivre découvre sur son périmètre un gisement de diamant ou de l'or. Il est clair que le cuivre ne présente aucune association avec le diamant ou l'or. En sus, les méthodes d'exploitation et les procédés de leur traitement sont différents de ceux du cuivre. Ils sont donc des substances non associées avec le cuivre qui fait l'objet du PE.

Par voie de conséquence, le titulaire du PE initial est tenu de solliciter un droit minier distinct avec une étude de faisabilité, une comptabilité et une usine distinctes. En d'autres termes, le titulaire crée une autre société affiliée ;

b) Deuxième hypothèse : la superficie d'un PE se trouve dans la même province et couvre la distance allant de la cité de Nioki à la ville d'Inongo avec des voies d'accès difficiles pour joindre les deux entités. Il y est découvert pour exploitation le gisement de nickel aussi bien à Nioki qu'à Inongo. En principe, le titulaire du PE ne devait pas se poser de questions étant donné que le gisement est sur son périmètre.

Le législateur considère qu'il y a mine distincte au regard de l'éloignement du gisement et des difficultés d'utiliser les mêmes installations lesquels pourraient influer négativement sur la rentabilité du projet. Un accent particulier est mis sur la rentabilité du projet que l'on ne peut atteindre qu'en séparant l'exploitation du gisement.

Le titulaire est donc tenu de créer une autre société qui lui est affiliée ;

c) Troisième hypothèse : Dès lors qu'un gisement se chevauche entre

deux provinces, on considère qu'il y a mine distincte.

Exemple : un gisement qui va de la province du Lualaba à celle du Haut-Katanga devrait faire l'objet de deux droits miniers distincts.

Cette condition, qui n'est pas explicite dans le code minier, a été mise en exergue par le RM en son art. 166 bis, alinéa 2. Elle reste néanmoins critiquable parce qu'aucune raison sérieuse ni du point de vue technique ni du point de vue fiscal ne saurait le justifier.

En effet, une province peut être distante de l'autre que deux carrés. Par ailleurs, l'imposition fiscale relève du pouvoir central et donne lieu à rétrocession en faveur des entités concernées par l'exploitation.

3. Modalités et conditions de demande d'un droit minier distinct

Dès lors que les conditions de demande d'un droit minier distinct sont réalisées, le titulaire du PE retire et remplit un formulaire auprès du CAMI.

Il est tenu de présenter une étude de faisabilité ; démontrer l'existence des ressources financières ; obtenir l'approbation de l'EIES et du PGES ; créer une nouvelle société et céder à l'État 10 % des parts ou actions sociales ; faire participer les personnes physiques de nationalité congolaise au capital social ; etc.

De manière générale, le titulaire du PE, demandeur du droit minier distinct doit se conformer notamment aux articles 71, littéras a à e ; 71bis ; 80bis du CM.

Toute personne qui exploite une substance non associée sans solliciter un autre titre minier commet une infraction d'exploitation minière illicite et est passible d'une amende de 10.000 à 250.000 USD.

Article 77 ter : De l'extension des travaux d'exploitation

Le titulaire d'un Permis d'exploitation qui désire procéder à l'extension de ses travaux est tenu de solliciter l'autorisation du ministre.

À cet effet, il présente une étude de faisabilité additionnelle intégrant les opérations requises pour ladite extension.

Le dépôt, la recevabilité et l'instruction de la demande d'extension sont soumis aux conditions prévues aux articles 37, 38, 39, 40, 41 et 42 du présent Code.

En principe, les travaux que le titulaire exécute en vue de l'exploitation de son périmètre sont contenus et déterminés dans l'EIES et le PGES.

Si en cours d'exploitation, il y a nécessité qu'il y ait exécution des travaux d'exploitation significatifs supplémentaires, le titulaire est tenu de solliciter l'autorisation du ministre des Mines.

Une étude de faisabilité doit, à cet effet, être présentée.

Article 78 : De l'expiration du Permis d'Exploitation

Le Permis d'Exploitation expire à la fin d'une période de validité non suivie de renouvellement conformément aux dispositions du présent Code ou lorsque le gisement est épuisé.

À l'expiration du Permis d'Exploitation, le Cadastre Minier notifie immédiatement au titulaire l'expiration de son titre en réservant copie à la Direction des Mines.

Dans ce cas, le Périmètre couvert par le Permis d'Exploitation est libre de tout droit à compter de la date de l'expiration du permis.

L'expiration est un mode d'extinction du PE (art. 48 du CM).

Deux principales causes sont retenues pour l'expiration du PE :

*- **l'arrivée du terme du PE**: il convient de rappeler que la durée du PE est de vingt-cinq (25 ans) ans maximum. À l'issue de cette période de validité, le PE expire et ne peut plus produire les effets s'il n'a pas été renouvelé ;*

*- **l'épuisement du gisement**: le gisement constitue l'objet du permis. C'est ce pour quoi le contrat a été signé. S'il est épuisé ou n'existe plus, celui-ci n'a plus sa raison d'être. Dès lors, le PE expire.*

Le gisement est considéré comme épuisé lorsque les techniques mises en œuvre par le titulaire ne permettent plus de trouver les substances jadis couvertes par le permis quand bien même un autre titulaire bénéficiaire du même périmètre et ayant une technologie plus performante et pouvant aller plus en profondeur trouverait la même substance.

Dans les deux cas, malgré la fermeture, le titulaire reste tenu à ses obligations environnementales et sociales notamment de réhabilitation du site. Il ne sera exonéré qu'à partir de l'octroi de l'attestation de libération des obligations environnementales délivrée par la DPEM (art. 472 à 476 RM).

La superficie concernée par l'expiration rentre dans le domaine privé de l'État, devient disponible et peut à nouveau faire l'objet de contrat de concession.

Article 79 : De la renonciation au Permis d'Exploitation

Le titulaire d'un Permis d'Exploitation peut, par déclaration adressée au ministre, renoncer à tout moment en tout ou en partie au droit couvrant son Périmètre.

La déclaration de renonciation partielle précise les coordonnées de la partie du Périmètre renoncée et celles de la partie retenue. Elle prend effet au jour du donner acte du ministre ou dans tous les cas, dans les trois mois à compter du dépôt de la déclaration.

La partie du Périmètre faisant objet de renonciation doit être composée de carrés entiers.

La partie du Périmètre restant doit respecter la forme d'un Périmètre minier prévue à l'article 28 du présent Code.

Le Périmètre couvert par le Permis d'Exploitation est libre, en tout ou en partie selon le cas, de tout droit à compter du donner acte du ministre.

La renonciation totale ou partielle ne donne droit à aucun remboursement des droits et frais payés à l'État pour l'octroi ou le maintien du permis. Elle ne dégage pas le titulaire de sa responsabilité relative à la protection de l'environnement et de ses engagements envers la communauté locale.

La renonciation est un mode d'extinction du PE (art. 48 CM). Sa mise en application est reprise notamment aux articles 173 à 179 du RM.

Elle peut être totale ou partielle.

Le titulaire, désireux de renoncer à son PE, retire, remplit et dépose un formulaire de renonciation au CAMI. Celui-ci procède à l'instruction cadastrale dans le délai de vingt jours à dater de la réception de la déclaration de renonciation. Il transmet ensuite le dossier au ministre des Mines qui dispose d'un délai de vingt jours pour rejeter ou prendre acte de la déclaration de renonciation.

Toutefois, si le ministre des Mines ne donne aucune suite dans un délai de trois mois depuis le dépôt de la déclaration de renonciation, celle-ci est réputée acceptée.

Aucun remboursement des droits, taxes et frais payés à l'État n'est dû et la responsabilité environnementale du requérant demeure engagée.

Malgré la renonciation partielle ou totale, le titulaire reste tenu à ses obligations environnementales et sociales. Il ne sera exonéré qu'à partir de l'octroi de l'attestation de libération des obligations environnementales délivrée par la DPEM (art. 472 à 476 RM).

Article 80 : Des conditions du renouvellement du Permis d'Exploitation

Le Permis d'exploitation est renouvelable à condition que le titulaire :

a. n'ait pas failli à ses obligations de maintien de la validité du permis prévues aux articles 196 à 199 du présent Code.

b. présente une nouvelle étude de faisabilité qui démontre l'existence de réserves exploitables ;

c. démontre l'existence des ressources financières nécessaires pour continuer à mener à bien son projet selon le plan de financement et de travaux d'exploitation de la mine ainsi que le plan de réhabilitation du site à sa fermeture. Ce plan précise chaque type de financement visé et les justifications de leur disponibilité probable ;

d. obtienne l'approbation de la mise à jour de l'EIES et du PGES ;

e. souscrive un engagement de continuer activement son exploitation ;

f. démontre l'entrée en phase de rentabilité du projet ;

g. démontre la mise en valeur régulière et ininterrompue du gisement ;

h. cède à l'État à chaque renouvellement 5 % des parts ou actions du capital social de la société en sus de celles cédées précédemment ;

i. n'ait pas failli à ses obligations fiscales, parafiscales et douanières ;

j. dépose un acte d'engagement de se conformer au cahier des charges définissant la responsabilité sociétale vis-à-vis des communautés locales affectées par les activités du projet.

La demande de renouvellement du Permis d'exploitation est adressée par le titulaire du Permis d'exploitation au Cadastre minier au moins un an et pas plus que cinq ans avant la date d'expiration du Permis d'exploitation. Cette demande comprend les renseignements ci-après :

a. les mentions prévues aux litteras a, b et c de l'article 35 du présent Code ;
b. l'identité des sociétés affiliées ;

c. la nature, le nombre et la superficie du périmètre détenu par le titulaire et ses sociétés affiliées.

Le Règlement minier fixe les modalités de l'établissement, du dépôt, de la recevabilité ou de l'irrecevabilité, de l'instruction cadastrale, technique, environnementale et sociale de la demande de renouvellement du Permis d'exploitation ainsi que de la décision de renouvellement, de son inscription, notification et affichage.

Tout titulaire peut solliciter le renouvellement de son PE lorsque celui-ci tend à expirer. Le renouvellement n'est pas automatique. Il est soumis à certaines conditions liées au dépôt, à la recevabilité, à l'instruction et à la décision.

1. Conditions liées au dépôt et à la recevabilité de la demande

– En prenant la date d'expiration comme point de chute, le titulaire doit déposer son dossier entre la cinquième et la dernière année précédant la date d'expiration.

Exemple : si un PE doit expirer le 23 décembre 2030, sa demande de renouvellement doit se faire du 23 décembre 2025 au plus tôt et le 23 décembre 2029 au plus tard. Toute demande de renouvellement qui est introduite avant le 23 décembre 2025 ou après le 23 décembre 2029 devrait être déclarée irrecevable ;

– le formulaire de demande est retiré, rempli, signé par le titulaire et déposé au CAMI central ou provincial ;

– les éléments qui accompagnent le dossier sont, outre ceux prévus à l'article 80 du présent code, repris aux articles 180, 181 et 182 du RM.

2. Les conditions d'instruction

L'instruction cadastrale, technique et environnementale et sociale se fait mutatis mutandis comme celle de la demande initiale conformément aux articles 149 à 153 et 183 du RM.

Il faudrait néanmoins préciser quelques aspects importants notamment :

– une nouvelle étude de faisabilité doit être présentée et non plus une simple mise à jour ;

– l'EIES et le PGES doivent être mis à jour et approuvés : cela devrait se faire d'ailleurs tous les cinq ans ;

– après vingt-cinq ans d'exploitation, il est nécessaire de montrer que l'on est en phase de rentabilité du projet ;

– céder à l'État 5 % des parts ou actions sociales à chaque renouvellement. En d'autres termes, si le titulaire est à son premier renouvellement, la cession totale au profit de l'État sera de 15 % ; si c'est le deuxième, elle sera de 20 %, ainsi de suite à chaque renouvellement.

3. Les conditions liées à la décision

À la suite des avis émis et dans les trente jours à compter de la réception du dossier de la demande, le ministre des Mines signe un arrêté d'octroi ou de refus de renouvellement. Il est tenu par la compétence liée.

À défaut de décision du ministre dans le délai de trente jours à dater de la réception du projet d'arrêté, le renouvellement est réputé accordé ou refusé selon que l'avis était favorable ou défavorable (art. 184 RM).

4. Les conditions liées à l'inscription

Dans les cinq jours suivant la décision du ministre des Mines, le CAMI inscrit la décision dans le registre des droits octroyés et notifie ladite décision au titulaire (art. 185 RM).

5. Les conditions relatives à la radiation

Si la décision prise est celle de refus de renouvellement, le CAMI radie l'inscription du périmètre du registre des droits octroyés. Le périmètre retombe ainsi dans le domaine privé de l'État.

Néanmoins, le titulaire, qui obtient gain de cause à la suite d'une procédure de recours administratif ou arbitral dûment initiée par lui dans les trente jours suivant la date de la décision de refus, conserve le droit de priorité en cas de demande de permis sur ladite superficie.

Article 80 bis : De la transformation du Permis d'exploitation en plusieurs Permis d'exploitation

En cas de nécessité et si les conditions techniques le permettent, le titulaire d'un Permis d'exploitation peut solliciter la transformation de son Permis d'exploitation initial en multiples Permis d'exploitation sur tout ou partie du

Périmètre de son Permis en se conformant aux dispositions des articles 28, 29 et 68 à 76 du présent Code.

La durée des multiples Permis d'exploitation issus de la transformation du Permis d'exploitation initial est égale à la durée non échue du Permis d'exploitation initial.

Le Règlement minier détermine les modalités de transformation du Permis d'exploitation en plusieurs Permis d'exploitation.

La transformation du PE en multiples permis d'exploitation suit la procédure appliquée à la demande du permis initial en ce qui concerne sa forme, son instruction et les conditions d'octroi.

Quoiqu'il en soit, la durée des permis multiples résultant du PE initial est le temps restant pour sa validité.

Exemple : si un PE octroyé jusqu'en 2035 fait l'objet d'une transformation en plusieurs autres permis en 2028. Ces derniers ne resteront valables que pour sept ans de vie restant du PE initial.

Dans certains cas, le PE peut aussi être transformé en PEPM (art. 99 bis, alinéa 2, CM)

Le RM ne contient pas de dispositions spécifiques de mise en application de cette disposition.

Article 81 : Du droit d'effectuer le traitement ou la transformation des substances minérales

Sous réserve des dispositions prévues à l'article 10, littera j, le traitement ou la transformation des substances minérales peut être réalisée soit par le titulaire d'un Permis d'Exploitation, soit par une Entité de traitement ou une Entité de transformation.

Les personnes habilitées à traiter et/ou transformer les substances minérales sont les titulaires des PE, les entités de traitement et les entités de transformation.

Les entités de traitement et les entités de transformation doivent préalablement être agréées par le ministre des Mines selon la procédure prévue à l'arrêté ministériel n° 3163 du 11 août 2007 portant réglementation de leurs activités tel que modifié et complété successivement par ceux n° 0850 du 11 décembre 2009 et n° 0138 du 26 février 2019.

Article 82 : De l'autorisation de traitement ou de transformation

Toute personne qui se propose de se livrer uniquement à la transformation des substances minérales doit requérir et obtenir une autorisation de traitement ou de transformation qui relève d'une législation particulière.

Le législateur vise ici uniquement la transformation totale d'une substance minérale. La législation particulière, c'est la législation spécifique régissant le produit ainsi transformé.

Exemple : si une personne veut transformer l'or en bijou, il ne sera pas soumis à la législation minière mais à la législation relative à la transformation des matières précieuses et semi-précieuses.

Article 83 : (abrogé).

Article 84 : (abrogé).

Article 85 : De la commercialisation des produits d'exploitation minière

La commercialisation des produits miniers qui proviennent des Périmètres d'exploitation est libre. Le titulaire d'un Permis d'exploitation peut vendre ses produits aux clients de son choix à des prix librement négociés.

Cette disposition consacre le principe de la liberté de commerce au profit des exploitants miniers et de la libre concurrence entre ces derniers.

L'article 108 octies du CM confirme le principe. Le gouvernement ne peut entraver cette liberté ni soumettre le commerce à des restrictions excessives et injustifiées.

Chapitre III :
De l'exploitation des rejets des mines

Article 86 : De l'accès à l'exploitation des rejets des mines

Le Permis d'Exploitation emporte le droit d'exploiter les gisements artificiels situés dans le Périmètre minier couvert par le permis, à moins que ce Permis d'Exploitation n'exclue expressément l'exploitation des gisements artificiels.

Le titulaire d'un Permis d'Exploitation peut céder le droit d'exploiter des gisements artificiels situés dans son Périmètre minier au tiers tout en gardant ses droits sur le sous-sol. Dans ce cas, il sollicite la transformation partielle de son Permis d'Exploitation en Permis d'Exploitation des Rejets des Mines ainsi que le transfert de ce permis au cessionnaire.

Le ministre peut également octroyer un Permis d'Exploitation des Rejets sur un gisement artificiel qui ne fait pas l'objet d'un Permis d'Exploitation.

L'accès au PER est ouvert à trois catégories de personnes :

– le titulaire du PE lui-même sur son périmètre ;

– le tiers cessionnaire par le fait du titulaire du PE. En pareille hypothèse, son PE fait l'objet d'une transformation partielle ;

– toute autre personne morale par le fait du ministre des Mines si la superficie est quitte de tout droit minier ou des carrières d'exploitation permanente.

Article 87 : Des Périmètres d'exploitation des rejets des mines

La superficie constituant le Périmètre sur lequel porte le Permis d'Exploitation des Rejets doit se conformer aux dispositions de l'article 28 du présent Code.

La situation géographique du Périmètre minier faisant l'objet du Permis d'Exploitation des Rejets est identifiée conformément aux dispositions de l'article 29 du présent Code.

Le périmètre d'exploitation des rejets doit être, soit inclus dans le périmètre du PE du cédant, soit libre de tout droit minier ou de carrières d'exploitation permanente.

L'exploitation des rejets des mines est limitée à la surface laissant ainsi la profondeur ou le sous-sol au titulaire du PE.

Le périmètre du PER ne peut dépasser quatre cent septante et un (471) carrés.

Article 88 : De la portée du Permis d'Exploitation des Rejets

Le Permis d'exploitation des rejets porte sur les substances minérales pour lesquelles il est spécifiquement établi. Le Permis d'exploitation des rejets peut s'étendre à d'autres substances minérales conformément aux dispositions de l'article 77 du présent Code.

Le PER vise essentiellement la commercialisation des rejets des substances minérales qui sont sur la surface.

Cette disposition pose le principal général sur l'étendue du PER qui se limite aux substances indiquées dans le permis. Néanmoins, le PER peut s'étendre aux substances minérales associées.

Article 88 bis : Des droits conférés par le Permis d'exploitation des rejets

Le Permis d'exploitation des rejets confère à son titulaire les mêmes droits que ceux conférés au titulaire du Permis d'exploitation par l'article 64 bis du présent Code.

Toutefois, les droits conférés au titulaire du Permis d'exploitation des rejets se limitent à la surface qu'il couvre et ne s'étendent pas en profondeur.

Le Règlement minier détermine les modalités d'application de l'alinéa précédent.

Les droits reconnus au titulaire d'un PER sont les mêmes que ceux du titulaire d'un PE à la seule différence qu'ils se limitent à la surface et ne peuvent s'étendre en profondeur pour le premier cité.

Article 89 : De la nature du Permis d'Exploitation des Rejets

Le Permis d'Exploitation des Rejets est un droit réel, immobilier, exclusif, cessible, transmissible et amodiable conformément aux dispositions du présent Code.Ce droit est constaté par un titre minier dénommé Certificat d'Exploitation des Rejets.

Les principales caractéristiques du PER sont :

- ***droit réel***: *ce droit est celui qui porte directement sur les rejets des substances minérales ;*

- ***droit immobilier***: *ce droit est immobilier parce qu'il porte sur une chose considérée par la loi comme immobilière. En effet, aux termes de l'article 6 de la loi du 20 juillet 1973 « le sol et les mines sont des immeubles par nature ». Et l'article 3 de la même loi d'ajouter que « sont immobiliers tous les droits réels qui ont pour objet des immeubles ».*

C'est donc uniquement par la volonté de la loi que les rejets des mines, pourtant situés sur la surface du sol, sont considérés comme immeubles ;

- ***droit exclusif***: *ce droit est exclusif parce que seul le titulaire, bénéficiaire du titre, est autorisé à exploiter les substances dans le périmètre lui octroyé ;*

- ***droit cessible :*** *ce droit est cessible parce qu'il est dans le commerce et donc susceptible de faire l'objet des transactions licites de tout genre. Le titulaire du PE peut le céder à une autre personne ou le transformer partiellement en cédant un périmètre en vue de l'obtention d'un PER à un tiers intéressé ;*

- ***droit transmissible***: *la transmissibilité peut parfois se confondre avec la cessibilité parce que celui qui cède, transmet. Souvent, on l'utilise pour des personnes physiques en cas de décès. Étant donné que les personnes physiques ne sont plus éligibles aux droits miniers, la transmissibilité concerne ici les cas de fusion et de liquidation de la personne morale titulaire.*

- ***droit amodiable***: *ce droit est amodiable c'est-à-dire qu'il peut faire l'objet d'une location au profit d'un tiers.*

Le Certificat d'Exploitation des Rejets est délivré par CAMI suivant la procédure prévue à l'article 199 du RM.

Article 90 : De la durée du Permis d'Exploitation des Rejets

La durée du Permis d'Exploitation des Rejets est de cinq ans renouvelable plusieurs fois pour la même durée.

La durée du PER est limitée dans le temps (5 ans) mais prorogeable pour la même durée de manière infinie tant que le titulaire réunit les conditions requises.

Article 91 : De l'établissement, du dépôt, de la recevabilité et de l'instruction de la demande du Permis d'Exploitation des Rejets

Le requérant d'un Permis d'Exploitation des Rejets établit la demande de son Permis et la dépose auprès du Cadastre Minier pour son instruction conformément aux dispositions des articles 38 à 42 et 45 telles que complétées par celles des articles 74 à 76 du présent Code.

Sans préjudice des dispositions de l'alinéa précédent, le requérant cessionnaire partiel d'un Permis d'exploitation présente l'acte de cession partielle au Cadastre minier pour enregistrement auquel est jointe sa demande de Permis d'exploitation des rejets.

Les conditions de dépôt, de recevabilité, d'instruction cadastrale, technique, environnementale et sociale du PER sont les mêmes que celles du PE (articles 145, 149, 150, 152, 153, 191 à 193 RM).

Article 92 : Des conditions d'octroi et l'octroi du Permis d'Exploitation des Rejets

Les conditions d'octroi des Permis d'Exploitation des Rejets et l'octroi de celui-ci sont régis par les dispositions des articles 71 et 72 du présent Code.

Tout en admettant l'idée que les conditions d'octroi du PER sont les mêmes que celles du PE, il convient néanmoins de préciser que le demandeur du PER ne doit pas nécessairement être titulaire d'un PE sur ledit périmètre. Il y a l'hypothèse d'un PER sur un périmètre libre de tout droit minier.

Le législateur a omis de citer l'article 71 bis comme condition d'octroi du PER. Il s'agit certainement d'un oubli qui devrait être comblé.

Avis cadastral	***Avis technique***	***Avis environnemental***	***Décision du ministre***
Favorable	*Favorable*	*Favorable*	*Octroi du PER dans les 30 jours*
Défavorable	-	-	*Rejet de la demande dans les 15 jours*
Favorable	*Défavorable*	-	*Rejet de la demande dans le délai de 15 jours*
Favorable	*Favorable*	*Défavorable*	*Refus de la demande*
Favorable	*Favorable*	*Non encore émis*	*Décision d'approbation préliminaire et*

			conditionnelle dans le délai de 20 jours.

Article 93 : Du refus d'octroi du Permis d'Exploitation des Rejets

Les conditions de refus d'octroi du Permis d'Exploitation des Rejets sont déterminées par les dispositions de l'article 73 du présent Code.

Les motifs de refus résultent de la non-conformité de l'EIES et de l'étude de faisabilité ainsi que de l'absence de capacité financière prouvée.

Article 94 : De l'expiration du Permis d'Exploitation des Rejets

Le Permis d'Exploitation des Rejets expire dans les mêmes conditions que celles du Permis d'Exploitation prévues à l'article 78 du présent Code.

Le PER expire par l'arrivée du terme de 5 ans non renouvelé ainsi que par l'épuisement des rejets des mines pour lesquels le permis a été sollicité.

Article 95 : Du renouvellement du Permis d'Exploitation des Rejets

Les dispositions de l'article 80 du présent Code s'appliquent au dépôt, à l'instruction de la demande ainsi qu'à l'octroi ou au refus du renouvellement du Permis d'exploitation des rejets.

Les conditions de renouvellement sont identiques à celles du PE, spécialement, les articles 80 du CM et 180 à 188 du RM.

Article 96 : De la renonciation au Permis d'Exploitation des Rejets

Le titulaire d'un Permis d'Exploitation des Rejets peut renoncer à tout moment, en tout ou en partie, au Périmètre faisant l'objet de son permis conformément aux dispositions de l'article 79 du présent Code.

Les conditions de renonciation sont identiques à celles du PE spécialement les articles 79 du CM et 173 à 179 du RM.

Chapitre IV :
De l'exploitation minière à petite échelle

Article 97 : De l'accès à l'exploitation minière à petite échelle

Sans préjudice des dispositions de l'article 23 littéra a du présent Code, les personnes morales qui se proposent d'exploiter à petite échelle une mine peuvent solliciter et obtenir un permis d'exploitation de petite mine.

L'accès pour l'exploitation minière à petite échelle n'est autorisé qu'en faveur des personnes morales. En d'autres termes, les personnes physiques y sont exclues.

Les personnes morales visées peuvent être constituées des personnes physiques de nationalité congolaise ou étrangère. Quoiqu'il en soit, la participation des Congolais doit être d'au moins 25 % dans le capital de ladite société.

Le but visé par l'obligation d'avoir un tel pourcentage de Congolais dans le capital de la société exploitant la mine à petite échelle est principalement la volonté du gouvernement de créer une classe moyenne nationale dans le secteur minier.

Article 98 : Des gisements d'exploitation minière à petite échelle

Lorsque les conditions techniques caractérisant certains gisements des substances minérales ne permettent pas d'en faire une exploitation à grande échelle économiquement rentable, mais permettent une exploitation minière de petite taille avec un minimum d'installations fixes utilisant des procédés semi-industriels ou industriels, ceux-ci sont considérés comme gisements d'exploitation minière à petite échelle.

Ces gisements d'exploitation minière à petite échelle peuvent résulter des travaux de recherches entrepris par le titulaire d'un Permis de Recherches ou par des travaux réalisés par l'État conformément à l'article 8 alinéa 2 du présent Code.

Les gisements d'exploitation minière à petite échelle résultant des travaux de recherches entrepris par l'État sont soumis à l'appel d'offres conformément à l'article 33 du présent Code.

Le Périmètre dans lequel se trouve le gisement d'exploitation minière à petite échelle est celui du Permis de Recherches dont il découle ou celui de la partie du Périmètre du Permis de Recherches transformée en Permis d'Exploitation de petite mine.

Si le gisement d'exploitation minière à petite échelle résulte des travaux de recherche entrepris par l'État, le Périmètre couvert par le Permis d'Exploitation de petite mine est celui déterminé par l'État. Il doit être de nature à permettre l'exploitation minière.

La forme et la localisation des Périmètres contenant le gisement d'exploitation minière à petite échelle sur lequel porte le Permis d'Exploitation de petite mine sont régies par les dispositions des articles 28 et 29 du présent Code.

Le Règlement Minier fixe les paramètres qui caractérisent l'exploitation minière à petite échelle, notamment le volume des réserves, le niveau d'investissement, la capacité de production, le nombre d'employés, la plus-value annuelle et le degré de mécanisation.

La détermination de la nature du gisement de petite mine dépend des conditions techniques et du type d'installations utilisées.

Aussi, le montant de l'investissement doit varier entre 100 000 USD et 2 000 000 USD ;les réserves exploitables ne doivent pas dépasser une durée de vie de dix ans ;les opérations d'extraction, de transport et de traitement de minerais mécanisées de manière suffisante sont les principales caractéristiques du gisement donnant lieu à l'octroi d'un PEPM.

C'est le titulaire du PR qui est autorisé à solliciter un PEPM.

Toutefois, il peut aussi résulter des travaux de recherche effectués par l'État suivis d'un appel d'offre. Sa superficie ne peut en pareil cas dépasser cent (100) carrés.

Article 99 : De la portée du Permis d'Exploitation de petite mine

Les dispositions de l'article 64 du présent Code s'appliquent au Permis d'exploitation de petite mine.

La portée du PEPM est la même que celle du PE.

Si en cours d'exploitation, le titulaire du PEPM découvre un gisement économiquement exploitable à grande échelle, il peut le transformer en PE (art. 203 RM).

Le PEPM peut s'étendre aux substances minérales associées en respectant la procédure prévue pour le PE (art. 161 à 166 et 213 RM).

Article 99 bis : Des Droits conférés par le Permis d'exploitation de petite mine

Le Permis d'exploitation de petite mine confère à son titulaire les mêmes droits qu'au titulaire d'un Permis d'exploitation prévu à l'article 64 bis du présent Code.

Le titulaire d'un Permis d'exploitation de petite mine peut transformer ce dernier en Permis d'exploitation si les conditions techniques de l'exploitation le justifient.

De même, le titulaire d'un Permis d'exploitation peut transformer ce dernier en Permis d'exploitation de petite mine.

Le Règlement minier fixe les conditions dont question aux alinéas 2 et 3 du présent article.

Les droits reconnus au titulaire du PEPM sont identiques à ceux du titulaire du PE. Voir commentaires sous article 64 bis du CM.

Article 100 : De la nature du Permis d'Exploitation de Petite Mine

Le Permis d'Exploitation de Petite Mine est un droit réel, immobilier, exclusif, cessible, amodiable et transmissible conformément aux dispositions du présent Code.

Ce droit est constaté par un titre minier dénommé Certificat d'Exploitation de Petite Mine.

Les principales caractéristiques du PEPM sont :

*- **droit réel**: ce droit est celui qui porte directement sur les substances minérales trouvées ;*

*- **droit immobilier**: ce droit est immobilier parce qu'il porte sur une chose considérée par la loi comme immobilière ;*

*- **droit exclusif**: ce droit est exclusif parce que seul le titulaire, bénéficiaire du titre, est autorisé à exploiter les substances dans le périmètre lui octroyé ;*

*- **droit cessible :** ce droit est cessible parce qu'il est dans le commerce et donc susceptible de faire l'objet des transactions licites de tout genre. La preuve en est que le titulaire du PEPM peut le céder à toute autre personne qui remplit les conditions légales requises ;*

*- **droit transmissible**: la transmissibilité peut parfois se confondre avec la cessibilité parce que celui qui cède, transmet. Souvent, on l'utilise pour des personnes physiques en cas de décès. Étant donné que les personnes physiques ne sont plus éligibles aux droits miniers, la transmissibilité concerne ici les cas de fusion et de liquidation de la personne morale titulaire.*

*- **droit amodiable**: ce droit est amodiable c'est-à-dire qu'il peut faire l'objet d'une location au profit d'un tiers.*

Le Certificat d'Exploitation de petite mine est délivré par le CAMI suivant la procédure prévue aux articles 207 à 215 du RM.

Article 101 : De la durée du Permis d'Exploitation de petite mine

La durée de validité du Permis d'exploitation de petite mine est de cinq ans renouvelable une fois pour la même durée.

Toutefois, à la demande du titulaire et après avis favorable de la Direction des mines, le ministre peut proroger la durée d'un Permis d'exploitation de petite mine au-delà de dix ans, suivant le cas et pour les substances dont l'exploitation dépasse dix ans.

La durée du PEPM est limitée dans le temps (cinq ans) mais prorogeable une fois pour la même durée. En d'autres termes, dix (10) ans est le maximum prévu.

Néanmoins, s'il est attesté que le gisement est d'une durée plus longue, le PEPM pourrait être prorogé au-delà de dix ans. En pareil cas, un avis favorable de la direction des mines est requis (art. 212 RM).

Article 102 : (abrogé).

Article 103 : De l'établissement, du dépôt, de la recevabilité et de l'instruction de la demande du Permis d'Exploitation de Petite Mine

L'établissement, le dépôt, la recevabilité et l'instruction de la demande du Permis d'Exploitation de Petite Mine sont régis par les dispositions des articles 69, 70, 74 à 76 du présent Code.

Les conditions de dépôt, de recevabilité, d'instruction cadastrale, technique, environnementale et sociale du PEPM sont les mêmes que celles du PE (art. 145, 149, 150, 152, 153, 207 RM). Voir commentaires sous art. 69, 70, 74, 75 et 76 CM.

Article 104 : Des conditions de l'octroi du Permis d'Exploitation de petite mine

En sus des conditions prévues aux litteras b à g de l'article 71 du présent Code, nul ne peut obtenir un Permis d'exploitation de petite mine s'il ne démontre pas l'existence d'un gisement dont les facteurs techniques ne permettent pas une exploitation industrielle rentable en présentant une étude de faisabilité accompagnée d'un plan d'encadrement technique de développement, de construction et d'exploitation de la mine.

En plus des conditions énumérées ci-dessus, toute personne de nationalité étrangère doit créer une société de droit congolais en association avec une ou plusieurs personnes de nationalité congolaise dont la participation ne peut être inférieure à 25 % du capital social.

L'instruction cadastrale, technique, environnementale et sociale se fait selon la procédure prévue pour le PE. La direction des mines doit être particulièrement vigilante pour vérifier qu'il s'agit, sans en douter, d'un gisement d'exploitation à petite échelle (art. 209 RM). Il faudrait éviter que le titulaire feigne de solliciter un PEPM alors que le gisement est en réalité d'exploitation industrielle.

Contrairement au PE où la participation des personnes physiques congolaises est d'au moins 10 %, cette participation est de 25 % au moins des personnes physiques congolaises dans le cas du PEPM. Ce qui indique la volonté du législateur à renforcer la création de la classe moyenne congolaise dans le secteur des mines.

Il est surprenant que le RM en son article 206, alinéa 1, dispense le titulaire du PEPM de l'obligation de céder à l'État 10 % des parts ou actions sociales alors que l'alinéa 1er du présent article le rend obligatoire. Dès lors, l'article 206 est sur ce point contraire à la loi et ne saurait produire les effets.

Donc, le titulaire du PEPM est tenu à l'obligation de céder 10 % des parts ou actions à l'État.

Article 105 : De l'octroi et du refus d'octroi du Permis d'Exploitation de petite mine

L'octroi ou le refus d'octroi du Permis d'Exploitation de petite mine sont régis par les dispositions des articles 72 et 73 du présent Code.

Le PEPM est accordé ou refusé par le ministre des Mines dans un délai de trente jours à dater de la réception de la demande transmise par le CAMI.

Les motifs de refus résultent de la non-conformité de l'EIES, de l'inexistence d'un gisement exploitable à petite échelle, de l'absence de capacité financière prouvée ; de la non association des personnes physiques congolaises au capital social à concurrence d'au moins 25 %.

Article 106 : De l'expiration du Permis d'Exploitation de petite mine

Le Permis d'Exploitation de petite mine expire dans les mêmes conditions que celles du Permis d'Exploitation prévues à l'article 78 du présent Code.

Le PEPM expire par l'arrivée du terme de cinq ans non renouvelé ainsi que par l'épuisement des substances minérales pour lesquelles le permis a été sollicité.

Article 107 : Des conditions du renouvellement du Permis d'Exploitation de petite mine

La demande de renouvellement du Permis d'exploitation de petite mine adressée au ministre est déposée au Cadastre minier au plus tôt un an et au plus tard six mois avant la date d'expiration dudit Permis. Cette demande comprend les renseignements énumérés à l'article 80 alinéa 2 in fine du présent Code.

Le Permis d'exploitation de petite mine est renouvelable à condition que le titulaire :

a. n'ait pas failli à ses obligations de maintien de la validité du permis prévues aux articles 196 à 199 du présent Code ;

b. présente une nouvelle étude de faisabilité qui démontre l'existence de réserves exploitables ;

c. démontre l'entrée en phase de rentabilité du projet ;

d. démontre la mise en valeur régulière et ininterrompue du gisement ;

e. démontre l'existence des ressources financières nécessaires pour continuer à mener à bien son projet selon le plan de financement des travaux d'exploitation de la mine ainsi que le plan de réhabilitation du site à sa fermeture. Ce plan précise chaque type de financement visé et les justifications de leur disponibilité probable ;

f. obtienne l'approbation de la mise à jour de l'EIES et du PGES ;

g. souscrive un engagement de continuer activement son exploitation ;

h. n'ait pas failli à ses obligations fiscales, parafiscales et douanières.

Le Règlement minier fixe les modalités de l'établissement, du dépôt, de la recevabilité ou de l'irrecevabilité, de l'instruction cadastrale, technique et environnementale de la demande de renouvellement du Permis d'exploitation de petite mine ainsi que de la décision de renouvellement, de son inscription, de sa notification et de son affichage.

Voir commentaires ci-haut sous article 80 du CM. Lire également les articles 181 à 187 et 215 du RM.

Article 108 : De la renonciation au Permis d'Exploitation de petite mine

Les dispositions de l'article 79 du présent Code sur la renonciation au Périmètre d'exploitation s'appliquent à la renonciation de tout ou partie du Périmètre d'exploitation minière à petite échelle par le titulaire.

Voir commentaires ci-haut sous article 79 du CM. Lire également les articles 173 à 179 et 214 du RM.

Chapitre V :
De l'industrialisation du secteur minier

Article 108 bis : De l'obligation du titulaire d'effectuer le traitement des substances minérales sur le Territoire national

Sans préjudice des articles 64 alinéa 1er littera e, 88, 99 et 146 du Code minier, le titulaire d'un droit minier d'exploitation ou d'une Autorisation d'exploitation de carrière permanente est tenu de traiter ou de faire traiter les substances minérales en produits marchands dans ses propres installations ou auprès des entités de traitement agréées établies sur le territoire national.

Tout titulaire d'un droit minier d'exploitation ou d'une autorisation d'exploitation de carrière permanente est tenu de présenter à la Direction des mines son plan d'industrialisation contenant un programme de traitement des produits miniers extraits de son périmètre dans ses propres installations ou auprès des entités de traitement agréées établies sur le territoire national.

Le Règlement minier fixe le contenu du plan d'industrialisation ainsi que ses modalités de dépôt, d'instruction, d'approbation et de suivi.

La principale question qui est posée est de savoir pourquoi le législateur impose-t-il d'effectuer le traitement des substances minérales sur le territoire national ? Quel en est l'avantage ?

En vue d'assurer l'industrialisation du secteur minier, porteur des richesses en RDC, le législateur fait obligation à tout titulaire du PE, PER, PEPM et AECP de procéder au traitement des substances minérales sur le territoire national. Ce qui éviterait l'exportation des produits miniers à l'état brut qui leur fait perdre la valeur marchande et constitue un manque à gagner pour le Trésor public.

Ce traitement doit se faire dans les propres installations du titulaire ou dans les entités de traitement agréées situées sur le territoire national selon son plan d'industrialisation lequel doit être conforme au plan stratégique d'industrialisation de la RDC.

Le CM contient plusieurs dispositions qui consacrent l'obligation de traitement et de transformation locale des substances minérales notamment en ses articles 64 bis, alinéa 2 et 71, h.

Il convient de rappeler qu'avant la promulgation du présent code, un arrêté interministériel Mines-Finances avait autorisé les opérateurs miniers d'exporter les concentrés de cuivre et de cobalt en édictant un moratoire jusqu'à la résolution définitive du déficit énergétique (arrêté interministériel 0901/Cab.Min/Mines/01/2016 et 335/Cab.Min/Finances/ 2016 du 30 décembre 2016).

Article 108 ter : Du traitement exceptionnel des substances minérales brutes à l'extérieur du territoire national

Par dérogation aux dispositions de l'article précédent, le titulaire d'un droit minier d'exploitation peut être autorisé, pour une durée d'une année, à faire traiter ses produits miniers à l'extérieur du territoire national par un arrêté interministériel du ministre ainsi que de celui ayant le commerce extérieur dans ses attributions, délibéré en Conseil des ministres, moyennant le paiement de la taxe y afférente.

L'autorisation n'est accordée que si le titulaire démontre à la fois :

a. l'inexistence d'une possibilité de traitement dans le territoire national à un coût économiquement rentable pour le projet minier ;

b. l'existence d'un contrat de traitement à façon des produits miniers à l'extérieur du territoire national conclu avec une firme établie à l'étranger ;

c. son acceptation que les statistiques du métal produit à l'issue du traitement à l'étranger seront comptabilisées en exportation pour le compte de la République Démocratique du Congo ;

d. son acceptation d'être assujetti aux droits et taxes dus au Trésor public en rapport avec le traitement exceptionnel des substances minérales brutes à l'étranger.

Le Règlement minier détermine les modalités de demande, de délivrance et de renouvellement de l'autorisation de traitement exceptionnel des substances minérales brutes à l'extérieur du territoire national.

1. Quels sont les principes et conditions ?

Cette disposition constitue une exception qui déroge au principe de l'obligation de traitement et transformation des substances minérales sur le territoire national.

C'est pourquoi, le législateur a assorti ladite dérogation de plusieurs conditions liées :

***a) à l'identité du bénéficiaire de la dérogation** : seul le titulaire du droit minier est admis pour le traitement exceptionnel à l'état brut des substances minérales à l'extérieur du territoire national. Est donc exclu, le titulaire de l'AECP.*

Curieusement, l'article 218, alinéa 1er du RM insère le titulaire de l'AECP parmi les bénéficiaires de la dérogation. Une telle disposition réglementaire est contraire au présent article et ne pourrait être appliqué ;

***b) à la durée de l'autorisation** : une telle autorisation est temporaire et ne peut dépasser la durée d'un an ;*

***c) aux problèmes technologiques** : il faudrait démontrer qu'il n'existe pas d'installations en RDC susceptibles de traiter lesdites substances à un coût moins onéreux ;*

***d) aux problèmes économiques et techniques** : le bénéficiaire doit accepter que les statistiques de ses substances minérales soient comptabilisées pour le compte de la RDC.*

Il convient de retenir que les conditions prévues à l'alinéa 2 du présent article sont cumulatives c'est-à-dire que le titulaire doit les réaliser toutes pour bénéficier du traitement à l'état brut à l'extérieur du pays.

2. Quelle est la procédure ?

La demande de traitement à l'état brut à l'extérieur du pays est déposée par le titulaire à la direction des mines. Celle-ci procède à l'instruction technique dans le délai de quinze jours en vérifiant notamment si les conclusions du titulaire sur l'inexistence d'une possibilité de traitement des minerais dans le territoire national à un coût moins onéreux pour le projet minier sont fondées (art. 219 RM).

L'avis technique de la direction des mines est transmis au ministre des Mines avec un projet d'arrêté interministériel.

Dans un délai de dix jours à dater de l'avis technique, les ministres, ayant respectivement les Mines et le Commerce extérieur dans leurs attributions, prennent un arrêté interministériel autorisant ou refusant l'autorisation d'exportation des minerais à l'état brut.

Article 108 quater : De l'entité de traitement et de l'usine de transformation

a. De l'entité de traitement

Toute personne non détentrice d'un titre minier d'exploitation qui se propose de se livrer uniquement au traitement des substances minérales requiert et obtient une autorisation de traitement auprès du ministre conformément aux dispositions du présent Code et du Règlement minier.

b. De l'usine de transformation

Toute personne qui se propose de se livrer uniquement à la transformation des substances minérales, se conforme à la législation en la matière.

Toute personne non détentrice d'un titre minier d'exploitation qui se propose de se livrer uniquement au traitement des substances minérales réserve au moins 50 % du capital social aux Congolais.

Le législateur admet que des personnes qui ne sont pas des titulaires des droits miniers ou de carrière procèdent au traitement ou à la transformation des substances minérales. Il s'agit des entités de traitement et des entités de transformation.

Elles sont régies par l'arrêté ministériel n° 3163 du 11 août 2007 portant réglementation des activités de l'entité de traitement et de l'entité de transformation des substances minérales tels que modifié et complété successivement par l'arrêté n° 0850 du 11 décembre 2009 et l'arrêté ministériel n° 0138 du 26 février 2019 définit l'entité de traitement comme « toute entité économique constituée sous forme d'une entreprise individuelle, de société commerciale ou de coopérative minière qui, par des procédés minéralurgiques et/ou métallurgiques obtient, à partir des minerais, un produit minier marchand sous forme d'un concentré ou de métal affiné ou raffiné ». Cette définition s'étend aussi à la même société qui, « par des procédés mécaniques, physiques, chimiques ou autres, se livre pour son compte ou pour celui des tiers, au nettoyage des pierres précieuses ou semi-précieuses, notamment le diamant, en vue d'améliorer leur lustre et leur donner ainsi une meilleure visibilité, et leur conférer une valeur ajoutée ».

On distingue 3 catégories d'entités de traitement :

__Catégorie A__: se livre aux opérations de traitement des minerais visant le concentré comme produit marchand ;

__Catégorie B__: qui obtient, à partir des minerais extraits ou des concentrés, un métal affiné ou raffiné comme produit marchand ;

__Catégorie C__: se livre aux opérations de nettoyage des pierres précieuses ou semi-précieuses dont le résultat vise l'obtention d'un produit marchand présentant de meilleures propriétés décoratives et lapidaires ainsi qu'un faciès amélioré.

Par contre, les entités de transformation sont des entités économiques constituées sous forme d'une entreprise individuelle, de société commerciale ou de coopérative minière qui, par des procédés industriels, change la forme et la nature du concentré ou du métal affiné ou raffiné et en obtient les produits finis ou semi-finis commercialisables.

Les entités de traitement et de transformation sont soumises à l'agrément préalable du ministre des Mines avant leur fonctionnement dans le secteur minier.

Les entités de traitement doivent insérer dans leur capital social au moins 50 % des Congolais.

Toutefois, si une personne veut exercer uniquement une activité de transformation, elle doit se conformer à la législation particulière sur l'industrie.

Article 108 quinquies : De la sous-traitance

Les activités de sous-traitance déterminées à l'article 1 point 48 du présent Code sont exercées conformément à la Loi n° 17/001 du 08 février 2017 fixant les règles applicables à la sous-traitance dans le secteur privé.

L'organisation et l'admission des sous-traitants dans le secteur minier suivent le régime général prévu dans la loi du 08 février 2017 relative à la sous-traitance.

Chapitre VI :
De la détention, du transport, de l'entreposage, du stockage, de la commercialisation et de l'exportation des produits miniers

Article 108 sexies : De la détention du produit minier

Sans préjudice des dispositions de l'article 5 alinéa 3 du présent Code, les établissements de crédit régulièrement installées sur le territoire national, le Trésor public, l'Administration des mines et certaines universités et institutions de recherche sont autorisés à détenir les produits miniers.

La détention des produits miniers par des bijoutiers, joailliers, artistes et dentistes est subordonnée à l'autorisation délivrée par le Gouverneur de province.

Toutefois, la Division provinciale des mines accorde aux artistes agréés par le ministère en charge de la Culture et des Arts l'autorisation spéciale visée à l'article 115 du présent Code.

Le législateur établit une distinction entre les personnes autorisées à détenir, transporter, commercialiser ou exporter les substances minérales.

Qu'entendre par « détention » ? Elle peut être définie comme une emprise qu'exerce une personne sur une chose sans intention de se l'approprier.

Peuvent détenir les produits miniers les personnes suivantes :

– le titulaire du droit minier et/ou de carrière ;

– les entités de traitement ;

– les comptoirs agréés ;

– les coopératives minières agréées ;

– les négociants ;

– les exploitants artisanaux ;

– les établissements de crédit ;

– le Trésor public ;

– l'administration des mines ;

– les universités et institutions de recherche ;

– les bijoutiers, joailliers, artistes et dentistes.

Dans la catégorie énumérée, seuls le titulaire du droit minier et/ou de carrière ; les entités de traitement ; les comptoirs agréés ; les coopératives minières agréées et les négociants sont autorisés de commercialiser les produits miniers.

Et parmi ceux-ci, seuls le titulaire du droit minier et/ou de carrière ; les entités de traitement et les comptoirs agréés peuvent exporter.

En d'autres termes, les catégories citées dans cet article se limitent uniquement à la détention et ne peuvent procéder à d'autres opérations sur le produit détenu.

Il est rappelé que la compétence attribuée au Gouverneur à l'alinéa 2 de cet article a également été reconnue en faveur du ministre provincial à l'article 11bis, point d. Mais il est jugé conforme de neutraliser l'article 11bis, point d pour reconnaître la pleine compétence au Gouverneur qui est l'autorité hiérarchique.

De même, la compétence attribuée au chef de division provinciale des mines à l'alinéa 3 de cet article est en contradiction avec l'article 11bis, point g, qui accorde la même compétence au ministre provincial des mines. Il est raisonnable de neutraliser la compétence dévolue au chef de division provinciale des mines dans cet article pour laisser appliquer l'article 11bis, point g en faveur du ministre provincial qui est son autorité.

Article 108 septies : Du transport et de l'entreposage des produits miniers

Les personnes citées à l'article 5 alinéa 3 du présent Code ont le droit de transporter ou de faire transporter par le transporteur de leur choix, les produits miniers qui proviennent de leurs sites d'exploitation, usines, comptoirs ou points d'achat pour les négociants, selon le cas. Dans ce cas, elles sont tenues, en conformité avec l'article 7 ter du présent Code, de faire identifier leur transporteur.

Elles ont, en outre, le droit d'entreposer ou de stocker leurs produits miniers dans des sites clôturés, aménagés à cette fin, situés aux alentours des lieux de chargement, à condition de respecter la réglementation sur la sécurité du site et sur le contrôle de la pollution industrielle.

Le Règlement minier fixe les conditions et modalités d'identification des transporteurs, du transport et de l'entreposage des produits miniers.

Le transport des produits miniers est l'un des éléments qui participe à la transparence et à la traçabilité des substances minérales.

Au regard du risque de pollution et des effets qui en découlent, il est soumis à autorisation préalable de la direction des mines lorsqu'il est exercé en dehors du périmètre du droit minier ou de carrière (art. 217 RM).

L'entreposage et le stockage des produits doivent se faire en suivant les prescriptions de l'Annexe III du RM, notamment en stérilisant les sites, en posant des panneaux de signalisation et en rendant le site inaccessible aux personnes non autorisées. Le titulaire est tenu à l'obligation d'informer la direction des mines et la DPEM de l'emplacement des sites (art. 216 RM).

Article 108 octies : De la commercialisation et de l'exportation des produits miniers

La commercialisation des produits miniers qui proviennent des Périmètres d'exploitation ou des entités de traitement ou de transformation agréées s'effectue conformément aux lois et règlements en vigueur en République Démocratique du Congo. Le titulaire d'un Permis d'exploitation peut vendre ses produits aux clients de son choix au prix juste par rapport aux conditions du marché.

Toutefois, en cas de vente locale, il ne peut vendre ses produits qu'à une personne morale exerçant l'activité minière ou à des manufactures ayant un lien avec l'activité minière.

Les produits miniers marchands sont conformes à la nomenclature telle que fixée par la réglementation en la matière.

La commercialisation et l'exportation des produits miniers sont soumises aux lois du marché et à la libre concurrence. Nul n'est autorisé de constituer une entrave à cette liberté.

Titre IV :
De l'exploitation artisanale des mines et carrières

Chapitre I :
De l'exploitation artisanale proprement dite

Article 109 : De l'institution d'une zone d'exploitation artisanale

Lorsque les facteurs techniques et économiques qui caractérisent certains gîtes des substances minérales classées en mines ou carrières ne permettent pas d'en assurer une exploitation industrielle ou semi-industrielle, mais permettent une exploitation artisanale, de tels gîtes sont érigés, dans les limites d'une aire géographique couvrant maximum deux carrés, en zone d'exploitation artisanale.

L'institution d'une zone d'exploitation artisanale est faite par voie d'arrêté du ministre après avis de l'Organisme spécialisé de recherches, du Gouverneur de province, du Chef de Division provinciale des mines, de l'autorité de l'entité territoriale décentralisée et du Cadastre minier.

Un périmètre minier ou de carrières faisant l'objet d'un titre minier ou de carrières en cours de validité ne peut être transformé en zone d'exploitation artisanale. Un tel périmètre est expressément exclu des zones d'exploitation artisanale instituées conformément aux dispositions de ce chapitre.

L'institution d'une zone d'exploitation artisanale est notifiée par le Secrétaire général aux mines au SAEMAPE pour l'encadrement et l'assistance des exploitants artisanaux affiliés à une coopérative minière agréée et au Cadastre minier qui la porte sur la carte de retombes minières. Tant qu'une zone d'exploitation artisanale existe, aucun titre minier ou de carrières ne peut y être octroyé.

Sur la base des données pertinentes sur la minéralisation et la gîtologie d'une zone d'intérêt identifiée par l'organisme spécialisé de recherches, le SAEMAPE peut requérir l'institution d'une zone d'exploitation artisanale.

Toutefois, l'organisme spécialisé de recherches peut à tout moment procéder aux travaux de prospection et de recherches dans les zones d'exploitation artisanale.

1. Justification de l'exploitation artisanale et nécessité de création des Zones d'exploitation artisanale (ZEA)

Depuis plusieurs années, certaines personnes estiment que l'exploitation artisanale ruine les ressources naturelles et ne respecte ni les prescriptions environnementales ni les principes du développement durable. Elles suggèrent son interdiction.

Le gouvernement de la République n'est pas de cet avis. En effet, l'oisiveté des jeunes est l'une des causes de création des milices et groupes armés en milieu rural riches en minerais que le gouvernement cherche à éradiquer.

En attendant, comment juguler cette masse des jeunes chômeurs sinon de leur offrir l'opportunité d'être occupés par cette activité.

À vrai dire, l'activité minière artisanale dans les régions minières ressemble aux activités champêtres dans les régions agricoles. Serait-il cohérent d'interdire à une personne de se rendre aux champs ?

L'exploitation artisanale constitue une tolérance ; elle est en principe provisoire mais dans la durée.

La création d'une Zone d'exploitation artisanale (ZEA) permet de recadrer l'activité artisanale en la replaçant à des endroits précis et localisés.

2. Quelles sont les conditions pour créer une ZEA ?

Ce sont les facteurs techniques et économiques qui sont des éléments déterminants pour le choix des types d'exploitation requis. Si l'exploitation définie au regard de ces facteurs est artisanale, elle ne pourra s'effectuer qu'au sein d'une ZEA.

3. Quels sont les liens entre la ZEA et les droits miniers et/ou de carrières ?

Au sein d'une ZEA, le ministre des Mines ne peut délivrer un droit minier et/ou de carrière.

Cependant, si à la suite des recherches effectuées ultérieurement par le SGNC, il est découvert un gisement dont l'exploitation peut être industrielle ou semi-industrielle, le ministre des Mines devra, en pareil cas, rapporter son arrêté de création de la ZEA et procéder à sa fermeture. Dès lors, un droit minier ou de carrière peut être délivré.

Un périmètre couvert par un titre minier ou de carrière ne peut être transformé en ZEA. Le législateur impose qu'un tel périmètre soit exclu expressément des ZEA.

Cette dernière affirmation n'est pas absolue. En effet, en analysant l'article 30, point d du CM, l'on admet l'empiétement consenti du périmètre minier ou de carrière par la ZEA, et par conséquent, le titulaire est tenu de renoncer à la partie du périmètre empiété.

4. Quelle est la superficie d'une ZEA ?

La superficie d'une ZEA ne peut dépasser deux carrés. Ainsi, toutes les ZEA ayant, avant la modification du CM en 2018, une superficie supérieure à deux carrés, doivent être ramenées à cette proportion. Sinon les responsables desdites ZEA pourraient être poursuivis pour activités minières illicites.

De même, le ministre des Mines devrait prendre des arrêtés de réajustement desdits périmètres.

5. Quels sont les acteurs intervenant à la création de la ZEA ?

C'est le ministre des Mines qui est compétent, par voie d'arrêté, pour ériger un périmètre en ZEA. Préalablement à sa décision, plusieurs acteurs interviennent à divers niveaux à savoir le SGNC, le Gouverneur de province, le chef de division provinciale des mines, le chef de secteur ou de chefferie et le CAMI.

Dès que l'arrêté est signé, il est transmis au Secrétaire général des mines qui le notifie au SAEMAPE et au CAMI. Il est surprenant que le législateur ait omis la division provinciale des mines parmi les autorités pouvant bénéficier de la notification de l'arrêté de création.

Lors des discussions de l'élaboration du projet du CM, plusieurs acteurs de la société civile ont milité pour que la compétence d'ériger les ZEA soit dévolue au Gouverneur de province.

Le législateur a tranché en leur défaveur.

L'une des raisons du maintien de la décision au profit du pouvoir central est qu'il fallait éviter des chevauchements malheureux entre la carte de retombes minières tenue par le CAMI, établissement public relevant du pouvoir central, et la création désordonnée des ZEA par chaque Gouverneur selon sa politique provinciale.

6. Qui est le demandeur pour la création d'une ZEA ?

Le législateur reconnaît au SAEMAPE le droit de demander l'institution d'une ZEA (art. 109, alinéa 5 CM).

De manière pratique, la personne morale la plus intéressée, en l'espèce la coopérative minière, pourra également introduire la requête en vue de la création d'une ZEA auprès du ministre des Mines parce qu'elle y est éligible pour l'exercice des activités.

Cependant, il n'est pas interdit au Gouverneur et aux autres autorités décentralisées d'introduire une telle requête.

Article 110 : De la fermeture d'une zone d'exploitation artisanale

Lorsque les facteurs qui ont justifié l'institution d'une zone d'exploitation artisanale ont cessé d'exister ou qu'un nouveau gisement ne relevant pas de l'exploitation artisanale vient à être découvert, le ministre, sur avis de l'organisme spécialisé de recherches, du SAEMAPE et du Gouverneur de la province concernée, procède à la fermeture de la zone d'exploitation artisanale.

La fermeture d'une zone d'exploitation artisanale est notifiée par le Secrétaire général aux mines à la Division provinciale des mines du ressort, au Cadastre minier et au SAEMAPE. Ce dernier en informe les coopératives minières ou des produits de carrières agréées, selon le cas, et se charge éventuellement de la relocalisation dans une autre zone d'exploitation artisanale légalement instituée. Dans ce cas, les coopératives minières ou des produits de carrières agréées sont tenues de libérer la zone d'exploitation artisanale dans les soixante jours à compter de la notification de la décision de fermeture.

La coopérative minière ou de produits de carrières agréée travaillant dans la zone d'exploitation artisanale concernée dispose d'un droit de préemption pour solliciter un Permis en vue d'une exploitation à petite échelle conformément aux dispositions du présent Code.

Cette coopérative minière ou de produits de carrières agréée dispose d'un délai de cent quatre-vingts jours, à compter de la notification de fermeture par le Secrétaire général aux mines, pour faire connaître si elle entend faire jouer son droit de préemption conformément aux dispositions du présent Code.

La coopérative minière ou de produits de carrières agréée se conforme, dans le délai de préemption lui imparti, aux conditions fixées à l'article 69 du présent Code pour l'obtention d'un Permis d'exploitation ou d'exploitation de petite mine.

L'établissement, le dépôt, la recevabilité et l'instruction de la demande du Permis d'exploitation de petite mine sont régis par les dispositions de l'article 103 du présent Code.

1. Quelles sont les causes justifiant la fermeture d'une ZEA ?

Les causes qui justifient la fermeture d'une ZEA sont :

– l'épuisement des substances minérales soumises à l'exploitation artisanale ;

– la découverte d'un nouveau gisement exigeant une exploitation industrielle ou semi-industrielle.

2. Quelle est la procédure de fermeture et notification de la décision ?

– La découverte d'un gisement susceptible de faire l'objet de l'exploitation industrielle ou semi-industrielle est constatée et confirmée par un avis du SGNC ;

– L'avis du SGNC est corroboré par le SAEMAPE et le Gouverneur de province ;

– Le ministre des Mines signe un arrêté portant fermeture de la ZEA ;

– L'arrêté ainsi signé fait l'objet d'une notification par le Secrétaire général au chef de division provinciale des mines, au CAMI et au SAEMAPE ;

– Le SAEMAPE informe les coopératives minières de la décision ainsi prise ;

– La libération de la ZEA se fait dans les soixante jours à dater de la notification ;

– Le retour de la ZEA dans le domaine privé de l'État.

Il convient de noter que la relocalisation dans une autre ZEA est une faculté qui s'offre en rapport avec les possibilités d'avoir une ZEA disponible. Elle n'est nullement obligatoire.

3. Droit de préemption et conditions d'obtention du PEPM par la coopérative minière

Lorsqu'une ZEA est fermée, elle n'est plus la « propriété » de la coopérative qui l'exploitait. Elle rentre dans le domaine privé de l'État. De ce fait, l'octroi de ce périmètre fait l'objet d'un appel d'offre, ce qui implique une concurrence entre plusieurs requérants.

L'appel d'offre se justifie parce que l'on estime que la recherche a été effectuée par l'État ou par ses organismes spécialisés notamment le SGNC.

Lorsque la ZEA ainsi fermée renferme un gisement susceptible de faire l'objet d'une exploitation semi-industrielle, la coopérative minière ou de carrière qui l'exploitait dépose son dossier au CAMI en concurrence avec les autres.

Pour l'instruction des dossiers, elle dispose du droit de préemption c'est-à-dire qu'elle a priorité pour l'acquisition dudit périmètre par rapport à tous les autres demandeurs de PEPM.

Pour ce faire, elle doit, dans les six mois de la notification de fermeture, adresser une lettre au CAMI pour revendiquer son droit de préemption. Dépassé ce délai, la coopérative minière ou de carrière perd ce droit et son dossier est traité comme tout autre demandeur.

En d'autres termes, en cas de fermeture d'une ZEA, la coopérative minière ou de carrière n'est tenue qu'à solliciter un PEPM.

Étant donné que les travaux de recherche sont supposés avoir été effectués par le SGNC (art. 109, alinéa 6 CM), la coopérative minière ne doit pas déposer un PR lors de la présentation de son dossier contrairement à ses autres éventuels concurrents.

Lors de l'instruction, la coopérative minière dispose du droit de priorité d'acquisition dudit périmètre. Il ne doit s'agir que de la coopérative qui travaillait dans la ZEA fermée et non pas de toutes les autres coopératives minières ou de carrières.

4. Quelle est la condition d'obtention exceptionnelle d'un PR ?

Sans qu'il ne soit besoin de fermer la ZEA, la coopérative minière ou de carrière peut avoir des ambitions de procéder à des recherches plus approfondies sur la zone. En pareille hypothèse, elle est tenue de faire une demande exceptionnelle de PR auprès du ministre des Mines. Celle-ci suit la procédure normale prévue aux articles 234 à 237 du RM.

En d'autres termes, la demande de PR par une coopérative minière ou de carrière ne doit nullement résulter de la fermeture de la ZEA.

5. La coopérative minière peut-elle obtenir un PE ?

À la suite de la fermeture de la ZEA, la coopérative minière ou de carrière n'est pas autorisée à requérir et obtenir un PE. Seul le PEPM peut être obtenu.

Les raisons qui peuvent expliquer l'option du législateur sont notamment le fait que l'on suppose que la coopérative minière ou de carrière ne dispose pas de moyens suffisants pour répondre aux exigences d'une exploitation industrielle donnant lieu à l'octroi d'un PE. Instituée dans l'objectif de la création d'une classe moyenne dans le secteur minier, il est normal que la coopérative évolue graduellement c'est-à-dire par échelons ou étapes.

Par contre, s'il n y a pas de fermeture de la ZEA, la coopérative minière ou de carrière peut, après avoir reçu de manière exceptionnelle le PR, poursuivre le processus en obtenant les autres titres selon les besoins qu'impose l'exploitation.

Si finalement, elle opte pour un PE ou un PER (sur les périmètres libres), la coopérative devra alors être dissoute et créer une autre personne morale sous forme de société commerciale.

Article 111 : De l'accès à la zone d'exploitation artisanale

Dans la zone d'exploitation artisanale, seuls les membres des coopératives minières ou des produits de carrières agréées sont autorisés à y accéder pour exploiter toute substance minérale classée en mines ou produits de carrières.

Les modalités de cette autorisation sont définies dans le Règlement minier.

Seules les personnes physiques de nationalité congolaise sont autorisées d'accéder dans la ZEA (art. 5, alinéa 2 CM) pour autant que celles-ci :

– soient membres de la coopérative minière et/ou des produits de carrières agréée autorisée à exploiter sur ladite ZEA ;

– aient une carte d'exploitant artisanal en cours de validité pour les membres des coopératives minières et/ou des produits de carrières (art. 233 sexies RM).

En d'autres termes, la seule condition d'avoir la nationalité congolaise n'autorise pas l'accès sur la ZEA, il en faut d'autres supplémentaires citées ci-dessus.

On devrait aussi tolérer la présence des agents de l'administration des mines et du SAEMAPE en vue des contrôles et de l'encadrement des exploitants selon les modalités prévues dans les CM et RM.

Sont exclues d'accès à la ZEA :

– les Congolais non-membres de la coopérative exploitante ;

– la femme enceinte, quelle que soit sa nationalité ;

– toute personne de nationalité étrangère.

Est donc irrégulière la présence de toutes ces personnes sur la ZEA.

Article 111 bis : De la carte d'exploitant artisanal des mines et/ou des produits de carrières

Les cartes d'exploitant artisanal des mines et/ou des produits de carrières sont délivrées par le ministre provincial des mines du ressort aux personnes éligibles et qui s'engagent à respecter la réglementation en matière de protection de l'environnement, de l'hygiène et de la sécurité dans les zones d'exploitation artisanale, conformément aux modalités fixées par le Règlement minier, après en avoir pris connaissance.

Un droit fixe dont le montant est déterminé par voie réglementaire est perçu lors de la délivrance de chaque carte.

La durée de la carte d'exploitant artisanal est d'un an, renouvelable pour la même durée sans limitation.

En cas de perte, de destruction ou de vol de la carte d'exploitant artisanal, aucun duplicata ne sera délivré. Le détenteur est tenu de faire opposition, avant d'en solliciter une nouvelle.

Le Règlement minier fixe les modalités d'établissement de la carte d'exploitant artisanal.

La demande de carte d'exploitant artisanal est adressée au ministre provincial des mines mais déposée à la division provinciale des mines ou au service des mines du ressort.

L'instruction se déroule au niveau de la division ou du service des mines du ressort de la ZEA.

On y examine principalement l'éligibilité du candidat c'est-à-dire on vérifie s'il s'agit d'un Congolais membre ou non de la coopérative exploitante sur la ZEA, et s'il s'agit d'une femme, si celle-ci est enceinte ou non.

Si les conditions d'éligibilité sont remplies, la division des mines invite le candidat à payer les droits fixes dont le montant est déterminé par la Province.

Dans les deux jours qui suivent l'instruction, l'avis est transmis au ministre provincial des mines. Celui-ci dispose de dix jours pour prendre sa décision d'octroi ou de refus de la carte d'exploitant artisanal.

Si le ministre provincial ne prend pas de décision dans le délai de dix jours, le récépissé de paiement vaut carte d'exploitant et le chef de division est tenu de l'inscrire dans les registres prévus à cet effet.

La carte d'exploitant artisanal a une durée d'un an renouvelable autant de fois.

Lire à ce propos les articles 223 à 231 du RM.

Article 112 : Des obligations du détenteur de la carte d'exploitant artisanal

La coopérative minière ou des produits de carrières et l'exploitant artisanal des mines, chacun en ce qui le concerne, respectent les normes en matière de sécurité, d'hygiène, d'utilisation de l'eau et de protection de l'environnement qui s'appliquent à son exploitation conformément à la réglementation en vigueur.

Le Règlement Minier fixe les modalités d'exécution des normes en matière de sécurité publique, de santé publique et d'environnement.

Le respect des normes en matière de sécurité, d'hygiène, d'utilisation de l'eau et de protection de l'environnement constitue une condition de validité et du renouvellement de la carte d'exploitant artisanal (art. 224, alinéa 5 et 225, alinéa 1 RM).

Par contre, les manquements y relatifs entraînent le retrait de la carte par le ministre provincial des mines (art. 231, alinéa 5 RM).

L'Annexe IV portant code de conduite de l'exploitant artisanal met en application cette disposition.

Article 113 : De la transformation des produits de l'exploitation artisanale

L'agrément au titre de coopérative minière ou des produits de carrières n'autorise pas son détenteur de transformer les produits de l'exploitation artisanale.

Toutefois, la transformation des produits par la coopérative minière ou des produits de carrières agréée peut se faire moyennant une autorisation préalable accordée par le ministre.

Les produits miniers d'exploitation artisanale détenus par les coopératives minières ou de carrières ne peuvent faire l'objet de transformation par celles-ci.

Si le besoin de les transformer s'impose à elles, une autorisation préalable du ministre des Mines sera obligatoire.

Ainsi, la coopérative qui envisage de transformer ses produits miniers artisanaux dépose deux mois avant une demande auprès de la division provinciale des mines.

Le chef de division provinciale procède à l'instruction de la demande dans un délai de 20 jours à dater de la demande.

Le projet d'avis rendu et le projet d'arrêté est transmis au ministre des Mines qui prend sa décision d'octroi ou de refus d'autorisation de transformation dans un délai de 30 jours (art. 238 à 241 RM).

Article 114 : Du retrait de la carte d'exploitant artisanal des mines ou des produits de carrières

La carte d'exploitant artisanal des mines ou des produits de carrières peut être retirée par le ministre provincial des mines qui l'a émise, après une mise en demeure de trente jours sans remédier à la situation par la personne qui détient la carte, pour tout manquement aux obligations prévues à l'article 112 du présent Code.

Le cas échéant, la personne à laquelle la carte a été retirée n'est pas éligible pour obtenir une nouvelle carte d'exploitant artisanal des mines ou des produits de carrières pendant trois ans.

Le retrait de la carte d'exploitant artisanal des mines ou des produits de carrières donne droit aux recours prévus dans les dispositions des articles 315 et 316 du présent Code.

L'inobservance des obligations imposées par l'article 112 du CM et l'Annexe IV du RM entraîne le retrait de la carte d'exploitant artisanal.

Ce retrait constitue une sanction selon l'article 48 ter du CM.

Il est surprenant que le législateur ne prévoit en faveur de l'exploitant artisanal dont la carte a été retirée que le recours judiciaire alors que fondamentalement la priorité devait être accordée au recours administratif prévu aux articles 313 et 314 parce qu'il s'agit d'attaquer une décision d'une autorité politico-administrative.

Article 114 bis : De la coopérative minière et/ou des produits de carrières agréée

La coopérative minière et/ou des produits de carrières agréée est autorisée à exploiter toute substance minérale exploitable artisanalement et à la commercialiser localement conformément aux dispositions du présent Code et de ses mesures d'application.

Un droit fixe dont le montant est déterminé par voie réglementaire est perçu lors de l'agrément.

La demande d'agrément au titre de coopérative minière et/ou des produits de carrières adressée au ministre est déposée auprès de la Division provinciale des mines du ressort.

À la demande sont joints les éléments suivants :

a) les statuts dûment notariés de la coopérative d'exploitants artisanaux signés par les fondateurs ;

b) la liste reprenant les noms et adresses des fondateurs ;

c) la photocopie certifiée conforme de la carte d'exploitant artisanal de chaque membre ;

d) le procès-verbal de l'assemblée générale constitutive ; les noms, adresse et profession des dirigeants ;

e) la preuve de l'adhésion libre de chaque membre au groupement d'exploitants artisanaux ;

f) la preuve que les conditions d'adhésion au groupement ne sont pas prohibitives ; les preuves de versements effectués au titre de souscription au capital social ;

g) les moyens techniques et financiers ainsi que les ressources humaines que la coopérative entend mettre en œuvre pour la réalisation de ses objectifs.

L'obtention de l'agrément au titre de coopérative minière et/ou des produits de carrières, est subordonnée aux conditions suivantes :

a. être constituée conformément à l'Acte uniforme sur le droit de sociétés coopératives ;

b. être composée au minimum de vingt personnes physiques majeures de nationalité congolaise détentrices des cartes d'exploitant artisanal des mines et/ou des produits de carrières valable pour une province donnée ;

c. avoir pour objet social, principalement les activités minières et/ou des produits de carrières.

L'agrément au titre de coopérative minière et/ou des produits de carrières est accordé ou refusé par le ministre.

La décision d'octroi ou de refus est notifiée par le Secrétaire général aux mines au SAEMAPE et au Cadastre minier.

Tout refus est motivé et donne droit au recours, conformément aux dispositions des articles 313 et 316 du présent Code.

Sous peine du retrait d'agrément par le ministre, la coopérative minière et/ou des produits de carrières agréée est tenue, en sus des obligations prévues à l'article 112 du présent Code, de transmettre mensuellement au SAEMAPE les statistiques de sa production et d'indemniser les exploitants agricoles pour tout dommage engendré par son activité.

Le Règlement minier fixe les conditions et modalités de l'instruction de la demande d'agrément au titre de coopérative minière et/ou de produits de carrières. »

À l'instar des droits miniers ou de carrières où l'article 23 du CM reconnaît l'éligibilité aux seules personnes morales ; en matière d'exploitation artisanale, le même principe est reconduit parce que seules coopératives minières ou de carrière sont éligibles.

Les personnes physiques ne sont pas autorisées à exploiter artisanalement. Pour avoir ce droit, elles doivent créer et fonctionner au sein d'une coopérative minière avec un minimum de vingt personnes.

Comme toutes les coopératives, celles minières ou de carrières doivent d'abord être constituées conformément au droit commun c'est-à-dire à l'Acte uniforme sur le droit des sociétés coopératives du 15 décembre 2010.

Il faut rappeler qu'une coopérative peut être civile si son objet est civil ou commerciale si son objet est commercial (art. 21 de l'Acte uniforme sur les sociétés coopératives).

Il est tout aussi important de savoir que l'article 3 de l'Acte uniforme sur le droit commercial général considère l'exploitation industrielle des mines ou de carrières comme des actes de commerce par nature.

L'exploitation artisanale par les coopératives minières ou de carrière n'est donc pas à proprement parler des actes de commerce par nature qui imposerait ces dernières d'adopter obligatoirement le caractère commercial.

Elles auront donc le choix pour l'un ou l'autre caractère selon les objectifs poursuivis par ses fondateurs.

En sus d'avoir été ainsi constituée, la coopérative ne pourra exercer dans le domaine minier ou de carrière que si elle est agréée par le ministre des Mines.

Il convient de rappeler que la coopérative minière ou de carrière ne peut comporter que des personnes de nationalité congolaise.

Ainsi, l'artisanat minier ou de carrière ressemble à l'exercice du petit commerce lequel est exclusivement réservé aux nationaux.

La coopérative minière ou de carrière peut commercialiser ses produits sur toute l'étendue du territoire national. Cependant, elle n'est pas autorisée de les exporter.

La demande d'agrément est adressée au ministre des Mines, mais déposée à la division provinciale des mines du lieu de la ZEA. Dans un délai de dix jours, cette dernière transmet son avis via la direction des mines au ministre des Mines. Celui-ci dispose d'un délai de vingt jours pour signer son arrêté d'octroi ou de refus d'agrément.

Cet arrêté est notifié par le Secrétaire général des mines au SAEMAPE et au CAMI. Il appartient au chef de division des mines de notifier la décision à la coopérative requérante.

Il est toutefois surprenant que le chef de division provinciale des mines ne soit pas cité parmi les bénéficiaires de la notification de la part du Secrétaire général mais que le RM lui reconnaisse néanmoins le pouvoir de notifier ladite décision aux coopératives (art. 233 bis à nonies, RM).

Pourrait-on invoquer la centralisation de l'administration en considérant que la prise de connaissance par le Secrétaire général d'une décision suppose que ses subalternes en sont implicitement informés en vertu du principe de l'unité de l'administration ? Si oui, pourquoi alors l'article 110 alinéa 2 du CM fait obligation de notification à la division des mines en ce qui concerne la fermeture ?

En d'autres termes, le législateur prévoit un système différent de notification des arrêtés selon qu'il s'agit de la création d'une ZEA ou de sa fermeture.

Chapitre II :
De la détention, du transport et de la commercialisation des produits d'exploitation artisanale

Article 115 : De la détention et du transport des produits de l'exploitation artisanale

Sans préjudice des dispositions de l'alinéa 2 ci-dessous, à l'intérieur de l'ensemble du territoire national, mais en dehors des Périmètres faisant l'objet des titres miniers exclusifs, nul ne peut détenir ou transporter les produits de l'exploitation artisanale des substances minérales :

1. s'il n'a pas la carte d'exploitant artisanal et n'agit pas au nom et pour le compte d'une coopérative minière ou des produits de carrières ;
2. s'il n'a pas la carte de négociant en cours de validité ;
3. s'il n'est pas acheteur agréé au service d'un comptoir d'achat, d'une entité de traitement ou de transformation agréé ;
4. s'il n'est pas gérant ou préposé d'une coopérative minière.

Toutefois, l'Administration des Mines accorde aux artistes agréés par le ministère de la Culture et des Arts une autorisation spéciale de détenir ou de transporter une quantité limitée de ces substances pour les besoins de leur métier.

Les modalités d'acquisition et de contrôle des substances minérales d'exploitation artisanale vendues aux artistes sont précisées dans le Règlement minier.

En prévoyant à l'alinéa 1er que « nul ne peut détenir ou transporter les produits d'exploitation artisanale si... », le législateur laisse croire que toute personne qui détient peut aussi transporter. Il convient de préciser que l'étendue du droit de « détention » diffère de celle de droit de « transport » qui inclut le premier.

Le contenu de cette disposition concerne davantage les personnes autorisées à transporter les produits miniers d'exploitation artisanale en dehors du périmètre minier exclusif.

À titre de rappel, un exploitant artisanal, personne physique, peut détenir un produit d'exploitation artisanal sur le périmètre de la ZEA sans être autorisé de le transporter.

Le transport se fait conformément aux règles de droit commun et l'identification du transporteur se fait en respectant les prescriptions du Manuel des procédures de traçabilité des produits miniers.

L'alinéa 2 pose le problème de l'autorisation spéciale de détention ou de transport des produits miniers ou de carrière par les artistes agréés. L'on peut remarquer que cet alinéa est en contradiction avec l'article 11bis, point g du CM dans la mesure où la même compétence dévolue ici à l'administration des mines c'est-à-dire à la division provinciale des mines (voir articles 108 sexies, alinéa 3 du CM et 251 à 255, RM) est aussi dévolue au ministre provincial des mines.

Comme énoncé plus haut, l'on devrait neutraliser la compétence dévolue au chef de division au profit du ministre provincial des mines parce qu'il est son autorité.

Dès lors, les mots « administration des mines » devraient être remplacés par « ministre provincial des mines ».

En tout état de cause, la mise en application de cette disposition suppose préalablement que l'artiste demandeur est agréé par le ministre de la Culture et des Arts.

La demande d'autorisation spéciale est faite par l'artiste et déposée à la division provinciale des mines. Celle-ci instruit la demande et émet son avis qu'elle transmet au ministre provincial. Ce dernier prend sa décision d'octroi ou de refus d'autorisation spéciale. La décision d'octroi de l'autorisation a une durée d'un an renouvelable plusieurs fois (art.252 RM).

Il est interdit à tout artiste qui achète des produits miniers et/ou de carrières artisanaux de les revendre sans les avoir transformé au préalable en œuvre d'art.

L'artiste qui enfreint cette interdiction s'expose au retrait de sa carte d'autorisation spéciale d'achat par l'autorité qui l'a délivrée (art. 257 RM).

Article 116 : De la commercialisation des produits de l'exploitation artisanale

Les exploitants artisanaux ne peuvent vendre leurs produits miniers qu'aux négociants, aux marchés boursiers, aux comptoirs ou organismes agréés ou créés par l'État. Ils peuvent également vendre leurs produits miniers aux artistes agréés par le ministère de la Culture et des Arts, dans les limites des autorisations visées à l'alinéa 2 de l'article 115 du présent Code.

Les négociants agréés ne peuvent vendre les produits de l'exploitation artisanale qu'aux comptoirs ou aux organismes agréés ou créés par l'État ainsi qu'aux marchés boursiers.

Les artistes agréés ne peuvent vendre les produits de l'exploitation artisanale non travaillés qu'en vertu d'une autorisation spéciale obtenue pour les cas exceptionnels de liquidation des stocks excessifs.

Le Règlement Minier fixe les modalités d'établissement de l'autorisation spéciale.

D'emblée, l'on peut noter que l'expression de « exploitants artisanaux » utilisée par le législateur à l'alinéa 1 n'est pas heureuse. Il aurait été préférable de parler de « coopératives minières ou de carrières ».

Le législateur reconnaît le principe de liberté de vente par les coopératives minières ou de carrières.

Cependant, le principe est atténué par le fait qu'il limite les catégories des personnes en faveur de qui la vente peut être opérée à savoir les négociants, les marchés boursiers, les comptoirs et les organismes créés par l'État, les artistes agréés.

Article 117 : Des négociants des produits de l'exploitation artisanale

Les détenteurs de la carte de négociant pour une zone d'exploitation artisanale en cours de validité sont autorisés à acheter l'or, le diamant ou toute autre substance minérale exploitable artisanalement auprès des personnes qui détiennent les cartes d'exploitant artisanal.

La carte de négociant est délivrée par le ministre provincial à la personne majeure de nationalité congolaise qui la demande. Le requérant d'une carte de négociant produit, à l'appui de sa demande, son attestation de nationalité et la preuve de sa déclaration ou de son immatriculation au Registre de Commerce et de Crédit Mobilier.

Un droit fixe dont le montant est déterminé par voie réglementaire est perçu lors de la délivrance de chaque carte.

La durée de la carte de négociant est d'un an. Elle est renouvelable pour la même durée et sans limitation.

En cas de perte, de destruction ou de vol de la carte de négociant, le détenteur est tenu de faire opposition. Cependant, ce dernier peut en solliciter une nouvelle.

Le Règlement Minier fixe les modalités d'établissement de la carte de négociant.

L'alinéa 1er de cette disposition comporte une incohérence lorsqu'il prévoit que l'achat des produits miniers issus de l'exploitation artisanale peut se faire auprès des détenteurs des cartes d'exploitant artisanal. Ce n'est pas vrai.

L'achat se fait auprès de la coopérative minière ou de carrière et non pas auprès des personnes physiques, exploitants artisanaux, qui en sont membres.

Pour obtenir la carte de négociant, il faut réunir les conditions cumulatives suivantes : avoir la nationalité congolaise ; être commerçant et le prouver par la présentation d'un RCCM, le paiement des droits dus à la division provinciale des mines et l'engagement écrit de n'acheter des produits miniers que dans la ZEA sollicitée.

La demande de carte est adressée au ministre provincial des mines mais déposée à la division provinciale des mines. Un avis est rendu par cette dernière qui le transmet au ministre provincial des mines. Ce dernier dispose d'un délai de quinze jours pour prendre sa décision de délivrance ou de refus de la carte de négociant (art. 243 à 249 RM).

Article 118 : Des obligations des détenteurs des cartes de négociant

Le négociant agréé doit vendre aux comptoirs ou aux organismes agréés ou créés par l'État ainsi qu'aux marchés boursiers agréés par l'État les produits de l'exploitation artisanale qu'il achète. Il doit également fournir les rapports de son activité conformément à la réglementation en la matière.

Le négociant est soumis à certaines obligations principales :

– ne vendre ses produits qu'à certaines personnes limitativement énumérées à savoir les comptoirs, le marché boursier et les organismes créés par l'État ;

– présenter au début de chaque mois le nombre d'achats et de ventes réalisés pour le mois antérieur, avec le chiffre d'affaires (art. 250 RM).

L'inobservance de ces conditions peut entraîner le retrait de sa carte.

Article 119 : Du retrait de la carte de négociant

La carte de négociant peut être retirée par le ministre provincial qui l'a émise si, après une mise en demeure de trente jours, le négociant n'a pas remédié au manquement afférent lui incombant en vertu de l'article 118 du présent Code. Le cas échéant, la personne à laquelle la carte a été retirée n'est pas éligible pour obtenir une nouvelle carte de négociant pendant trois ans.

Le retrait de la carte de négociant donne droit aux recours précisés dans les articles 315 et 316 du présent Code.

La théorie de l'acte contraire. C'est l'autorité, en l'espèce le ministre provincial des mines, qui a pris la décision qui est compétente pour la retirer.

Néanmoins, comme pour le cas du retrait de la carte d'exploitant artisanal, il est surprenant que le législateur ne prévoit en faveur du négociant dont la carte a été retirée que le recours judiciaire alors que fondamentalement la priorité devait être accordée au recours administratif prévu aux articles 313 et 314 parce qu'il s'agit d'attaquer une décision d'une autorité politico-administrative.

Article 120 : Des comptoirs agréés

Les comptoirs agréés sont autorisés à acheter, à vendre et à exporter les substances minérales d'exploitation artisanale conformément aux dispositions du présent Code et de ses mesures d'application.

L'agrément au titre de comptoir d'achat et de vente des substances minérales d'exploitation artisanale est accordé par le ministre.

L'agrément au titre de comptoir d'achat et de vente des substances minérales d'exploitation artisanale est valable pour une durée d'un an, renouvelable sans limitation.

Une redevance dont le montant est déterminé par voie réglementaire est perçue au profit du Trésor public lors de l'agrément et à chaque renouvellement.

Le requérant à l'agrément au titre de comptoir est tenu de constituer une caution conformément aux modalités de versement fixées par voie réglementaire.

Cette disposition indique non seulement les opérations susceptibles d'être exercées par un comptoir mais aussi la provenance des substances concernées.

– Le comptoir peut acheter, vendre et exporter ;

– Les substances doivent provenir de l'exploitation artisanale.

Par conséquent, les produits miniers ou de carrières provenant de l'exploitation industrielle ou semi-industrielle ne peuvent pas faire l'objet d'achat de la part d'un comptoir.

Le comptoir qui sollicite son agrément doit payer :

– une redevance chaque année ;

– une caution. Ce montant est en principe remboursable en cas de non-renouvellement de l'agrément.

Selon l'arrêté interministériel 0001/Cab.Min/Mines/01/2019 et Cab.Min/ Finances/ 2019/009 du 22 février 2019 fixant les taux des droits, taxes et redevances à l'initiative du ministère des Mines, les montants de la redevance pour comptoirs sont les suivants :

Comptoirs	***montant de la redevance pour agrément en USD***
Diamant	200.000
Or	5.000
Pierre de couleur	1.000
Autres substances	800

Pour la caution :

Comptoirs	***montant de la caution en USD***
Diamant	50.000
Or	2500
Pierre de couleur	700
Autres substances	500

Article 121 : Du nombre des comptoirs agréés

Le nombre de comptoirs agrées d'achat de l'or, de diamant et d'autres substances minérales d'exploitation artisanale dans le Territoire National est illimité. Toutefois, le nombre d'acheteurs par comptoir est limité par voie réglementaire.

L'on peut créer en RDC autant de comptoirs que l'on veut. Cependant, le nombre d'acheteurs est de dix par comptoir. Si un comptoir désire utiliser des acheteurs au-delà de dix, il est tenu de verser une redevance pour chacun selon la proportion suivante :

Comptoirs	*Montant de la redevance pour acheteur supplémentaire en USD*
Diamant	*15.000*
Or	*1.500*
Pierre de couleur	*300*
Autres substances	*150*

Article 122 : Des acheteurs des comptoirs agréés

L'acheteur d'un comptoir agréé exerce ses activités conformément à la réglementation en vigueur.

Un acheteur est un employé du comptoir agréé dont l'activité principale consiste à acheter les substances minérales auprès des coopératives minières ou des carrières et des négociants.

Son nom doit figurer sur la liste annuelle tenue par la direction des mines. En d'autres termes, le rôle de revente des substances minérales appartient au seul comptoir et non plus à l'acheteur.

L'acheteur peut être de nationalité congolaise ou étrangère à condition d'être détenteur d'une carte de travail.

Pour acquérir la qualité d'acheteur, le requérant doit adresser sa demande au ministre des Mines en la déposant à la direction des mines entre le premier janvier et le premier mars de l'année en cours.

La direction des mines dispose d'un délai de trente jours à dater de la demande pour l'instruction du dossier au regard des articles 261 et 262 du RM.

L'avis émis par la direction des mines est transmis au ministre des Mines qui dispose d'un délai de quinze jours pour prendre sa décision d'agrément ou de refus.

En cas d'agrément, le nom de l'acheteur est inscrit sur la liste annuelle des acheteurs agréés.

Les articles 258 à 265 du RM contiennent des détails de mise en application de cette disposition.

Article 123 : De la demande d'agrément au titre de comptoir d'achat et de vente des substances minérales d'exploitation artisanale

La demande d'agrément au titre de comptoir d'achat et de vente des substances minérales d'exploitation artisanale est adressée, par toute personne éligible conformément à l'alinéa 2 de l'article 25 du présent Code, à la Direction des Mines et comporte les éléments ci-après :

a. la preuve de l'inscription au Registre de Commerce et de Crédit Mobilier ;

b. les statuts notariés, s'il s'agit d'une personne morale ;

c. l'extrait de casier judiciaire de la première résidence datant de trois mois au plus et l'attestation de bonne conduite, vie et mœurs, s'il s'agit d'une personne physique ;

d. le numéro d'Identification nationale ;

e. le numéro impôt ;

f. la preuve de détention d'un compte ouvert au nom du requérant dans une banque agréée ;

g. la lettre d'immatriculation à la Banque Centrale du Congo et le numéro Import-Export.

Cette disposition comporte quelques maladresses aussi bien légistiques que de fond :

1. Du point de vue légistique

– Dans la plupart de cas qui appelle une instruction, le législateur s'est exprimé en écrivant « la demande est adressée au ministre des Mines mais déposée à la direction des mines... ». Il apparaît ici que la demande d'agrément est directement adressée à la direction des mines. Serait-ce une omission ? Il y a lieu d'y croire !

– En faisant un renvoi à l'alinéa 2 de l'article 25 du présent code, le législateur semble rappeler que la demande d'agrément d'un comptoir ne peut se faire que par un mandataire en mines. C'est néanmoins une redondance que de le dire. Il aurait été plus essentiel de renvoyer au RM pour les modalités de dépôt de la demande d'agrément d'un comptoir.

2. Du point de vue du fond

Le législateur a omis de conformer cette disposition à l'article 23 du CM sur l'éligibilité des personnes morales au droit minier ou de carrière. En effet, en insérant au point b une incise « s'il s'agit d'une personne morale », l'on pourrait croire qu'une personne physique peut être un comptoir.

En sus, le point c qui fait exigence de la présentation dans le dossier de l'extrait du casier et d'une attestation de bonne vie et mœurs s'il s'agit d'une personne physique est également contraire à l'article 23 du CM.

Un comptoir est nécessairement une personne morale commerçante, ce sont les acheteurs qui sont des personnes physiques.

Il convient de préciser que la présente disposition traite des comptoirs et non pas des acheteurs lesquels sont visés par l'article 122.

Par conséquent, le point b devrait élaguer l'incise susmentionnée alors que le point c devrait être supprimé.

Article 124 : De l'instruction de la demande d'agrément au titre de comptoir d'achat et de vente des substances minérales d'exploitation artisanale

La Direction des Mines accuse réception de la demande, l'inscrit sur un registre ad hoc, l'instruit et s'assure qu'elle est régulière quant à la forme, la fait rectifier ou compléter pour autant que de besoin. Elle peut provoquer toute enquête nécessaire.

En cas d'enquête, elle requiert des informations utiles sur l'authentification des documents annexés auprès de services publics qui les ont émis.

Dans tous les cas, l'instruction de la demande ne peut excéder trente jours à compter de la date du dépôt de la demande d'agrément. Passé ce délai, l'avis favorable de la Direction des mines est réputé acquis et ce, sans préjudice des dispositions de l'article 123 ci-dessus.

Après instruction, la Direction des Mines transmet le dossier avec avis au ministre pour décision. La Direction des Mines notifie au requérant son avis et sa transmission au ministre.

Contrairement aux autres agréments et autorisations, le législateur a directement traité de la procédure pour les comptoirs dans la loi sans renvoyer au RM qui ne comporte pas d'articles significatifs sur la question.

Par rapport à la loi de 2002, seul le délai d'instruction a été revu et ramené de soixante à trente jours.

Article 125 : De l'agrément et du refus de l'agrément

Si l'avis de la Direction des Mines est favorable, le ministre prend la décision dans un délai qui ne peut excéder trente jours ouvrables.

Passé ce délai, le requérant a droit à un recours conformément aux dispositions des articles 313 et 314 du présent Code.

Si l'avis de la Direction des Mines est défavorable, le ministre prend la décision de refus d'agrément dans un délai qui ne peut excéder quinze jours ouvrables à compter de la date de la réception du dossier transmis par la Direction des Mines.

La décision de refus est motivée et donne droit aux recours prévus par les dispositions des articles 313 et 314 du présent Code.

Cette disposition s'inscrit dans le cadre des compétences liées qui s'imposent au ministre des Mines dont la décision d'octroi ou de refus dépend de l'avis rendu par la direction des mines.

Un recours administratif est ouvert en faveur de la personne dont l'agrément a été refusé.

Article 126 : Des obligations des comptoirs agréés

Les comptoirs agréés doivent, d'une part, se soumettre au contrôle lors de l'achat et de la vente des produits de l'exploitation artisanale par l'Administration des Mines et par un organisme public chargé de l'expertise, et d'autre part, fournir les rapports de leurs activités conformément au présent Code et ses mesures d'application.

Les comptoirs agréés sont également tenus aux obligations ci-après :

a) communiquer au ministre et à la Banque Centrale du Congo à dater de l'agrément, les emplacements fixes et contrôlables des bureaux d'achat de l'or, du diamant et des autres substances minérales d'exploitation artisanale ;

. b) acheter l'or, le diamant et autres substances minérales d'exploitation artisanale présentés aux comptoirs agréés quelles que soient leurs grosseur, quantité et qualité ;

. c) payer les impôts et taxes relatifs à leurs activités ;

. d) disposer en propriété d'au moins un immeuble en matériaux durables dans chaque centre d'activités endéans une année ;

. e) avoir au sein de la société une participation de 25 % au moins du capital social réservée aux Congolais.

Cette disposition montre que le comptoir doit être une personne morale dans la mesure où il fait obligation d'avoir en son sein au moins 25 % du capital social détenu par des personnes de nationalité congolaise.

Constitue également une innovation l'obligation pour le comptoir de disposer en propre d'un immeuble en matériaux durables. Ce qui participe de la modernisation des milieux où s'exercent les activités minières ou de carrières.

Article 127 : Du retrait de l'agrément au titre de comptoir d'achat et de vente des substances minérales d'exploitation artisanale

L'agrément au titre de comptoir d'achat et de vente des substances minérales d'exploitation artisanale peut être retiré par le ministre, après mise en demeure de trente jours faite par la Direction des mines, si le comptoir agréé concerné n'a pas remédié à tout manquement aux obligations lui incombant en vertu des dispositions de l'article 126 du présent Code. Le cas échéant, le comptoir déchu de ses droits n'est pas éligible à l'agrément comme comptoir pendant cinq ans.

Le retrait de l'agrément au titre de comptoir d'achat et de vente des substances minérales d'exploitation artisanale donne droit aux recours prévus par les dispositions des articles 313 et 314 du présent Code.

La présente disposition est à lire en combinaison avec l'article 126 qui reprend les différentes obligations. L'inobservance de ces obligations donne lieu à la sanction de retrait. Cependant, celui-ci est subordonné à une mise en demeure faite par la direction des mines.

Un recours administratif est ouvert en faveur du comptoir dont l'arrêté de retrait d'agrément du ministre des Mines a été ordonné.

Article 128 : Des marchés boursiers

Aucun marché boursier d'achat et vente des autres substances minérales d'exploitation artisanale ne peut opérer sur le territoire national sans agrément préalable de la Banque Centrale du Congo et du ministre.

Le Règlement minier précise les modalités d'agrément, d'organisation et de financement des marchés boursiers.

Le but assigné aux marchés boursiers par le législateur est d'organiser des marchés d'achat et de vente des substances minérales précieuses et semi-précieuses de production artisanale.

Selon l'article 267 du RM, seules les personnes prévues par le CM sont admises aux marchés boursiers comme vendeurs et acheteurs.

Peuvent vendre aux marchés boursiers, les exploitants artisanaux et les négociants agréés (art. 116 et 118 CM). Peuvent acheter aux marchés boursiers, les comptoirs d'achat agréés.

L'article 266 du RM énumère également les personnes admises au marché boursier.

À ce jour, aucun marché boursier des substances minérales d'exploitation artisanale n'a été agréé par la BCC.

Titre V :
Des droits de carrières

Chapitre I :
Des généralités

Article 129 : Des autorisations des opérations de carrières

Les opérations de recherches des produits de carrières et d'exploitation de carrières sont autorisées par l'État dans les conditions précisées au présent titre.

Le Chef de Division provinciale des Mines est compétent pour octroyer les autorisations de recherches de carrières et les autorisations d'exploitation de carrières des matériaux de construction à usage courant.

Seul le ministre est compétent pour octroyer les autorisations d'exploitation de carrières pour les autres substances de carrières.

Le Cadastre Minier est compétent pour délivrer les titres aux requérants qui ont obtenu des autorisations de carrières sollicitées.

Cette disposition porte sur le principe général de répartition des compétences en droit des carrières. Elle détermine les autorités chargées d'octroyer les droits et titres de carrières.

Il convient de mentionner que l'alinéa 2 est en contradiction avec l'article 11bis point h qui confère la même compétence au ministre provincial des mines.

Comme pour les cas précédents, il est suggéré que cet alinéa soit neutralisé de sorte que cette compétence revienne au ministre provincial des mines parce qu'il est l'autorité du chef de division.

L'on notera que le ministre provincial des mines est compétent pour octroyer les ARPC et les AECP des matériaux de construction d'usage courant. Ces derniers sont notamment les argiles à brique, sables, grès, calcaire à moellon, marne, quartzite, craie, gravier alluvionnaire, latérites, basaltes (art. 2 RM).

Le ministre des Mines est compétent pour octroyer les autorisations d'exploitation de carrières pour les autres substances tels que gypse, kaolin, dolomie, calcaire à ciment, sables de verrerie, fluorine, diatomites, montmorillonite, barytine, calcaire à chaux (art. 2 RM).

Quoi qu'il en soit, les titres c'est-à-dire les certificats de carrières sont délivrés par le CAMI.

Article 130 : De la portée des autorisations de carrières

Les droits du titulaire d'une autorisation de carrières portent sur les substances de carrières qui peuvent se trouver sur le sol ou dans le sous-sol sous une superficie dont la forme est conforme aux dispositions de l'article 28 du présent Code.

Les normes à respecter pour les périmètres de carrières sont identiques à celles des droits miniers.

Article 131 : Du changement de classement d'une substance minérale

En cas de changement du classement d'une substance des mines en substance de carrières, le titulaire d'un titre minier établi pour la substance en cause, conserve tous les droits attachés à son titre en relation avec la substance jusqu'à l'expiration de son titre.

En cas de classement d'un produit de carrières qui fait l'objet d'une Autorisation d'Exploitation de Carrière Permanente dans la catégorie de produits miniers, le titulaire de l'Autorisation d'Exploitation a droit à l'institution d'un permis d'exploitation de la substance à son nom, sous réserve de le demander dans un délai d'un an après la date de changement de classement. Toutefois, son Autorisation d'Exploitation reste en vigueur.

Le principe de classement ou de déclassement d'une substance des mines en substances de carrières et inversement est posé à l'article 4, alinéa 4 du CM.

Cette compétence relève du Premier ministre sur proposition du ministre des Mines.

Lorsqu'un décret du Premier ministre classe une substance des mines en substance de carrières, le titulaire conserve les droits acquis résultant de son titre et continue de jouir de tous les droits et/ou obligations sur base de la qualification ayant existé avant le classement, et ce, jusqu'à l'expiration dudit titre.

Si par contre, la substance carrières est classée en mines, le titulaire de l'AECP peut solliciter dans le délai d'un an la transformation de ce droit en PE.

Article 132 : Du classement des carrières

Les carrières sont classées en quatre catégories :

. a) les carrières permanentes ouvertes soit sur un terrain domanial, soit sur un Périmètre faisant l'objet d'un titre foncier détenu par un tiers pour l'exploitation commerciale par des personnes privées ;

. b) les carrières ouvertes de façon temporaire, soit sur un terrain domanial soit sur un Périmètre faisant l'objet d'un titre foncier détenu par un tiers pour l'exploitation commerciale par des privés ;

. c) les carrières ouvertes de façon temporaire sur un terrain domanial pour les travaux d'utilité publique ;

. d) les carrières ouvertes de façon temporaire par l'occupant régulièrement autorisé ou le propriétaire d'un terrain pour l'exploitation non commerciale ou exclusivement à son propre usage domestique.

L'exploitation de chaque type de carrières est soumise à une forme distincte d'autorisation précisée ci-dessous.

Les autorisations qui résultent de cette catégorisation sont au nombre de trois à savoir l'ARPC ; AECT et AECP.

Article 133 : De l'autorisation d'ouverture de carrières pour les travaux d'utilité publique

Après avis conforme du service compétent du ministère des Affaires foncières et avis des Autorités administratives provinciales ou communales concernées ainsi que celui du Cadastre Minier, le Gouverneur de province peut ouvrir, sur un terrain domanial qui ne fait pas l'objet d'un Permis d'Exploitation Minière, une carrière pour les travaux d'utilité publique.

L'Arrêté provincial d'ouverture d'une carrière d'utilité publique précise :

. a) l'autorité et le service public responsables des travaux d'exploitation ;

. b) l'entreprise privée à laquelle les travaux sont confiés par ledit service ;

. c) l'emplacement de la carrière conformément aux dispositions de l'article 29 du présent Code ;

. d) les substances dont l'extraction est autorisée ;

. e) les conditions d'accès à la carrière ;

f) le plan d'extraction ;

g) la durée des travaux et les modalités de remise en état des lieux après exploitation.

Lorsque l'exécution des travaux d'utilité publique est confiée à une entreprise privée, celle-ci est soumise au paiement de la taxe d'extraction conformément aux dispositions du droit commun.

1. Du contenu contradictoire avec une autre disposition

D'emblée, il convient de faire observer que la compétence attribuée au Gouverneur de province d'ouvrir une carrière pour les travaux d'utilité publique dans cette disposition est en contradiction avec la même compétence dévolue au ministre provincial des mines à l'article 11bis, point i. Comme pour les autres cas de contradiction, l'on devra neutraliser l'article 11bis, point i au profit de la présente disposition. Ainsi, c'est le Gouverneur de province qui doit être reconnu compétent en cette matière parce qu'il est l'autorité du ministre provincial.

Exemple illustratif

Les travaux d'utilité publique dont parle cette disposition peut, par exemple, être la construction d'une route. Le besoin en sable, moellon, graviers oblige le Gouverneur d'autoriser l'ouverture d'une carrière.

2. Des avis de disponibilité

Avant de décider de l'autorisation de l'ouverture de carrières pour les travaux d'utilité publique, le Gouverneur doit requérir les avis préalables des services du ministère des Affaires foncières, des autorités des entités décentralisées provinciales ou locales ainsi que du CAMI.

Ces avis visent à vérifier les droits que les tiers détiennent sur ledit terrain.

Le RM considère qu'il y a disponibilité du terrain :

– s'il se trouve dans le domaine public ou privé de l'État même ce terrain fait l'objet d'un PR, d'une ARPC en cours de validité ou d'une AECT ;

– s'il ne se trouve pas dans une aire protégée ou interdite (art. 90 du RM).

Sauf en ce qui concerne le CAMI, la loi ne détermine pas la forme que doit prendre l'avis émis par les services cités.

Dès lors que le Gouverneur de province saisit et informe le CAMI de son intention d'autoriser l'ouverture de la carrière pour les travaux d'utilité publique sur tel périmètre, le CAMI émet son avis dans les cinq jours de la réception de la demande de disponibilité.

En pareil cas, il est tenu de reporter sur la carte de retombes minières à titre provisoire les périmètres de carrière à ouvrir sur ledit terrain domanial. Aucun droit minier ou de carrière ne peut être octroyé sur les carrés concernés par la carrière pour les travaux d'utilité publique tant que la carrière est inscrite à titre provisoire (art. 91 RM).

Le législateur reste muet sur le type de titres qu'il faut délivrer à la suite de l'autorisation d'ouverture du Gouverneur.

On croirait que l'autorisation du Gouverneur vaut droit et titre.

3. Des avis d'indisponibilité

Le terrain est considéré comme indisponible et non susceptible d'autorisation d'ouverture de carrières pour les travaux d'utilité publique s'il fait l'objet d'un PE ou d'une AECP (art. 15 RM).

4. Des effets de l'arrêté du Gouverneur

Lorsque le Gouverneur signe l'arrêté autorisant l'ouverture d'une carrière pour les travaux d'utilité publique, le CAMI provincial change de provisoire en définitif le report sur la carte de retombes minières du périmètre de la carrière pour les travaux d'utilité publique (art. 92 RM).

Cependant, le CAMI provincial radie, sur la carte de retombes minières, le report du périmètre de la carrière ouverte pour les travaux d'utilité publique, dès que la durée des travaux prévue dans l'arrêté du Gouverneur de province arrive à terme (art. 93 RM).

5. Du paiement de la taxe d'extraction

Si les travaux sont effectués par un établissement public tels que l'Office des routes ou l'Office des voiries et drainage, la taxe d'extraction n'est pas due.

Si par contre, ils sont effectués par une société privée telle que Safricas ou autres, cette taxe est due.

Article 134 : De l'autorisation d'exploitation non commerciale de carrières à usage domestique

L'exploitation de carrières ouvertes de façon temporaire par l'occupant régulièrement autorisé ou le propriétaire d'un terrain pour l'exploitation non commerciale exclusivement à son propre usage domestique ne nécessite ni autorisation ni déclaration préalable. Toutefois, cette activité reste strictement soumise à la réglementation en matière de sécurité et de protection de l'environnement.

On peut envisager parmi les différentes hypothèses, celle d'un titulaire de droit foncier qui exploite un produit de carrière à l'intérieur de sa concession pour son besoin personnel. En pareil cas, aucune autorisation ni déclaration ni paiement de frais n'est dû.

Les seules restrictions prévues sont le respect des règles en matière de sécurité et de protection d'environnement.

Article 135 : De l'autorisation de recherches et d'exploitation commerciale de carrières

La recherche et l'exploitation commerciale de carrières sont autorisées conformément aux dispositions des chapitres suivants du présent titre.

Tout ramassage des matériaux sur le terrain du domaine foncier national ou leurs dépendances à usage autre que domestique est considéré comme une exploitation de carrières et est soumis aux mêmes conditions que l'exploitation de carrières permanente.

Le législateur donne des indications sur les limites entre l'exploitation professionnelle et commerciale et l'usage des ressources à titre privé et personnel.

Chapitre II :
De la recherche des produits de carrières

Article 136 : De la portée de l'Autorisation de Recherches des Produits de Carrières

L'Autorisation de recherches des produits de carrières porte sur les substances minérales classées en carrières pour lesquelles elle a été accordée.

Si l'ARPC est accordée pour faire la recherche du sable, le titulaire ne pourrait pas y rechercher du moellon. D'ailleurs, ni le CM ni le RM ne prévoit la possibilité de l'extension de l'ARPC à d'autres substances que celles prévues dans l'autorisation initiale.

Article 136 bis : Des droits conférés par l'Autorisation de recherches des produits de carrières

L'Autorisation de recherches des produits de carrières confère à son titulaire le droit d'obtenir une Autorisation d'exploitation de carrières pour tout ou une partie des substances minérales qui font l'objet de l'autorisation de recherches à l'intérieur de la superficie couverte par l'Autorisation de recherches, s'il en découvre un gisement.

Toutefois, un droit minier peut être accordé dans un Périmètre qui fait l'objet d'une autorisation de recherches des produits de carrières.

Lorsqu'un Périmètre fait l'objet d'une Autorisation de recherches des produits de carrières, aucune demande d'Autorisation de carrières sur le même Périmètre n'est recevable, hormis la demande d'Autorisation d'exploitation de carrières sollicitée par le titulaire de ladite Autorisation de recherches.

Si un Permis d'exploitation est octroyé sur la superficie qui fait l'objet d'une Autorisation de recherches des produits de carrières, cette dernière est éteinte d'office. Dans ce cas, le titulaire de l'Autorisation de recherches des produits de carrières éteinte, a droit à une juste indemnisation.

Les principaux droits reconnus au titulaire d'une ARPC dans cette disposition sont :

– le droit de transformer son ARPC en AECT ou AECP ;

– les droits exclusifs sur son périmètre en ce qui concerne toute autre demande de droit de carrière qui est interdite. Un autre droit de carrières ne peut point y être sollicité sur ledit périmètre ;

– le droit d'obtenir une indemnisation au cas où un PE est accordé sur le même périmètre au titulaire de l'ARPC. Le débiteur de l'indemnisation est le titulaire du PE alors que le créancier est le titulaire de l'ARPC.

Pour trouver le montant de la juste indemnisation, il faudrait considérer les travaux effectués par le titulaire de l'ARPC.

En d'autres termes, cet article montre que l'ARPC peut coexister, sur un même périmètre, avec le PR. De cette recherche simultanée, si le titulaire du PR transforme en premier son droit en PE, le titulaire de l'ARPC perd définitivement son droit, et en contrepartie, réclame et reçoit une indemnisation.

Article 137 : De la nature de l'Autorisation de Recherches des Produits de Carrières

L'Autorisation de Recherches de Produits de Carrières est un droit réel, immobilier, exclusif, non cessible, non transmissible et non amodiable.

Ce droit est constaté par un titre de carrières dénommé, Certificat de Recherches des Produits de Carrières.

Les principales caractéristiques de l'ARPC sont :

*– **droit réel**: ce droit est celui qui porte directement sur la chose. En l'espèce, ladite chose est le produit de carrière qui fait l'objet de la recherche.*

*– **droit immobilier**: ce droit est immobilier parce qu'il porte sur une chose considérée par la loi comme immobilière.*

*– **droit exclusif**: ce droit est exclusif parce que seul le titulaire, bénéficiaire du titre, est autorisé à rechercher les substances dans le périmètre identifié et indiqué. Il faudrait préciser que le caractère exclusif n'est applicable qu'à l'endroit des autres titulaires de carrières tels que l'AECT et AECP. En effet, le CM et le RM admettent que l'ARPC peut coexister avec le PR sur un même périmètre. Ainsi, cette coexistence annihile ce caractère à l'endroit du titulaire de ce dernier.*

*– **droit non cessible**: ce droit ne peut être cédé à toute autre personne jusqu'à son expiration ;*

- ***droit non transmissible****: en cas de fusion ou de liquidation de la personne morale titulaire, ce droit s'éteint.*

- ***droit non amodiable*** *au simple motif qu'il ne porte pas sur un gisement exploitable susceptible de faire l'objet d'une location au profit des tiers intéressés.*

Le Certificat de Recherche des produits de carrière est délivré par CAMI en suivant les règles établies par les articles 275 à 281 du RM.

Article 138 : De la durée de l'Autorisation de Recherches des Produits de Carrières

La durée de l'Autorisation de Recherches de Produits de Carrières est d'un an, renouvelable une fois pour la même durée.

Le législateur limite la durée de l'ARPC dans le temps. Quoiqu'il en soit, aucune ARPC ne peut avoir une durée supérieure à deux ans, renouvellement compris.

Article 139 : Des limitations

La superficie du périmètre faisant l'objet d'une Autorisation de recherches des produits de carrières ne peut pas dépasser un maximum de 4 carrés.

Le Périmètre de recherches des produits de carrières ne peut pas être superposé sur une superficie qui fait déjà l'objet d'un Permis d'Exploitation Minière. L'existence d'un Périmètre de recherches minières n'empêche pas l'établissement sur le même terrain d'un Périmètre de recherches des produits de carrières.

Une personne morale et les sociétés affiliées ne peuvent détenir plus de dix autorisations de recherches des produits de carrières.

Cette disposition est mise en application par l'article 270 du RM.

Néanmoins, l'on peut se demander si l'alinéa 2 de cette disposition qui traite à la fois de la coexistence entre l'ARPC et le PR sur le même périmètre et de l'interdiction de superposition de l'ARPC sur le PE est vraiment à sa place étant compris que l'article porte sur les limitations ?

Article 140 : De la demande d'Autorisation de Recherches des Produits de Carrières

Le requérant doit établir sa demande d'Autorisation de Recherches des Produits de Carrières et la déposer auprès du Cadastre Minier pour son instruction conformément aux dispositions des articles 34 à 42 du présent Code.

La demande de l'ARPC est déposée au CAMI provincial qui l'instruit en vérifiant notamment si le périmètre sollicité n'est pas situé dans une zone où l'octroi de l'ARPC est interdit.

C'est le cas du périmètre où un droit minier ou de carrière autre que le PR est déjà établi ou celui où la demande de droit minier ou de carrière, autre que le PR, est déposée (art. 272, 274 et 275, RM).

À l'occasion de sa demande, le requérant est tenu de payer les frais de dépôt. Pour le montant, voir commentaires sous article 37 du présent code.

La demande de l'ARPC respecte le principe de la priorité d'instruction prévue à l'article 34 du CM.

Article 141 : Des conditions d'octroi de l'Autorisation de Recherches des Produits de Carrières

Sans préjudice des articles 23 à 25 et 27, l'octroi de l'Autorisation de Recherches des Produits de Carrières est subordonné à la justification par le requérant de sa capacité financière minimum.

Les conditions d'octroi sont similaires à celles prévues pour le PR.

Néanmoins, les indications sur la capacité financière sont déterminées à l'article 143 du CM.

Le montant doit être logé dans un compte ouvert dans une banque congolaise agréée. L'argent y est bloqué pendant toute la durée de l'examen de la demande.

Article 142 : De l'octroi de l'Autorisation de Recherches des Produits de Carrières

Sans préjudice des dispositions de l'article 46 du présent Code, l'Autorisation de Recherches des Produits de Carrières est octroyée ou refusée par le Chef de Division provinciale des Mines, dans un délai qui ne peut excéder vingt jours ouvrables à compter de la date de la réception du dossier.

Tout refus d'autorisation de recherches des produits de carrières est motivé et ouvre la voie aux recours prévus par les articles 313 et 314 du présent Code.

Contenu contradictoire avec une autre disposition

Le contenu de l'alinéa 1er de cette disposition est contraire à l'article 11bis, point h, qui confère cette compétence au ministre provincial des mines. Comme énoncé plus haut, cet alinéa devrait être neutralisé pour reconnaître ladite compétence au ministre provincial des mines qui est l'autorité du chef de division provinciale des mines.

Article 143 : De la preuve de la capacité financière minimum

La capacité financière minimum requise doit correspondre au montant global du budget prévu pour l'exécution du programme de recherches.

Dans tous les cas, elle ne peut être inférieure à cinquante fois le montant total des droits superficiaires annuels par carré payables pour la période de la validité de l'Autorisation de recherches des produits de carrières demandée.

La preuve de la capacité financière minimum est établie conformément aux dispositions de l'article 58 alinéas 2 à 4 du présent Code.

La capacité financière minimum diffère selon le programme de recherches. Le principal étalon de référence est qu'elle ne doit pas être inférieure à cinquante fois le montant des droits superficiaires annuels payables pour la période de validité du PR.

La capacité financière minimum fait l'objet d'une certification par le CAMI. Le requérant est tenu de produire un extrait bancaire original délivré par une banque congolaise agréée indiquant la disponibilité des fonds propres.

Ces fonds sont vérifiés périodiquement et certifiés par le CAMI et restent bloqués pendant toute la période de l'examen de la demande (art. 58 du CM, 80, 99 et 273 RM).

Article144 : Expiration de l'Autorisation de Recherches des Produits de Carrières

L'Autorisation de Recherches des Produits de Carrières expire lorsqu'elle arrive au dernier jour de sa dernière période de validité ou lorsqu'elle n'a pas été renouvelée à la fin de la première période de validité, ou lorsqu'elle n'a pas été transformée en Autorisation d'Exploitation de carrière ou encore lorsqu'un Permis d'Exploitation est accordé dans le Périmètre de recherches des produits de carrières.

À l'expiration de l'Autorisation de recherches des produits de carrières, le Cadastre minier notifie immédiatement au titulaire l'expiration de son droit avec copie à la Direction des mines. Dans ce cas, sauf si un Permis d'exploitation est accordé, le périmètre sur lequel porte l'Autorisation de recherches est libre de tout droit à compter de la date de l'expiration du permis.

L'ARPC expire dans les conditions suivantes :

– arrivée du terme de la dernière validité c'est-à-dire à la fin de la deuxième année. En effet, l'ARPC a une durée d'un an renouvelable une fois. Si l'ARPC est octroyée le 2 septembre 2021, sa dernière date de validité de validité sera le 1er septembre 2023 ;

– non-renouvellement c'est-à-dire à la fin de la première année de validité. Si l'ARPC est octroyé le 2 septembre 2021, s'il n'est pas renouvelé, elle expire le 1er septembre 2022 ;

– transformation en AECP ou AECT ;

– octroi d'un PE dans son périmètre.

La réalisation de l'une de ces conditions oblige le CAMI à notifier au titulaire dudit droit l'expiration de celui-ci.

La loi ne prévoit pas l'intervention du ministre des Mines ou celui provincial.

Article 145 : Du renouvellement et de la renonciation de l'Autorisation de Recherches des Produits de Carrières

L'Autorisation de Recherches de Produits de Carrières est renouvelable une fois pour une période d'un an, si aucun Permis d'Exploitation n'a été accordé sur le Périmètre de recherches de carrières.

La demande de renouvellement doit être déposée au moins soixante jours, et pas plus de nonante jours, avant la date d'expiration de l'Autorisation de Recherches des Produits de Carrières. Toute demande de renouvellement dûment déposée dans ce délai qui ne fait pas l'objet d'un refus notifié au demandeur dans un délai de trente jours, après la date de dépôt de la demande, est réputée accordée.

Tout refus de renouvellement d'une Autorisation de Recherches est motivé et donne droit aux recours prévus par les articles 313 et 314 du présent Code.

La renonciation à l'Autorisation de Recherches des Produits de Carrières obéit aux mêmes règles que celles du Permis de Recherches prévues à l'article 60 du présent Code.

La procédure de renonciation de l'ARPC est la même que celle du PR.

Pour tous détails, lire commentaires sous l'article 60. Cependant, l'avis cadastral sera transmis au ministre provincial à qui la compétence de donner acte est reconnu (art. 283 à 289 RM).

La procédure de renouvellement de l'ARPC est la même que celle du PR. Pour tous détails, lire commentaires sous l'article 62.

Cependant, les délais différents. Pour l'ARPC, la demande de renouvellement doit être déposée deux mois avant l'expiration du titre, l'instruction doit être clôturée dans les trente jours du dépôt de la demande et le ministre provincial prend sa décision dans les vingt jours suivant la transmission de l'avis (art. 290 à 296, RM).

Lorsque l'ARPC n'est pas renouvelée, elle est radiée par le CAMI (art. 133 et 297, RM).

Chapitre III :
De l'exploitation des carrières

Article 146 : De la portée des Autorisations d'Exploitation de Carrières

L'Autorisation d'exploitation de carrières permanente ou temporaire porte sur les produits de carrières pour lesquels elle est spécifiquement établie. Ces produits de carrières sont ceux que le titulaire a identifiés et dont il a démontré l'existence d'un gisement économiquement exploitable.

La superficie des périmètres faisant l'objet des Autorisations d'exploitation de carrières est celle des Autorisations de recherches dont elles découlent ou celle des parties des périmètres des Autorisations de recherches des produits de carrières transformées en Autorisations d'exploitation de carrières, sous réserve des dispositions de l'article 150, alinéa 2 du présent Code.

L'Autorisation d'exploitation de carrières permanente ou temporaire peut s'étendre à d'autres substances de carrières conformément à l'article 162 du présent Code.

La disposition procède à l'énumération des différentes autorisations d'exploitation de carrières existantes à savoir l'AECP et l'AECT et précise qu'elles découlent de l'ARPC.

Le législateur consacre également le principe selon lequel les autorisations d'exploitation peuvent faire l'objet d'extension. Ce qui n'est pas le cas de l'ARPC.

Article 146 bis : Des droits conférés par l'Autorisation d'exploitation de carrières

L'Autorisation d'exploitation de carrières permanente ou temporaire confère à son titulaire le droit exclusif d'effectuer, à l'intérieur du Périmètre sur lequel elle est établie et pendant la durée de sa validité, les travaux de recherche, de développement, de construction et d'exploitation visant les substances de carrières pour lesquelles l'Autorisation est établie et les autres substances s'il en a demandé l'extension.

Elle permet en outre, sans limitation, de :

a. accéder au Périmètre couvert par l'Autorisation d'exploitation pour procéder aux opérations de carrières ;
b. construire les installations et infrastructures nécessaires à l'exploitation de carrières ;
c. utiliser les ressources d'eau et du bois se trouvant à l'intérieur du Périmètre de carrière pour les besoins de l'exploitation, en se conformant aux normes définies dans l'EIES et le PGES ou le PAR selon qu'il s'agit de carrière permanente ou temporaire ;
d. disposer, transporter et commercialiser librement ses produits marchands provenant du Périmètre d'exploitation ;
e. procéder aux opérations de traitement ou de transformation des substances de carrières extraites du gisement à l'intérieur du Périmètre d'exploitation ;
f. procéder aux travaux d'extension de la carrière.

À l'instar des droits miniers d'exploitation, le législateur énumère une série de droits fondamentaux reconnus au titulaire de l'AECP ou AECT. Il convient de préciser que la coupe des arbres ou du bois donne lieu à obtention du permis de déboisement et au paiement d'une taxe de reboisement.

En effet, les articles 42, alinéa 5 et 220 bis, b, point 5 et 238 bis du CM, imposent à toute personne qui déboise, pour raisons de son activité, d'obtenir un permis de déboisement et de payer la taxe de reboisement.

L'article 527 sexies du RM précise qu'aucune exonération du paiement de cette taxe n'est admise au regard de son importance pour la lutte contre le réchauffement climatique qui constitue un engagement international de la RDC.

Article 147 : Des limitations de l'Autorisation d'Exploitation de Carrières Temporaire

Sans préjudice des dispositions de l'article 146 bis ci-dessus, l'autorisation d'exploitation de carrières temporaire fixe la quantité des substances à extraire, les conditions d'occupation des terrains nécessaires aux prélèvements et aux activités connexes et indique les taxes à payer. Elle précise également les obligations du bénéficiaire notamment en ce qui concerne l'environnement et la remise en état des lieux après prélèvement.

Toutefois, une quantité excédentaire au volume fixé par l'autorisation d'exploitation est à signaler au service en charge des carrières et des matériaux de construction pour faire objet d'une taxation supplémentaire au profit du Trésor public sous peine d'être confisquée.

Cette disposition vise à montrer la particularité de l'AECT (qui diffère de l'AECP) dans la mesure où les quantités des substances à extraire sont limitées en volume, et que par conséquent, l'arrêté du ministre l'autorisant doit indiquer expressément le volume maximum à extraire.

En cas de dépassement, le titulaire est tenu d'en faire la déclaration et de payer la taxe correspondante à l'État.

C'est donc un régime déclaratoire qui est mis en place pour ce faire.

Article 148 : De la nature des autorisations d'exploitation

L'Autorisation d'Exploitation de Carrières Permanente constitue un droit réel, immobilier, exclusif, cessible, transmissible et amodiable conformément aux dispositions du présent Code.

Ce droit est constaté par un titre de carrière dénommé, Certificat d'Exploitation de Carrières Permanente.

L'Autorisation d'Exploitation de Carrières Temporaire constitue un droit réel, immobilier, exclusif, cessible, transmissible et amodiable.

Ce droit est constaté par un titre de carrière dénommé, Certificat d'Exploitation de Carrières Temporaire.

Cette disposition traite de la nature de l'AECP ainsi que de l'AECT :

1. L'AECP** est un **:

*- **droit réel**: ce droit est celui qui porte directement sur la chose. En l'espèce, ladite chose est constituée des substances de carrières identifiées lesquelles sont économiquement exploitables.*

*- **droit immobilier**: ce droit est immobilier parce qu'il porte sur une chose considérée par la loi comme immobilière. ;*

*- **droit exclusif**: ce droit est exclusif parce que seul le titulaire, bénéficiaire du titre, est autorisé à exploiter les substances dans le périmètre lui octroyé ;*

*- **droit cessible :** ce droit est cessible parce qu'il est dans le commerce et donc susceptible de faire l'objet des transactions licites de tout genre ;*

*- **droit transmissible**: la transmissibilité concerne ici les cas de fusion et de liquidation de la personne morale titulaire.*

*– **droit amodiable**: ce droit est amodiable c'est-à-dire qu'il peut faire l'objet d'une location au profit d'un tiers.*

2. En ce qui concerne l'AECT

Si son caractère réel, immobilier et exclusif ne fait l'objet d'aucun doute, l'on peut émettre quelques réserves quant à son caractère cessible, transmissible et amodiable.

À cet effet, le CM contient des contradictions inexplicables entre plusieurs de ses dispositions.

a) L'article 148, alinéa 3 du CM admet que l'AECT est cessible, transmissible et amodiable. De même, l'article 177, alinéa 2 du CM et 299 du RM considèrent qu'elle est susceptible d'amodiation.

b) Par contre, les articles 177, alinéa 1 ; 182, alinéa 1 ; 184, 185, alinéa 1, 185 quater, alinéa 1 et 187, alinéa 1 du CM ne citent pas l'AECT parmi les droits susceptibles d'amodiation, de cession ou de transmission.

c) Comble de contradiction, l'exposé des motifs du CM mentionne de manière expresse que l'AECT est un droit non amodiable, non cessible et non transmissible.

De ce qui précède et au regard de sa durée de validité qui est d'un an non renouvelable, il serait tentant de penser que l'AECT n'est ni amodiable, ni cessible ni transmissible.

Dès lors que l'on grignote les jours et semaines de démarches fastidieuses, il ne resterait pas beaucoup de temps pour que l'amodiataire et le cessionnaire puissent tirer un profit raisonnable.

Article 149 : De la durée des autorisations d'exploitation de carrières

La durée de validité de l'Autorisation d'exploitation des produits de carrière permanente est de cinq ans renouvelable plusieurs fois pour la même durée.

La durée de validité de l'Autorisation d'exploitation des produits de carrière temporaire est d'un an non renouvelable. Toutefois, son titulaire a le droit de demander une nouvelle Autorisation d'exploitation temporaire pour le même Périmètre qui prendrait effet à l'échéance de l'autorisation en cours. Pendant la durée de son Autorisation d'exploitation de carrières temporaire, seul le titulaire a le droit de déposer une demande d'une nouvelle Autorisation d'exploitation sur le même périmètre.

Le législateur est plus précis quant à la durée des autorisations d'exploitation.

L'AECP est de cinq ans renouvelable plusieurs fois tant que les conditions sont réunies.

L'AECT a une durée d'un an non renouvelable. Toutefois, le titulaire pourrait demander une autre AECT sur le même périmètre. Il dispose donc du droit de préemption.

Un tel mécanisme paraît fastidieux dans la mesure où le titulaire doit remplir à nouveau toute la paperasse comme si c'était sa première demande. Il aurait été plus aisé de prévoir un renouvellement avec un modèle simplifié au regard de la durée du titre.

Article 150 : Des Périmètres des Autorisations d'exploitation des carrières

Une Autorisation d'exploitation de carrières permanente ou temporaire peut être accordée sur la totalité du Périmètre qui fait l'objet de l'Autorisation de recherches des produits de carrières en cours de validité octroyée au requérant ou sur une partie de périmètre conformément aux dispositions de l'article 28 du présent Code.

Si le Périmètre n'a pas fait l'objet d'une autorisation de recherches de carrières, il doit être conforme aux dispositions relatives à la forme prévue à l'article 28 du présent Code et ne pas dépasser un maximum de quatre carrés.

Le Périmètre d'une Autorisation d'exploitation de carrières ne peut pas être superposé sur une superficie qui fait l'objet d'une autorisation de recherches de carrières ni d'un droit minier d'exploitation détenu par un tiers qui n'a pas donné son consentement écrit.

L'existence d'un Périmètre de recherches minières n'empêche pas l'établissement sur le même terrain d'un Périmètre d'exploitation de carrières.

Toutefois, le ministre peut autoriser l'établissement d'un périmètre d'exploitation de carrières sur un périmètre faisant l'objet d'un Permis d'exploitation ou d'un Permis d'exploitation de petite mine si le titulaire du Permis a refusé de donner son consentement de mauvaise foi. Le cas échéant, la demande est instruite et fait l'objet d'un contentieux administratif auquel le titulaire et le requérant participent si ce dernier fournit, avec sa demande, des preuves que le titulaire a refusé de donner son consentement de mauvaise foi.

Les modalités de cette procédure sont précisées dans le Règlement Minier.

Une personne morale et ses affiliés ne peuvent détenir qu'un maximum de dix Autorisations d'exploitation permanente des produits de carrières.

La disposition indique l'étendue maximum du périmètre d'une AECP ou d'une AECT qui ne peut dépasser quatre carrés.

Il y est également invoqué les cas de superpositions autorisées ou interdites :

– Un périmètre couvert par une AECP ou AECT peut faire l'objet d'un PR. En d'autres termes, l'existence d'un PR n'empêche pas l'octroi d'une AECP, AECT ou ARPC. Lire aussi article 139, alinéa 2 in fine ;

– lorsqu'un tiers est titulaire d'une ARPC (sauf à la suite d'une transformation), d'un PE ou d'un PEPM, ce périmètre ne peut plus être octroyé pour une AECP ou AECT sauf si le tiers l'accepte en donnant son consentement par écrit.

Cependant, si le refus du tiers est considéré comme de mauvaise foi, le ministre des Mines peut procéder à l'autorisation en passant outre l'absence de consentement écrit.

En ce qui concerne le consentement, le requérant doit, trois mois avant de déposer sa demande de l'AECP ou AECT, adresser une lettre au titulaire du PE ou du PEPM sollicitant son consentement écrit. Ces derniers disposent d'un délai de trente jours pour y donner suite. À défaut de réponse dans le délai, le consentement est réputé accordé (art. 302 RM).

Si le titulaire du PE ou du PEPM refuse d'accorder son consentement, le requérant peut saisir par recours le Gouverneur de province en vue du rejet de cette réponse pour mauvaise foi en indiquant de manière non équivoque les arguments montrant que le titulaire ne subira aucun dommage non-compensé (art. 303 RM).

Il apparaît que l'empiétement est possible sur le périmètre d'un tiers mais cela exige un consensus traduit par son consentement ou, dans certains autres cas, par une juste indemnisation.

L'intervention de nature autoritaire, que le CM et le RM reconnaissent au ministre des Mines et au Gouverneur de province en cas de refus de donner le consentement, ne se justifie pas à proprement parler parce qu'elle ressemble à une intrusion malheureuse qui confère à l'État le droit d'imposer des conditions exorbitantes dans un contrat entre parties.

Article 151 : De la demande de l'Autorisation d'Exploitation de Carrières

Le requérant rédige sa demande d'Autorisation d'Exploitation de Carrières Permanente et la dépose auprès du Cadastre Minier conformément aux articles 35 à 37 du présent Code. Il est joint à la demande les documents indiqués à l'article 69 du présent Code.

Le contenu de la demande de l'Autorisation d'Exploitation de Carrières Temporaire ainsi que les documents à joindre sont précisés dans le Règlement Minier.

Les personnes éligibles aux autorisations d'exploitation de carrières sont les suivantes :

1. Pour l'AECP :

– le titulaire d'une AECT autres que les organismes à caractère humanitaire ;

– le titulaire d'une ARPC ;

– le titulaire d'un PE ou d'un PEPM à l'intérieur de son périmètre (art. 317 du RM).

2. Pour l'AECT :

– le titulaire d'un PR ou PE à l'intérieur de son périmètre ;

– le titulaire d'un droit foncier à l'intérieur de sa concession foncière ;

– le responsable d'une organisation à vocation humanitaire ou d'intérêt communautaire (art. 299 du RM).

Ils retirent et déposent leur demande au CAMI.

Article 152 : De la recevabilité et de l'instruction de la demande de l'Autorisation d'Exploitation de Carrières Permanente et Temporaire

La demande d'Autorisation d'Exploitation de Carrières Permanente ou Temporaire est reçue et instruite conformément aux dispositions des articles 38 à 42 telles que complétées par les articles 156 à 158 du présent Code.

Le contenu de la demande comprend :

1. Pour l'AECP :

– les documents identiques à ceux du PE tels que prévus à l'article 69 du CM et 324 à 325 du RM.

2. Pour l'AECT :

– les documents prévus aux articles 304 et 305 du RM.

La procédure est la suivante :

– dépôt de la demande au CAMI ;

– dans les vingt jours du dépôt, instruction cadastrale par le CAMI ;

– dans les quinze jours pour l'AECT et quarante-cinq jours pour l'AECP à dater de la transmission par le CAMI, une instruction technique est assurée par la direction des mines par laquelle elle vérifie si le requérant a démontré l'existence d'un gisement économiquement exploitable en présentant le plan d'encadrement technique des travaux d'exploitation de la carrière ;

– dans les quinze jours pour l'AECT et six mois pour l'AECP, une instruction environnementale et sociale du PAR est assurée par l'ACE et la DPEM. Lire les articles 309 à 311 et 329 à 331 du RM.

Article 153 : De l'autorité compétente

L'Autorisation d'Exploitation de Carrières Permanente ou Temporaire est octroyée ou refusée par décision de :

. a) Chef de Division provinciale de Mines pour les matériaux de construction à usage courant ;

. b) Ministre sur avis technique de la Direction des Mines et après avis conforme du service compétent du ministère des Affaires foncières ainsi que celui des autorités administratives locales pour les autres substances de carrières.

Le contenu du littéra a de cette disposition est contraire à l'article 11bis, point h qui érige le ministre provincial des mines comme autorité d'octroi de l'AECT et AECP des matériaux de construction à usage courant.

Comme énoncé plus haut, ce littéra devrait être neutralisé pour reconnaître ladite compétence au ministre provincial des mines qui est l'autorité du chef de division des mines.

Par contre, il me semble redondant et incomplet que le littera b ajoute « sur l'avis de la direction des mines » parce que les articles auxquels la disposition renvoie impose une triple instruction (cadastrale, technique et environnementale et sociale). Pourquoi insisterait-on sur celle technique en omettant les autres ?

Article 154 : Des conditions de l'octroi de l'Autorisation d'Exploitation de Carrières Permanente

Sans préjudice des articles 34 à 42, l'octroi de l'Autorisation d'Exploitation de Carrières Permanente est subordonné aux conditions suivantes :

. a) démontrer l'existence d'un gisement en présentant une étude de faisabilité accompagnée d'un plan d'encadrement technique des travaux de développement, de construction et d'exploitation de la carrière ;

. b) prouver l'existence de ressources financières nécessaires pour mener à bien le projet selon le plan de financement des travaux de développement, de construction et d'exploitation de la carrière ainsi que de réhabilitation du site à sa fermeture. Ce plan précise chaque type de financement, les sources de financement visées et les justifications de leur disponibilité probable ;

. c) obtenir au préalable l'approbation de l'EIES et du PGES du projet ;

. d) apporter une déclaration de vacance des terres établie par le conservateur des titres immobiliers du ressort ou la preuve du consentement du concessionnaire foncier, si la superficie qui fait l'objet de la demande de l'autorisation d'exploitation de la carrière est située dans le Périmètre foncier de ce dernier ;

. e) apporter, si le Périmètre demandé est compris dans le Périmètre d'un droit minier d'Exploitation en cours de validité, la preuve du consentement du titulaire de ce droit ou établir que son consentement a été refusé par mauvaise foi ;

. f) déposer un acte d'engagement de se conformer au cahier des charges définissant la responsabilité sociétale vis-à-vis des communautés locales affectées par les activités du projet.

La présente disposition ne s'applique qu'à l'égard des titulaires de l'AECP.

Les conditions prévues aux litteras a, b, c et f sont identiques à celles qui s'imposent au titulaire du PE. Le lecteur peut donc se référer aux commentaires sous l'article 71 du présent code.

Contrairement à l'article 71 précité, cette disposition montre clairement que le titulaire de l'AECP n'est pas tenu de céder à l'État 10 % de ses parts ou actions sociales ni de créer une société affiliée lors de sa transformation.

Par contre, elle renforce les pouvoirs des concessionnaires fonciers en requérant leur consentement.

Pour les modalités de consentement écrit, lire les commentaires sous l'article 150 du présent code.

Article 155 : Des justifications du refus de l'octroi

L'Autorisation d'Exploitation de Carrières Permanente ne peut être refusée que si :

. a) l'étude de faisabilité est rejetée ;

. b) la capacité financière du requérant est insuffisante ;

. c) l'EIES a été rejetée de façon définitive ;

. d) le propriétaire du titre foncier refuse de bonne foi de donner son consentement à l'ouverture de la carrière ; ou si

. e) le titulaire d'un droit minier d'exploitation a refusé de bonne foi de donner son consentement à l'ouverture de la carrière.

L'étude de faisabilité pour les Autorisations d'Exploitation de Carrières Permanente ne peut être rejetée qu'aux motifs de non-conformité à la directive du ministère des Mines précisant son contenu conformément à la pratique généralement reconnue dans la région, de la présence d'une erreur manifeste, ou de la non-conformité avec l'EIES.

La preuve de la capacité financière du requérant ne peut être rejetée que pour la non-conformité du Plan de Financement avec l'étude de faisabilité ou pour l'insuffisance manifeste des justifications de la disponibilité du financement obtenu auprès des sources identifiées par le requérant.

La preuve de la capacité financière ne peut pas être rejetée si le requérant a produit, en cas de financement externe, des attestations des sources de financement identifiées de la faisabilité du financement dans les paramètres envisagés par le requérant, et en cas de financement interne, les états financiers de la personne ou de la société, certifiés par un commissaire aux comptes agréé, démontrant sa capacité d'autofinancement.

En listant de manière expresse les causes de refus d'octroi de l'AECP, cette disposition permet de réduire d'éventuelles décisions arbitraires ou sentimentales de la part des autorités compétentes.

Les justifications du refus d'octroi sont les mêmes que celles du PE aux litteras a, b et c. À cet effet, lire les commentaires sous article 74 du présent code.

Des causes supplémentaires peuvent justifier le refus d'octroi de l'AECP à savoir le refus par le propriétaire foncier ou le titulaire d'un PE ou d'un PEPM de donner de bonne foi son consentement à l'ouverture de la carrière.

Article 156 : Du délai de l'instruction technique de la demande

L'instruction technique d'une demande d'Autorisation d'Exploitation de Carrières Permanente est réalisée dans un délai qui ne peut pas excéder quarante-cinq jours à compter de la date de la réception du dossier de la demande transmis par le Cadastre Minier à la Direction des Mines.

Si le délai de l'instruction technique pour le PE est de soixante jours, il est de quarante-cinq jours pour l'AECP. Elle est assurée par la direction des mines. Lire utilement l'article 330 du RM.

Article 157 : Du délai de l'instruction environnementale de la demande

L'instruction environnementale de l'EIES et du PGES afférente à une demande d'Autorisation d'Exploitation de Carrières Permanente est réalisée dans un délai qui ne peut pas excéder cent quatre-vingts jours à compter de la date de la réception du dossier de la demande transmis au service chargé de la Protection de l'Environnement Minier transmis par le Cadastre Minier.

Le délai d'instruction environnementale et sociale est de six mois pour le PE et l'AECP.

L'instruction est assurée par trois institutions que sont l'ACE, le FNPSS et la DPEM qui rendent un seul avis.

L'institution compétente pour délivrer le certificat environnemental est l'ACE.

Article 158 : De la décision de l'autorité compétente

Si les avis cadastral, technique, environnemental, suite à l'instruction de la demande de l'autorisation d'exploitation de carrières permanente, sont favorables, l'autorité compétente prend une décision d'octroi de l'autorisation d'exploitation de carrières permanente.

Si l'avis cadastral sur une demande d'Autorisation d'exploitation de carrières permanente est défavorable, l'autorité compétente rend sa décision de refus de la demande dans le délai de quinze jours ouvrables à compter de la date de réception du dossier de la demande lui transmis par le Cadastre minier.

Si l'avis technique sur une demande d'Autorisation d'exploitation de carrières permanente est défavorable, l'autorité compétente prend sa décision de refus dans un délai de trente jours ouvrables à compter de la date de réception du dossier de la demande lui transmis par le Cadastre minier.

Si les avis cadastral et technique, suite à l'instruction de la demande de l'Autorisation d'exploitation de carrières permanente, sont favorables, mais que le certificat environnemental est défavorable, l'autorité compétente prend une décision de refus d'octroi de l'Autorisation d'exploitation de carrières permanente.

Si les avis cadastral et technique, suite à l'instruction de la demande de Permis d'exploitation, sont favorables, mais que le certificat environnemental n'est pas encore rendu, l'autorité compétente prend une décision d'approbation préliminaire et conditionnelle dans un délai de vingt jours ouvrables à compter de la date de transmission du dossier de la demande par le Cadastre minier et diffère sa décision finale d'octroi ou de refus de l'Autorisation d'exploitation de carrières permanente jusqu'à la réception du certificat environnemental.

La décision d'approbation préliminaire et conditionnelle de l'autorité compétente a pour effet d'entériner de façon définitive les avis cadastral et technique favorables. Elle conditionne sa décision finale d'octroi à la réception d'un certificat environnemental favorable.

L'autorité compétente prend et transmet sa décision d'octroi ou sa décision de refus motivé de l'Autorisation d'exploitation de carrières permanente ou temporaire au Cadastre minier dans un délai de trente jours à compter de la date de réception du certificat environnemental lui transmis par le Cadastre minier.

Avis cadastral	***Avis technique***	***Avis environnemental et social***	***Décision du ministre et/ou du ministre provincial selon le cas***
Favorable	*Favorable*	*Favorable*	*Octroi de l'AECP*

Défavorable	-	-	*Refus d'octroi*
Favorable	*Défavorable*	-	*Refus d'octroi*
Favorable	*Favorable*	*Défavorable*	*Refus d'octroi*
Favorable	*Favorable*	*Non encore émis*	*Approbation préliminaire et conditionnelle.*

Deux mots sont mal placés dans cette disposition :

– le mot « permis d'exploitation » en lieu et place de « l'autorisation d'exploitation de carrière permanente » à l'alinéa 5 du présent article ;

– le mot « temporaire » inséré à l'alinéa 7 alors que l'article traite des carrières permanentes.

Article 159 : Des conditions d'octroi de l'Autorisation d'Exploitation de Carrières Temporaire

L'Autorisation d'Exploitation de Carrières Temporaire est octroyée à la première personne éligible qui dépose une demande recevable conformément aux dispositions des articles 34 à 40 du présent Code, et qui remplit les conditions suivantes :

. a) démontrer l'existence d'un gisement économiquement exploitable en présentant un plan d'encadrement technique des travaux d'exploitation de la carrière et un PAR y afférent ;

. b) présenter, si la carrière est située sur un Périmètre faisant l'objet d'un titre foncier détenu par un tiers, le consentement écrit de celui-ci à l'ouverture de la carrière ;

. c) présenter, si la carrière est située sur un Périmètre faisant l'objet d'un Permis d'Exploitation détenu par un tiers, le consentement écrit de celui-ci à l'ouverture de la carrière, ou la preuve que le consentement a été refusé de mauvaise foi.

Cette disposition ne vise que l'AECT.

L'insistance est faite sur le consentement écrit du propriétaire foncier et du tiers, titulaire du PE ou du PEPM. Il est surprenant que la disposition ne fasse nullement mention des exigences financières pour l'octroi de l'AECT.

Pour les modalités dudit consentement, lire les commentaires sous l'article 150 du présent code.

Article 160 : Du délai des instructions technique et environnementale de la demande

Les instructions technique et environnementale d'une demande d'Autorisation d'Exploitation de Carrières Temporaire sont réalisées dans un délai qui ne peut pas excéder quinze jours à compter de la date de transmission du dossier de la demande aux services compétents du Ministère des Mines.

Au regard de la durée de l'AECT qui est d'un an non renouvelable, le législateur a fixé un délai de quinze jours pour son instruction technique et environnementale (art. 310 et 311, RM).

Article 161 : Du délai de décision

L'Autorité compétente prend et transmet sa décision d'octroi ou de refus motivée de l'autorisation d'exploitation de Carrières permanente ou temporaire au Cadastre minier dans un délai de quarante-cinq jours à compter de la date de la réception du dossier de la demande lui transmis par le Cadastre minier.

Passé ce délai, l'autorisation sollicitée est, sous réserve des dispositions de l'article 159 ci-dessus, réputée accordée et les alinéas 2 et 4 de l'article 43 du présent Code sont d'application.

Le requérant peut, en cas de besoin, recourir à l'inscription par voie judiciaire conformément aux dispositions de l'article 46 du présent Code.

Le délai accordé au ministre des Mines et au ministre provincial des mines pour décider et transmettre sa décision d'octroi ou de refus de l'AECT ou l'AECP au CAMI pour inscription est de quarante-cinq jours.

Ce délai nous semble long en ce qui concerne l'AECT étant donné qu'il réduit une bonne partie de la durée de son existence qui n'est que d'une année.

Article 162 : De l'extension à d'autres substances

Avant de procéder aux activités de recherches ou d'exploitation visant des substances de carrières autres que celles pour lesquelles son Autorisation d'Exploitation est établie, le titulaire est tenu d'obtenir l'extension de son autorisation à ces autres substances. Une telle extension est de droit si le titulaire la demande conformément aux dispositions du présent article.

Pour obtenir l'extension de son autorisation à des substances autres que celles pour lesquelles l'autorisation est établie, le titulaire doit suivre la même procédure que celle prévue pour l'institution de son Autorisation d'Exploitation en cours de validité. L'extension est accordée pour la période non échue de la durée de l'Autorisation d'Exploitation du titulaire.

L'extension aux substances autres que celles pour lesquelles l'autorisation a été obtenue est soumise à autorisation de l'autorité compétente. Cette disposition concerne les AECP et les AECT.

Cependant, le RM n'a visé que la procédure concernant les AECP (art. 337 à 342, RM).

Devrait-on penser que les AECT sont exclues ?

Article 163 : De l'expiration de l'Autorisation d'Exploitation de Carrières Permanente

L'Autorisation d'Exploitation de Carrières Permanente expire dans les mêmes conditions que le Permis d'Exploitation telles que prévues à l'article 78 du présent Code.

L'expiration est un mode d'extinction de l'AECP.

Les causes d'expiration sont :

*- **l'arrivée du terme de l'AECP**: il convient de rappeler que la durée de l'AECP est de cinq ans maximum. À l'issue de cette période de validité, l'AECP expire et ne peut plus produire les effets s'il n'est pas renouvelé ;*

*- **l'épuisement du gisement**: le gisement constitue l'objet de l'autorisation d'exploitation. C'est ce pour quoi le contrat a été signé. S'il est épuisé ou n'existe plus, l'AECP n'a plus sa raison d'être. Dès lors, elle expire.*

Article 164 : De la renonciation à l'Autorisation d'Exploitation de Carrières Permanente

Le titulaire d'une Autorisation d'exploitation de carrières permanente peut renoncer à tout moment en tout ou en partie au droit relatif à la superficie faisant l'objet de son autorisation. La déclaration de renonciation est adressée à l'autorité qui a octroyé l'autorisation.

La lettre de renonciation précise les coordonnés de la partie renoncée et de la partie retenue.

La partie faisant l'objet de la renonciation est composée de carrés entiers et contigus, et la partie retenue doit respecter les conditions sur la forme d'un Périmètre d'exploitation précisées par le présent Code.

La déclaration de renonciation, établie sur un formulaire à retirer et à déposer au Cadastre minier, précise les coordonnées de la partie concernée et celles de la partie retenue.

La renonciation prend effet trois mois après la date de réception de la déclaration de renonciation par l'autorité compétente.

La renonciation totale ou partielle ne donne droit à aucun remboursement des droits et des frais payés à l'État pour l'octroi ou le maintien de l'autorisation. Par ailleurs, la renonciation ne dégage pas le titulaire de sa responsabilité en ce qui concerne le paiement des frais et des impôts en relation avec l'exploitation autorisée pendant la période qui précède la renonciation, la protection de l'environnement, ni ses engagements envers la communauté locale.

La renonciation est un mode d'extinction de l'AECP (art. 48 CM). Sa mise en application est reprise notamment aux articles 343 à 348 du RM.

Elle peut être totale ou partielle.

Le titulaire, désireux de renoncer à son AECP, retire, remplit et dépose un formulaire de renonciation au CAMI provincial. Celui-ci procède à l'instruction cadastrale dans le délai de cinq jours à dater de la réception de la déclaration de renonciation. Il transmet ensuite le dossier, selon le cas, au ministre des Mines ou au ministre provincial des mines pour donner acte ou refuser de donner acte de la déclaration de renonciation.

Toutefois, si le ministre des Mines ou le ministre provincial des mines, selon le cas, ne donne aucune suite dans un délai de trois mois depuis le dépôt de la déclaration de renonciation, celle-ci est réputée acceptée.

Aucun remboursement des droits, taxes et frais payés à l'État n'est dû et la responsabilité environnementale du requérant demeure engagée.

Malgré la renonciation partielle ou totale, le titulaire reste tenu à ses obligations environnementales et sociales. Il ne sera exonéré qu'à partir de l'octroi de l'attestation de libération des obligations environnementales délivrée par la DPEM (art. 472 à 476 RM).

Article 165 : Du renouvellement de l'Autorisation d'Exploitation de Carrières Permanente ou temporaire

L'Autorisation d'Exploitation de Carrières Permanente est renouvelable de droit pour des périodes successives de cinq ans si le titulaire n'a pas failli à ses obligations de maintien de la validité de l'autorisation prévue aux articles 196 à 199 du présent Code.

Le titulaire doit déposer à l'appui de sa demande de renouvellement une mise à jour de l'étude de faisabilité qui démontre le non-épuisement du gisement ainsi que son engagement à continuer à l'exploiter activement.

L'instruction du dossier est réalisée conformément aux dispositions des articles 39 à 42 du présent Code.

L'étude du document technique fourni par le requérant est limitée à la vérification de la mise à jour de l'étude de faisabilité initiale et un engagement souscrit. Le renouvellement de l'Autorisation d'exploitation de carrières permanente ou temporaire ne peut être refusé que pour les mêmes raisons que pour l'octroi d'une Autorisation d'exploitation de carrières permanente. Toutefois, le titulaire obtient l'approbation d'une mise à jour de son EIES et de son PGES pour continuer ses travaux au-delà du terme de l'Autorisation initiale et déposer un acte d'engagement de se conformer au cahier des charges définissant la responsabilité sociale vis-à-vis des communautés locales affectées par les activités du projet.

Le titulaire d'une Autorisation d'exploitation de carrières temporaire qui arrive à l'expiration a le droit de demander, pour le même périmètre, une nouvelle Autorisation qui prend effet à l'échéance de l'Autorisation initiale.

Le renouvellement dont la demande est dûment déposée dans ce délai et qui ne fait pas l'objet d'un refus notifié au demandeur dans un délai de nonante jours après la date du dépôt de la demande, est réputée accordée.

Tout refus de renouvellement d'une Autorisation d'Exploitation de Carrières Permanente est motivé et donne droit aux recours prévus par le présent Code.

Pendant la durée de son Autorisation d'exploitation de carrières temporaire, seul le titulaire a le droit de déposer une demande de nouvelle Autorisation d'exploitation sur le même périmètre.

Le renouvellement de l'autorisation d'exploitation des carrières ne concerne que l'AECP. Les articles 349 à 356 du RM en fixent la procédure et les modalités. Pour des explications plus approfondies, lire commentaires sous article 80 mutatis mutandis.

Quant à l'AECT, le titulaire sera chaque fois tenu de solliciter une nouvelle autorisation.

Chapitre IV :
Du transport, de l'entreposage et de la commercialisation des produits de carrières

Article 166 : Du transport et de l'entreposage des produits de carrières

Le titulaire d'une Autorisation d'Exploitation de Carrières a le droit de transporter, ou de faire transporter par le transporteur de son choix, les produits de carrières qui font l'objet de son autorisation et qui proviennent de son Périmètre d'exploitation.

Il a, en outre, le droit d'entreposer ses produits de carrières dans des sites clôturés, aménagés à cette fin, situés aux alentours des lieux de chargement, à condition de respecter la réglementation sur la sécurité du site et sur le contrôle de la pollution industrielle.

Le transport des produits des carrières est l'un des éléments qui participe à la transparence et à la traçabilité des substances des carrières. L'article 358 du RM en régit les modalités. Le transport est effectué en suivant les prescriptions du droit commun.

L'entreposage et le stockage des produits doit se faire en suivant les prescriptions de l'Annexe III du RM, notamment en posant des panneaux de signalisation et en rendant le site inaccessible aux personnes non autorisées.

Article 167 : De la commercialisation

La commercialisation des produits marchands qui proviennent des Périmètres faisant l'objet d'Autorisation d'Exploitation des mêmes produits est libre. Le titulaire d'une Autorisation d'Exploitation peut vendre ses produits aux clients de son choix à des prix librement négociés.

La fixation des prix des produits des carrières est libre.

Il appartient aux titulaires des autorisations d'exploitation de fixer les prix en tenant compte de l'évolution du marché ainsi que de l'offre et de la demande.

Les modalités de commercialisation sont fixées à l'article 358 du RM.

Titre VI :
Des sûretés

Chapitre I :
Des hypothèques

Article 168 : Des biens susceptibles d'hypothèques

Sont susceptibles d'hypothèques au sens du présent Code :

. a) le Permis d'Exploitation, le Permis d'Exploitation de Rejets, le Permis d'Exploitation de Petite Mine et l'Autorisation d'Exploitation de Carrières Permanente, en tout ou en partie ; les immeubles par incorporation situés dans le Périmètre d'exploitation minière, notamment les usines, les installations et les machines construites pour la concentration, le traitement et la transformation des substances minérales contenues dans les gisements ou dans les gisements artificiels ;

. b) les immeubles par destination affectés à l'exploitation minière.

En vue d'assurer le financement optimal de ses activités minières ou de carrières, le titulaire peut lever les fonds en recourant notamment aux emprunts.

Pour assurer la garantie de l'opération de financement et particulièrement son remboursement, le titulaire est parfois obligé de donner en hypothèque les droits et titres miniers ou de carrières lui appartenant.

L'article 190 de l'Acte uniforme portant organisation des sûretés définit l'hypothèque comme « l'affectation d'un immeuble déterminé ou déterminable appartenant au constituant en garantie d'une ou plusieurs créances, présentes ou futures à condition qu'elles soient déterminées ou déterminables ».

Elle est légale, conventionnelle ou judiciaire.

L'hypothèque comprend, d'une part, le créancier hypothécaire qui est celui qui prête l'argent ou finance et auprès de qui le permis et le titre sont déposés, et d'autre part, l'emprunteur ou le débiteur hypothécaire qui est le titulaire du droit et du titre.

Selon le législateur, seuls les droits miniers d'exploitation et de carrières d'exploitation permanente peuvent faire l'objet d'hypothèque.

Y sont exclus les droits miniers de recherche (PR), les autorisations de recherche des carrières (ARPC) et les autorisations d'exploitation temporaire (AECT).

Au-delà du droit minier ou de l'autorisation d'exploitation de carrières, le législateur vise le titre qui fait suite audit droit. Une telle hypothèque porte sur les droits réels immobiliers régulièrement inscrits et reconnus par la loi.

Peuvent également être hypothéqués, les immeubles par incorporation situés dans le périmètre d'exploitation. Ce serait le cas de toutes les machines, usines et installations incorporées au sol. Cette hypothèque porte sur les fonds bâtis ou non-bâtis.

De même, les immeubles par destination c'est-à-dire les meubles affectés à l'exploitation minière ou des carrières situés dans le périmètre tels que les véhicules, les machines roulantes servant à l'exploitation peuvent aussi faire l'objet d'hypothèque.

***Exemple**: les véhicules appartenant au titulaire et servant à l'excavation des minerais.*

Selon la loi, ces véhicules peuvent faire l'objet d'hypothèque.

Et pourtant, la loi ne considère pas ces véhicules comme des droits réels immobiliers. Il y a lieu de s'interroger sur la pertinence d'hypothéquer les immeubles par destination en lieu et place de les gager.

Quoi qu'il en soit, ne doivent pas être considérés comme immeubles par destination susceptibles d'hypothèque, les véhicules des dirigeants, le stock ou la réserve de papiers ou de nourritures pour agents.

Article 169 : De la procédure d'approbation de l'hypothèque

Tout contrat d'hypothèque portant sur l'un des biens repris à l'article 168 du présent Code doit préalablement être agréé par le ministre sur demande du créancier hypothécaire ou du titulaire.

La demande d'approbation de l'hypothèque est adressée au Cadastre Minier. Il y est joint les éléments ci-après :

a) l'acte ou le contrat d'hypothèque indiquant le montant ou l'estimation de la créance garantie par l'hypothèque ;

b) une copie certifiée conforme du titre minier ou des carrières dont le droit est concerné par l'hypothèque.

Sous réserve des alinéas ci-dessous, la demande d'approbation de l'hypothèque est instruite conformément aux articles 40 et 41 du présent Code.

Le Cadastre Minier réalise l'instruction cadastrale de la demande dans un délai maximum de sept jours ouvrables. Cette instruction cadastrale consiste à vérifier l'existence éventuelle d'une ou de plusieurs hypothèques antérieures, l'authenticité de l'acte d'hypothèque faisant objet de la demande et la validité du titre constatant le droit minier ou de carrières couvrant le Périmètre faisant l'objet d'hypothèque.

La Direction des mines transmet son avis technique au ministre et au Cadastre minier dans un délai de dix jours ouvrables à compter de la réception du dossier lui transmis par le Cadastre minier.

Le ministre prend et transmet sa décision d'approbation ou de refus motivée au Cadastre minier dans un délai de quarante-cinq jours à compter de la date de réception du dossier lui transmis par ce dernier.

Passé ce délai, l'approbation est réputée acquise.

Sans préjudice des dispositions de l'article 46, le Cadastre Minier procède à l'inscription de l'hypothèque dans un délai de cinq jours qui suivent la transmission de la décision d'approbation du ministre.

Le Responsable du Cadastre Minier ou son préposé a pouvoir de notaire en matière d'authentification des contrats d'hypothèque.

1. Quelle est l'importance de la procédure d'approbation de l'hypothèque ?

La procédure d'approbation de l'hypothèque est importante dans la mesure où, si au terme du contrat, le titulaire ne respecte pas ses engagements, le créancier hypothécaire pourrait après mutation devenir le nouveau titulaire. D'où la nécessité de ne pas admettre dans la « bergerie » des personnes inconnues ne remplissant pas les conditions d'éligibilité. C'est pourquoi, l'approbation par le ministre des Mines a été rendue obligatoire.

2. Quelle est la compétence du ministre des Mines dans la procédure d'approbation de l'hypothèque ?

Le ministre des Mines n'a pas compétence d'autoriser ou de refuser la conclusion du contrat d'hypothèque. Ceci relève du domaine privé des parties.

Sa compétence est d'approuver ou refuser d'approuver le contrat d'hypothèque librement signé par les parties.

Préalablement à l'approbation, le contrat d'hypothèque est soumis à une instruction cadastrale et technique (art. 359 à 363, RM).

L'instruction cadastrale vise entre autres à vérifier si le créancier hypothécaire est éligible au droit minier ou de carrière.

Il convient de rappeler que le Directeur Général du CAMI ou son préposé est revêtu des pouvoirs de notaire. Les contrats d'hypothèque qui sont authentifiés par un notaire autre que le CAMI sont nuls et ne peuvent produire aucun effet.

L'instruction technique faite par la direction des mines vise notamment à vérifier notamment si la créance a un lien avec l'activité minière pour laquelle elle est consentie ; si le titre ou l'autorisation est encore en cours de validité, etc.

La décision d'approbation du contrat d'hypothèque est prise par le ministre des Mines.

Article 170 : Des motifs du refus de l'approbation de l'hypothèque

Le ministre ne peut refuser d'approuver la constitution d'une hypothèque que lorsque :

. a) la valeur de l'hypothèque est inférieure à la créance garantie. En cas d'hypothèque antérieure, le contrat ne peut porter que sur la partie du bien non grevé ;

. b) l'hypothèque garantit des créances n'ayant aucun rapport avec l'activité minière pour laquelle elle est consentie ;

. c) le montant du financement obtenu est insignifiant ;

. d) le créancier hypothécaire est frappé d'interdiction de détenir des droits miniers et/ou de carrières ;

e) le droit minier ou de carrières d'exploitation du titulaire n'est plus en cours de validité.

Tout refus d'approbation d'hypothèque doit être motivé et donne droit à l'exercice des recours prévus aux dispositions des articles 313 et 314 du présent Code.

Le ministre des Mines n'est pas tenu d'approuver le contrat d'hypothèque qui lui est soumis. Il peut refuser de l'approuver pour des raisons limitativement citées dans la présente disposition. Ces causes ne sont pas cumulatives. Dès qu'une seule est réalisée, le contrat d'hypothèque peut faire l'objet d'un refus d'approbation.

Article 171 : De l'enregistrement et de l'opposabilité des actes d'hypothèque

L'hypothèque est enregistrée moyennant paiement, au profit du Trésor public, d'un droit d'enregistrement équivalent en francs congolais, dont le taux applicable, suit le palier dégressif ci-après :

0,5 % : de 1 à 100.000.000 USD ;

0,3 % : de 100.000.001 à 500.000.000 USD ;

0,2 % : de 500.000.001 à 1.000.000.000 USD ;

0,1 % : au-delà de 1.000.000.000 USD.

Pour être opposable aux tiers, toute hypothèque approuvée par le ministre est obligatoirement inscrite au dos du titre minier ou de carrières avant d'être portée dans un registre établi et gardé à cet effet au Cadastre Minier conformément à la procédure prévue par le Règlement Minier.

Le Règlement minier fixe les modalités d'enregistrement de l'hypothèque et du paiement du droit d'enregistrement visé au premier alinéa du présent article.

L'enregistrement de l'hypothèque est conditionné par le paiement préalable au profit du Trésor d'un droit fixé en tenant compte du montant total de l'hypothèque.

C'est au vu de la preuve de paiement que le CAMI procède à l'inscription de l'hypothèque approuvée en mentionnant, d'une part, au dos du titre les références du contrat d'hypothèque,le numéro et la date de l'arrêté portant approbation de l'hypothèque, la valeur de l'hypothèque,le nom du créancier hypothécaire, et d'autre part, au registre des hypothèques pour le rendre opposable aux tiers, les références du droit minier ou de carrière, les références du contrat d'hypothèque, l'identité des parties au contrat d'hypothèque, la valeur de l'hypothèque (art. 364 RM).

Article 172 : De la réalisation de l'hypothèque

En cas de constat de défaillance du titulaire de ses obligations envers le créancier hypothécaire à l'échéance convenue et fixée dans l'acte d'hypothèque, celui-ci peut engager la procédure de l'exécution forcée conformément au droit commun.

Toutefois, le créancier hypothécaire peut se substituer au débiteur défaillant et requérir ainsi la mutation partielle ou totale du droit minier ou de carrières à son propre nom s'il réunit les conditions d'éligibilité prévues à l'article 23 du présent Code.

La lettre de demande de mutation du droit en faveur du créancier hypothécaire est adressée au Cadastre Minier. Elle doit :

. a) être accompagnée d'une copie certifiée conforme de l'acte d'hypothèque ;

. b) certifier que le créancier hypothécaire est éligible au droit minier ou de carrières concerné par l'hypothèque à réaliser ;

. c) contenir son engagement à assumer les droits et obligations qui découlent du droit minier ou de carrières concerné par l'hypothèque à réaliser.

Si le créancier hypothécaire n'est pas éligible aux droits miniers et/ou de carrières, il lui est accordé un délai de six mois, soit pour se conformer aux règles de l'éligibilité, soit pour se faire substituer par une autre personne éligible aux droits miniers ou de carrières concernés par l'hypothèque.

Si à l'échéance convenue, les engagements entre parties ne sont pas respectés, le créancier hypothécaire peut solliciter, soit l'exécution forcée en procédant par exemple à la vente des biens hypothéqués, soit se substituer au titulaire du titre par la mutation du droit minier ou de carrière.

En cette dernière hypothèse, le créancier devient titulaire s'il n'a pas perdu les conditions d'éligibilité aux droits miniers ou de carrières depuis le contrat d'hypothèque approuvé. En effet, on suppose que le créancier était déjà éligible parce que c'est l'une des conditions ayant fait l'objet de l'instruction cadastrale préalable à l'approbation.

Article 173 : De l'instruction cadastrale en vue de la mutation

Sous réserve des dispositions ci-dessous, le Cadastre Minier procède à l'instruction cadastrale conformément aux dispositions de l'article 40 du présent Code.

À la conclusion de l'instruction cadastrale, le Cadastre Minier procède :

a) à l'inscription provisoire du droit minier ou de carrières concerné par l'hypothèque sur la carte cadastrale. Cette inscription est valable pendant toute la durée de l'instruction ;

b) à l'affichage du résultat de l'instruction dans une salle déterminée par le Règlement Minier. Une copie de l'avis est remise au requérant ;

c) au rejet de la demande en cas d'avis défavorable et à la notification de la décision de rejet au requérant.

En cas d'avis favorable, le Cadastre Minier procède à l'inscription de la mutation et à la délivrance d'un nouveau titre établi au nom du créancier hypothécaire ou du tiers substitué dans un délai de cinq jours.

La validité du nouveau titre correspond à la période de validité non échue du titre initial.

Passé le délai de cinq jours prévu à l'alinéa 3 du présent article, le créancier hypothécaire ou le tiers substitué peut se prévaloir des dispositions de l'article 46 du présent Code.

La mutation du droit minier ou de carrières au nom du créancier hypothécaire ou du tiers substitué est opérée dans un délai d'un mois à compter de la réception de la demande.

La mutation du titre fait l'objet d'une instruction cadastrale tendant à vérifier l'éligibilité du créancier hypothécaire au droit minier ou de carrière (art. 367 RM).

Seul le CAMI intervient dans la procédure de mutation à la suite de l'hypothèque. Ni la direction des mines ni le ministre des Mines ne dispose de compétences à cet effet.

Le titre acquis par mutation à la suite de l'hypothèque a pour durée la période non encore échue.

En d'autres termes, un titre qui a été délivré en 2020 avec échéance en 2035 et qui a fait l'objet de mutation en 2028 n'aura que sept ans de validité.

Article 174 : De l'effet de la mutation

En cas de réalisation de l'hypothèque et de mutation du droit minier ou des carrières à leur profit, le créancier hypothécaire ou le tiers substitué sont tenus d'assumer toutes les obligations découlant du titre initial vis-à-vis de l'État et des tiers.

La mutation du titre a pour effet d'annuler le titre ancien. Le nouveau titulaire répond de tous les engagements résultant de l'ancien titre envers l'État.

Article 175 : Des hypothèques légales

Par dérogation aux articles 169 et 170 du présent Code, les dispositions des articles 253, 254 et 255 de la loi n° 73-021 du 20 juillet 1973 portant régime général des biens, régime foncier et immobilier et régime des sûretés telle que modifiée et complétée à ce jour relatives aux hypothèques du Trésor et du sauveteur ainsi que celles des articles 210 et 212 de l'Acte uniforme portant organisation des sûretés relatives aux hypothèques de masses de créanciers et des architectes, entrepreneurs et autres personnes employées pour édifier, réparer ou reconstruire des bâtiments, sont inscrites et enregistrées conformément aux dispositions du présent Code.

Le législateur a étendu le champ d'application des hypothèques légales à la loi dite foncière et à l'Acte uniforme portant organisation des sûretés de l'Ohada.

Chapitre II :
Du gage

Article 176 : Des gages des produits marchands

Les produits marchands provenant des gisements ou des gisements artificiels sont susceptibles de gage.

Le gage portant sur les produits marchands est régi par les dispositions des articles 92, 93, 94, 95, 96, 97, 98, 99, 100, 101, 102, 103, 104, 105, 106, 107, 108, 109, 110, 111, 112, 113, 114, 115, 116, 117, 118, 119, 120, 121, 122, 123 et 124 de l'Acte Uniforme portant organisation des sûretés.

Le créancier gagiste des produits marchands avec dépossession est responsable des taxes, impôts et des obligations environnementales découlant du fait de la possession desdits produits dont il détient le droit de stocker, détenir, manutentionner, transporter, commercialiser et d'exporter.

Le gage est le contrat par lequel le constituant accorde à un créancier le droit de se faire payer par préférence sur un bien meuble corporel ou un ensemble de biens meubles corporels, présents ou futurs (art. 92 de l'acte uniforme portant organisation des sûretés).

En d'autres termes, quand il s'agit des biens immeubles, l'on parle d'hypothèque alors que pour les biens meubles, il s'agit du gage.

Selon le législateur, les produits marchands sont des biens meubles, et par voie de conséquence, ils peuvent être gagés. Cette position n'est pas à l'abri des critiques. Un produit marchand qui est encore sur le périmètre du titulaire pourrait aussi être considéré comme un droit réel immobilier et faire l'objet d'hypothèque. Pourquoi soumettrait-on à hypothèque les engins roulants d'exploitation minière ou de carrières et on exclurait les produits marchands qui sont l'objet même de l'exploitation ?

Il n'existe pas de critère objectif pour justifier le caractère immeuble de certains droits miniers ou de carrières. Si ce n'était que le rattachement au sol, il y aurait difficulté à expliquer que le PER soit un droit réel immobilier alors que les rejets ne font pas nécessairement corps avec le sol ? C'est le législateur qui en a décidé ainsi.

L'alinéa 2 de cette disposition comporte une idée tacite de transfert des droits réels parce qu'il est autorisé au créancier gagiste, qui n'est pourtant pas propriétaire des produits marchands, de les transporter, vendre voire exporter, et en retour, payer les taxes dues à l'État.

Est-ce conforme à l'article 5, alinéas 3 et 4 du CM qui citent les catégories autorisées à commercialiser et à exporter ?

Titre VII : De l'amodiation et des mutations

Chapitre I : De l'amodiation

Article 177 : Du contrat d'amodiation

L'amodiation consiste en un louage pour une durée fixe ou indéterminée, sans faculté de sous louage, de tout ou partie d'un droit minier d'exploitation ou d'Autorisation d'exploitation de carrières permanente, moyennant une rémunération fixée par accord entre l'amodiant et l'amodiataire.

Les droits miniers et/ou de carrières de recherche ne peuvent pas faire l'objet d'amodiation.

Tout contrat d'amodiation doit comporter, sous peine de nullité, une clause résolutoire :

a) pour non-paiement par l'amodiataire des impôts, taxes et redevances dus à l'État ;

b) pour non observation des lois et règlements pouvant entraîner des conséquences financières ou administratives préjudiciables à l'amodiant.

Tout contrat d'amodiation doit comporter, sous peine de nullité, des clauses fixant les conditions d'entretien et de réinvestissement nécessaires à l'exploration et au développement raisonnables du gisement.

Tout contrat d'amodiation comporte la responsabilité solidaire et indivisible de l'amodiant et de l'amodiataire vis-à-vis de l'État L'amodiataire est, nonobstant toute clause contraire, redevable des impôts, taxes et redevances dus en vertu du titre minier ou de carrières. Toutefois, en cas de défaillance de l'amodiataire, l'amodiant est responsable vis-à-vis de l'État, sous réserve de son droit de recours contre l'amodiataire défaillant.

L'amodiation est un contrat par lequel une partie appelée « amodiant », qui est le titulaire actuel, donne en location pour une durée déterminée ou indéterminée, sans faculté de sous-location, tout ou partie des droits attachés à un droit minier ou une autorisation de carrières à une autre personne appelée « amodiataire », qui est le locataire moyennant une rémunération fixée par accord entre les deux parties.

Selon l'alinéa 1er de cette disposition, la location n'est reconnue qu'en faveur des titulaires des PE, PER, PEPM et AECP. Par contre, en lisant l'alinéa 2 du même article, le législateur est imprécis parce qu'il exclut du champ de l'amodiation les PR et les ARPC. Rien n'est dit à propos de l'AECT qui est un droit d'exploitation.

Cette imprécision entre les deux alinéas trouve un épilogue à l'article 148, alinéa 3 du CM qui dispose que l'AECT est amodiable alors que l'exposé des motifs indique que l'AECT n'est pas amodiable.

Pour les raisons invoquées dans les commentaires sous article 148, il y a lieu de penser que l'AECT n'est pas amodiable.

La responsabilité découlant des engagements du contrat d'amodiation est à charge de l'exploitant réel à savoir l'amodiataire qui paie les impôts et taxes dus.

Cependant, en cas de défaillance, l'État identifiera le plus solvable entre les deux parties et, par conséquent, aura la faculté de poursuivre soit l'amodiataire soit l'amodiant pour recouvrer les droits dus. C'est ainsi que le législateur oblige les contractants d'insérer dans leur contrat une clause de solidarité pour les engagements envers l'État. Ce qui est normal parce que le contrat d'amodiation revêt un caractère privé de sorte que l'État ne pourrait être préjudicié à la suite des engagements pris par les parties.

Le contrat d'amodiation peut avoir une durée fixe ou indéterminée et ne peut faire l'objet de sous-location par l'amodiataire.

La durée indéterminée du contrat d'amodiation me paraît invraisemblable dans la mesure où le titre qui fait l'objet du contrat est lui-même limité dans le temps. Par ailleurs, l'article 178, alinéa 5 du CM prévoit que la validité du contrat d'amodiation correspond à la période non-échue du titre de l'amodiant.

Enfin, si la sous-location n'est pas reconnue à l'amodiataire, il serait tout aussi complexe d'y admettre la faculté de cession.

Article 178 : De l'instruction de la demande d'amodiation

Sous réserve des dispositions ci-dessous, le Cadastre Minier procède à l'instruction cadastrale conformément aux dispositions de l'article 40 du présent Code.

À la conclusion de l'instruction cadastrale, le Cadastre Minier procède :

a) à l'inscription provisoire du Permis concerné par l'amodiation sur la carte cadastrale. Cette inscription est valable pendant toute la durée de l'instruction ;

b) à l'affichage du résultat de l'instruction dans une salle déterminée par le Règlement Minier. Une copie de l'avis est remise au requérant ;

c) au rejet de la demande en cas d'avis défavorable et à la notification de la décision de rejet au requérant.

En cas d'avis favorable, le Cadastre Minier procède à l'enregistrement du contrat d'amodiation dans un délai de cinq jours conformément aux dispositions de l'article 171 du présent Code.

Passé ce délai, l'amodiataire peut se prévaloir des dispositions de l'article 46 du présent Code.

La validité du contrat d'amodiation correspond à la période de validité non-échue du titre de l'amodiant.

Toute demande d'amodiation est déposée en trois exemplaires au CAMI par l'amodiant. Le CAMI procède à l'instruction cadastrale en vérifiant si l'amodiataire est éligible au droit minier ou de carrière.

Si l'avis est favorable, l'amodiation est inscrite provisoirement sur la carte des retombes minières. En cas d'avis défavorable, la demande est rejetée.

L'avis est notifié à l'amodiant et à l'amodiataire.

Article 179 : De l'enregistrement du contrat d'amodiation

Préalablement à la conclusion du contrat, l'amodiataire doit démontrer qu'il est éligible au droit minier ou à l'autorisation des carrières concernés par son contrat.

Pour être opposable aux tiers, tout contrat d'amodiation doit être enregistré dans un registre établi et gardé à cet effet au Cadastre Minier conformément à la procédure prévue par le Règlement Minier.

L'enregistrement du contrat d'amodiation n'est soumis qu'au contrôle de l'éligibilité de l'amodiataire par l'Administration des Mines selon la procédure prévue par le Règlement Minier.

Le contrat d'amodiation est enregistré par le Cadastre minier moyennant paiement, au profit du Trésor public, d'une taxe pour enregistrement dont le montant est déterminé par voie réglementaire.

En cas d'avis favorable, l'amodiataire est invité à payer les droits d'enregistrement de l'ordre de 1 % du premier loyer au profit du Trésor public. Ce qui oblige le CAMI d'inscrire de manière définitive l'amodiation dans le registre des hypothèques, amodiations et des contrats d'option, pour le rendre opposable aux tiers.

Finalement, la procédure d'amodiation ne fait appel qu'au CAMI à travers l'instruction cadastrale et l'enregistrement. Le ministre des Mines n'y intervient pas.

Article 180 : Des droits de l'amodiant

L'amodiant peut nonobstant toute clause contraire, exercer, soit personnellement soit par tout expert de son choix dûment mandaté par lui, un droit de surveillance et d'inspection des travaux de l'amodiataire.

La Direction des Mines communique à l'amodiant les observations qu'elle adresse à l'amodiataire et doit lui faire prendre connaissance de ses rapports d'inspection.

À la suite de l'obligation solidaire qui s'impose à l'amodiant, à la suite des activités d'exploitation exercées par l'amodiataire (art. 177), le législateur reconnaît au premier le droit de surveillance et d'inspection des travaux effectués sur son périmètre par le deuxième et également de prise de connaissance des rapports d'inspection établis par la direction des mines.

Article 181 : De l'exonération de responsabilité de l'amodiataire

Sans préjudice des dispositions du dernier alinéa de l'article 177 du présent Code, l'amodiataire est responsable civilement et pénalement vis-à-vis des tiers.

Toutefois, l'amodiataire peut être dégagé de toute responsabilité s'il prouve que :

a) le dommage est survenu avant l'existence du contrat d'amodiation ;

. b) le fait dommageable est intervenu après l'existence du contrat d'amodiation, mais avant l'occupation effective du lieu d'exploitation par lui ;

. c) le dommage est causé par une exploitation frauduleuse faite soit par l'amodiant soit par un tiers.

Le législateur éclaire le juge en retenant les cas dans lesquels l'amodiataire peut être tenu ou non pour responsable sur le plan civil ou pénal.

Cette disposition montre que la responsabilité résultant du contrat d'amodiation est subjective c'est-à-dire que la démonstration du critère d'imputabilité est obligatoire. Il faudrait donc démontrer que l'amodiataire a commis une faute en parfaite connaissance de cause.

La survenance du fait fautif ou culpeux n'engage pas automatiquement la responsabilité de l'amodiataire, il faudrait en plus démontrer son intervention fautive ou culpeuse.

Chapitre II :
Des mutations

Section I. De la cession

Article 182 : De l'acte de cession

Les droits miniers et les Autorisations d'exploitation de carrière permanente en cours de validité peuvent faire l'objet d'une cession totale ou partielle. Cette cession est définitive et irrévocable dès l'endossement du titre. En l'absence de dispositions contraires, le droit commun sur la cession s'applique.

L'acte de cession contient le prix du transfert du droit ainsi que l'engagement du cessionnaire à assumer toutes les obligations du titulaire vis-à-vis de l'État qui découlent du droit de recherches ou d'exploitation, notamment celui de céder à l'État les parts ou actions prévues au littera d de l'article 71 du présent Code.

Nonobstant ce qui précède, le cessionnaire n'est pas tenu d'assumer les obligations de protection de l'environnement pour lesquelles le cédant est responsable avant la cession, en application de l'article 185 alinéas 3 et 4 du présent Code.

Lorsqu'une entreprise du portefeuille de l'État fait apport d'un gisement minier, soit à une société existante, soit en vue de la constitution d'une nouvelle société, la participation de ladite entreprise au capital de la société existante ou à constituer est fixée en fonction de la valeur réelle du gisement minier faisant l'objet de l'apport. L'évaluation du gisement est faite conformément aux dispositions de l'Acte Uniforme relatif au Droit des sociétés commerciales et du groupement d'intérêt économique.

La cession est entendue, si l'on s'en réfère au sens usuel, comme la « vente » de son titre à une autre personne. En d'autres termes, le titulaire actuel qui est « cédant » assimilable au « vendeur » perd son droit de manière définitive au profit d'une autre personne appelée « cessionnaire » qui est assimilable à « l'acheteur » qui devient titulaire à sa place sur le périmètre faisant l'objet de cession.

Les droits miniers ou de carrières visés par la cession partielle ou totale sont le PR, PE, PER, PEPM et l'AECP. Malgré le contenu sibyllin de l'article 148, alinéa 3, qui tente de reconnaître à l'AECT la nature de cessibilité, il y a lieu de penser que l'AECT n'est pas cessible.

Les droits miniers ou de carrières à caractère industriel étant des actes de commerce par nature (art. 3 de l'Acte uniforme sur le droit commercial général), il y a une grande probabilité que la cession soit à titre onéreux étant donné l'exigence du champ commercial.

Si une entreprise commerciale du Portefeuille fait un apport en gisement qui est un apport en nature, ledit gisement doit faire l'objet d'une évaluation par les associés ou actionnaires pour déterminer sa valeur réelle. Cette évaluation doit être suivie de deux contrôles :

– celui effectué par les commissaires aux apports conformément aux articles 49, 312, 363, 400, 547 et 619 de l'Acte uniforme sur le droit des sociétés commerciales et du groupement d'intérêt économique ;

– celui effectué par une commission composée des représentants du CAMI, CTCPM, DGRAD, direction des mines, direction de géologie en vue d'une contre-expertise en cas de soupçon de minoration du prix de cession, ou éventuellement de celui effectué par un Bureau d'études national ou international chargé de déterminer le prix réel du gisement (art. 380 bis RM).

La demande de cession se fait à travers un formulaire, à retirer au CAMI et, accompagné de pièces justificatives (art. 375 du RM), de la preuve de la capacité financière du cessionnaire ainsi que de la preuve du paiement des frais de dépôt qui s'élèvent à 5.500 USD par titre cédé.

Article 182 bis : Des conditions de cession

La cession des droits miniers et des autorisations d'exploitation de carrières permanente est subordonnée aux conditions suivantes :

1. Pour le cessionnaire :
   a. être préalablement une personne éligible à requérir et à détenir les droits miniers ou les autorisations d'exploitation de carrière permanente conformément à l'article 23 du présent Code ;
   b. justifier, en cas de cession d'un permis de recherche, de la capacité financière prévue aux articles 56 et 58 du présent Code ;

c. remplir, en cas de cession d'un droit minier d'exploitation, la condition prévue à l'article 71 littera d, 71 bis et l'article 104 alinéa 2 du présent Code ;

d. respecter, en cas de cession partielle, les dispositions des articles 28 et 29 du présent Code.

2. Pour le cédant : avoir respecté ses obligations de protection de l'environnement prévues par le plan environnemental approuvé.

Les principales conditions prévues dans cette disposition sont relatives à l'éligibilité au titre minier ou de carrière du cessionnaire, à la capacité financière, à la cession à l'État de 10 % des parts ou actions sociales, à la participation des Congolais au capital social.

Article 183 : De l'instruction de la demande de cession

L'instruction de la demande de cession se fait conformément aux dispositions des articles 40, 41, 42 et 178 du présent Code.

La demande de cession fait l'objet d'une triple instruction cadastrale, technique et d'un audit environnemental.

Article 184 : De la cession partielle

La cession partielle de droit minier de recherches, de droit minier d'exploitation ou de l'Autorisation d'exploitation de carrière permanente est enregistrée au moment de l'octroi du nouveau droit par l'autorité compétente, et le Cadastre minier en délivre un nouveau titre minier.

Cette disposition ne vise que la cession partielle. Le législateur a voulu établir une distinction entre celle-ci et la cession totale.

Il y ressort qu'en cas de cession partielle, les opérations simultanées sont l'octroi des nouveaux droit et titre suivis de l'enregistrement alors qu'en cas de cession totale, c'est l'endossement du titre suivi de l'enregistrement.

Article 185 : De l'instruction technique et de l'audit environnemental

Sans préjudice des dispositions des articles 40, 41, 42 et 178 du présent Code, l'instruction technique du dossier de la demande de transfert du droit minier ou de l'Autorisation d'exploitation de carrières permanente au nom du cessionnaire est réalisée dans un délai de vingt jours ouvrables à compter de la date de transmission du dossier de la demande à la Direction des mines par le Cadastre minier.

L'instruction technique consiste à :

a. vérifier la capacité financière du cessionnaire ;

b. vérifier la prise en charge par le cessionnaire des obligations liées au droit minier ou à l'Autorisation d'exploitation de carrières permanente et vérifier la prise en charge des obligations du cédant par le cessionnaire ;

c. déterminer, le cas échéant, que tout changement que le cessionnaire propose d'effectuer dans les documents initiaux sur la base desquels le droit minier ou l'Autorisation d'exploitation de carrières permanente a été octroyé ne modifie pas les conclusions techniques sur le projet. Un audit environnemental in situ est réalisé par l'Agence congolaise de l'Environnement en collaboration avec la Direction chargée de la protection de l'environnement minier dans un délai de trente jours ouvrables à compter de la date de transmission du dossier de la demande par le Cadastre minier à l'Agence congolaise de l'Environnement afin de vérifier le respect des obligations de protection de l'environnement souscrites par le cédant dans le plan de gestion environnementale et sociale approuvé.

Une attestation de libération des obligations environnementales est émise et transmise au Cadastre minier.

La procédure pour mener l'instruction technique est prévue à l'article 379 du RM.

L'audit environnemental in situ est celui qui est défini par l'article 1er de la loi du 9 juillet 2011 portant principes fondamentaux relatifs à la protection de l'environnement.

Il consiste à vérifier si le cédant a respecté les obligations environnementales et sociales qu'il avait souscrites. La procédure est celle prescrite à l'article 379 bis du RM. Le législateur confère cette compétence à l'ACE et la DPEM en cas de cession alors que dans les autres hypothèses d'audit environnemental, c'est un bureau d'études indépendant qui y est chargé (art. 459 RM).

On constate aussi que le FNPSS n'est pas associé à cet audit alors qu'il y est dans les autres audits.

Article 185 bis : De la décision d'approbation ou de refus du transfert du droit

À la réception du dossier de demande avec avis cadastral, technique, environnemental et social favorables ou défavorables, lui transmis par le Cadastre minier, l'autorité compétente prend et transmet sa décision d'approbation ou de refus du transfert du droit au Cadastre minier dans un délai de dix jours ouvrables.

En cas de décision d'approbation du transfert, le Cadastre minier procède à l'enregistrement de la cession dans un délai de cinq jours ouvrables, conformément aux dispositions de l'article 171 du présent Code et notifie la décision au requérant.

Passé ces délais, le cessionnaire peut se prévaloir des dispositions des articles 43 et 46 du présent Code.

En cas de refus du transfert, le Cadastre minier notifie la décision de refus au requérant.

> *L'autorité compétente pour approuver la cession du PER, PE, PER, PEPM et l'AECP est le ministre des Mines. Cependant, si l'AECP concerne les matériaux de construction à usage courant, l'autorité compétente est le ministre provincial des mines.*
>
> *À défaut pour l'autorité de prendre la décision dans le délai de dix jours, la décision d'approbation de cession est réputée accordée.*

Article 185 ter : De l'enregistrement et de l'opposabilité de l'acte de cession

Pour être opposable aux tiers, la cession totale ou partielle est enregistrée par le Cadastre minier contre le paiement au profit du Trésor public, d'un droit d'enregistrement de 1 % du prix de la cession immédiatement exigible. Le prix peut, le cas échéant, faire l'objet d'un contrôle a posteriori par les services compétents.

Le Règlement minier détermine les modalités d'expertise du bien cédé, en vue d'en déterminer le juste prix.

> *Il convient de rappeler que la cession totale (après endossement du titre) ou partielle (après octroi des nouveaux droits et titre) doit toujours être enregistrée.*
>
> *L'enregistrement donne droit à paiement d'un montant de 1 % du prix de la cession payable immédiatement.*

En d'autres termes, le paiement précède l'enregistrement et dès qu'il est effectué, le CAMI n'a plus aucune raison de renvoyer l'enregistrement. Il le fait immédiatement.

Le prix fixé de la cession fait l'objet d'un contrôle a posteriori s'il existe des soupçons de minoration.

Une commission composée des représentants des CAMI, CTCPM, DGRAD, direction des mines, direction de géologie procède à la contre-expertise en cas de soupçon de minoration du prix de cession et fait rapport au ministre des Mines.

Ensuite, le ministre des Mines procède, par appel d'offres au recrutement d'un bureau d'études au niveau national ou international qui déterminera la valeur réelle du gisement et des infrastructures (art. 380 bis RM).

La cession partielle donne au cédant la possibilité de solliciter une révision du montant de la sûreté financière de réhabilitation de l'environnement, conformément à l'article 3 du chapitre 1er de l'Annexe II du RM.

Article 185 quater : Du transfert du droit

Le transfert du droit minier ou de l'Autorisation d'exploitation de carrières permanente est inscrit au registre approprié tenu par le Cadastre minier conformément à l'article 172, immédiatement après la notification de la décision d'approbation du transfert au cédant et au cessionnaire.

Le transfert ne peut porter que sur les droits miniers ou les Autorisations d'exploitation de carrières permanentes en cours de validité.

La procédure à suivre est la suivante :

- décision d'approbation par l'autorité compétente (ministre des Mines ou ministre provincial, selon le cas) ;

- octroi du nouveau droit et du nouveau titre s'il s'agit de la cession partielle ;

- notification et paiement de 1 % ;

- enregistrement.

Le législateur précise également qu'aucun titre ne peut faire l'objet de cession s'il n'est pas valide.

En d'autres termes, si un titre est expiré, aucune procédure de cession ne peut être instruite.

Article 186 : Des obligations du cédant après cession

Nonobstant toute clause contraire, le transfert ne dégage pas le titulaire initial de ses obligations vis-à-vis de l'État pour le paiement des frais et charges en rapport avec son titre minier ou de carrières pendant la période où il en était titulaire, ni de ses obligations de réhabilitation de l'environnement.

Malgré la cession, le titulaire initial reste tenu à ses obligations environnementales et sociales. Il ne sera exonéré qu'à partir de l'octroi de l'attestation de libération des obligations environnementales délivrée par la DPEM (art. 472 RM).

SECTION II : DE LA TRANSMISSION

Article 187 : Des actes de transmission

Les droits miniers et les Autorisations d'exploitation de carrières permanentes sont susceptibles de transmission en tout ou en partie pour cause de décès, dans le cas d'une société unipersonnelle, en vertu de la fusion, de la scission ou de l'apport partiel d'actifs. En l'absence des dispositions contraires, le droit commun sur les mutations ainsi que l'Acte Uniforme du 30 janvier 2014 relatif au droit des sociétés commerciales et du groupement d'intérêt économique s'appliquent.

La personne en faveur de laquelle la transmission est faite remplit les conditions prévues à l'article 182 bis applicables à la transmission.

Les droits miniers ou de carrières susceptibles de faire l'objet de transmission sont le PR, PE, PER, PEPM et AECP.

Les causes pouvant justifier leur transmission sont :

– la fusion entre le titulaire et toute autre société.

Exemple : la société MIEL est titulaire d'un droit minier. Celle-ci fusionne avec la société MAYAY. De cette fusion, il naît une nouvelle société appelée société WETA. Le titre de la société MIEL fera l'objet de transmission au profit de la société WFTA ;

– de la scission.

Exemple : la société MAWOWO est titulaire d'un titre minier. Elle se scinde en deux sociétés dont la société SANG SANG et la société MANSIA. Le titre fera l'objet de transmission à l'une ou l'autre société dont l'objet aura un caractère minier ;

– de l'apport partiel d'actifs :

Exemple : la société TANKOY dispose de plusieurs droits miniers ou de carrières sur des substances minérales différentes notamment le diamant, or, cuivre, etc. Elle décide de transmettre à une autre société NZOMWEL le droit minier portant sur le diamant.

La cause de décès dans le cadre d'une société unipersonnelle invoquée pour justifier la transmission n'est pas convaincante. En effet, le décès d'un associé unique de la société unipersonnelle entraîne dissolution et liquidation de ladite société (art. 201, alinéa 4 de l'acte uniforme sur le droit des sociétés commerciales et du groupement d'intérêt économique).

L'hypothèse de la transmission pour la société unipersonnelle conviendrait mieux si l'associé unique est une personne morale et non pas une personne physique. Dans ce cas, le concept de décès utilisé par le législateur est inapproprié. Il aurait pu utiliser le concept « dissolution ».

C'est le ministre des Mines qui approuve l'acte de transmission du droit minier ou de carrière. Cette compétence est dévolue au ministre provincial des mines uniquement pour les matériaux de construction à usage courant.

Article 188 : De la transmission partielle

En cas de transmission partielle d'un droit minier de recherches, le Cadastre minier délivre un nouveau titre minier.

En cas de transmission partielle d'un droit d'exploitation ou d'autorisation d'exploitation de carrière permanente, la cession partielle est enregistrée au moment de l'octroi du nouveau droit.

La transmission partielle des droits miniers et des Autorisations d'exploitation de carrières permanentes est faite dans le respect des dispositions des articles 28 et 29 du présent Code.

La procédure de transmission partielle du droit minier ou de carrière est la même que celle de la cession partielle (voir commentaires sous art. 184 CM).

La principale précision est qu'en cas de transmission partielle d'un PR, le CAMI se limite à délivrer un nouveau titre alors que lorsqu'il s'agit d'une transmission partielle d'un PE, PER, PEPM et AECP, le CAMI délivre un nouveau titre et l'enregistre.

Article 189 : De l'instruction de la demande de transmission

L'instruction de la demande de transmission des droits miniers ou de carrières est faite conformément aux dispositions des articles 40 et 178 du présent Code.

La transmission du droit minier ou de carrière ne fait que l'objet d'une instruction cadastrale (voir commentaires sous art. 40 CM). Cette instruction se fait comme en matière d'amodiation.

Article 190 : De l'enregistrement et de l'opposabilité des actes de transmission

Pour être opposable aux tiers, l'enregistrement des actes de transmission se fait conformément aux dispositions des articles 171 et 184 du présent Code.

Un droit d'enregistrement est dû lors de la transmission du droit minier ou de carrière.

Son taux est celui applicable aux hypothèques et prévu à l'article 171 du présent code. Pour davantage de commentaires, lire sous articles 171 et 184 du CM.

Article 191 : De l'acte de transmission en vertu d'un contrat de fusion et pour cause de décès

Les conditions et procédures de recevabilité et d'instruction des actes de transmission en vertu d'un contrat de fusion et pour cause de décès sont celles prévues pour les actes de cession des droits miniers organisés par le présent Code.

Il devrait s'agir de l'acte de transmission à la suite de la dissolution de la société unipersonnelle dont une personne morale était associée unique ainsi que de l'acte de transmission en vertu d'un contrat de fusion, de scission ou d'apports partiels d'actifs. C'est la procédure applicable aux actes de cession qui sera d'application.

Article 192 : Des obligations du bénéficiaire de la transmission

Nonobstant toute clause contraire, la personne en faveur de laquelle la transmission est faite reste redevable vis-à-vis de l'État et des tiers de toutes les obligations du titulaire initial du droit minier ou d'Autorisation d'Exploitation de Carrière Permanente.

Malgré la transmission, le titulaire initial reste tenu à ses obligations environnementales et sociales. Il ne sera exonéré qu'à partir de l'octroi de l'attestation de libération des obligations environnementales délivrée par la DPEM (art. 472 RM).

SECTION III : DU CONTRAT D'OPTION

Article 193 : Du contrat d'option

Le Permis de recherches peut faire l'objet d'un contrat d'option. Celui-ci est conclu librement entre parties et donne à son bénéficiaire le droit d'obtenir une participation dans la jouissance du droit minier d'exploitation découlant du Permis de recherches ou lors de la transformation totale ou partielle de celui-ci s'il réalise un certain investissement et/ou un travail dans le cadre des activités minières concernant le Permis de Recherches en cause.

Le contrat d'option peut aussi se conclure pour les travaux de recherches entrepris dans un périmètre couvert par un Permis d'exploitation.

Le contrat d'option porte sur le périmètre couvert par le PR. Néanmoins, il peut également porter sur le PR dans un périmètre couvert par le PE.

De quoi s'agit-il ?

La société SELEBAY est titulaire d'un PR. Ses moyens financiers sont limités par rapport à l'ampleur des travaux de recherche qu'il doit effectuer. Elle signe un contrat de financement avec la société MOURANTAL pour l'aider à mieux effectuer ses recherches. Ledit contrat comporte une clause selon laquelle la société MOURANTAL aura le choix, soit revendiquer le droit au remboursement du prêt consenti, d'une part, soit accepter d'être co-associée dans la société à créer pour l'exploitation minière, d'autre part.

L'avantage du contrat d'option est de permettre au titulaire du PR d'obtenir de moyens financiers ou matériels en vue de réaliser son objectif.

La demande de l'inscription du contrat d'option est déposée au CAMI en trois exemplaires. Elle fait l'objet d'une instruction cadastrale.

Article 194 : De l'enregistrement des contrats d'option

L'enregistrement des contrats d'option se fait conformément aux dispositions de l'article 171 du présent Code.

Si la demande d'inscription du contrat d'option est déclarée recevable, le requérant s'acquitte du droit d'enregistrement selon le taux dégressif suivant :

0,5 % : de 1 à 100.000.000USD ;

0,3 % : de 100.000.001 à 500.000.000 USD ;

0,2 % : de 500.000.001 à 1.000.000.000 USD ;

0,1 % : au-delà de 1.000.000.000 USD.

Sur ce point, l'article 384 du RM qui fixe le droit d'enregistrement à 1 % du montant des droits superficiaires annuels par carré est en contradiction avec le CM et ne saurait être appliqué.

Sur présentation du récépissé du paiement, le CAMI inscrit le contrat d'option au registre des hypothèques, amodiations, cessions, transmissions et des contrats d'option.

Article 195 : Du transfert du droit

Les dispositions applicables à la cession du droit minier trouvent application pour le transfert du droit minier en cas d'option.

Voir commentaires sous l'article 185 ter du CM.

Titre VIII :
Des obligations des titulaires des droits miniers et de carrières

Chapitre I :
Des obligations relatives à la validité du droit minier ou de carrières

Article 196 : Des obligations du maintien de la validité du droit

Afin de maintenir la validité de son droit minier ou de carrières, le titulaire doit :

. a) commencer les travaux dans le délai précisé à l'article 197 du présent code ;

. b) payer le droit superficiaire par carré afférent à son titre chaque année avant la date limite fixée à l'article 199 du présent Code ;

. c) respecter ses engagements vis-à-vis des obligations sociales conformément au chronogramme repris dans le cahier des charges.

À défaut de remplir l'une ou l'autre de ces obligations, le titulaire est déchu de son droit en application de la procédure prévue aux articles 286 à 291 du présent Code.

Le manquement par le titulaire aux obligations énumérées au chapitre II du présent Titre est sanctionné par des amendes et/ou éventuellement, par un ordre de suspendre les opérations ou, en cas d'infractions, par des poursuites judiciaires.

À côté des droits reconnus aux titulaires des droits miniers ou de carrières, il y a également des obligations qui s'imposent à eux.

Cette disposition pose le principe général en matière des obligations des titulaires en vue de maintenir la validité de leurs titres, et éventuellement, les renouveler.

Il s'agit principalement du commencement des travaux dans un délai précis ; du paiement des droits superficiaires ainsi que du respect des engagements pris d'un point de vue environnemental et social.

Les obligations ainsi décrites ne sont pas cumulatives c'est-à-dire que le titulaire est tenu au respect de ces trois obligations car s'il ne respecte pas l'une d'elles, il est sanctionné.

La sanction prévue à cet effet est la déchéance du titre qui est une sanction administrative prise par le ministre des Mines.

Article 197 : De l'obligation de commencer les travaux

Le titulaire d'un Permis de recherches est tenu de commencer les travaux de recherches dans un délai d'un an à compter de la délivrance du titre constatant son droit.

Le titulaire d'un Permis d'Exploitation est tenu de commencer les travaux de développement et de construction dans un délai de trois ans à compter de la délivrance du titre constatant son droit.

Le titulaire d'un Permis d'Exploitation de petite mine ou d'un Permis d'Exploitation des Rejets est tenu de commencer les travaux de développement et de construction dans un délai d'un an à compter de la délivrance du titre constatant son droit.

Le titulaire d'une Autorisation d'exploitation de carrières permanente doit commencer les travaux dans un délai d'un an à compter de la délivrance du titre constatant son droit.

Le titulaire d'un droit minier et de carrières repris aux alinéas précédents est également tenu avant de commencer les travaux, d'ouvrir un centre de recherches ou d'exploitation dans les délais prévus pour chaque type des droits mentionnés ci-dessus.

Le titulaire de droit minier de recherches doit joindre à son attestation de commencement de travaux, déposée au Cadastre minier, un calendrier d'exécution des travaux.

Le titulaire d'un droit minier d'exploitation est tenu de construire un bâtiment abritant son siège social selon les normes des standards internationaux au chef-lieu de la province d'exploitation dans les cinq ans à dater de la délivrance du titre.

Le Règlement Minier fixe les modalités d'application de cette disposition.

Cette disposition indique les délais à partir desquels le titulaire est tenu de commencer les travaux de recherche ou d'exploitation.

Pour le PR, le délai est d'un an à dater de la délivrance du titre.

Au regard de l'article 386 du RM, sont considérés comme commencement des travaux à charge du titulaire pendant le délai ci-dessus, les activités suivantes :

– l'ouverture d'un centre de recherches ;

– l'engagement d'au moins deux géologues qui séjournent sur le périmètre de recherches en vue d'un travail d'au moins dix jours ;

– la description du terrain et la localisation des travaux à effectuer en y précisant les données relatives à l'accessibilité et du contexte géographique (altitude, topographie, végétation) du terrain, le contexte géologique et les zones minéralisées rencontrées lors des travaux préliminaires ;

– l'obtention de l'approbation de son PAR ;

– le dépôt de deux copies de son PAR approuvé dont une au CAMI et l'autre à la division provinciale des mines du ressort de son périmètre de recherches ;

– la transmission du PAR aux autorités locales à titre d'information et explication des mesures d'atténuation et de réhabilitation prévues ;

– la mise en place de la sûreté financière pour assurer ou garantir le coût des mesures d'atténuation et de réhabilitation de l'environnement.

Dès lors que ces activités ont été effectuées, le titulaire fait une déclaration écrite sur honneur de les avoir réalisés en remplissant une attestation-type auprès du CAMI avec les pièces prévues à l'article 387 du RM.

Le CAMI procède à son instruction et, en cas de non-objection, certifie l'attestation de commencement des travaux.

Les délais pour les droits d'exploitation varient entre un, trois voire cinq ans.

Au regard de l'article 390 du RM, sont considérés comme commencement des travaux de développement et de construction à charge du titulaire d'exploitation, les activités suivantes :

– l'ouverture d'un centre d'exploitation ;

– le dépôt de deux copies du PGES du projet approuvé dont une au CAMI et l'autre à la Division provinciale des mines où le périmètre d'exploitation est situé ;

– la transmission d'un sommaire du PGES du projet aux autorités locales et l'explication des mesures d'atténuation et de réhabilitation prévues ;

– la constitution d'une sûreté financière pour la réhabilitation du périmètre ;

– l'engagement des travaux de développement et de construction pour un montant supérieur à cinq fois le montant des droits superficiaires exigibles pour la première année entière de la durée du PE, du PEPM ou du PER selon le cas.

Dès lors que ces activités ont été effectuées, le titulaire fait une déclaration écrite sur honneur de les avoir réalisés en remplissant une attestation-type auprès du CAMI avec les pièces prévues à l'article 391 du RM. Le CAMI procède à son instruction et, en cas de non-objection, certifie l'attestation de commencement des travaux de développement et de construction.

Une obligation supplémentaire est mise à charge du titulaire du droit minier d'exploitation (le titulaire de l'AECP n'est pas concerné) à savoir la construction d'un bâtiment moderne selon les standards internationaux au chef-lieu de la province d'exploitation dans un délai de 5 ans à dater de la délivrance du titre. Ce dernier devra abriter le siège social de la société.

Le budget alloué à la construction de ce bâtiment doit correspondre à 1 % du budget d'investissement contenu dans l'étude de faisabilité.

Le concept de « standards internationaux » n'a pas été défini ni par le législateur ni par le Gouvernement. Il est utile que le Gouvernement donne des indications claires sur ce que l'on doit entendre par « standards internationaux ». Néanmoins, il ne devra pas s'agir d'un bâtiment aux allures d'une maison d'habitation.

Plusieurs modèles s'offrent au titulaire de droits miniers ou de carrières : acquérir une concession foncière et y construire plusieurs bâtiments pouvant recevoir ses services ou encore y construire un bâtiment en étage.

Au stade actuel de la législation, le principal critère est l'allocation de 1 % de son budget d'investissement pour la construction du bâtiment abritant le siège social.

À la fin des travaux de construction, le titulaire transmet au CAMI une copie certifiée de son certificat d'enregistrement avec la description du bâtiment.

Le CAMI vérifie l'authenticité du titre immobilier auprès du conservateur des titres immobiliers compétents. *Dès la réception de la lettre de confirmation de l'existence du titre immobilier et du bâtiment, le CAMI délivre une attestation constatant la construction du siège social (art. 393 bis RM).*

Droit/Titre	***Commencement des travaux***	***Délais à dater de la délivrance du titre***
PR	*– Ouverture centre de recherche* *– Travaux de recherche*	*1 an*
PE	*– Ouverture centre d'exploitation* *– Travaux de développement et de construction*	*3 ans*
	Construction du siège social	*5 ans*
PER	*– Ouverture centre d'exploitation* *– Travaux de développement et de construction*	*1 an*
	Construction du siège social	*5 ans*
PEPM	*– Ouverture centre d'exploitation* *– Travaux de développement et de construction*	*1 an*
	Construction du siège social	*5 ans*
AECP	*Travaux de développement*	*1 an*

Article 198 : De l'obligation de payer le droit superficiaire annuel par carré

Pour la couverture des coûts des prestations et de la gestion des droits constatés par les titres miniers, il est perçu des droits superficiaires annuels par carré sur chaque titre minier ou de carrières délivré, au profit du Cadastre Minier qui en rétribue une quotité aux services du ministère des Mines chargés de l'administration du présent Code.

Le titulaire des Permis de Recherches, des Permis d'Exploitation, des Permis d'Exploitation des Rejets, des Permis d'Exploitation de Petite Mine, de l'Autorisation de Recherches des Produits de Carrières et de l'Autorisation d'Exploitation de Carrières Permanente paient les droits superficiaires pour la première année au moment de la délivrance du titre minier ou de carrières.

Le titulaire s'acquitte des droits superficiaires annuels par carré pour chaque année suivante avant la fin du premier trimestre de l'année civile. Toutefois, les droits superficiaires annuels sont payés par carré au prorata temporis à la délivrance du titre initial ou à la dernière année de la période de validité du titre.

Les droits superficiaires annuels par carré sont payés au guichet du Cadastre Minier qui a délivré le titre minier ou de carrière. Ce dernier en donne quittance au titulaire au moment du paiement.

Le Règlement Minier fixe les modalités de recouvrement des droits superficiaires annuels par carré pour chaque année.

Cette disposition rappelle que le paiement des droits superficiaires est une obligation pour le maintien de validité et de renouvellement du titre qui s'impose aux titulaires des droits miniers ou de carrières.

Ainsi, les titulaires du PR, PE, PER, PEPM, ARPC, AECP sont tenus à cette obligation. Le CM exempte le titulaire de l'AECT, certainement à cause de sa courte durée d'un an, du reste, non renouvelable.

Les droits superficiaires sont payés au guichet du bureau du CAMI qui a délivré le titre minier ou de carrière contre quittance.

Le paiement des droits superficiaires est annuel sauf la première année de validité et la dernière année où l'on doit payer les droits superficiaires prorata temporis dont le calcul du paiement se fait de manière suivante :

Droits superficiaires totaux pour toute l'année multipliés par le nombre de jours restants entre la délivrance du titre et le 31 décembre divisé par le nombre des jours écoulés entre le 1er janvier jusqu'à la veille de la date de la délivrance du titre.

Exemple : La société MOUKARANTAL a reçu son titre le 2 septembre 2020 et ses droits superficiaires annuels pour son titre sont de 20 USD. Combien devra-t-il payer la première année au titre des droits superficiaires prorata temporis ?

On prendra : 20 USDX120 jours restants de l'année : 245 jours écoulés de l'année=9,7 USD.

Les droits superficiaires sont repartis de la manière suivante :

– CAMI : 50 % ;

– Direction des Mines : 7 % ;

– Direction de Géologie : 5 % ;

– DPEM : 6 % ;

– Direction des Carrières : 4 % ;

– Direction de l'Inspection Minière : 3 % ;

– CTCPM : 3 % ;

- SAEMAPE 16% ;

– Commission Interministérielle d'Adjudications : 1,5 % ;

– Commission Interministérielle chargée d'approbation des listes : 1,5 % ;

– Comité permanent d'Évaluation : 2 %.

Article 199 : Des modalités des droits superficiaires annuels par carré

Les montants des droits superficiaires annuels par carré sont fixés par le Règlement Minier de façon qu'ils soient les équivalents approximatifs des montants prévus aux alinéas ci-dessous par hectare.

Le titulaire d'un Permis de Recherches paie au titre des droits superficiaires annuels par carré la somme en Francs congolais équivalents à 0,03 USD par hectare pour les deux premières années de la première période de validité, en Francs congolais équivalents à 0,31 USD par hectare pour le reste des années de la première période de validité, en Francs congolais équivalents à 0,51 USD par hectare pour la deuxième période de validité, en Francs congolais équivalent à 1,46 USD par hectare pour la troisième période de validité de son titre.

Le titulaire d'un Permis d'Exploitation paie au titre des droits superficiaires annuels par carré la somme en Francs congolais équivalents à 5,00 USD par hectare quelle que soit la période de validité de son titre.

Le titulaire d'un Permis d'Exploitation des Rejets paie au titre des droits superficiaires annuels par carré la somme en Francs congolais équivalents à 8,00 USD par hectare quelle que soit la période de validité de son titre.

Le titulaire d'un Permis d'Exploitation de Petite Mine paie au titre des droits superficiaires annuels par carré la somme en Francs congolais équivalents à 2,30 USD par hectare quelle que soit la période de validité de son titre.

Le titulaire d'une Autorisation de Recherches des Produits de Carrières paie au titre des droits superficiaires annuels par carré la somme en Francs congolais équivalents à 0,05 USD par hectare à la délivrance de son titre et à la date de son renouvellement éventuel.

Le titulaire d'une Autorisation d'Exploitation de Carrières Permanente paie au titre des droits superficiaires annuels la somme en Francs congolais équivalents à 2,00 USD par hectare, quelle que soit la période de validité de son titre.

1. Les montants des droits superficiaires fixés dans le CM sont-ils intangibles ou modifiables par le CAMI ?

Les montants des droits superficiaires annuels par carré contenus dans cette disposition constituent un minimum réajustable. Au regard de l'article 325 du CM, ils sont susceptibles d'évolution.

En effet, en se référant à l'article 325 du CM, le CAMI avait déjà, sur avis de la BCC, procédé au réajustement desdits montants par ses Décisions n° CAMI/DG/044/2008 du 16 octobre 2008 ; n° CAMI/DG/054/2012 du 18 octobre 2012 et n° CAMI/DG/004/2017 du 24 février 2017.

Lors du dernier réajustement de 2017 qui eut lieu avant la modification du CM, les montants atteignaient déjà pour :

– le PR : de 3,53 USD à 60,04 USD ;

– PEPM : 270,92 USD ;

– PE : 588,96 USD ;

– PER : 942,32 USD ;

– ARPC : 5,89 USD ;

– AECP : 235,58 USD.

Il est surprenant que le législateur ait maintenu dans sa loi modificative de 2018 les montants prévus dans la version du CM 2002. Il y a manqué de réalisme !

Depuis la modification deux décisions de réajustements ont prises par le CAMI à savoir n° CAMI/DG/007/2019 du 17 décembre 2019 et n° CAMI/DG/006/2021 du 08 décembre 2021. C'est cette dernière qui est cours de validité.

2. Quels sont les montants que le titulaire doit payer à ce jour ?

Le titulaire devra payer les montants repris dans la Décision n° CAMI/DG/006/2021 du 08 décembre 2021 et qui sont inscrits dans le tableau ci-dessus et non pas ceux indiqués à l'article 199.

Droit/Titre	***Montant des droits superficiaires annuels par carré***	***Périodicité***	***Observations***
PR	4,43 USD	Deux premières années de la première période de validité	
	45,89 USD	Trois années restantes de la première période de validité	
	75,45 USD	En cas de renouvellement, toute la deuxième période de renouvèlement	
PE	740,16 USD	Toute la période de validité du titre	
PER	1184,24 USD	Toute la période de validité du titre	
PEPM	340, 47 USD	Toute la période	

		de validité du titre	
ARPC	7,40 USD	*Toute la période de validité du titre*	
AECP	296, 06 USD	*Toute la période de validité du titre*	
AECT	0, 00 USD	*Toute la période de validité du titre*	*Exempté du paiement*

Source : Décision n° CAMI/DG/006/2021 du 08 décembre 2021, JO, n° spécial, 9 décembre 2021.

Article 200 : De l'obligation de payer les droits superficiaires annuels par carré en cas de transformation partielle d'un droit minier

Dans le cas où le titulaire sollicite une transformation partielle du Périmètre qui fait l'objet de son Permis de Recherches en Périmètre d'un droit minier d'exploitation, les carrés concernés suivent, après la transformation, le régime des taux applicables aux droits superficiaires annuels par carrés dus pour ce permis.

Si un PR est transformé partiellement en PE, les droits superficiaires dus, pour ce périmètre, sont ceux de la catégorie du PE.

Article 201 : Paiement des droits superficiaires annuels par carré en cas de décision préliminaire et conditionnelle

En cas de décision préliminaire et conditionnelle prévue aux articles 76 et 158 du présent Code, le titulaire d'un droit minier ou de carrières de recherches paie les droits superficiaires annuels par carré en vertu de son titre de recherche.

Toutefois, en cas d'octroi d'un droit minier ou de carrières d'exploitation, il paie les droits superficiaires annuels par carré au taux prévu pour un tel droit en suppléant éventuellement aux droits payés antérieurement pour le titre minier ou de carrières de recherches à concurrence du montant restant dû pour la couverture des droits superficiaires annuels découlant de la délivrance du titre d'exploitation.

Cette disposition confirme, s'il en est, que la décision préliminaire et conditionnelle ne produit des effets que de manière marginale. En effet, le titulaire du PR qui bénéficie d'une décision préliminaire et conditionnelle en vue d'une transformation en PE, paiera toujours le taux des droits superficiaires annuels fixé pour le PR.

Toutefois, un paiement rétroactif devra être exigé par le CAMI en cas d'avis favorable de l'instruction environnementale et sociale suivie de la délivrance du certificat environnemental donnant ainsi lieu à la décision d'octroi du PE.

Chapitre II :
Des obligations relatives aux opérations en vertu du titre minier ou de carrières ou d'agrément au titre d'entité de traitement ou de transformation

Section I : De la Protection de l'Environnement

Les ressources naturelles minières et de carrières sont parmi les ressources naturelles non renouvelables.

En d'autres termes, dès leur extraction, elles ne se reconstitueront pas. Du moins, pas sous la génération actuelle.

Par conséquent, les activités d'exploitation ou celles qui y mènent, imposent le strict respect des règles environnementales.

Article 202 : (abrogé)

Article 203 : Pendant les recherches

Avant de commencer les travaux de recherches minières ou des produits de carrières, le titulaire d'un Permis de Recherches ou d'une Autorisation de Recherches des Produits de Carrières doit élaborer et obtenir l'approbation d'un PAR pour l'activité proposée.

Les modalités du PAR et de son approbation sont fixées par voie réglementaire.

L'approbation du PAR relève de la compétence du service chargé de la protection de l'environnement au sein du Ministère des Mines en collaboration avec le ministre de l'Environnement.

Cette disposition contraint le titulaire à prendre des mesures et à poser certains actes avant et pendant les recherches.

Le titulaire du PR et de l'ARPC doivent élaborer et faire approuver leur PAR.

En ce qui concerne le PR, un délai d'un an maximum est prévu pour le titulaire de réaliser cette obligation (art. 197 CM) sous peine de déchéance (art. 289 CM).

Pour l'ARPC, il est tenu à la même obligation. Cependant, le modèle de son PAR est simplifié et spécialement mis en place par le ministre des Mines (art. 430 RM). Reste à ce que ce dernier en fixe les modalités.

L'ARPC est un droit dont l'exercice d'activité ne manque pas de produire des nuisances et pollutions, il ne serait pas raisonnable de l'exempter de l'obligation environnementale au seul motif de sa courte durée de validité.

La procédure pour l'instruction cadastrale et environnementale est prévue aux articles 431 à 449 ainsi qu'à l'Annexe VII du RM.

Article 204 : Pendant l'exploitation

Tout demandeur d'un Permis d'Exploitation, d'un Permis d'Exploitation des Rejets, d'un Permis d'Exploitation de Petite Mine ou d'Autorisation d'Exploitation de Carrières est tenu de présenter une étude d'impact environnemental accompagnée d'un plan de gestion environnementale du projet et d'obtenir l'approbation de son EIES et PGES ainsi que de mettre en œuvre le PGES.

L'étude d'impact environnemental présente une description de l'écosystème avant les opérations minières, y compris la faune et la flore ; les sols et la topographie ; la qualité de l'air, des eaux souterraines et de surface. Elle en précise les aspects qui peuvent être affectés qualitativement et quantitativement par l'activité minière ou l'exploitation de carrières.

Elle contient en outre, les mesures envisagées pour la protection de l'environnement, l'élimination ou la limitation des pollutions et la reconstitution des sites ainsi que pour vérifier l'efficacité envisagée desdites mesures.

Le titulaire des droits miniers et de carrières est tenu de fournir une sûreté pour garantir l'accomplissement de leurs obligations environnementales pendant la recherche et/ou l'exploitation. En outre, le titulaire des droits miniers, est autorisé à constituer une provision pour réhabilitation du site conformément aux dispositions de l'article 258 du présent Code.

Les modalités d'application de cette disposition y compris la sûreté financière sont fixées par le Règlement minier.

Le titulaire du PE, PER, PEPM et de l'AECP est tenu à l'obligation de présenter et d'obtenir l'approbation d'une EIES et d'un PGES.

Le dépôt du dossier est fait au CAMI. Celui-ci peut être précédé par une demande de clarification de l'ampleur de l'EIES adressée à la DPEM et à l'ACE mais déposée au CAMI.

L'instruction et l'approbation de l'EIES et du PGES sont assurées par un comité permanent d'évaluation, en sigle CPE, composé de vingt-et-un membres suivants :

– le directeur de la DPEM, plus deux délégués de son service ;

– trois délégués de l'ACE ;

– deux délégués du FNPSS ;

– un délégué de la direction de l'action Sociale du ministère des Affaires sociales

– un délégué de la direction des mines ;

– un délégué de la direction de géologie ;

– un délégué de la CTCPM ;

– un délégué de la direction de l'aménagement du territoire du ministère des Travaux publics et aménagement du territoire ;

– un délégué de l'ICCN ;

– un délégué de la direction des ressources en eau du ministère de l'Environnement ;

– un délégué de la direction de la protection végétale du ministère de l'Agriculture ;

– un délégué de la direction de la protection animale du ministère de l'Agriculture ;

– un délégué du ministère ayant l'élevage et la pêche dans ses attributions ;

– un délégué du ministère de la Santé publique ;

– un délégué du « SAEMAPE » ;

– un délégué de l'organisme en charge de la protection contre les rayonnements ionisants.

Les membres sont désignés, suivant les cas, par leur ministre ou Chef des services respectifs et nommés par arrêté du ministre des Mines.

Le Directeur de la DPEM préside le CPE.

L'ACE assume la Vice-présidence et un secrétariat technique comprenant trois membres issus de l'ACE, FNPSS et de la DPEM.

L'instruction environnementale se fait dans un délai qui ne peut excéder six mois à compter de la transmission de l'EIES à la DPEM.

À l'issue de l'instruction environnementale, la DPEM transmet l'avis environnemental et social sur l'EIES et le PGES à l'ACE qui établit le certificat environnemental lequel sera transmis au CAMI central.

L'EIES et le PGES sont révisables tous les cinq ans (art. 463 RM).

Les articles 450 à 465 ainsi que l'Annexe VIII du RM indiquent la procédure à suivre et le contenu de l'EIES et du PGES.

À l'occasion de l'élaboration et de l'approbation de l'EIES et du PGES, le législateur soumet le titulaire à deux obligations complémentaires :

– le dépôt d'une sûreté financière pour garantir l'accomplissement de diverses obligations liées à ladite exploitation ;

– le dépôt d'une provision pour réhabiliter le site éventuellement pollué.

Ces fonds sont mis à la disposition de l'État (art. 410 RM).

Si le titulaire n'exécute pas ses obligations d'atténuation et de réhabilitation en cours ou à la cessation de ses activités de recherches ou d'exploitation, le tribunal territorialement compétent peut prononcer, à la requête du ministre ou de son délégué la confiscation, à due proportion, de la sûreté financière de réhabilitation de l'environnement en faveur de l'État, représenté par le ministre des Mines.

La procédure pour le paiement de la sûreté financière et les modalités de son recouvrement sont prévues aux articles 410 à 413 ainsi qu'à l'Annexe II du RM.

Section II : De la Protection du Patrimoine culturel

Article 205 : De la déclaration des indices archéologiques

Le titulaire d'un droit minier ou de carrières est tenu d'informer l'autorité administrative locale et l'autorité chargée de la Culture, Arts et Musées, de la découverte des indices archéologiques si ces travaux de recherches ou d'exploitation révèlent l'existence de ces indices.

Les indices archéologiques dont question peuvent être les cimetières anciens, les cadavres, etc.

En pareil cas, l'obligation qui s'impose au titulaire est celle d'information à l'autorité étatique compétente.

Cette information est suivie de la suspension des travaux jusqu'à la prise en charge par l'autorité des mesures nécessaires pour la protection desdits vestiges archéologiques (art. 25 de l'Annexe VI et art. 489 RM).

Article 206 : De la découverte des éléments du patrimoine culturel national

En cas de mise à jour des éléments du patrimoine culturel national, biens meubles et autres, il est interdit au titulaire de déplacer ces objets. Dans ce cas, il en informe, par écrit et sans délai, l'autorité administrative locale et l'autorité chargée de la Culture, Arts et Musées.

Le titulaire est tenu d'enlever, de sécuriser et de conserver, selon le cas, ces éléments du patrimoine culturel national à charge et pour le compte de l'État, si l'autorité administrative locale et l'autorité chargée de la Culture, Arts et Musées concernée ne les enlève ni ne les sécurise dans un délai de soixante jours après l'avis notifiant la découverte.

En cas de découverte des éléments du patrimoine culturel national (cruches antiques, ornements traditionnels, etc.), le titulaire a l'obligation d'enlèvement, de sécurisation et de conservation.

En contrepartie, l'État a l'obligation de rembourser au titulaire les frais ainsi engagés dans un délai de six mois.

À défaut, ce dernier a le droit d'exiger un remboursement à faire valoir sur les redevances dues au profit du pouvoir central en déposant une déclaration écrite de remboursement, sur formulaire ad hoc, à la direction des mines avec copie à la DGRAD et en y joignant la photocopie du titre minier ou de carrière (art. 490 et 491 RM).

SECTION III : DE LA SECURITE ET DE L'HYGIENE

Article 207 : Des règlements spéciaux

L'exploitation des mines est soumise aux mesures de sécurité, d'hygiène et de protection édictées par des règlements spéciaux.

Cette disposition renvoie à plusieurs autres textes notamment le Code du travail spécialement en ses articles 160 à 169 qui rend obligatoire les mesures relatives à la santé, à la sécurité, à l'hygiène et à l'embellissement des lieux de travail.

Ainsi, les conventions collectives des sociétés minières sont tenues d'insérer lesdites obligations.

Article 208 : De la compétence de l'Administration des Mines

Le titulaire des droits miniers et/ou de carrières doit se conformer aux mesures qui sont ordonnées par l'Administration des Mines en vue de prévenir ou de faire disparaître les causes des dangers que les travaux font courir à la sécurité et à la salubrité publiques, à la conservation des gisements, aux sources et aux voies publiques.

En cas d'urgence ou de refus par les intéressés de se conformer à ces mesures, celles-ci sont prises et exécutées d'office aux frais des intéressés.

En cas de péril imminent, les agents de l'Administration des Mines habilités à cet effet prennent immédiatement les mesures nécessaires pour écarter le danger et peuvent, s'il y a lieu, adresser à cet effet toutes réquisitions utiles aux autorités locales et aux exploitants.

Les agents de l'Administration des Mines, dûment habilités, ont qualité d'Officier de police judiciaire pour rechercher et constater toutes infractions au présent Code et à ses mesures d'exécution.

Cette disposition fait pleine application du principe d'action préventive et de correction à la source qui est l'un des principes généraux phares cher au droit de l'environnement.

La loi du 09 juillet 2011 portant principes fondamentaux relatifs à la protection de l'environnement prévoit en son article 10 que « L'État, la province et l'entité territoriale décentralisée veillent à ce que soient prises, dans toute activité humaine, artisanale ou industrielle, des mesures d'action préventive ou de correction, par priorité à la source, des atteintes à l'environnement en utilisant les technologies moins polluantes disponibles à un coût économiquement acceptable ».

En retour, le titulaire qui s'abstient d'appliquer les règles préventives imposées par l'administration des mines peut subir la sanction de suspension des travaux pour une durée n'excédant pas un an (art. 565 et 567 RM).

Article 209 : De la déclaration d'accident survenu dans une mine ou une carrière

Tout accident grave ou mortel survenu dans une mine ou une carrière ou dans ses dépendances, doit être porté, sans délai et par les moyens de communication les plus rapides, à la connaissance de la Direction des Mines et des autorités administratives et judiciaires du ressort.

Pour des raisons des statistiques et en vue d'une politique nationale de prévention d'accidents en milieu professionnel, le titulaire est tenu de signaler tout accident grave ou ayant entraîné mort d'homme à la direction des mines et à l'autorité administrative locale.

Article 210 : De la publication des consignes de sécurité

Tout titulaire d'un droit minier ou de carrières d'exploitation est tenu de publier les consignes de sécurité au regard des conditions particulières de son exploitation. Ces consignes sont transmises à la Direction des Mines et portées à la connaissance de son personnel et du public pouvant accéder à son site d'exploitation.

Le Règlement Minier détermine les modalités de publication des consignes de sécurité.

Il est curieux que le législateur ne rende obligatoire la publication des consignes de sécurité qu'à l'égard des titulaires des droits ou de carrière d'exploitation, excluant ainsi les titulaires du PR et de l'ARPC.

Et pourtant, dans les deux cas, cette publication est utile et importante.

Article 211 : De l'usage des produits explosifs

Tout titulaire d'un titre minier ou de carrières faisant usage des produits explosifs est soumis à une réglementation spéciale sur ces produits, annexée au Règlement Minier.

Cette disposition est mise en application par l'Annexe XV du RM.

La réglementation spéciale dont question relève du ministère de la Défense nationale qui assure également la tutelle de l'établissement public appelé Africaine des Explosifs en sigle « AFRIDEX ».

SECTION IV : DES INFRASTRUCTURES

Article 212 : De l'autorisation de construction et de la planification des infrastructures

Le titulaire de droits miniers ou d'Autorisations d'Exploitation des Carrières Permanente est tenu de construire et de maintenir toutes les infrastructures nécessaires aux activités liées aux titres ou à l'autorisation environnementale afférente conformément aux dispositions du présent chapitre.

Toute infrastructure à construire par le titulaire fait l'objet d'un plan soumis à l'autorité compétente de l'administration pour visa, après consultation de l'autorité locale territorialement compétente.

Cette disposition vise les travaux d'infrastructures qui sont définis comme les activités de mise en place des infrastructures d'appui à la production minière (art. 2 RM).

La construction de telles infrastructures est soumise à l'obligation d'information et non pas d'autorisation auprès des autorités locales.

Il s'agit des infrastructures qui ont un lien direct avec le projet. Il ne s'agit pas de celles qui doivent servir de manière pérenne ou durable au bien-être des communautés locales touchées par le projet. Ces dernières sont traitées par les articles 285 sexies et suivants.

Article 213 : De l'utilisation des infrastructures du projet

Les voies de communication créées par le titulaire à l'intérieur ou à l'extérieur du Périmètre minier ou de carrières peuvent être utilisées, lorsqu'il n'en résulte aucun obstacle par l'exploitation et sous réserve de l'accord du titulaire, par les services des établissements miniers, industriels et commerciaux voisins sur leur demande, moyennant une juste compensation fixée de commun accord entre parties, et comportant une participation des intéressés à l'entretien desdites voies.

Les voies de communication créées à l'extérieur et à l'intérieur du Périmètre peuvent être ouvertes au public dans les conditions prévues à l'alinéa précédent moyennant une juste compensation à convenir entre le titulaire et la commune ou l'entité cadastrale locale dont les habitants utilisent ces voies de communication.

L'alinéa 1er règle la question des relations entre titulaires voisins et consacre le principe de l'utilisation commune de certaines infrastructures construites par un seul titulaire à la condition que ce dernier marque son accord et qu'une compensation soit payée.

L'alinéa 2, quant à lui, traite de l'utilisation des infrastructures par le public et soumet également cet accès à une compensation.

Une telle compensation est-elle vraiment justifiée ?

Un nombre important de citoyens peut utiliser dans le cadre de la vie quotidienne une route construite par un titulaire. Un tel usage ne devrait entraîner aucune compensation.

Même si la disposition met directement la compensation à charge de l'entité publique, il est clair que ce sera le citoyen utilisateur qui le paiera de manière indirecte par voie d'augmentation des taxes locales.

Article 214 : Du droit de l'État sur les infrastructures

Sauf accord contraire exprès et écrit entre le titulaire et l'État, toute infrastructure d'utilité publique construite par le titulaire d'un droit minier ou de carrières qui reste en place à l'expiration ou à la cessation de la validité de son droit, tombe dans le domaine public de l'État.

La disposition vise les infrastructures d'utilité publique qui tombent dans le domaine public de l'État. Il s'agit spécialement de celles immobilières qui sont construites sur le périmètre minier ou de carrière. Lire aussi article 326 bis du CM.

Par contre, les autres infrastructures demeurent la propriété du titulaire qui peut en user à volonté tant qu'elles se trouvent en dehors du périmètre minier ou de carrière.

SECTION V : DES OBLIGATIONS DIVERSES

Article 215 : Des rapports avec les autorités locales

Avant de commencer ses activités, le titulaire d'un droit minier ou de carrières a l'obligation de se présenter aux autorités locales du ressort et de leur remettre, contre récépissé, une copie de son titre minier ou de carrières.

Il s'agit ici d'une obligation de courtoisie, d'information et de civilité qui s'impose au titulaire.

En effet, quand on arrive sous la juridiction d'une autorité, il est préférable de l'en prévenir de son arrivée et de l'exercice imminent des activités envisagées.

Cependant, l'on pourrait s'interroger sur ce qui peut advenir en cas de non-respect de cette obligation ? Y aurait-il une sanction ?

Article 216 : Des registres, rapports et publications

Le titulaire des titres miniers ou de carrières et le détenteur d'un agrément au titre de comptoir ou d'entité de traitement ont l'obligation de tenir les registres, d'élaborer et de déposer les rapports de leurs activités conformément au Règlement minier.

En outre, les titulaires des droits miniers ou de carrières d'exploitation est tenu de publier à la fin de chaque mois sur un formulaire ad hoc, les quantités produites, vendues ou exportées des substances minérales, leurs qualités, leurs valeurs, les montants de divers impôts, droits, taxes et redevances dus et payés au profit du Trésor public, aux entités territoriales décentralisées et aux organismes de l'État.

Cette disposition est mise en application par les articles 497 à 501 du RM. Les personnes visées à l'alinéa 1er sont tenues à l'obligation de tenir des registres reliés, cotés et paraphés avec numérotation discontinue.

En plus, un relevé de registres d'extraction doit être adressée à la direction des mines par le titulaire chaque semestre. De même, il doit transmettre à la même direction, dans le mois qui suit la fin de l'exercice, un relevé du registre des expéditions et des autorisations d'origine.

L'établissement d'un rapport annuel d'activités adressé à la direction des mines est rendu obligatoire au plus tard le 31 mars de l'année qui suit la fin de l'exercice social. Les éléments du rapport sont repris à l'article 501 du RM.

La non-observation des règles de tenue des registres, rapports et publications est punie des sanctions de suspension des travaux et du paiement d'une astreinte allant de 500 à 1.000 USD par jour (art. 293 et 295 CM).

Article 217 : Des inspections

Le titulaire des titres miniers ou de carrières doit se soumettre aux inspections effectuées par les agents chargés de l'inspection des opérations minières ou de carrières.

Dans tous les cas, ces inspections ont lieu pendant les heures d'ouverture des bureaux, ateliers ou chantiers.

Le Règlement Minier détermine les modalités de réalisation de ces inspections.

L'exercice des missions d'inspection est mis en œuvre par les articles 502 à 506 du RM.

Les inspections ont pour but de contrôler la conformité des opérations de recherche et d'exploitation aux obligations en matière de sécurité, d'hygiène, de santé, de protection de l'environnement, de la tenue des registres de leurs activités, et de la véracité des rapports de leurs opérations.

Les services chargés des inspections sont notamment la direction de géologie, la direction des mines, la DPEM et l'ACE.

Les inspections ponctuelles sont soumises à autorisation du ministre des Mines.

À l'issue des inspections, ils formulent des recommandations et observations au titulaire.

Article 218 : De l'ouverture et de la fermeture d'un centre de recherches ou d'exploitation

Toute ouverture ou fermeture d'un centre de recherches ou d'exploitation minière ou de carrières permanente est effectuée dans le délai prévu à l'article 197 du présent Code et déclarée à l'Administration des mines selon les modalités fixées par le Règlement minier.

Dans le délai d'un an pour les PR, PER, PEPM, AECP et trois ans pour le PE, un centre de recherche ou d'exploitation doit être ouvert et fermé.

L'ouverture et la fermeture se font par voie de déclaration du titulaire auprès de la division provinciale des mines avec copie à la direction des mines et à la direction de géologie.

Un délai de douze jours est accordé à la division provinciale pour approuver la déclaration ou la rejeter.

L'article 484 du RM donne des modalités de mise en application

Titre IX :
Du régime fiscal douanier et des recettes non fiscales applicable aux activités minières

Chapitre I :
Des dispositions générales

Article 219 : Des contribuables visés

Le titulaire est soumis au régime fiscal, douanier et de recettes non fiscales défini dans le présent titre pour toutes ses activités minières réalisées sur le territoire national.

Jouissent également du bénéfice de l'ensemble du régime fiscal, douanier et de recettes non fiscales, prévu par le présent Code :

a. les sous-traitants conformément à la loi n° 17/001 du 08 février 2017 fixant les règles applicables à la sous-traitance dans le secteur privé ;

b. le titulaire d'une autorisation d'exploitation de carrières permanente, autre que celle des matériaux de construction d'usage courant ;

c. les détenteurs des agréments au titre des entités de traitement agréés.

Les titulaires des autorisations de recherches des produits de carrières et d'exploitation de carrières temporaire, celles d'exploitation de carrières permanente non visées au littera b ci-dessus sont assujetties au régime fiscal, douanier et de recettes non fiscales de droit commun.

Cette disposition désigne les personnes qui sont soumises au régime fiscal, non fiscal et douanier prévu par le CM. En utilisant l'expression « jouissent également du bénéfice de l'ensemble du régime fiscal, douanier et de recettes non fiscales prévu par le présent code », le législateur insinue qu'il s'agit d'une fiscalité privilégiée et de faveur par rapport à celle du droit commun.

Les bénéficiaires sont :

– le titulaire minier du PR, PE, PER, PEPM ;

– le titulaire de l'AECP de tous les matériaux à l'exception de ceux de construction d'usage courant ;

– les détenteurs d'agréments au titre des entités de traitement ;

– les sous-traitants des titulaires.

À propos des sous-traitants, les CM et RM sont imprécis quant à l'étendue de la sous-traitance bénéficiaire.

Exemple : la société TATA est titulaire d'un PE et dispose de plusieurs sous-traitants dont l'un a pour objet la livraison de repas aux travailleurs ou des produits de vaisselle. Un tel sous-traitant doit-il bénéficier du régime fiscal, non fiscal et douanier privilégié du CM ? Rien ne le lui interdit si l'on se réfère uniquement à l'écriture large de cette disposition.

Cependant, une esquisse de réponse est donnée à l'article 225, alinéa 4 et 5 du CM qui exclut du bénéfice du régime privilégié, les prestations non directement liées à l'activité minière.

Ainsi, la sous-traitance visée est celle relative aux sociétés qui ont un objet connexe avec l'activité minière.

Ne sont pas assujetties au régime fiscal, non fiscal et douanier du CM, les personnes suivantes :

– le titulaire de l'ARPC ;

– le titulaire de l'AECT

– le titulaire de l'AECP de matériaux de construction d'usage courant tels que l'argile à brique, le sable, le grès, le calcaire à moellon, la marne, le quartzite, la craie, le gravier alluvionnaire, les latérites, les basaltes.

Article 220 : Du régime fiscal, douanier et des taxes exclusif et exhaustif

Sans préjudice des dispositions de l'article 221 du présent Code, le régime fiscal, douanier et des taxes, applicable aux activités minières du titulaire sur le territoire national est celui défini exclusivement et exhaustivement au titre IX du présent Code.

Ce régime concerne les impôts, taxes, droits, redevances et autres prélèvements parafiscaux perçus tant au profit du Gouvernement qu'à celui des provinces et des entités territoriales décentralisées.

Toutefois, le Premier ministre peut, par décret délibéré en Conseil des ministres, accorder un certain nombre des mesures incitatives à l'endroit de provinces souffrant de déficit d'infrastructures pour booster leur essor économique à partir des ressources minières.

L'alinéa 1er de cette disposition proclame le caractère exhaustif et exclusif du régime fiscal, non fiscal et douanier auquel sont soumis les assujettis. En d'autres termes, les assujettis visés à l'article 219 ne peuvent pas payer un impôt, une taxe ou tous autres droits ou frais qui n'aient pas été préalablement prévus dans le CM et spécialement en ses articles 220 bis et 220 ter.

La question qui se pose est de savoir si l'exhaustivité et l'exclusivité dont question sont absolues ou relatives au regard de l'article 220 quater ?

Dans l'esprit du législateur et des opérateurs miniers, elles sont absolues.

Mais la pratique du gouvernement a montré quelques limites. C'est le cas lorsque les titulaires miniers ou de carrières ont été contraints de payer d'autres taxes notamment celle sur la promotion industrielle, et ce, en vertu de l'article 220 quater (voir commentaires y afférents sous ladite disposition).

L'alinéa 3 confère au Premier ministre la compétence d'octroyer des mesures incitatives à certaines provinces souffrant d'un déficit d'infrastructures.

Il convient de rappeler que cet alinéa a été introduit grâce à un lobbying des députés de l'ex-province orientale (Bas-Uéle, Haut-Uéle, Ituri, Tshopo) qui espéraient ainsi que les sociétés minières qui exploitent sur cet espace géographique aient des facilités administratives en vue d'y construire directement des infrastructures telles que les routes d'intérêt national, provincial ou local au lieu d'attendre infiniment et vainement le gouvernement central.

Cependant, il est délicat de mettre en application cet alinéa étant donné que toutes les provinces du pays souffrent d'un déficit d'infrastructures.

Article 220 bis : Du régime des impôts, taxes, droits et redevances et autres prélèvements parafiscaux à percevoir au profit du Pouvoir central

Le contribuable visé est soumis, au profit du Pouvoir central, dans le cadre de ses activités minières :

a. Aux impôts, taxes, droits et redevances suivant les modalités du présent Code :

1. impôt sur les bénéfices et profits ;
2. impôt professionnel sur les prestations de services rendus par des personnes physiques ou morales non établies en République Démocratique du Congo ;
3. impôt sur les revenus des capitaux mobiliers ou impôt mobilier ;
4. l'impôt professionnel sur les rémunérations ;
5. l'impôt exceptionnel sur les rémunérations des expatriés ;
6. droits d'entrée ;
7. droits d'accises ;
8. droit proportionnel pour approbation et enregistrement des hypothèques ;
9. droit proportionnel pour approbation et enregistrement des cessions ;
10. droit proportionnel pour approbation et enregistrement d'amodiation, de contrat d'option et de transmission ;
11. droits superficiaires annuels par carré ;
12. droits proportionnels pour la cession des parts et actions sociales ;
13. redevance minière ;
14. redevance sur les carburants terrestres et lubrifiants ;
15. bonus de signature ;
16. pas de porte.

b. Aux impôts, taxes, droits et redevances suivant les modalités du droit commun :

1. taxe sur la valeur ajoutée, en sigle TVA ;
2. taxe sur l'autorisation de minage temporaire ;
3. taxe sur les exportations des échantillons destinés aux analyses et essais industriels lorsque ceux-ci sont exportés en violation de l'article 50 alinéa 3 du Code minier, vendus aux tiers au profit ou par le fait du titulaire avant ou après analyse ou essai, et enfin en cas d'exportation qui revêt un caractère commercial ;
4. taxe d'implantation et taxe rémunératoire annuelle de l'environnement ;
5. taxe de déboisement ;
6. droit d'octroi de la carte de travail pour étranger ;
7. taxes sur la télécommunication ;
8. taxe d'agrément des dépôts des explosifs ;
9. droit d'enregistrement des dragues ;
10. redevance annuelle et caution pour les entités de traitement de toutes les catégories et tailleries ;
11. agrément de boutefeux.

<u>1. Tableau récapitulatif de quelques impôts</u>

Impôts	***Taux***	***Redevables***
Impôt sur les bénéfices et profits	*30 %*	*titulaire*
Impôt foncier	*varie selon la nature de l'immeuble et sa localisation*	*titulaire du droit de propriété, de possession, d'emphytéose, de superficie, de cession, de concession ou d'usufruit et les personnes occupant, en vertu d'un bail, des biens immobiliers faisant partie du domaine*

		privé de l'État
Impôt sur les véhicules	*varie selon le poids du véhicule et sa puissance en chevaux*	*personnes physiques ou juridiques qui utilisent le véhicule sauf si ce dernier est utilisé dans l'enceinte du périmètre.*
Taxe spéciale de circulation routière	*varie selon le type de véhicule et sa puissance*	*titulaire sauf si le véhicule est exclusivement utilisé dans l'enceinte du périmètre minier.*
Impôt sur les revenus locatifs	*22 % du revenu brut annuel dont 20 % par retenue mensuelle à la source*	*le propriétaire, le possesseur ou le titulaire d'un droit réel immobilier ;* *le bénéficiaire du profit brut de la sous-location des bâtiments et terrains.*
Impôt professionnel sur les rémunérations	*varie selon les tranches (quatre) allant de 3 % à 40 % du revenu*	*employeur (légal) mais à charge de l'employé*
Impôt exceptionnel sur les rémunérations des expatriées	*12,5 % les dix premières années et 25 % (droit commun) à partir de la onzième année*	*employeur (légal et à charge).*
Impôt mobilier	*10 % pour les dividendes et autres distributions*	*titulaire ou détenteur de l'agrément*

	versées aux actionnaires *– 0 % sur les intérêts.*	
Impôt professionnel sur les prestations de services des non-résidents	*14 %*	*titulaire*
Impôt spécial sur les profits excédentaires	*50 %*	*titulaire*
Impôt spécial sur les plus-values de cession d'actions ou de parts sociales	*30 %*	*cédant*
Dotation pour contribution aux projets de développement communautaire	*minimum 0,3 % du chiffre d'affaires de l'exercice.*	*titulaire*
Provision pour réhabilitation du site	*Maximum 0,5 % du chiffre d'affaires de l'exercice.*	*titulaire*
Provision pour reconstitution de gisement	*Maximum 0,5 % du chiffre d'affaires de l'exercice.*	*titulaire*
TVA	*16 %*	*titulaire par imputation sur le consommateur. Toutefois, depuis loi des finances de 2020, auto-liquidation de la TVA à l'importation qualifiée de TVA comptable.*
Amortissement	*Linéaire*	
Report déficitaire	*5 ans suivant*	

	l'exercice déficitaire	

2. Tableau récapitulatif de quelques droits, taxes et redevances

N°	Libellé des droits, taxes et redevances	Taux/USD
01	Redevance pour agrément de comptoir d'achat et de vente des substances minérales :	
	Or	5.000,00
	Diamant	200.000,00
	Pierres de couleur	1.000,00
	Autres substances minérales	800,00
02	Redevance pour acheteur supplémentaire :	
	Or	1.500,00
	Diamant	15.000,00
	Pierres de couleur	300,00
	Autres substances minérales	150,00
03	Caution pour agrément de comptoir d'achat et de vente des substances minérales autorisées :	
	Or	2.500,00
	Diamant	50.000,00
	Pierres de couleur	700,00
	Autres substances minérales	500,00
04	Caution pour le bureau d'études géologiques	5.000,00
05	Quotité de la taxe ad valorem à payer à chaque exportation d'or, de diamant ou des pierres de couleur de production artisanale pour le Trésor public :	
	Or	7 % de 0,5 % de la valeur

		expertisée
	Diamant	*7 % de 2,5 % de la valeur expertisée*
	Autres substances minérales	*8 % de 1 % de la valeur expertisée*
06	*Taxe d'agrément de mandataire en mines et carrières*	4.500,00
07	*Taxe d'agrément de bureau d'études environnementales*	7.500,00
08	*Frais de dépôt pour agrément de bureau d'études environnementales*	500,00
09	*Frais de dépôt pour agrément de bureau d'études géologiques*	500,00
10	*Taxe sur l'autorisation d'achat de substances minérales autres que l'or et le diamant*	100,00
11	*Taxe sur l'autorisation d'exportation :*	
	- *des produits miniers autres que l'or et le diamant*	100,00
	- *des matières minérales d'exploitation artisanale à l'état brut*	
	Or	200,00
	Diamant	300,00

12	*Taxe sur l'autorisation de traitement exceptionnel des substances minérales brutes à l'extérieur du pays*	*500/lot de 30 tonnes*
13	*Droits sur la vente de cahier de charges pour l'attribution des gisements miniers*	*2 % de la valeur du gisement*
14	*Taxe sur l'autorisation de traitement ou transformation des substances autres que les produits d'exploitation artisanale*	300,00
15	*Droits superficiaires annuels par carré*	*50 % des droits superficiaires annuels*

		par carré
16	Redevance minière :	% de la valeur commerciale brute
	Matériaux de construction d'usages courants	0 %
	Fer et métaux ferreux	1 %
	Minéraux industriels :	1 %
	- Gypse	
	- Kaolin	
	- Dolomie	
	- Calcaire à ciment	
	- Sables de verrerie	
	- Fluorine	
	- Diatomites	
	- Montmorillonite	
	- Barytine	
	- Talc	
	- Calcaire à chaux	
	Hydrocarbures solides et autres substances non citées	1 %
	Métaux non ferreux et/ou de base	3,5 %
	Métaux précieux	3,5 %
	Pierres précieuses et de couleur	6 %
	Substances stratégiques	10 %

17	Redevance annuelle pour les entités de traitement et/ou de transformation et de tailleries :	
	Catégorie A	50.000,00
	Catégorie B	100.000,00

	Catégorie C		*100.000,00*
	Entité de transformation		*100.000,00*
	Entité des tailleries		
	-	*Grande entité*	*200.000,00*
	-	*Petite entité*	*100.000,00*
18	*Droits sur la vente des publications du ministère des Mines :*		
	Répertoire des opérateurs du secteur des mines et de carrières		*75,00*
	Guide de la coopérative minière ou des produits de carrière agréée et de l'exploitant artisanal		*10,00*
	Bulletin de statistiques minières		*50,00*
	Déclaration de l'exploitant artisanal		*5,00*
19	*Taxe d'agrément d'acheteur de comptoir d'or et/ou de diamant*		*1.000,00*
20	*Taxe d'agrément d'entité de traitement et/ou de transformation :*		
	- Catégorie A		*5.000,00*
	- Catégorie B		*3.500,00*
	- Catégorie C		*3.000,00*
21	*Taxe d'agrément de laboratoire d'analyse des produits miniers marchands*		*5.000,00*
22	*Taxe d'agrément d'acheteur de comptoir d'achat et de vente des substances minérales de production artisanale (autres que l'or et/ou le diamant)*		*500,00*
23	*Taxe d'agrément de coopérative minière*		*5.000,00*
24	*Droits sur le bonus de signature*		*10 % de la valeur de l'offre retenue*
25	*Redevance annuelle anticipative pour le laboratoire d'analyse des produits miniers marchands*		*150.000,00*

26	Redevance annuelle anticipative pour le bureau d'études géologiques	10.000,00
27	Taxe sur l'exportation des échantillons destinés aux analyses et essaies industriels :	
	Frais de dépôt de la demande d'Autorisation d'exportation des échantillons pour analyse à l'étranger :	0,2/kg
	- Substances précieuses	
	- Autres substances de 1 à 100 kg	
	Échantillons exportés en violation de l'article 50 alinéa 3 du Code minier	Imposition au taux de droit commun
	Échantillons vendus aux tiers au profit ou par le fait du titulaire avant ou après analyse ou essai	
	Exportation des échantillons qui revêt un caractère commercial	
28	Droit d'enregistrement des dragues, toutes catégories	1.000,00
29	Taxe sur l'autorisation de la vente des substances minérales précieuses trouvées occasionnellement	5 % de la valeur commerciale brute
30	Pas de porte	1 % de la valeur du gisement étudié, documenté ou travaillé des périmètres miniers appartenant à l'État
31	Amendes traditionnelles	Du triple au quintuple du taux de l'acte éludé

Source : Arrêté interministériel n° 0001/Cab.Min/Mines/01/2019 et Cab.Min/Finances/ 2019/009 du 22 février 2019 fixant les taux des droits, taxes et redevances à l'initiative du ministère des Mines.

3. Tableau récapitulatif de quelques droits douaniers

Droits	*Taux*
Exportation des échantillons	*Exonérée (mais les frais de dépôt pour la demande d'autorisation d'exportation est due de l'ordre de 0,2 USD/kg).* *En cas de fraude ou d'exportation ayant un caractère commercial ou encore de vente aux tiers : paiement au taux de droit commun.*
importation des biens d'équipements à vocation minière	*– avant le commencement de l'exploitation effective : 2 % de droit d'entrée ;* *– à partir du commencement de l'exploitation effective : 5 %* *– à la sixième année de l'octroi du titre ou de la date d'agrément : droit commun*
Importation des biens intermédiaires et consommables	*10 %*
Carburants et lubrifiants	*5 %*
Exportation en rapport avec le projet minier	*Exonérée. Cependant, paiement des frais en rémunération des services rendus de l'ordre de 1 % de la valeur commerciale brute des produits marchands*
Droits de consommation et d'accises	*Droit commun*

Article 220 ter : Du régime des impôts et taxes d'intérêt commun, à percevoir au profit des provinces et autres entités décentralisées

Le titulaire est soumis, au profit des provinces et autres entités décentralisées, dans le cadre de ses activités minières :

a. Aux impôts suivants :

1. impôt foncier ;

2. impôt sur les véhicules ;

3. impôt sur les revenus locatifs.

b. Aux taxes d'intérêts communs suivants :

1. la taxe spéciale de circulation routière ;

2. la taxe de superficie sur les concessions minières.

Les impôts, droits, taxes et redevances prévus dans le présent article, sont perçus conformément à la législation sur les recettes des provinces et des entités territoriales décentralisées.

Cette disposition prévoit les impôts, taxes, droits et redevances dus aux provinces et entités décentralisées.

Article 220 quater : Du régime des taxes, droits et redevances applicables aux activités autres qu'activités minières du titulaire

Sans préjudice des dispositions de l'article 234 alinéa 3 du présent Code, le titulaire est soumis, dans le cadre de l'exercice des activités autres que ses activités minières, aux autres droits, taxes et redevances de la compétence du Pouvoir central et de celui des provinces et des entités territoriales décentralisées prévus par les lois fixant nomenclature ainsi qu'aux redevances et taxes rémunératoires qui contribuent aux frais de fonctionnement des services publics personnalisés.

Cette disposition fait l'objet des interprétations en tous sens parce qu'elle comporte l'idée de l'assouplissement du principe de l'exhaustivité des impôts, taxes, droits et redevances dus.

La question a été posée à propos du paiement par les assujettis de la taxe de promotion de l'industrie (TPI) en faveur du Fonds de promotion de l'industrie (FPI).

Les points de vue ont divergé.

Pour les opérateurs miniers, le caractère exhaustif et exclusif du régime fiscal, non fiscal et douanier ne leur permet pas de payer une taxe qui ne figure pas aux articles 220 bis et ter ;

Du côté du gouvernement, il n'y a pas eu unanimité sur la question.

D'après les ministères des Finances et des Mines, la TPI n'étant pas prévue par le CM, elle ne doit pas être payée par les opérateurs miniers ;

Par contre, pour les ministères du Commerce extérieur, de l'Économie nationale, de l'Industrie, ainsi que la DGDA et le FPI, la perception de la TPI sur les miniers est conforme aux lois de la République. En effet, elle est un prélèvement parafiscal pré-affecté, perçu aux frontières par la DGDA et payée au FPI qui n'est ni un pouvoir central, ni une province ni encore une ETD.

En effet, poursuivent-ils, l'exhaustivité prévue dans cette disposition ne vise pas les redevances et taxes rémunératoires contribuant au fonctionnement des Établissements publics ayant une personnalité juridique. C'est le cas du FPI.

Ils étayent leur argument en montrant que les miniers paient la taxe OGEFREM et la Redevance logistique terrestre (RLT) à l'OCTP (ex-ONATRA) sur toutes les marchandises importées alors que ces taxes ne sont pas citées dans le CM.

Face à cette contradiction entre institutions publiques relevant du gouvernement central, un arbitrage a été sollicité auprès du Premier ministre, Chef du Gouvernement lequel a pris position pour la taxation en faveur du FPI.

Ainsi, par sa lettre n° CAB/PM/MDpM/TK/2019/0162 du 13 février 2019, le Premier ministre a instruit au Gouvernement de faire payer la TPI aux opérateurs miniers.

C'est sur cette base que cette taxe est due par tous les contribuables visés.

Article 221 : Des modifications du régime fiscal et douanier

Sous réserve des dispositions de l'article 222 ci-dessous, le régime fiscal et douanier défini dans le présent Code ne peut être modifié que conformément aux dispositions de l'article 276 du présent Code.

Cette disposition rappelle que les assujettis bénéficient de la garantie de stabilité pendant cinq ans telle que prévue à l'article 276 du présent code.

En d'autres termes, le régime fiscal, douanier et de change actuellement existant en ses taux et nomenclature reste le seul applicable aux assujettis pendant une période de cinq ans depuis la promulgation du CM ou de l'octroi du titre minier ou de carrières. Ainsi, si le Parlement modifie le CM avant 2023, les nouveaux taux et les nouveaux impôts, taxes, droits et autres redevances ne s'appliqueront pas aux assujettis actuels.

Dans cette disposition, il convient de faire observer que le législateur fait référence à l'article 222 qui est pourtant abrogé. Celui-ci prévoyait que « si une législation de droit commun adoptée ou promulguée sur le territoire national postérieurement à la date d'entrée en vigueur du présent Code, prévoit des dispositions fiscales ou douanières plus favorables que celles contenues dans le présent Code, ces nouvelles dispositions sont immédiatement applicables de plein droit dès leur entrée en vigueur ».

Sous l'actuel code minier, les taux et la nomenclature ne changent pas, qu'ils soient favorables ou défavorables à ceux existants.

Exemple : si à ce jour, la société NZOMWEL paie les droits de douane à 10 % alors que le taux de droit commun est de 15 %. Si par une modification du code de douane, ce taux baisse à 5 %, l'assujetti continuera de payer 10 %. Ce qui n'était pas le cas sous le CM de 2002.

Article 222 : (abrogé).

Article 223 : (abrogé).

Article 224 : De la procédure fiscale et douanière

Sans préjudice des dispositions du présent Code, la procédure fiscale et douanière applicable est celle du droit commun.

Les assujettis sont tenus de respecter la procédure de droit commun en matière fiscale, douanière et de change.

Chapitre II :
Du régime douanier

SECTION I : DES GENERALITES

Article 225 : De la liste des biens bénéficiant du régime privilégié

Avant de commencer les travaux, le titulaire d'un droit minier de recherche ou d'exploitation, le titulaire d'une autorisation d'exploitation de carrières permanente, autre que celle des matériaux de construction d'usage courant, le détenteur d'un agrément au titre de l'entité de traitement et/ou de transformation agréée, présentent la liste comprenant le nombre et la valeur des biens mobiliers, des équipements, des engins directement liés aux techniques minières et opérations extractives minérales et intrants qui rentrent dans le champ d'application du régime privilégié prévu dans la présente loi. La liste est préalablement approuvée par arrêté conjoint des ministres ayant les Mines et les finances dans leurs attributions dans les soixante jours ouvrables suivant la réception de la lettre de demande d'approbation au ministère en charge des Mines.

Si au terme de ce délai, aucune réponse n'est donnée, la liste est réputée approuvée, le récépissé de dépôt faisant foi. Dans ce cas, les autorités compétentes sont tenues de délivrer l'Arrêté d'approbation, endéans sept jours francs.

En cas de refus d'approbation de la liste, la décision doit être écrite et motivée.

Cette liste indique les catégories des matériels, des biens et des équipements non obsolètes, nécessaires respectivement à la phase de la recherche, de la construction et du développement ainsi qu'à la phase de l'exploitation du projet bénéficiaire du régime douanier défini ci-dessous.

Les provisions en consommables, réactifs et celles en produits d'entretien nécessaires à l'usage quotidien, mais non directement liées à l'activité minière, sont exclues desdites listes.

L'importation par le titulaire ou ses sous-traitants des matériels, biens, équipements et autres biens qui ne figurent pas sur les listes approuvées, est soumise aux dispositions du régime de droit commun.

Le Règlement Minier fixe les modalités d'organisation et de fonctionnement de la Commission Interministérielle appelée à assister les ministres dont question à l'alinéa 1er ci-dessus.

1. De la Commission interministérielle d'approbation des listes des biens *(art. 517 à 519 RM)*

La Commission interministérielle d'approbation des listes des biens à importer sous le régime douanier privilégié a pour missions principales de veiller à ce que la liste des biens pour lesquels l'assujetti sollicite le bénéfice du régime douanier privilégié ne comprenne que les biens à vocation strictement minière ; émettre les avis sur l'importation des biens repris sur les listes et tenir les statistiques relatives au montant des investissements destinés aux importations des biens et équipements dans le secteur minier.

Elle est composée de quatorze membres nommés par un arrêté interministériel des ministres ayant les Mines et les Finances dans leurs attributions, sur proposition des ministères et services suivants :

– un délégué du cabinet du Premier ministre ;

– six délégués du ministère des Mines, dont trois pour la direction des mines, y compris le directeur, un pour la direction de géologie, un pour la DPEM et un pour le SAEMAPE ;

– un délégué du cabinet du ministre des Mines ;

– un délégué du cabinet du ministre des Finances ;

– un délégué de la DGDA ;

– un délégué du ministère de la Défense nationale ;

– un délégué de la BCC ;

– un délégué de l'OCC ;

– un délégué de l'ANAPI

La présidence est assurée par le directeur de la direction des mines alors que le secrétaire-rapporteur est le représentant de la DGDA.

Le Président convoque la Commission interministérielle dans les cinq jours qui suivent chaque dépôt d'une demande d'approbation d'une liste.

La Commission ne peut siéger valablement que si les deux tiers de ses membres ou leurs suppléants sont présents. Elle délibère à la majorité simple. En cas d'égalité des voix, celle du Président est prépondérante.

La fin des délibérations est sanctionnée par un procès-verbal et un avis signés par le Président et le secrétaire rapporteur de la commission interministérielle.

2. De la procédure d'approbation et de l'arrêté interministériel *(art. 512 à 516 RM).*

L'élaboration de la liste des biens et son approbation sont des activités qui sont préalables au commencement des travaux et doivent se réaliser dans les délais prévus à l'article 197 du CM. Lesdites activités concernent les travaux de recherche, d'exploitation et d'extension. Il doit s'agir des biens qui ont une vocation strictement minière.

Le dépôt de la demande par l'assujetti se fait au secrétariat de la commission avec copie du ministre des Finances.

La demande comprend notamment la liste des biens, la copie des titres miniers ou de carrières, la description du projet, la motivation de la nécessité d'importer les biens de l'extérieur suivie de la démonstration de l'impossibilité de trouver lesdits biens en RDC, le rapport d'apurement de la liste contenant la valeur totale des biens à importer.

Au dépôt, la demande est inscrite dans le registre de la commission et un récépissé est délivré par le secrétariat permanent de la commission.

La commission procède à l'instruction de la demande conformément à l'article 513 du RM et rend son avis favorable ou défavorable qui est transmis au ministre des Mines.

Dans les soixante jours de la transmission de l'avis, le ministre des Mines et celui des finances signent un arrêté interministériel d'approbation ou de désapprobation de la liste.

Si les ministres ne signent pas l'arrêté interministériel dans le délai prévu, la liste est réputée approuvée. En conséquence, ils sont dans l'obligation de signer l'arrêté d'approbation de la liste. Ils ne pourraient plus la désapprouver en cas de dépassement du délai fixé.

Cependant, il se pose des problèmes dans la pratique : comment déverrouiller le système « sidonia » en cas de liste réputée approuvée à la suite du dépassement de délai en l'absence d'un arrêté interministériel ?

En effet, l'agent commis de la DGDA ne pourra poursuivre la procédure d'importation en faveur du titulaire qu'en insérant un arrêté avec les mentions de ses références en vue de déverrouiller le système « sidonia ».

En tout état de cause, l'assujetti sera malheureusement tenu d'attendre la signature effective dudit arrêté. Mais il n'est pas exclu que les ministres concernés persistent à ne pas signer ledit arrêté malgré le dépassement de délai. Comment remédier à cette situation ?

Face à la difficulté récurrente, d'une part, de l'absence d'arrêté interministériel d'approbation dans le délai de soixante jours, et d'autre part, du mécanisme d'enclenchement pour l'importation desdits biens en l'absence du premier, il serait intéressant d'imaginer un système où la direction des mines qui préside la commission délivre au titulaire une attestation de non décision dans le délai prescrit. Le format de cette attestation avec ses coordonnées fera l'objet d'une configuration dans le système « sidonia » en vue de déverrouiller le système.

3. Possibilité d'ajouter en quantité les biens figurant sur la liste

Il est reconnu à l'assujetti qui souhaite ajouter des quantités des biens figurant sur la liste de soumettre un avenant lequel suivra la même procédure que la demande initiale.

Il convient de noter que l'avenant ne pourrait pas concerner de nouveaux types des biens. Il doit s'agir des mêmes biens dont la catégorie ou la quantité s'est révélée insuffisante à la suite des travaux (art. 516 RM).

Exemple : si la liste comportait l'importation de 10 excavateurs alors que les travaux sur terrain en exigent 15. Il sera autorisé d'ajouter les 5 excavateurs nécessaires. Par contre, il ne sera pas possible d'ajouter des groupes électrogènes qui n'ont jamais figuré sur la liste initiale.

La liste de biens est donc figée non pas en quantité mais en genre c'est-à-dire que l'ajout de nouvelles catégories de biens est interdit sauf s'il s'agit des travaux d'extension.

Article 226 : De l'exportation des échantillons

Dans le cadre du projet, l'exportation par le titulaire des échantillons destinés aux analyses et essais industriels est exonérée de tout droit de douane ou autre contribution, de quelque nature que ce soit, à la sortie du Territoire National.

Nonobstant les dispositions de l'article 234 du présent Code, les échantillons exportés en violation de l'article 50 alinéa 3 du présent Code sont soumis à toute imposition de droit commun.

Les échantillons vendus aux tiers au profit ou par le fait du titulaire, avant ou après analyse, sont imposables au taux de droit commun.

Est également imposable, toute exportation d'échantillons qui revêt un caractère commercial. Il en est ainsi notamment des échantillons exportés en quantité exorbitante par rapport aux besoins raisonnables d'analyse.

Sans préjudice des dispositions du présent article, les exportations des échantillons visées aux alinéas 2, 3 et 4 du présent article sont soumises au paiement d'une taxe sur exportation des échantillons.

L'exportation des échantillons est exonérée de tout droit de douane.

Néanmoins, il convient de noter que les frais de dépôt pour la demande d'autorisation d'exportation des échantillons est due : 0,2 USD/kg.

L'article 527 octies du RM n'est pas conforme au CM lorsque son écriture laisse penser que les frais administratifs de l'ordre de 0,2 USD/kg sont dus uniquement en cas d'exportation frauduleuse ou irrégulière.

En effet, l'exonération des droits de sortie pour les échantillons n'empêche nullement le paiement des frais administratifs sus-indiqués.

Cependant, en cas d'exportation frauduleuse ou irrégulière prévues aux alinéas 2, 3 et 4, l'assujetti n'est plus exonéré des droits de sortie. Il les paie à titre de sanction au taux de droit commun.

Il convient de rappeler que c'est la direction de géologie qui détermine les quantités supposées être en deçà du seuil commercial des échantillons. Cette correspondance est transmise au directeur général de la DGDA qui, à son tour, adresse une lettre de procédure au titulaire et à la direction provinciale de la douane.

En cas de dépassement de quantité par le titulaire, la sanction prévue ci-dessus lui est appliquée.

Une coquille s'est glissée : le renvoi fait à l'alinéa 2 concerne l'article 50 bis, alinéa 5 et non pas l'article 50 alinéa 3.

Article 227 : (abrogé).

Article 228 : De la mise en consommation sur le Territoire National des biens importés

Les matériels, les biens et les équipements importés sous le régime privilégié en matière douanière ne peuvent être cédés sur le Territoire National sans l'autorisation de l'Administration des douanes. Le contrevenant à cette disposition s'expose aux pénalités édictées par la réglementation des douanes. La mise en consommation desdits matériels, biens et équipements est subordonnée au paiement des droits et taxes restant dus, au taux en vigueur à la date de la cession, calculés sur la base de la valeur résiduelle réactualisée établie à partir des éléments de la déclaration d'importation initiale.

Cette disposition pose le principe général qui s'applique aux biens importés sous le régime privilégié ou d'exonération.

En effet, selon l'article 148 de l'ordonnance-loi n° 10/002 du 20 août 2010 portant code de douane « lorsque des marchandises sont mises à la consommation au bénéfice des taux réduits ou nuls à l'importation en raison de leur utilisation à des fins particulières, elles restent sous le contrôle de la douane ». En d'autres termes, lesdits biens restent sous sujétions douanières jusqu'à ce que sa valeur devienne nulle.

En attendant, ils ne peuvent pas faire l'objet d'une cession sans l'autorisation de la DGDA. En cas de cession, les droits et taxes restant dus doivent être payés.

La valeur résiduelle est calculée en partant de la valeur d'acquisition déclarée à la douane à l'entrée sur laquelle on applique un taux de dépréciation par année d'utilisation. Un appel à expert assermenté est donc requis pour déterminer la valeur résiduelle.

Illustration

Un titulaire importe des concasseurs au taux de 2 % alors que le taux de droit commun est de 10 %.

Au bout de trois ans, il veut les revendre. Pour assurer une vente régulière sur le territoire national, un expert assermenté détermine sa valeur résiduelle actuelle. De là, le titulaire paie les 8 % restants de la valeur actuelle à la douane ainsi que les autres droits et taxes normalement dus au moment de la revente.

La douane y applique une déduction par année d'utilisation pour usure.

Article 229 : Des conséquences de l'arrêt du projet à/ou avant terme

Dans le cas où le projet est arrêté à/ou avant terme, les matériels, biens et équipements qui ont bénéficié du régime privilégié en matière douanière doivent, soit être réexportés, soit être mis en consommation sur le Territoire National après ajustement du régime douanier par le paiement des droits et taxes restant dus calculés sur la base de la valeur résiduelle réactualisée établie à partir des éléments de la déclaration d'importation initiale.

La déclaration de l'arrêt des travaux est immédiatement faite aux Administrations des douanes, des recettes non fiscales, des impôts et des mines.

Si pour une raison quelconque, le projet minier ou de carrière s'arrête avant terme, le titulaire est dans l'obligation d'informer par écrit la DGDA, la DGI, la DGRAD et la direction des mines. Contrairement au CM de 2002, il apparaît que le législateur de 2018 a voulu accroître le contrôle, après arrêt ou cessation avant terme du projet, de la circulation des biens bénéficiaires du régime privilégié en étendant l'obligation d'information à la DGI et à la DGRAD.

Il s'agit d'une obligation assortie de sanctions douanières, fiscales ou non-fiscales. En effet, comme le titulaire est sous le régime d'exonération, les différents services cités doivent être informés en vue de prendre des précautions au cas où les biens du titulaire devraient être mis en consommation sur le territoire national.

Quel est le sort des biens importés par l'assujetti sous le régime privilégié ?

Le législateur lui reconnaît deux possibilités :

– soit, être réexportés : dans ce cas, la DGDA fixe les conditions de réexportation. Bien souvent, l'exportation se fera sans droits de sortie ;

– soit, mettre en consommation sur le territoire national en payant les droits et taxes dans les mêmes conditions que l'hypothèse prévue à l'article 228 du CM (voir commentaires y afférents).

En effet, la mise en consommation est définie comme « le régime douanier qui permet aux marchandises importées d'être mises en libre circulation dans le territoire douanier de la RDC après paiement des droits et taxes à l'importation éventuellement exigibles et accomplissement de toutes les formalités douanières nécessaires » (art. 146 de l'ord-loi du 20 août 2010 portant code de douane).

Illustration

Un titulaire importe des matériels au taux de 5 % alors que le taux de droit commun est de 10 %. Au bout de deux ans, les conditions de continuation de l'exploitation ne sont plus possibles. Il décide d'arrêter le projet.

– première possibilité : il décide de réexporter lesdits matériels. En pareil cas, il le fait sous les conditions que la DGDA lui fixe dans la lettre de procédure adressée par son directeur général ;

– deuxième possibilité : il décide de mettre en consommation sur le territoire national. Dans cette hypothèse, il paie les 8 % restants de la valeur résiduelle

déterminée par l'expert assermenté à la douane ainsi que les autres droits et taxes normalement dus au moment de la revente.

La douane applique au prix une déduction par année d'utilisation pour usure.

Article 230 : Du transfert des biens, matériels et/ou équipements

En cas de pluralité de titres miniers détenus par le titulaire et/ou la société d'exploitation, le transfert des biens, matériels et/ou équipements d'un projet à l'autre doit faire l'objet d'une information écrite préalable à l'administration des douanes.

Dans le cas d'un transfert des matériels utilisés dans le cadre d'un titre minier donné, sur le projet afférent à un autre titre minier appartenant à un titulaire différent, ce titulaire cessionnaire, doit bénéficier d'un régime douanier similaire à celui de la partie cédante et celle-ci doit, pour ce faire, obtenir par écrit l'autorisation préalable de l'Administration des douanes.

Le transfert des biens importés sous le régime privilégié est soumis à deux régimes différents : celui de l'information écrite préalable et celui de l'autorisation préalable.

Illustration

– la société TANKOY est titulaire de trois titres miniers : CE 7, CE 8, CE 9. Les véhicules pour exploitation ont été importés pour le CE 7. Pour raisons diverses d'exploitation, le titulaire veut transférer les véhicules du CE 7 au profit du CE 8. En pareil cas, il est tenu d'adresser, avant ledit transfert, une lettre d'information au directeur général de la DGDA qui, en retour, en prend acte ;

– la société MOUKARAME est titulaire du CE 14 alors que la société TANKOY est titulaire du CE 7. Le titulaire du CE 14 veut transférer les biens au titulaire du CE 7, il devra requérir l'autorisation préalable de la DGDA avant le transfert.

L'omission d'autorisation préalable de la DGDA entraîne de graves sanctions douanières.

En effet, il y a quelques années, un transfert de matériels d'une société minière K, au profit de l'une des sociétés du Groupe G. sans autorisation préalable de la DGDA lui a valu une lourde sanction par le paiement de fortes pénalités.

L'on comprend que le régime d'information préalable est différent de celui d'autorisation préalable parce que dans cette dernière hypothèse, la DGDA a le droit de refuser le transfert alors que dans le premier cas, elle ne peut pas refuser.

Article 231 : De l'importation en franchise temporaire

Les biens, équipements et matériels introduits par le titulaire sur le Territoire National et destinés à être réexportés sont admis temporairement en franchise de droits de douane sur autorisation de l'Administration douanière pour un délai de six mois. Ce délai peut être prorogé deux fois pour la même durée si pour des raisons indépendantes de la volonté du titulaire, il ne peut être respecté.

Il est reconnu au titulaire le bénéfice de l'importation en franchise temporaire. Celle-ci est définie comme le régime douanier qui permet l'introduction en RDC, en suspension totale ou partielle des droits et taxes, de certaines marchandises importées dans un but défini et destinées à être réexportées, dans un délai déterminé, sans avoir subi de modification, exception faite de leur dépréciation normale par suite de l'usage qui en est fait (art. 194 du code de douane). Le délai de réexportation est fixé à six mois avec possibilité de proroger deux fois, soit un total de 18 mois.

Le délai maximum de 18 mois prévu dans la présente disposition déroge à l'article 198, littera 2 du code de douane qui fixe une durée ne pouvant excéder 12 mois. En effet, le droit minier étant un droit spécial, sa disposition est dérogatoire au droit commun.

Illustration

Pour raison de sa recherche, la société SELEBAY importe un matériel d'équipement avec mention que celui-ci devra être réexporté dans un délai de six mois parce que le besoin de son importation aura été atteint. Une telle importation est faite en franchise temporaire et donc exonérée des droits et taxes.

Selon le CM, ce bien devra être réexporté dans un délai de six mois avec possibilité de proroger le même délai deux fois, soit un total maximum de dix-huit mois.

Si le titulaire ne veut plus le réexporter et qu'il le met en consommation sur le territoire national, on appliquera l'article 228 du CM (voir commentaires y afférents).

SECTION II : DES REGIMES APPLICABLES AUX DIFFERENTES PHASES DU PROJET

Article 232 : Des droits d'entrée aux taux préférentiels

Avant la date de commencement de l'exploitation effective de la mine constatée conformément aux dispositions du présent Code et du Règlement miniers, tous les biens d'équipements à vocation strictement minière importés par le titulaire d'un droit minier, le titulaire d'une Autorisation d'exploitation de carrière permanente, autre que celle des matériaux de construction d'usage courant, le détenteur d'un agrément au titre d'entité de traitement et/ou de transformation agréée et le sous-traitant sont soumis à un droit d'entrée au taux de 2 %, pour autant que ces biens figurent sur la liste prévue à l'alinéa premier de l'article 225 du présent Code.

À partir de la date de commencement de l'exploitation effective, constatée conformément aux dispositions du présent Code et du Règlement minier, pendant une période se terminant à la fin de la troisième année à compter de la date de la première production, tous les biens à vocation strictement minière, importés par le titulaire d'un droit minier, le titulaire d'une Autorisation d'exploitation de carrière permanente, autre que celle des matériaux de construction d'usage courant, le détenteur d'un agrément au titre d'entité de traitement et/ou de transformation agréée et le sous-traitant sont soumis au taux unique de 5 %, à condition que ces biens figurent sur la liste prévue à l'alinéa premier de l'article 225 du présent Code.

Tous les biens intermédiaires et autres consommables sont taxés au taux de 10 % de droits de douane.

Dans tous les cas, les carburants et lubrifiants destinés aux activités minières sont soumis au taux de 5 %.

Les droits d'accises sont perçus conformément au droit commun.

Sans préjudice des dispositions de l'article 233 du présent Code, le titulaire d'un Permis d'exploitation, d'une Autorisation d'exploitation de carrières permanente, autre que celle des matériaux de construction d'usage courant qui entrent en phase de production, cessent de bénéficier du régime douanier préférentiel à partir de la sixième année à compter de la date de l'octroi du titre. Les entités de traitement agréées, les détenteurs des agréments au titre des entités de traitement agréés et les sous-traitants cessent de bénéficier du régime douanier préférentiel à partir de la sixième année à compter de la date de l'agrément.

Phase	***Période***	***Catégorie de biens***	***Taux applicable***
Avant l'exploitation	*Toute la durée avant exploitation*	*Importation des biens d'équipements qui sont sur la liste approuvée*	2 %
Pendant l'exploitation effective	*De la première à la troisième année*	*Importation des biens d'équipements qui sont sur la liste approuvée*	5 %
Octroi du titre ou agrément pour entités de traitement ou de transformation	*À partir de la sixième année*	*Importation des biens d'équipements*	*Fin du régime douanier préférentiel.* *Application du taux de droit commun. L'on présume que l'assujetti peut récupérer son investissement dans les cinq ans*

			et rien ne justifierait la continuation du régime préférentiel à partir de la sixième année.

Illustration

– la société Mourantal a obtenu son titre le 21 juillet 2020, quelle que soit la phase de développement à laquelle elle se trouve, ce titre tombe dans le régime douanier de droit commun à partir du 20 juillet 2026. Par conséquent, ses importations subiront les taux de droit commun et non pas ceux du régime préférentiel.

Biens ou produits	***Taux pour importation***	***Observations***
droits d'accises	*Droit commun*	
Carburants et lubrifiants	*5 %*	
Biens intermédiaires et autres consommables	*10 %*	*Ce taux est supérieur à celui du droit commun*

N.B. Le taux des biens intermédiaires et des autres consommables de 10 % fixé à l'alinéa 3 du présent article est supérieur au taux de 5 % fixé par le droit commun. La question qui se pose est de savoir si le titulaire peut opter pour le taux du droit commun. La réponse est négative parce que l'article 222 qui accordait aux miniers la possibilité de choisir le régime fiscal et douanier favorable a été abrogé.

L'ancien article 222 disposait que « si une législation de droit commun adoptée ou promulguée sur le territoire national postérieurement à la date d'entrée en vigueur du présent Code, prévoit des dispositions fiscales ou douanières plus favorables que celles contenues dans le présent Code, ces nouvelles dispositions sont immédiatement applicables de plein droit dès leur entrée en vigueur ».

Actuellement, la garantie de stabilité peut être positive ou négative à l'endroit de l'assujetti. Elle est positive si le taux est favorable au titulaire ou au détenteur de l'agrément de l'entité de traitement ou de transformation par rapport au droit commun. Ce sera le cas le plus souvent sinon le régime ne serait pas qualifié de préférentiel.

Par contre, elle est négative si exceptionnellement le taux du code minier est supérieur à celui du droit commun actuel ou ultérieur et donc défavorable à l'assujetti.

Enfin, l'on pourrait s'interroger sur la portée des concepts « biens intermédiaires et consommables ». Il existe un flou à ce propos. Les opérateurs miniers et l'administration des douanes y vont en sens opposé, chacun conférant aux biens intermédiaires et consommables sa propre étendue selon les intérêts de son service.

Il est urgent qu'un décret du Premier ministre fixe les contours de ces concepts amphibologiques pour éviter d'entretenir les interprétations divergentes entre l'administration de douane et les opérateurs miniers.

Article 233 : Des importations dans le cadre des travaux d'extension sur un même périmètre

Le titulaire d'un titre minier qui réalise un investissement d'extension après la mise en exploitation de la mine, le titulaire d'une Autorisation d'exploitation de carrières permanente, autre que celle des matériaux de construction d'usage courant et l'entité de traitement et/ou de transformation agréée peuvent pour le matériel, les équipements et les intrants à importer dans ce cadre, bénéficier du régime douanier préférentiel prévu aux alinéas 2, 3 et 4 de l'article 232 du présent Code pour autant qu'il introduise une demande auprès du Cadastre minier et démontre que les travaux à réaliser ont pour objet l'augmentation de la capacité de production de la mine ou de l'entité de traitement et/ou de transformation agréée en question d'au moins 30 %.

La demande indique la date à laquelle seront achevés les travaux d'extension.

Dans l'hypothèse où les travaux d'extension ne sont pas achevés de la manière ou dans le délai indiqué au moment de la demande visée à l'alinéa 1er ci-dessus et/ou dans l'hypothèse où la capacité de production n'augmente pas effectivement de 30 % et ce, conformément aux modalités fixées par le Règlement minier, le titulaire est rétroactivement redevable, sur les importations réalisées, des droits d'entrée au taux applicable en phase d'exploitation.

Toutefois, en cas de fraude sur la déclaration lors de l'importation en rapport avec la présente disposition, le titulaire est passible des droits d'entrée et de la Taxe sur la Valeur ajoutée à l'importation au taux du droit commun.

La disposition reconnaît au titulaire ou détenteurs d'agrément d'entité de traitement et de transformation la possibilité d'importer les biens d'équipements sous le régime préférentiel en cas d'extension des travaux. Mais les travaux doivent nécessairement être en phase d'exploitation effective de la mine et non pas avant.

La demande du bénéfice du régime préférentiel d'importation doit être adressée non pas à la commission interministérielle d'approbation des listes mais au CAMI.

Cette demande fait l'objet d'instruction cadastrale, technique et environnementale (art. 520 bis RM).

Le fait pour un titulaire ou un détenteur d'agrément de ne pas finir ses travaux alors qu'il a bénéficié d'un régime préférentiel peut être considéré comme une tentative de fraude à l'importation.

L'auteur fautif de l'acte paiera les droits et taxes au taux du droit commun de manière rétroactive.

Il en sera de même si la capacité de production du titulaire ou du détenteur d'agrément n'augmente pas d'au moins 30 % par rapport à ce qui est prévu dans l'étude de faisabilité.

Article 234 : Du droit de sortie

Sans préjudice des dispositions de l'article 226 alinéa 2 à 4 du présent Code, le titulaire est totalement exonéré à la sortie, pour ses exportations en rapport avec le projet minier, de tous droits de douane et autres contributions, de quelque nature que ce soit.

Toutefois, outre l'application de l'imposition de droit commun, les exportations frauduleuses et irrégulières réalisées par le titulaire sont soumises aux amendes et pénalités prévues dans la législation douanière.

Les redevances et frais en rémunération des services rendus à l'exportation des produits marchands ou des biens à l'exportation temporaire pour perfectionnement ne peuvent excéder 1 % de leur valeur commerciale brute.

L'alinéa 1er de cette disposition pose le principe de l'exonération à la sortie pour les exportations de tous droits de douane et autres contributions.

Il y a là une malfaçon légistique quant à l'usage du concept « contribution » en lieu et place d'« impôt ».

Dans ce premier alinéa, le législateur évoque les exportations en lien avec le projet minier lequel vise les activités minières ou de carrières qui conduisent à la découverte ou l'exploitation d'un gisement. Or, l'activité minière est elle-même définie par le législateur comme tous services, fournitures ou travaux de l'art des mines directement liés à la recherche, à l'exploitation minière et au traitement et/ou transformation des substances minérales, y compris les travaux de développement, de construction et d'infrastructure (art. 1er, littera 2, CM).

En d'autres termes, sont exonérés aussi bien les biens d'équipements du titulaire que ses produits marchands. Ainsi, par exemple, les biens soumis à la réexportation prévus aux articles 229 et 231 du présent code doivent être exonérés.

Il convient de préciser que l'exonération ne concerne que les droits de douane et tous autres impôts qui sont qualifiés de prélèvements sans contrepartie.

Cependant, si le titulaire est malheureusement en fraude à la loi, il sera soumis au paiement des amendes et autres pénalités à titre de sanction.

Par contre, pour compenser les services rendus en relation avec l'exportation, le titulaire ou le détenteur de l'agrément de l'entité de traitement ou de transformation est tenu de payer une redevance de l'ordre de 1 % de la valeur commerciale brute. Cette valeur est celle de la sortie desdits produits du site de l'extraction ou des installations de traitement pour expédition.

La redevance est ici une taxe dont la contrepartie est le travail effectué ainsi que la logistique utilisée par les services impliqués.

En d'autres mots, le titulaire est exonéré du paiement de l'impôt (douanier et fiscal) pour ses exportations mais il paie la taxe non fiscale pour divers services rendus.

Avis consultatif de la Cour de cassation sur l'article 234 et paiement de 1 %

L'alinéa 3 de cette disposition a fait l'objet d'un avis consultatif de la Cour de cassation sous RL 038 du 03 avril 2014 sur requête du ministre de la Justice. Par requête du 27 janvier 2014, le ministre de la Justice sollicite l'interprétation des articles 234 du CM ; 520 du RM et 7, litteras b et c des Statuts créant le CEEC. En effet, les deux premiers textes consacrent le principe du paiement d'une redevance et frais en rémunération des services rendus à l'exportation des produits marchands qui ne pourrait excéder 1 % de la valeur commerciale brute.

À son tour, l'article 7 des Statuts du 07 juin 2011 du CEEC dispose que « les ressources du CEEC sont constituées notamment de :

a) ...

b) une quotité sur les redevances et frais en rémunération des services rendus à l'exportation des produits miniers ;

c) frais d'expertise et d'analyse fixés à 1 % de la valeur des substances minérales précieuses et semi-précieuses, métaux précieux et métaux rares associés ou non, exportés par les sociétés industrielles ».

Le ministre de la Justice saisit la Cour sur l'incohérence éventuelle des dispositions précitées.

La Cour de cassation a rendu son avis en concluant qu'il n'y a ni double imposition, ni double taxation ou perception.

Ainsi, à ce jour, les opérateurs miniers paient 1 % au titre de l'article 234 à la DGDA et 1 % au titre des Statuts du CEEC.

Finalement, ce n'est plus 1 % mais c'est un total de 2 %.

L'avis de la Cour de cassation est critiquable à plusieurs points de vue :

– il viole le principe de l'exhaustivité et de l'exclusivité fiscale qui s'applique au secteur minier (art. 220 CM) ;

– le seuil de 1 % fixé par le CM est un maxima que l'on ne peut pas dépasser. Or, en admettant qu'il n y a pas incohérence, la Cour autorise une retenue au-dessus de 1 % des droits résultant de l'exportation ; ce qui est manifestement contraire à la loi ;

– le texte créant le CEEC est réglementaire alors que le CM est une loi.

En agissant comme elle l'a fait, la Cour tente de mettre les deux textes (loi portant code minier et décret portant statuts du CEEC) au même niveau en ce qui concerne leurs effets juridiques. Ce qui est absurde !

Cependant, il convient de faire observer que le 1 % des frais d'expertise et d'analyse perçus par le CEEC est la principale ressource financière de cet établissement public. Il constitue également son principal objet social. Plus de 40 % de son fonctionnement résulte de la perception de ces frais. D'une part, lui en priver ressemble à une politique incitant à la dissolution dudit établissement public.

D'autre part, les opérateurs miniers doivent-ils supporter un fardeau injuste et indû non prévu par la loi ?

La solution la plus raisonnable est que les miniers se limitent au paiement de 1 % pour l'ensemble des frais en rémunération des services rendus à l'exportation.

Étant donné que la clé de répartition de ces frais est établie par le ministre des Finances, il est utile que son arrêté accorde au CEEC près de 70 % de la totalité de la perception due.

Il est curieux que le ministère des Finances continue de privilégier la DGDA dans ladite répartition alors que celle-ci dispose d'une panoplie d'autres ressources en importation comme à l'exportation.

Article 235 : Des droits de consommation et d'accises

Le titulaire est redevable de droits de consommation et d'accises conformément au droit commun, excepté les huiles minérales désignées à l'article 7 de l'O. L. n° 68/010 du 6 janvier 1968 destinées et exclusivement liées à l'activité minière.

Cette disposition rejoint le prescrit de l'article 232, alinéa 5 qui soumet les droits d'accises au taux du droit commun à l'exception des huiles minérales. Il est important de rappeler que la DGDA dispose d'une direction des Huiles minérales. Celles-ci sont constituées du pétrole, du carburant, etc.

Le taux d'imposition pour les huiles minérales est donc de 5 % conformément à l'article 232, alinéa 4 du CM.

Chapitre III :
Du régime fiscal

SECTION I : DES IMPOTS REELS

Article 236 : De l'impôt foncier

Le titulaire est redevable de l'impôt foncier conformément au droit commun uniquement sur les immeubles pour lesquels l'impôt sur la superficie des concessions minières n'est pas dû.

L'impôt foncier est en quelque sorte « le tribut payé à la communauté par le détenteur de la terre pour acquérir le droit de jouissance exclusive d'une chose commune ». Contrairement à ce que suggère cet article, il n'est pas dû seulement sur les immeubles. Il l'est aussi bien sur les superficies des propriétés foncières bâties que non bâties (art. 1er de l'ord.-loi n° 69-006 du 10 février 1969 relative à l'impôt réel).

Il est dû par le titulaire du droit de propriété, de possession, d'emphytéose, de superficie, de cession, de concession ou d'usufruit des biens imposables, ainsi que par les personnes occupant, en vertu d'un bail, des biens immobiliers faisant partie soit du domaine privé de l'État, des provinces, des villes, des communes, des secteurs et des chefferies, soit du patrimoine des entités territoriales déconcentrées (art. 8 de l'ord.-loi n° 69-006 du 10 février 1969 relative à l'impôt réel).

Illustration

– Le titulaire TANDI a son siège social et d'exploitation ainsi que d'autres propriétés foncières sur l'étendue de son périmètre minier : dans ce cas, il ne paie aucun impôt foncier sur lesdits immeubles. Il se limite à payer la taxe sur la superficie de concessions minières. Le législateur considère donc que ce serait une double imposition si on le soumettait à la fois à l'impôt foncier et ensuite à celui sur la superficie de concession minière.

– Le titulaire TAMBO dispose des immeubles dans son périmètre mais son siège social se trouve au centre-ville. Dans ce cas, il paie l'impôt foncier au taux de droit commun pour la propriété abritant le siège social et il paie la taxe de superficie sur la concession minière.

Cet impôt est prélevé au niveau de la province. Son taux dépend donc de chaque province. Le titulaire devra être particulièrement vigilant pour consulter l'édit provincial de la province du lieu de l'établissement de ses propriétés foncières.

Article 237 : De l'impôt sur les véhicules

Le titulaire est redevable de l'impôt sur les véhicules conformément au droit commun. Toutefois, l'impôt sur les véhicules n'est pas dû sur les véhicules de transport de personnes ou de matériaux, de manutention ou de traction, utilisés exclusivement dans l'enceinte du périmètre minier.

L'impôt sur les véhicules est dû par les personnes physiques ou juridiques qui utilisent un ou plusieurs véhicules. Il relève de la province. Le taux de droit commun est fonction du poids du véhicule et de la puissance en chevaux.

Cependant, cet impôt ne sera pas dû lorsque le véhicule est utilisé dans l'enceinte du périmètre minier.

Article 238 : De la taxe de superficie sur les concessions minières

Le titulaire d'un Permis de Recherches est redevable de la taxe de superficie sur les concessions minières aux taux en francs congolais équivalents à 0,2 USD par hectare pour la première année, en francs congolais équivalents à 0,3 USD par hectare pour la deuxième année, en francs congolais équivalents à 0,35 USD par hectare pour la troisième année et en francs congolais équivalents à 0,4 USD par hectare pour les autres années suivantes.

Le titulaire d'un droit minier d'exploitation est redevable de la taxe de superficie sur les concessions minières aux taux en francs congolais équivalents à 0,4 USD par hectare pour la première année, en francs congolais équivalent à 0,6 USD par hectare pour la deuxième année, en francs congolais équivalents à 0,7 USD par hectare pour la troisième année et en francs congolais équivalents à 0,8 USD par hectare pour les autres années suivantes.

1. Principe du non-cumul de la taxe de superficie avec l'impôt foncier

Comme indiqué sous l'article 236 du présent code, la taxe de superficie sur les concessions minières n'est pas cumulative avec l'impôt foncier pour les propriétés foncières bâties et non bâties situées dans le périmètre minier ou de carrières.

2. Les montants de la taxe de superficie sur les concessions minières fixés dans le CM sont-ils intangibles ou modifiables par le CAMI ?

Les montants de la taxe de superficie sur les concessions minières contenus dans cette disposition constituent un minimum réajustable. Au regard de l'article 325 du CM, ils sont susceptibles d'évolution.

En effet, en se référant à l'article 325 du CM, le CAMI avait déjà, sur avis de la BCC, procédé au réajustement desdits montants par ses Décisions n° CAMI/DG/044/2008 du 16 octobre 2008 ; n° CAMI/DG/054/2012 du 18 octobre 2012, n° CAMI/DG/004/2017 du 24 février 2017, n° CAMI/DG/007/2019 du 17 décembre 2019 et n° CAMI/DG/006/2021 du 08 décembre 2021. Soit, un total de 5 décisions de réajustement depuis l'avènement du CM de 2002.

2. Quels sont les montants que le titulaire doit payer à ce jour ?

Le titulaire devra payer les montants repris dans la Décision n° CAMI/DG/006/2021 du 08 décembre 2021 et qui sont inscrits dans le tableau ci-dessus et non pas ceux indiqués à l'article 238.

Titre	*1re année*	*2e année*	*3e année*	*Autres années*	
PR	*0, 25 USD*	*0,37 USD*	*0,44 USD*	*4e année*	*autres années*
				0,46 USD	*0,49 USD*
PEPM	*0,49 USD*	*0,74 USD*	*0,86 USD*	*0,99 USD*	
PE	*0,49 USD*	*0,74 USD*	*0,86 USD*	*0,99 USD*	
PER	*0,49 USD*	*0,74 USD*	*0,86 USD*	*0,99 USD*	

Source : Décision n° CAMI/DG/006/2021 du 08 décembre 2021, JO, n° spécial, 9 décembre 2021

Article 238 bis : Des taxes et redevances du secteur forestier et protection de l'environnement

Le titulaire des droits miniers et des carrières est assujetti, sans préjudice des dispositions des articles 257 et 258 du présent Code, au paiement des taxes et redevances ci-après ;

- taxe de déboisement ;
- taxe d'implantation sur les installations classées de la catégorie 1A ;
- taxe rémunératoire annuelle sur les installations classées de la catégorie 1A ;

– taxe de pollution sur les installations classées de la catégorie 1 A.

Les quatre taxes reprises relèvent du ministère de l'Environnement.

En ce qui concerne la taxe de déboisement, toute personne qui, pour les besoins d'une activité minière est contrainte de déboiser une portion de terre forestière en vue d'en changer l'affectation, est tenue d'obtenir le permis de déboisement moyennant paiement préalable de la taxe y afférente (art. 121 et 122 du code forestier et 527 sexies, RM). L'assiette de la taxe est constituée de la superficie à déboiser.

Pour les trois autres taxes, elles sont régies par la loi du 11 juillet 2011 sur les principes fondamentaux relatifs à l'environnement spécialement l'article 39 qui dispose que toute installation classée est assujettie au paiement d'une taxe d'implantation, d'une taxe rémunératoire annuelle et d'une taxe de pollution.

Article 239 : De la taxe spéciale de circulation routière

Le titulaire est redevable de la taxe spéciale de circulation routière conformément au droit commun.

La taxe spéciale de circulation routière est assise sur tous les véhicules admis à circuler sur le réseau routier public quelle que soit la qualité du propriétaire.

La taxe est à charge des propriétaires des véhicules.

Son taux varie selon le type de véhicule et de sa puissance en termes de chevaux et va de 6 à 37 USD par véhicule.

Il convient de rappeler que les véhicules de transport de personnes ou de matériaux, de manutention ou de traction qui sont utilisés exclusivement dans l'enceinte du projet minier ne sont pas soumis à la taxe spéciale de circulation routière (art. 522 RM).

Article 239 bis : De l'impôt sur les revenus locatifs

Le titulaire est redevable de l'impôt sur les revenus locatifs conformément au droit commun.

Il est surprenant de constater que le législateur ait repris cette disposition en des termes similaires deux fois dans le présent code spécialement en l'article 245.

L'IRL relève de la province. Il est assis sur le revenu brut des bâtiments et terrains donnés en location ainsi que sur le profit brut de la sous-location totale ou partielle des mêmes propriétés (art. 5 de l'ord.-loi n° 69-009 du 10 février 1969 relative aux impôts cédulaires sur les revenus).

Son taux est de 22 % du revenu brut annuel dont 20 % font l'objet d'une retenue mensuelle à la source comme avance par le locataire sur les loyers payés (art. 10 de l'ord.-loi n° 69-009 du 10 février 1969).

SECTION II : DE LA REDEVANCE MINIERE

Article 240 : De l'assiette de la redevance minière

Le titulaire du Permis d'exploitation, du Permis d'exploitation des rejets, du Permis d'exploitation de petite mine, de l'Autorisation d'exploitation de carrières permanente, autres que celles des matériaux de construction d'usage courant, et l'entité de traitement et/ou de transformation agréée sont assujettis à une redevance minière dont l'assiette est calculée sur la base de la valeur commerciale brute.

Les titulaires visés à l'alinéa précédent du présent article sont redevables de cette redevance sur tout produit marchand, à compter de la date de commencement de l'exploitation effective.

La redevance minière est calculée et due au moment de la sortie du produit marchand du site de l'extraction ou des installations de traitement pour expédition.

À quelle phase du projet minier le titulaire doit-il commencer à payer la redevance minière ? Quelle en est l'assiette ? Quand est-elle due et sur base de quelle valeur ?

– C'est à la date de commencement de l'exploitation effective que les titulaires sont redevables du paiement de la redevance minière.

– L'assiette est constituée des produits marchands à expédier. Il convient de rappeler que c'est le système déclaratif qui s'applique c'est-à-dire que le titulaire déclare librement la quantité des produits miniers marchands qu'il doit expédier.

Cependant, un contrôle a posteriori sur la sincérité de la déclaration d'origine des ventes des produits miniers marchands et précisément sur leurs quantités et qualités est effectué par la direction des mines et la DGRAD. Ledit contrôle n'empêche pas l'expédition desdits produits sauf en cas de découverte d'indice d'une opération de vente frauduleuse (art. 524 RM).

Au cas où la direction des mines émet une objection ou conteste certains éléments de la déclaration, elle procède, par le biais des inspecteurs des mines, au contrôle desdits éléments.

En conséquence, il est utile que les agents évitent toute connivence tendant à la complicité en vue de la minoration des quantités. Ce qui serait préjudiciable pour l'intérêt général.

– la redevance minière est due à la sortie des produits du site d'extraction ou des installations de traitement pour expédition.

Elle est calculée sur base de la valeur commerciale brute.

Les prix de référence sont ceux qui sont fixés mensuellement par l'Administration des mines et transmises auprès des opérateurs miniers par la CTCPM à la suite des travaux de la commission instituée à cet effet.

En ce qui concerne particulièrement les substances minérales précieuses et semi-précieuses ainsi que des métaux précieux et semi-précieux et métaux rares associés ou non aux métaux ferreux ou non ferreux, la mercuriale est préparée par le CEEC avant son examen en commission. Le titulaire paie le prix LME du mois précédent celui de l'exportation.

Exemple : si l'exportation a lieu au mois de mars 2022, la valeur mercuriale à retenir sera celle du mois de février 2022.

Article 241 : Des taux de la redevance minière

Les taux la redevance minière sont de :

a. 0 % pour les matériaux de construction d'usage courant ;

b. 1 % pour les minéraux industriels, les hydrocarbures solides et autres substances non citées ;

c. 1 % pour le fer et les métaux ferreux ;

d. 3,5 % pour les métaux non ferreux et/ou de base ;

e. 3,5 % pour les métaux précieux ;

f. 6 % pour les pierres précieuses et de couleur ;

g. 10 % pour les substances stratégiques.

Le Règlement minier précise les éléments concernés par la classification ci-dessus.

Tableau comparatif des taux de la redevance

Produits marchands	*Taux sous 2002*	*Taux sous 2018*
Matériaux de construction d'usage courant	0 %	0 %
Minéraux industriels, hydrocarbures et solides et autres substances non citées	1 %	1 %
Fer et métaux ferreux	0,5 %	1 %
Métaux non ferreux et/ou de base	2 %	3,5 %
Métaux précieux	2,5 %	3,5 %
Pierres précieuses et de couleur	4 %	6 %
Substances stratégiques	—	10 %

Lors des travaux d'élaboration du projet du CM, cette disposition a fait l'objet d'intenses débats et échanges, souvent houleux, entre le gouvernement et les opérateurs miniers.

– Pour le gouvernement, une augmentation de taux était nécessaire dans la mesure où un grand nombre de sociétés minières ne déclare que rarement des bénéfices en fin d'exercice social rendant ainsi impossible le paiement de l'IBP. Il était donc important que les sociétés minières paient une redevance significative pour permettre au Trésor public d'encaisser une recette certaine résultant de l'exploitation minière. C'est ainsi qu'au départ de l'élaboration du projet du CM, le gouvernement avait proposé une redevance minière aux taux atteignant parfois 6 % pour les métaux non ferreux, les métaux précieux ainsi que les pierres précieuses. Ce qui a finalement paru excessif jusqu'à ce qu'on l'a ramené au taux actuel de 3,5 %.

– Par contre, pour les opérateurs miniers, il fallait garder le statu quo parce que disent-ils la révision de ces taux doit se faire en tenant compte du fait que, outre l'augmentation de l'assiette imposable, cette redevance est cumulée avec d'autres redevances effectives notamment celle de 1 % au titre de services rendus à l'exportation ainsi que diverses dotations et provisions oscillant entre 0,3 % à 0,5 % pour les projets de développement communautaire, la réhabilitation du site, la reconstitution du gisement, etc.

Les taux retenus sont le fruit d'un consensus entre les deux parties sous le principal argument de ne pas porter atteinte à la compétitivité du régime fiscal minier congolais par rapport à celui d'autres pays africains. Il fallait donc rester dans la moyenne applicable en Afrique.

Il convient de relever deux aspects essentiels, dont l'un positif et l'autre négatif, de la redevance minière :

– la redevance minière est, pour l'État, une recette certaine et visible perçue mensuellement à la suite de l'exploitation minière, quel que soit le résultat obtenu par le titulaire en fin d'exercice social. Dans le contexte des pays africains où plusieurs titulaires ne déclarent que rarement de bénéfices et profits en fin d'exercice, elle constitue un élément essentiel pour accroître le budget national et assurer tant soit peu le développement du pays ;

– la redevance minière peut, néanmoins, être considérée comme un impôt prélevé en avance sans se préoccuper du niveau des bénéfices ni des pertes réalisées ou subies par le titulaire pendant ladite période. À ce titre, elle peut être handicapante pour la rentabilité d'un projet minier.

Finalement, il faudrait noter que les taux de la redevance minière fixés dans le CM sont raisonnables et situés dans la moyenne africaine. En sus, la redevance minière versée par le titulaire ou le détenteur de l'agrément de l'entité peut être considérée comme une avance consentie à l'État mais remboursable en partie au regard de son caractère déductible de la base imposable sur les bénéfices et profits conformément à l'article 255 du CM.

Illustration

La société Murabar paie à l'État congolais une redevance minière de 3,5 % de sa production mensuelle de la cathode de cuivre qui représente 1000 FC encaissé par le Trésor public. Au moment de la déductibilité, le fisc va déduire non pas les 100 % de 1000 FC mais 30 % soit un montant de 300 FC.

En d'autres termes, l'État gagne 700 FC. Ce qui représente un avantage pour lui.

Par contre, n'eût été l'institution de la redevance minière, tout tomberait dans l'IBP. Et dans ce cas, L'État prélèverait 30 % alors que le titulaire engrangerait 70 %.

En bref, l'institution du paiement de la redevance minière constitue un gain et est profitable pour l'État.

Article 241 bis : Des modalités de recouvrement de la redevance minière

Les modalités de recouvrement de la redevance minière sont déterminées par les textes légaux fixant la nomenclature des droits, taxes et redevances du Pouvoir central, et portant réforme des procédures relatives à l'assiette, au contrôle et aux modalités de recouvrement de recettes non fiscales.

Le texte auquel il est fait allusion dans cette disposition est l'ordonnance-loi n° 18/003 du 13 mars 2018 fixant la nomenclature des impôts, droits, taxes et redevances du pouvoir central dont le point XXIV concerne le secteur minier ainsi que l'ordonnance-loi n° 13/003 du 23 février 2013 portant réforme des procédures relatives à l'assiette, au contrôle et aux modalités de recouvrement des recettes non fiscales.

La procédure de recouvrement est mise en application par l'article 526 du RM :

– la direction des mines établit la note de débit ;

– Le préposé de chaque entité bénéficiaire émet et délivre la note de perception ou le titre de paiement, selon le cas, au titulaire, au détenteur de l'entité de traitement et/ou de transformation et au titulaire de l'AECP, autre que celle des matériaux de construction d'usage courant ;

– le titulaire ou le détenteur de l'agrément de l'entité verse la redevance minière au plus tard le cinquième jour du mois qui suit celui de la réception de la note de perception ou du titre de paiement ;

– le versement de la redevance minière est effectué dans le compte général du Trésor public pour la quotité encadrée par la DGRAD et dans les comptes publics pour les autres entités bénéficiaires.

Article 242 : De la répartition de la redevance minière

La redevance minière est versée par le titulaire du titre minier d'exploitation à raison de :

- 50 % acquis au Pouvoir central ;
- 25 % versés sur un compte désigné par l'Administration de la province où se trouve le projet ;
- 15 % sur un compte désigné par l'entité territoriale décentralisée dans le ressort de laquelle s'opère l'exploitation ;
- 10 % au Fonds minier pour les générations futures.

1. Historique du taux de la redevance minière sous le CM de 2002

Cette disposition a évolué par rapport à son écriture sous le CM de 2002.

Sous 2002, le pouvoir central percevait 60 % alors que la province, 25 % et l'ETD du lieu du projet 15 %. Il s'était vite révélé que la province percevait les 40 % sans rétrocéder la part due à l'ETD du lieu du projet. En effet, les populations locales ne semblaient pas recevoir le juste retour fiscal de l'activité minière et cela risquerait de porter des conséquences dans le futur pour le bon déroulement des opérations minières. Il était important de corriger cet état de chose en modifiant fondamentalement les modalités de versement de la redevance.

2. Évolution du taux sous la modification de 2018 et procédure de recouvrement

Sous la modification de 2018, la répartition est la suivante :

***a) Pouvoir central**: 50 % encadrés par la DGRAD et versés dans le compte du Trésor public. Il convient de noter, à ce propos, que le titulaire qui a engagé des dépenses pour assurer l'enlèvement, la sécurisation, la conservation et l'acheminement des éléments du patrimoine culturel national prévus à l'article 206 du CM a droit au remboursement des frais engagés. À cet effet, les factures sont déposées au ministère de la Culture et Arts et le remboursement doit intervenir dans le délai de six mois. À défaut, le titulaire a droit à un crédit à valoir sur la redevance minière spécialement dans les 50 % revenant au Trésor public (art. 490 et 491 RM). En d'autres termes, il est possible pour le titulaire de payer au profit du pouvoir central moins de 50 % parce qu'il y a été déduit les frais résultant des dépenses prédécrites ;*

***b) Province**: 25 % encadrés par la régie financière provinciale et versés dans le compte de la province ;*

***c) ETD du lieu du projet**: 15 % encadré par la structure financière locale et versés directement au compte de l'ETD. Celle-ci est tenue d'ouvrir préalablement un compte lequel est approuvé par la BCC. Ce qui éviterait que les responsables procèdent aux versements dans des comptes privés. Plusieurs mois après l'entrée en vigueur du présent code, plusieurs ETDs trainaient le pas pour mettre en place les procédures de perception conformes aux CM et RM notamment en créant des régies locales et en ouvrant des comptes bancaires au nom de l'ETD. Cette situation a été nettement améliorée dans un grand nombre de cas au dernier trimestre 2019.*

***d) Fonds minier pour les générations futures :** 10 % encadrés et versés dans son compte.*

– Il convient de rappeler qu'à l'entrée en vigueur du CM jusqu'au 25 novembre 2019, le Fonds minier n'était pas encore créé. Au départ, un compte séquestre avait été ouvert par le CAMI à la RAWBANK sur instruction du ministre des Mines, par l'entremise du Secrétaire général de ce ministère, pour recevoir toutes les redevances versées au profit de cet établissement public. De juin jusqu'à décembre 2018, le montant total versé dans ce compte séquestre s'élevait 13.275.102 USD (lire Rapport ITIE, 2018-2019-2020).

– Par la suite, le Gouvernement, par les soins du ministre des Finances, a enjoint au CAMI de clôturer ce compte séquestre et s'est empressé d'ouvrir un sous-compte séquestre BCC-FOMIN logé à la CITIBANK pour recevoir cette quotité.

À ce jour, le sous-compte est crédité de 38.303.600 USD (lire Rapport ITIE, 2018-2019-2020). Néanmoins, il y est constaté quelques débits significatifs. Ainsi, s'agissant d'un sous-compte du Trésor public, quoique qualifié de séquestre, il est fort à craindre que les sommes d'argent séquestrées soient utilisées à des fins autres que celles relatives aux objectifs de FOMIN.

Par ailleurs, selon les données recueillies au ministère des Mines, les notes de débit délivrées par la direction des mines (pour les 10 % de la redevance minière) montrent des chiffres de 225 millions USD en faveur de FOMIN de juin 2018 à septembre 2021. Il est curieux que le compte n'ait encaissé que 38 millions USD indiqués. Plusieurs facteurs seraient à la base :

– l'absence de clarté dans la procédure de recouvrement prévue par les CM et RM. On se limite à dire que la direction des mines établit une note de débit et le préposé émet et délivre un titre de paiement au titulaire (art. 526 RM) ;

– l'absence de comité de direction à FOMIN pendant près de deux ans : en effet, le préposé dont parle l'article 526 du RM pour délivrer le titre de paiement est le Directeur Général de FOMIN, ou le cas échéant, un agent désigné par lui. Faute de nomination des membres de la direction générale pendant la période susindiquée, les procédures utilisées n'étaient pas conformes, ou tout au moins, elles ne permettent que de parer au vide existant ;

– la multiplicité de comptes bancaires au nom de FOMIN pour recevoir les 10 %. En effet, les notes de débit établies par la direction des mines ne comportent pas toujours le même numéro de compte que celui transmis par la BCC aux entreprises minières. Ce qui crée un flou et un malaise à l'endroit de certaines entreprises minières qui s'abstiennent de payer craignant de mal payer. Ainsi, en compulsant plusieurs rapports, l'on se rend compte que seulement 3 à 5 entreprises minières versent les 10 %. Il y a 31 autres

entreprises qui hésitent de payer. Ce qui explique l'écart entre le montant des notes de débits par rapport au recouvrement.

– À ce jour, rien ne justifie que cet établissement public ne puisse pas avoir son propre compte étant donné qu'il a déjà une personnalité juridique et les membres du conseil d'administration et de la direction générale de FOMIN sont nommés par ordonnance du Président de la République le 3 décembre 2021.

3. Qui bénéficie de la redevance en cas de chevauchement des carrés ?

Une question reste souvent pendante : qui est bénéficiaire de la redevance en cas de chevauchement des carrés entre une ou plusieurs provinces ou ETDs ? Selon l'article 40 du RM, les carrés qui chevauchent deux ou plusieurs provinces ou ETDs sont affectés par décision du CAMI à la province ou à l'ETDs où se trouve le centre du carré. Si le centre se trouve exactement sur la ligne de frontière entre provinces ou ETDs, le carré relève de la compétence de la province ou de l'ETD où se trouve la plus grande partie de la superficie du carré. Si la superficie des carrés est divisée en parts égales entre provinces, le CAMI affecte la première à l'une des provinces ou ETDs concernées, la seconde à l'autre et ainsi de suite.

De ce fait, le montant de la redevance sera réparti entre les entités concernées au prorata de la superficie du périmètre dans chacune.

4. Quelle est la nature juridique des sommes d'argent provenant de la redevance minière ?

Il convient de rappeler que l'argent issu de la redevance minière, c'est de l'argent public. Il ne doit pas servir au confort des responsables des entités ou services bénéficiaires. Il doit servir à l'intérêt général.

En ce qui concerne particulièrement les ETDs dont les tendances ont montré au départ plusieurs failles dans le chef des responsables de secteurs et/ou de chefferie, elles doivent utiliser l'argent sur base d'un programme préalablement approuvé par les organes locaux compétents.

Il en est de même pour FOMIN dont les sommes d'argent ne doivent pas déborder les objectifs dudit établissement public.

Des contrôles doivent être effectués de manière régulière par les contrôleurs publics dont la Cour des comptes et l'inspection générale des finances pour vérifier l'affectation et la bonne utilisation des fonds alloués.

Article 243 : (abrogé)

Section III : Des Impots sur les Revenus

Article 244 : De l'impôt professionnel sur les rémunérations

Le titulaire est le redevable légal de l'Impôt professionnel sur les rémunérations à charge des employés au taux de droit commun.

Les éléments imposables de la rémunération sont notamment les traitements, les salaires et les indemnités qui ne sont pas explicitement exonérées ; les pensions ainsi que certains avantages en nature.

L'IPR est à charge de l'employé. Cependant, le redevable légal est l'employeur.

L'IPR est un impôt d'équilibre social. Plus vous gagnez, plus vous contribuez. Moins vous gagnez, moins vous payez.

Ainsi, il est perçu au taux progressif selon un barème progressif.

C'est pourquoi, les taux de droit commun de l'IPR sont répartis en quatre tranches (lire article 17 de la loi des finances 2019, exercice 2020) :

- *première tranche : 3 % pour des revenus de 0,00 FC à 1.944,00 FC*
- *deuxième tranche : 15 % pour des revenus de 1.944.01 FC à 21.600.000,00 FC*
- *troisième tranche : 30 % pour des revenus de 21.600.001,00 FC à 43.200.000,00 FC*
- *quatrième tranche : 40 % pour le surplus.*

L'application de ce taux progressif donne droit à une réduction pour charge de famille au taux de 2 % par mois pour chaque membre de famille à charge.

Article 244 bis : De l'Impôt exceptionnel sur les rémunérations versées au personnel expatrié

Le titulaire est redevable de l'impôt exceptionnel sur les rémunérations versées au personnel expatrié à la moitié du taux fixé par le droit commun pour les dix premières années du projet et au taux du droit commun pour les années suivantes. Il est déductible de l'impôt sur les bénéfices et profits.

L'IERE est un impôt qui se superpose sur l'IPR parce qu'elle est payée sur le salaire de l'expatrié lequel a déjà fait l'objet de l'IPR. Cependant, il est à charge non pas de l'employé comme l'IPR mais de l'employeur.

L'IERE s'analyse comme un impôt sanction dans la mesure où elle tend à décourager l'employeur d'engager le personnel expatrié au profit de celui national. Il vise donc la protection de la main-d'œuvre locale.

Le taux de droit commun est de 25 %. La base minimum d'imposition ne peut être inférieure au salaire minimum garanti du pays d'origine de l'expatrié.

Dans le secteur minier, son paiement est séquencé en deux :

– les dix premières années du projet : paiement de 12,5 %

– à partir de la onzième année : paiement de 25 %.

En droit minier, le CM prévoit que l'IERE est déductible de l'impôt sur les bénéfices. En consacrant le principe de déductibilité de cet impôt, le législateur tente d'ôter à l'IERE sa principale essence qui est la sanction frappant l'employeur pour avoir engagé un expatrié.

Article 245 : De l'impôt sur les revenus locatifs

Le titulaire est redevable de l'Impôt sur les revenus locatifs conformément au droit commun.

Il est surprenant que le législateur ait repris cette disposition en des termes similaires deux fois dans le présent code spécialement en l'article 239 bis.

L'IRL relève de la province. Il est assis sur le revenu brut des bâtiments et terrains donnés en location ainsi que sur le profit brut de la sous-location totale ou partielle des mêmes propriétés (art. 5 de l'ord.-loi n° 69-009 du 10 février 1969 relative aux impôts cédulaires sur les revenus).

Son taux est de 22 % du revenu brut annuel dont 20 % font l'objet d'une retenue mensuelle à la source comme avance par le locataire sur les loyers payés (art. 10 de l'ord.-loi n° 69-009 du 10 février 1969).

Article 246 : De l'impôt mobilier

Le titulaire est redevable de l'impôt sur les revenus mobiliers conformément au droit commun, à l'exception des revenus suivants :

a. les intérêts payés par le titulaire en vertu des emprunts contractés en devises à l'étranger qui sont exonérés de l'impôt mobilier ;

b. les intérêts payés par le titulaire à des affiliés en vertu des emprunts contractés à l'étranger ne sont exonérés de l'impôt mobilier que si les taux d'intérêts et les autres conditions d'emprunt destinées à la réalisation des projets sont établis conformément au principe de pleine concurrence.

c. les dividendes et autres distributions versés par le titulaire à ses actionnaires qui sont assujettis à l'impôt mobilier au taux de 10 %.

Comme on le sait, le revenu mobilier est la fraction d'argent encaissée au-delà du capital engagé. L'ordonnance-loi du 10 février 1969 telle que modifiée et complétée à ce jour énumère les catégories suivantes de revenus imposables à l'impôt mobilier (IM) : les dividendes et les revenus des parts des associés non actifs dans les sociétés autres que les sociétés anonymes ; les intérêts d'obligations et les intérêts des capitaux empruntés à des fins professionnelles ; les tantièmes ; les redevances et les bons du Trésor (art. 13).

Le taux de droit commun auquel est soumis le redevable est de 20 %.

Cependant, pour attirer les capitaux dans le secteur minier, le législateur déroge au taux de droit commun et fixe un taux de 10 % pour les dividendes et autres distributions versées aux actionnaires.

Le titulaire ne paiera pas l'IM si les intérêts payés à des affiliés le sont à des taux respectant le principe de pleine concurrence. La pleine concurrence est définie comme le principe selon lequel les prix pratiqués pour des transactions entre sociétés affiliées ou toutes autres conditions convenues qui s'appliquent auxdites transactions, doivent être établis par référence aux prix pratiqués sur le marché par des entreprises indépendantes (art. 2 RM).

Le but poursuivi par le législateur est d'empêcher les opérations de fantaisie et les velléités qui consistent à ce que la société mère prête de l'argent à la société affiliée mais exige un remboursement à un tauxtrès élevé qui ne sont pas conformes au taux du marché. L'administration des impôts est donc tenue d'assurer un contrôle rigoureux des sociétés des mêmes groupes.

Article 246 bis : De l'impôt professionnel sur les prestations de services

Le titulaire est redevable de l'impôt professionnel sur les prestations de services pour les sommes payées en rémunérations des services de toute nature lui rendus par des personnes physiques ou morales, non établies en République Démocratique du Congo, au taux de 14 %.

Cet impôt, qui échappe à l'IBP, est applicable aux consultants et sous-traitants venus de l'étranger avec des contrats de service et non pas des contrats d'emploi. Il s'agit donc d'un revenu extraterritorial.

La rémunération de l'expert non établi en RDC est frappée d'un impôt dont le taux est de 14 %. Mais le bénéficiaire du service c'est-à-dire la société utilisatrice de ce service paie la TVA de 16 % calculé sur le montant dû au bénéficiaire.

En d'autres termes, le preneur de service collecte sur lui-même les 16 % d'une part, et d'autre part, procède à la déduction de cette TVA dans les conditions de droit commun.

La consécration de cet impôt suggère aux titulaires d'engager les experts et consultants nationaux ou locaux pour y échapper.

Article 247 : De l'Impôt sur les bénéfices et profits

Le titulaire est redevable de l'impôt sur les bénéfices et profits au taux de 30 %.

Ce taux de 30 % est identique à celui de droit commun. Il porte sur le revenu net c'est-à-dire sur le revenu brut diminué des charges professionnelles.

Contrairement au taux d'autres impôts, les opérateurs miniers avaient insisté pour que l'on mentionne le taux quoique cela soit identique au droit commun pour des raisons de stabilité. En effet, si le droit commun monte à 35 %, les opérateurs resteront à 30 %. Par contre, si le taux de droit commun baisse à 25 %, les opérateurs miniers ne pourront pas réclamer que le nouveau taux leur soit applicable étant donné que l'article 222 qui leur accordait la possibilité d'opter pour les taux favorables a été abrogé.

C'est pourquoi, il est bon de retenir que la garantie de stabilité peut avoir un effet positif ou négatif.

Article 247 bis. Dispositions de droit commun non visées *(c'est nous qui ajoutons cet intitulé)*

Les dispositions relatives au droit commun en matière d'impôt sur les bénéfices et profits non visées sont de pleine application suivant leurs libellés à la date de la promulgation du présent Code.

Selon l'article 533 bis du RM, le taux de l'impôt minimum applicable au titulaire, au cas où celui-ci ne serait pas expressément fixé, est celui du droit commun en vigueur à la date de la promulgation du présent CM.

Section IV : De la determination du benefice imposable

Article 248 : Du bénéfice imposable

Les bénéfices nets de l'exploitation imposables à l'Impôt sur les bénéfices et profits sont déterminés conformément au plan comptable, à la législation fiscale en vigueur et aux dispositions des articles 249, 250, 251, 252, 253, 254, 255, 256, 257 et 258 du présent Code.

Dans tous les cas, les états de synthèses ainsi que les livres sont tenus en français.

Cette disposition pose le principe général en matière d'impôt sur les bénéfices et profits ainsi que de la tenue de la comptabilité. Celle-ci peut être tenue dans une monnaie étrangère cotée par la BCC (art. 509 bis RM).

Étant donné que la plupart de sociétés minières sont constituées par des multinationales qui appartiennent à de grands groupes, la détermination des bénéfices imposables doit également tenir compte, outre les articles référencés allant de 249 à 258 du CM, des prix de transfert pratiqués dans le cadre des marchés afin d'éviter l'évasion fiscale.

Article 249 : De l'amortissement

Les règles applicables en matière d'amortissement sont celles de l'amortissement linéaire.

Rappelons que l'amortissement est la constatation en écriture de la dépréciation définitive que subissent les éléments de l'actif immobilisé de la société. Il est destiné à permettre à l'entreprise de reconstituer à l'expiration de la durée probable d'utilisation du bien un capital égal en valeur nominale à son prix de revient d'origine.

Sous le CM de 2002, l'amortissement était dégressif.

En 2018, le législateur l'a abandonné au profit de l'amortissement linéaire. Celui-ci a pour caractéristique d'être réparti uniformément sur toute la période de l'utilisation du bien depuis sa mise en circulation. Le taux de l'amortissement linéaire est de :

- *immeubles bâtis : 2 à 5 % (50 à 20 ans) ;*
- *matériels d'outillages : 10 % (10 ans) ;*
- *automobiles et matériels roulants : 20 à 25 % (5 à 4 ans) ;*
- *installations : 10 % (10 ans).*

Article 250 : De l'amortissement différé

Les amortissements effectués en période déficitaire sont réputés différés. Ils peuvent être cumulés et reportés sans limitation dans le temps sur les exercices subséquents jusqu'à concurrence du revenu imposable.

Cette disposition rappelle le principe général selon lequel les amortissements doivent être constitués quelle que soit la nature du résultat de l'exercice, que cela soit en perte, ou en bénéfice jusqu'à concurrence du revenu imposable.

Article 251 : Du report déficitaire

Les pertes professionnelles d'un exercice comptable peuvent être déduites des bénéfices réalisés au cours des exercices suivants jusqu'au cinquième qui suit l'exercice déficitaire, conformément aux modalités d'imputation définies par le droit commun.

L'article 530 du RM met en œuvre cette disposition en prévoyant que :

a) le déficit doit obligatoirement être reporté sur les résultats du premier exercice bénéficiaire, puis sur les résultats du ou des exercices suivants dans la mesure où le bénéfice du premier exercice non déficitaire n'a pas atteint un montant suffisant ;

b) les échelonnements ne sont pas autorisés ;

c) le principe de la limitation de la déduction des résultats déficitaires des cinq exercices antérieurs n'est pas applicable aux amortissements comptabilisés en période déficitaire ;

d) les déductions s'opèrent dans l'ordre suivant :

– amortissement de l'exercice ;

– déficit ordinaire des exercices antérieurs en commençant par le plus ancien dans la limite de cinq exercices ;

– déficits d'exercices antérieurs provenant d'amortissements réputés différés sans limitation de durée.

e) le report illimité des amortissements réputés différés en période déficitaire cesse de s'appliquer si l'entreprise reprend tout ou partie des activités d'une autre entreprise ou lui transfère tout ou partie de ses propres activités ;

f) les autres modalités d'imputation de report déficitaire sont celles de droit commun. Toutefois, le titulaire est autorisé à appliquer intégralement les dispositions du droit commun en vigueur.

Le report de déficit ne fait plus l'objet de demande préalable. Désormais, il se fait automatiquement.

Article 251 bis : De l'impôt spécial sur les profits excédentaires

Par profits excédentaires ou super profits, il faut entendre les bénéfices réalisés lorsque les cours des matières ou des commodités connaissent un accroissement exceptionnel, supérieur à 25 % par rapport à ceux repris dans l'étude de faisabilité bancable du projet.

Le super profit est déterminé à partir de l'excédent brut d'exploitation dégagé de la comptabilité du titulaire. Pour la détermination des profits excédentaires, les dispositions de l'article 252 ne s'appliquent pas.

L'impôt spécial sur les profits excédentaires est imposable au taux de 50 %. Le revenu soumis à l'impôt spécial sur le profit excédentaire n'est pas imposable à l'impôt sur les bénéfices et profits.

Le Règlement minier fixe les modalités pratiques de détermination des profits excédentaires.

L'idée qui ressort de l'instauration de cet impôt est celle du partage moitié-moitié d'un bénéfice réalisé de manière impromptue et inattendue.

Selon l'article 530 du RM, l'excédent brut d'exploitation qui sert d'assiette de l'impôt spécial sur les profits excédentaires est constitué par la différence entre le montant de l'excédent brut d'exploitation de l'exercice comptable considéré diminué du montant de l'excédent brut d'exploitation dégagé par l'étude de faisabilité bancable du projet minier pour cette même année, ce dernier montant augmenté de 25 %.

Les principaux éléments qui découlent de la mise en application de cette disposition sont :

– existence d'une étude de faisabilité dûment déposée à l'administration des impôts et comportant l'indicateur apparent qui est le prix projeté du produit minier ou de carrière et l'indicateur réel qui est l'excédent brut d'exportation pendant la durée de l'exploitation ;

– accroissement exceptionnel du prix de plus de 25 % par rapport au taux prévu dans l'étude de faisabilité ;

– paiement d'un impôt de 50 % sur l'excédent.

Les super profits sont calculés sur la base de l'excédent brut d'exploitation analytique par produit.

Pour sa détermination, les dépenses de recherche et de développement ne sont pas déductibles. De même, l'imputation des déficits antérieurs est interdite.

*Les superprofits ne seront dus que si **le prix de vente moyen effectif** du produit pour l'exercice comptable **excède de plus de 25 %** le prix de vente moyen du produit pour cette année tel que prévu dans l'étude de faisabilité.*

Illustration

La société MOUKARAME a dans les prévisions contenues dans son étude de faisabilité pour 2022 les indicateurs suivants :

Produit cuivre

– Prix projeté dans l'étude de faisabilité pour 2022 : 5.000 USD/tonne

– Excédent brut d'exploitation contenue dans l'étude de faisabilité : 10.000.000 USD.

Si la réalité opérationnelle donne la situation suivante dans les conditions d'exportation d'une même quantité par rapport à celle reprise dans l'étude de faisabilité :

1. La société vend son produit jusqu'à 6.250 USD/tonne, donc en fin de cet exercice l'excédent brut d'exploitation sera de 12.500.000 USD au titre de prix moyen annuel.

En ce cas, l'impôt spécial sur les profits excédentaires n'est pas dû parce que l'accroissement du prix est égal ou inférieur à 25 % par rapport aux prévisions.

2. Si le prix moyen appliqué au produit n'est plus de 5.000 USD/tonne mais double à 10.000 USD/tonne. Si dans le cas d'espèce, l'excédent brut d'exploitation double également et est de 20.000.000 USD en fin d'exercice.

L'assiette de l'ISPE sera de : 20.000.000 USD-12.500.000 USD= 7.500.000 USD.

Le titulaire se partage cette manne avec l'État à concurrence de 50 % chacun donc : soit 7.500.000 USD x 50 %= 3.750.000 USD.

En d'autres termes, l'ISPE est prélevé avant déduction de diverses charges impactant l'excédent brut d'exploitation excepté les dépenses de recherche et de développement.

Ainsi, si après avoir déduit toutes les charges, le bénéfice net de la société est 11.000.000 USD. C'est sur celui-ci que porte l'assiette de l'IBP auquel on retranche le montant des bénéfices excédentaires c'est-à-dire 11.000.000 USD-7.500.000 USD= 3.500.000 USD.

L'assiette de l'IBP est de : 3.500.000 USD x 30 %= 1.050.000 USD.

Il convient de rappeler que le paramètre indicatif pour l'ISPE est l'augmentation du prix du produit minier ou de carrière calculée par moyenne annuelle.

L'augmentation de production n'est pas une cause d'imposition de l'ISPE. De même qu'il est incompréhensible l'avis de certains experts qui ont tendance à suggérer que l'ISPE ait pour assiette le chiffre d'affaires alors que ce dernier n'est pas une richesse supplémentaire.

En effet, l'ISPE est un impôt sur le revenu c'est-à-dire il naît de la création par l'activité minière d'une richesse nette supplémentaire par rapport à celle projetée à quantité exportée égale. Ce qui n'est pas le cas du chiffre d'affaires.

Article 252 : Des dépenses de recherches et de développement

Le montant des dépenses de recherches et de développement réalisées par le titulaire, autres que celles liées à l'acquisition d'immobilisations, est actualisé au jour de l'octroi d'un Permis d'Exploitation et amorti par la société d'exploitation pendant les deux exercices suivants en raison de 50 % l'an.

La perte professionnelle d'un exercice comptable résultant de l'application des dispositions de l'alinéa précédent est reportée sans limitation dans le temps sur les exercices subséquents.

Le législateur prévoit exceptionnellement un taux d'amortissement ou mieux de prise en charge des dépenses de recherche et de développement au taux de 50 % l'an pendant deux exercices.

Article 253 : Des plus-values et moins-values sur cession des titres miniers

Le titulaire intègre la plus-value ou la moins-value réalisée à l'occasion de la cession d'un titre minier dans l'assiette de l'impôt sur les bénéfices et profits.

Si la cession se fait entre entités affiliées, le prix et les conditions de la cession doivent être au moins égaux à ceux qui se seraient appliquées à une cession en pleine concurrence.

Si le cédant a acquis le titre d'une personne autre que celle ayant engagé les dépenses de recherches et de développement, la plus–value ou la moins-value professionnelle est égale à la différence entre le prix total de cession et le coût d'acquisition.

La plus-value ou la moins-value professionnelle ainsi réalisée est égale à la différence entre le prix total de cession et le montant non amorti des dépenses de recherches et de développement.

Le cessionnaire d'un titre minier amortit le prix d'acquisition du titre minier acquis comme charge à étaler.

En cours de sa vie, un titre minier peut connaître des périodes fastes pendant laquelle sa valeur augmente ou des moments moins heureux où sa valeur baisse.

Dans l'une ou l'autre hypothèse, cette valeur est prise en compte dans la détermination de l'assiette de l'impôt sur les bénéfices et profits en cas de cession.

Lorsque la cession se fait entre entités affiliées, les conditions doivent être conformes aux règles du marché pour éviter toute minoration ou augmentation injustifiées. L'administration des impôts a le droit de s'assurer des conditions de la transaction entre affiliées pour réduire les fraudes.

Les conditions supplémentaires d'application de cette disposition sont prévues à l'article 529 du RM.

Article 253 bis : De l'impôt spécial sur les plus-values de cession d'actions ou de parts sociales

Toute cession d'actions ou de parts sociales d'une personne morale titulaire d'un titre minier ou de carrières est taxée selon le régime des plus-values.

La plus-value sur la cession d'une action ou part sociale est constituée par la différence entre le prix de cession de l'action ou de la part sociale et la valeur nette comptable de cette action ou part sociale.

Cette plus-value constatée au niveau de la personne morale ayant cédé les actions ou parts sociales est réputée être de source congolaise dans la mesure où les actifs de la personne morale dont les actions ou parts sociales cédées sont situées en République Démocratique du Congo. Lorsque les actifs sont situés dans plusieurs juridictions, la plus-value n'est calculée que sur la valeur des actifs appartenant à la filiale de droit congolais.

L'impôt est retenu à la source par la personne morale cessionnaire qui le reverse suivant les modalités de paiement des impôts dus au Trésor public. Cette retenue à la source est exigible au moment de l'encaissement ou de la mise à disposition du revenu de la cession d'actions ou de parts sociales. Toute opération de conversion ou d'échange d'actions ou de parts sociales est assimilée à un encaissement de revenu de cession d'actions ou de parts sociales initiales.

Aux fins de l'application du présent article, tout projet de cession des parts sociales ou d'actions est préalablement notifié à la société détentrice des titres et aux associés ou actionnaires.

Les règles concernant les modalités de calcul, de déclaration et de règlement de cet impôt sont précisées par voie réglementaire.

1. Notions de la plus-value

Dans la théorie générale du droit fiscal, la plus-value est un revenu exceptionnel ou occasionnel provenant de l'augmentation des valeurs. Elle résulte de la différence positive qui se dégage en faisant la comparaison entre, d'une part la valeur présumée d'un bien à un moment donné, et d'autre part, sa valeur initiale.

Il n y a pas d'imposition lorsque les parts sociales ou les actions connaissent une plus-value.

L'impôt spécial sur la plus-value n'est dû qu'à l'occasion de la cession de ladite part ou action sociale. C'est en cette hypothèse que l'impôt visé en cet article est dû.

2. Principaux éléments de la plus-value prévue par la présente disposition

Cette disposition ressort les éléments essentiels suivants :

– l'imposition n'est possible que si le cédant et le cessionnaire sont des personnes morales ;

– la source du revenu doit être d'origine congolaise c'est-à-dire que les actifs du cédant doivent se situer en RDC ;

– si le titre cédé est représentatif de plusieurs actifs dont certains sont en RDC et d'autres en pays étrangers, l'imposition ne portera que sur ceux situés en RDC ;

– c'est le cessionnaire installé sur le territoire congolais, parce qu'on présume qu'il a une communauté d'intérêts avec le cédant bénéficiaire du revenu qui n'a pas d'adresse connue en RDC, à qui il sera demandé de faire une retenue à la source de 30 % le jour de l'encaissement ou de la mise à disposition.

Il s'agit bel et bien du changement d'actionnariat ;

– l'impôt est à charge du cédant.

Rappelons que la cession de parts sociales ou actions fait déjà l'objet d'un prélèvement au titre d'enregistrement de 1 % sur la valeur nominale des parts ou actions sociales au titre des droits proportionnels (art. 527 bis RM). Le droit d'enregistrement payé à cet effet est à charge du cessionnaire qui doit le payer dans les huit jours de la réception de la note de perception.

L'impôt visé par la présente disposition concerne la plus-value résultant de la cession. Son taux est de 30 %.

Illustration

1. La société Lalabi, de droit congolais dispose des actions dont la valeur initiale est de 100.000 FC. Au moment où elle décide de les céder à la société TATA située en RDC, les actions valent 150.000 FC et sont cédées à ce prix.

En pareil cas, cette plus-value est intégrée dans l'assiette sur l'IBP. Ce n'est pas ce que la présente disposition vise.

2. La société Lalabi située au Gabon dispose des actions dont la valeur initiale est de 100.000 FC. Au moment où elle décide de les céder à la société TATA située en RDC, les actions valent et sont cédées à 150.000 FC. En d'autres termes, le vendeur ou le cédant (Lalabi) qui est le bénéficiaire du revenu n'est pas en RDC ; en ce cas, la loi responsabilise le cessionnaire c'est-à-dire l'acheteur qui a une adresse en RDC (Tata) de procéder au prélèvement à la source au profit du Trésor public de 30 % sur la plus-value de ladite cession qui est de 50.000 FC, soit un montant de 15.000 FC.

Article 254 : De la déduction des intérêts payés à l'étranger

Les intérêts payés par le titulaire à l'étranger en vertu des emprunts extérieurs ne sont déductibles de l'impôt sur les bénéfices et profits que si :

- ces emprunts ont été effectivement destinés à la réalisation du projet minier ;
- le taux d'intérêt ne dépasse pas la moyenne annuelle des taux effectifs pratiqués par les établissements de crédit du pays où est établie l'entreprise prêteuse selon les données fournies par la Banque Centrale du Congo.

Les intérêts visés par cette disposition sont ceux payés à l'étranger aux associés ou à toute autre personne qui se trouve directement ou indirectement dans des liens quelconques d'interdépendance avec le titulaire (art. 532 bis RM). En principe, ils sont imposables sauf si l'emprunt a servi au projet minier et dont le taux est conforme à la moyenne pratiquée par les banques du pays de la prêteuse. En ce cas, ces intérêts sont déductibles de l'IBP.

Il convient de préciser que la période de calcul de la moyenne annuelle des taux effectifs pratiqués par les établissements de crédit du pays où est établie l'entreprise prêteuse est celle correspondant à l'année de conclusion du contrat de prêt.

> *Dans ces conditions, la BCC est sollicitée de communiquer, le cas échéant, la moyenne des taux des autres pays pour éviter de donner l'impression qu'il s'agit d'un transfert et non pas d'un prêt.*

Article 255 : De la déduction de la redevance minière

La redevance minière versée par le titulaire d'un droit minier d'exploitation, l'entité de traitement ainsi que le titulaire d'une Autorisation d'exploitation de carrières permanente qui procède à la transformation des produits de carrières est déductible de la base imposable à l'impôt sur les bénéfices et profits.

> *La redevance minière versée par le titulaire ou le détenteur de l'agrément de l'entité peut être considérée comme une avance consentie en faveur de l'État mais qui est remboursable en partie au regard de son caractère déductible de la base imposable sur les bénéfices et profits. Le paiement de la redevance minière est de ce fait considéré comme une charge professionnelle. Il y sera déduit 30 % sur la totalité de la redevance payée.*

Article 256 : Des charges professionnelles déductibles

Sans préjudice des dispositions du présent Code, sont notamment considérées comme dépenses professionnelles déductibles des revenus imposables :

. a) le loyer réellement échu et les charges locatives afférents aux immeubles ou parties d'immeubles affectés à l'exercice de la profession et tous frais généraux résultant notamment de leur entretien et éclairage. Toutefois, la valeur locative des immeubles ou parties d'immeubles dont le redevable est propriétaire n'est pas considérée comme un loyer ou comme une charge locative ;

. b) les frais généraux résultant de l'entretien du matériel et des objets mobiliers affectés à l'exploitation ;

. c) les traitements, les salaires, les gratifications et les indemnités des employés et des ouvriers au service de l'exploitation, les avantages en nature pour autant qu'ils aient été ajoutés aux rémunérations ;

. d) les intérêts des capitaux empruntés à des tiers et engagés dans l'exploitation et toutes charges, rentes ou redevances analogues relatives à celle-ci ; Ne sont pas considérés comme tiers les associés dans les sociétés autres que par actions. En aucun cas, les intérêts des créances hypothécaires sur des immeubles donnés en location, en tout ou en partie, ne peuvent être considérés comme dépenses professionnelles déductibles ;

. e) les frais de transport, d'assurance, de courtage, de commissions. Toutefois, les dépenses consistant en commissions, courtages, ristournes commerciales ou autres, vacations, honoraires occasionnels ou non, gratifications et autres rétributions quelconques ne sont admises en déduction que s'il en est justifié par l'indication exacte du nom et du domicile des bénéficiaires ainsi que de la date des paiements et des sommes allouées à chacun d'eux. Toutefois, les frais de transport sur vente des substances minérales ne sont pas admis comme dépenses déductibles ;

. f) le montant du bénéfice réparti entre les membres du personnel de l'entreprise ;

. g) les traitements alloués dans les sociétés par actions aux membres du Conseil d'Administration lorsqu'il est justifié qu'ils correspondent à des appointements normaux en rapport avec la nature des fonctions réelles et permanentes exercées dans la société sur le Territoire National ;

. h) les amortissements des immobilisations servant à l'exercice de la profession ;

. i) l'impôt réel ayant le caractère d'une charge d'exploitation acquittée dans le délai, pour autant qu'elle n'ait pas été établie d'office.

Les sommes versées par le titulaire à une personne physique ou morale de droit étranger avec laquelle elle est liée, soit par la voie d'une participation directe dans son capital, soit par l'intermédiaire de participations détenues par une ou plusieurs autres entreprises du même groupe, en rémunération d'un service rendu, ne sont susceptibles d'être admises dans les charges professionnelles de l'entreprise qu'à la quadruple condition que :

a. la qualité du service rendu soit clairement démontrée ;

b. le service en cause ne puisse être rendu sur le territoire national ;

c. le montant de la rémunération corresponde à la valeur réelle du service rendu ;

d. le bénéficiaire ne soit établi dans un territoire à fiscalité privilégiée.

Par territoire à fiscalité privilégiée, il faut entendre, le territoire où le taux de prélèvement sur les bénéfices et profits ou de l'impôt sur les revenus des personnes physiques est inférieur de 30 % par rapport à celui pratiqué en République Démocratique du Congo.

Cette disposition reprend les charges professionnelles déductibles contenues dans l'article 43 du code des impôts (ordonnance-loi de 1969).

Cette liste est d'ailleurs indicative.

Par exemple, le CM prévoit un impôt déductible à son article 254 mais qui ne figure pas à cette énumération.

Article 257 : De la provision pour reconstitution de gisement

Le titulaire est autorisé à constituer, en franchise de l'impôt sur les bénéfices et profits, une provision pour reconstitution de gisement dont le montant maximal est égal à 0,5 % du chiffre d'affaires de l'exercice au cours duquel elle est constituée.

Cette provision est utilisée dans ses activités de recherches sur le territoire national avant l'expiration d'un délai de trois ans à compter de la clôture de l'exercice au cours duquel la provision a été constituée.

Faute d'avoir été utilisée dans les conditions définies à l'alinéa précédent, la provision pour reconstitution de gisement est réintégrée dans le bénéfice imposable au titre du quatrième exercice suivant celui au cours duquel elle a été constituée.

L'assiette pour la provision de reconstitution du gisement est actuellement assise sur le chiffre d'affaires alors que sous le CM de 2002, elle l'était sur le bénéfice imposable.

Le montant maximal est égal à 0,5 % du chiffre d'affaires de chaque exercice social. À voir l'écriture du texte, il est interdit de constituer une provision pour reconstitution du gisement supérieure à 0,5 %. Par contre, il devrait être autorisé de prévoir un montant inférieur à 0,5 %.

La fraction du chiffre d'affaires ainsi réservée ne sera pas imposable à l'IBP. Et son utilisation doit se faire dans les trois ans.

La partie non utilisée endéans le délai de trois ans reste toujours à disposition du titulaire mais changera de statut fiscal dans la mesure où elle sera désormais imposable dès le quatrième exercice suivant celui au cours duquel elle a été constituée.

Article 258 : De la provision pour réhabilitation du site

Le titulaire est tenu de constituer, en franchise de l'impôt sur les bénéfices et profits, une provision pour réhabilitation du site sur lequel sont conduites les opérations minières.

Le montant maximal de la dotation au titre de cette provision est égal à 0,5 % du chiffre d'affaires au titre de l'exercice au cours duquel elle est effectuée.

Il est tenu au respect de la directive sur l'EIES telle que prévue dans le Règlement minier.

Dans l'hypothèse où le titulaire est tenu de constituer une provision ou de remplir d'autres obligations financières en application de la réglementation sur la protection de l'environnement, le montant de cette seconde provision ou de ces obligations, est déduit du montant maximal autorisé pour la dotation au titre de provision pour la réhabilitation du site.

Cette provision doit être utilisée avant l'expiration d'un délai de dix ans à compter de la clôture de l'exercice au cours duquel elle a été constituée. Le solde de cette provision non utilisée est réintégré dans le bénéfice imposable au titre du onzième exercice suivant celui au cours duquel ladite provision a été constituée.

Le solde de cette provision non utilisé à la clôture du dernier exercice du projet est réintégré dans le bénéfice imposable au titre de cet exercice.

1. Quels sont le taux et l'assiette pour la provision de réhabilitation du site ?

L'assiette pour la provision de réhabilitation du site est le chiffre d'affaires.

Le montant maximal est égal à 0,5 % du chiffre d'affaires de chaque exercice social. À voir l'écriture du texte, il est interdit de prévoir une provision pour réhabilitation du site supérieure à 0,5 %. Par contre, il devrait être autorisé de prévoir un montant inférieur à 0,5 %.

2. Quel est le statut fiscal de la fraction de 0,5 % ?

La fraction du chiffre d'affaires ainsi réservée ne sera pas imposable de l'IBP. Et son utilisation doit se faire dans les dix ans dans le strict respect de la directive sur l'EIES.

3. Qu'advient-il si le titulaire n'utilise pas l'entièreté de la provision de réhabilitation du site ?

La partie non utilisée endéans le délai de dix ans reste toujours à disposition du titulaire mais changera de statut fiscal dans la mesure où elle sera désormais imposable dès le onzième exercice suivant celui au cours duquel elle a été constituée.

Article 258 bis : De la dotation pour contribution aux projets de développement communautaire

Le titulaire de droit minier d'exploitation ou d'autorisation d'exploitation des carrières permanente est tenu de constituer, en franchise de l'impôt sur les bénéfices et profits, une dotation pour contribution aux projets de développement communautaire dont le montant minimal est égal à 0,3 % du chiffre d'affaires de l'exercice au cours duquel elle est constituée.

La dotation doit être entièrement mise à disposition des communautés locales avant l'expiration de l'exercice suivant celui au cours duquel elle a été constituée.

1. Quelle est la nature juridique de la dotation pour contribution aux projets de développement communautaire ?

La constitution de la dotation pour contribution aux projets de développement communautaire est l'une des obligations imposées aux entreprises minières en vue de s'acquitter de leur responsabilité sociétale.

Elle n'est pas une recette à caractère public. Elle est un mécanisme de partage direct des revenus générés par le secteur minier au profit des communautés locales impactées par l'exploitation minière industrielle. Elle est un dispositif de réalisation du développement local directement consenti par l'État aux communautés affectées sans passer les institutions publiques.

Contrairement aux recettes à caractère public (impôts, taxes, droits et redevances...) prévues par le CM qui sont encadrées et collectées par les régies financières et d'autres agences publiques notamment la DGRAD, la DGI, la DGDA, les directions provinciales des recettes, le CM a prévu un mécanisme communautaire pour la gestion de cette dotation lequel est commenté sous l'article 285 octies.

2. Quel est le taux de la dotation ?

Contrairement aux provisions de reconstitution du gisement et celle de réhabilitation du site qui prévoit un taux maximal ; celui de la dotation pour les projets de développement est un montant minimum qui s'élève à 0,3 % du chiffre d'affaires non imposable sur l'IBP. En d'autres termes, un titulaire peut y réserver un montant supérieur. Le but de la dotation est d'améliorer la situation des populations affectées par le projet minier en y construisant par exemple des infrastructures de base.

La dotation est gérée par une entité juridique qui n'est pas étatique.

Pour les commentaires sur la gestion de l'entité juridique, voir sous article 285 octies du présent code.

3. Expérience résultant de Tenke Fungurume Mining

Cette disposition trouve sa source à partir de l'expérience offerte par la société Tenke Fungurume Mining (TFM) qui réservait déjà, en se fondant sur l'article 21 de l'ancienne convention minière amendée de 2005 qui la liait à l'État congolais, sans une obligation légale contenue dans le CM, une dotation de l'ordre de 0,3 % du chiffre d'affaires pour les projets de développement communautaire. Ainsi, la révision du CM sur cette question n'a pas posé de difficultés de mise en œuvre pour elle.

4. Mise en application de la dotation par Kibali GoldMines

Étant développé dans une région enclavée et dépourvue d'infrastructures de base, le projet Kibali investit près de 0,5 % de son chiffre d'affaires annuel sur les 5 dernières années au-delà des secteurs traditionnels de la responsabilité sociétale des entreprises (RSE) dont l'éducation, la santé et l'agropastoral, ainsi que dans le développement des infrastructures de base. Le pourcentage investi est donc au-delà de 0,3 % minimal prévu par la loi.

Par ailleurs, la mine effectue ces investissements avec une implication directe des communautés riveraines via un Forum de Développement communautaire mis en place depuis 2010, alors que la mine était encore à l'étape de sa construction. C'est ainsi qu'avec l'avènement du CM révisé, Kibali GoldMines n'a pas éprouvé de difficulté de mise en œuvre.

SECTION V : DE L'APPLICATION DE LA TAXE SUR LA VALEUR AJOUTEE

Article 259 : De la Taxe sur la valeur ajoutée

Les titulaires des droits miniers et/ou des carrières sont assujettis à la Taxe sur la Valeur ajoutée conformément au droit commun.

Le taux du droit commun de la TVA est de 16 %. Comme on le sait, la TVA n'est pas l'impôt de l'assujetti. Ce dernier ne fait qu'en faciliter le fonctionnement en l'imputant sur le consommateur.

La loi de Finances n° 20/20 du 28 décembre 2020 pour l'exercice 2021 modifie la loi du 20 août 2010 instituant la TVA en son article 16 et dispose que « la

TVA due lors de l'importation des marchandises par les entreprises minières pour les besoins de leur exploitation, à l'exception des produits pétroliers, est constatée et liquidée par voie de déclaration des marchandises au cordon douanier. Elle est déclarée auprès du service gestionnaire compétent de l'administration des impôts dont relève chaque entreprise minière, à l'échéance qui suit l'importation des marchandises ». Cette disposition est reconduite dans la loi des finances 2021 pour l'exercice 2022.

En RDC, il s'est posé un problème avec les opérateurs miniers en ce qui concerne le remboursement de leurs crédits de TVA qui ne l'était plus depuis quelques années. À ce jour, l'État est débiteur d'énormes sommes résultant du non-remboursement de la TVA à leur égard.

Pour freiner les dettes qui ne font que s'accumuler, l'État a mis en place ce mécanisme de remboursement pour neutraliser la partie de la TVA à l'importation.

Concrètement, quand un titulaire en phase d'exploitation effective importe, il liquide la TVA de 16 % comme un droit dû mais ne la paie pas. Celle-ci est simplement calculée sur la déclaration douanière mais le receveur donne la main levée comme si elle était payée.

Cette TVA est calculée sur la déclaration déposée auprès de l'administration des impôts.

C'est une forme d'auto-liquidation de la TVA à l'importation que l'on pourrait qualifier de TVA comptable parce que tout se passe dans l'écriture mais rien n'est payé.

Section VI : Des modalites de recouvrement des recettes non fiscales

Article 260 : Des droits, taxes et redevances

Les modalités de recouvrement des droits, taxes et redevances prévus dans le présent Code, sont fixées par les textes qui régissent les procédures relatives à l'assiette, au contrôle et au recouvrement des recettes non fiscales.

Parmi ces textes, il y a notamment :

– l'ordonnance-loi n° 13/003 du 23 février 2013 portant réforme des procédures relatives à l'assiette, au contrôle et aux modalités de recouvrement des recettes non fiscales ;

– le décret n° 038/2003 du 26 mars 2003 tel que modifié et complété par le décret n° 18/024 du 08 juin 2018 portant Règlement minier.

Chapitre IV :
Du régime fiscal et douanier applicable à l'exploitation artisanale et a l'exploitation minière à petite échelle

Article 261 : De l'exploitation artisanale

Le régime fiscal et douanier applicable aux exploitants artisanaux, aux négociants et aux comptoirs agréés est régi par voie réglementaire conformément aux modalités fixées par le Règlement Minier.

Selon l'article 536 bis du RM, les redevables sont la coopérative minière, l'exploitant artisanal, le négociant et le comptoir.

1. En ce qui concerne les coopératives minières

– les droits d'entrée et la TVA à l'importation pour le petit matériel, équipements, liés à l'exploitation artisanale,

– les droits d'entrée pour réactifs,

– la taxe rémunératoire sur la carte d'exploitant artisanal ;

– la taxe d'agrément d'une coopérative minière ;

– la redevance annuelle anticipative pour le maintien de validité d'une coopérative minière.

En d'autres termes, la coopérative paie une taxe pour acquérir l'agrément, puis elle paie une redevance annuelle pour le maintien de sa validité.

Elle est exonérée de l'IBP. Elle est soumise aux autres impôts conformément au droit commun.

2. En ce qui concerne les négociants

– la taxe rémunératoire sur la carte de négociant.

3. En ce qui concerne les comptoirs agréés

– la redevance annuelle anticipative à payer au Trésor public, lors de l'agrément du comptoir et du renouvellement de celui-ci ;

– la caution à payer lors de l'agrément ;

– la taxe ad valorem, les droits de sortie, la TVA à l'exportation, les taxes rémunératoires pour les services intervenants ;

– la taxe d'intérêt commun de 1 % sur les transactions d'or et de diamant ;

– les impôts et taxes pour lesquels les comptoirs agréés sont des redevables légaux ;

– la taxe rémunératoire sur la carte de travail d'étranger ;

– frais de dépôt pour agrément de l'acheteur des comptoirs des substances minérales de production artisanale ;

– agrément des acheteurs des comptoirs d'achat et de vente des substances minérales de production artisanale.

Selon l'article 537 du RM, les ministres ayant respectivement les Mines et les Finances dans leurs attributions fixent par voie d'arrêté interministériel le taux, l'assiette et les modalités de perception des droits, taxes et redevances relevant du régime douanier, fiscal ainsi que des recettes non fiscales applicables à l'exploitation artisanale ainsi que les sanctions applicables en cas de contravention.

L'on pourrait s'interroger sur la constitutionnalité de cette disposition dans la mesure où l'article 122 de la Constitution confère au législateur le pouvoir de fixer les impôts et taxes et non pas à l'exécutif.

Article 262 : De l'exploitation minière à petite échelle

L'exploitation minière à petite échelle est soumise au régime douanier prévu aux articles 225 à 235 du présent Titre.

Sans préjudice des dispositions du droit commun, l'exploitation minière à petite échelle relève du régime fiscal de taxation unique en ce qui concerne les contributions pour lesquelles le titulaire du titre minier est redevable, et ce, en rapport avec les activités minières.

Le taux de l'imposition unique pour les activités d'exploitation minière à petite échelle est fixé à 10 % du chiffre d'affaires résultant de la valeur de vente des produits marchands.

Le paiement de l'imposition forfaitaire prévue à l'alinéa précédent exempte le titulaire du paiement de la redevance minière, de l'impôt mobilier, de l'impôt sur les bénéfices et profits, de l'impôt exceptionnel sur les rémunérations des expatriés.

L'imposition forfaitaire est due au moment de la vente.

La quotité de la redevance minière à répartir est déterminée conformément aux dispositions des articles 240 à 242 du présent Code.

Les modalités de perception des droits prévues aux alinéas précédents sont fixées par le Règlement minier.

L'exploitant de la mine à petite échelle peut opter soit de demeurer dans le régime de taxation unique soit d'être régi par les dispositions des chapitres I et III du présent Titre.

L'option ainsi faite est irrévocable.

Le titulaire du PEPM a la possibilité de choisir de manière irrévocable le type de fiscalité qui s'appliquera à son exploitation :

– soit celle de l'exploitation industrielle (art. 219 à 224 ; 236 à 260 CM) ;

– soit celle du taux forfaitaire unique de 10 % sur le chiffre d'affaires.

Le régime fiscal de taxation unique établi pour l'exploitation minière à petite échelle en rapport avec les activités minières du titulaire concerne les impôts et redevances suivantes :

– l'impôt mobilier ;

– l'impôt sur les bénéfices et profits ;

– l'impôt spécial sur le profit excédentaire ;

– l'impôt exceptionnel sur les rémunérations des expatriés ;

– la TVA ;

– la redevance minière.

Titre X :
De la réglementation de change et des garanties de l'État

Chapitre I :
De la réglementation de change

Section I : De la conversion des devises en Francs congolais

Article 263 : De la liberté de conversion au taux du marché

Le titulaire des droits miniers bénéficie de la liberté de convertir en francs congolais les apports en capital, les fonds avancés par les actionnaires, les tirages sur emprunts et les recettes en devises provenant de la vente des produits, au meilleur taux de change offert par les banques agréées au jour de l'opération de conversion.

Toutefois, le titulaire de droits miniers peut recourir, pour le change de la monnaie fiduciaire, aux intermédiaires agréés non bancaires autres que les messageries financières.

Cette disposition rappelle le principe de la liberté de change auprès des banques commerciales ou des intermédiaires tels que les bureaux de change, etc. en tenant compte du taux de référence fixé par la BCC.

SECTION II : DES TRANSFERTS DES FONDS VERS L'ETRANGER

Article 264 : Des règlements des biens et services, des transferts des revenus primaires et secondaires ainsi que les transferts en capital et opérations financières

Sans préjudice des dispositions des alinéas 2, 3 et 4 du présent article, le titulaire des droits miniers est autorisé à réaliser au profit des non-résidents et vice-versa, après paiement des taxes et contributions dues, des règlements des biens et services, des transferts des revenus primaires et secondaires ainsi que les transferts en capital et les transferts en raison des opérations financières ci-après en relation directe avec les opérations autorisées en vertu de son droit minier :

. a) le paiement des biens et services auprès des fournisseurs étrangers s'il n'a pas pu trouver les mêmes biens et/ou services à quantité, qualité et prix égal ainsi qu'à des conditions de livraison identiques sur le marché local ;

. b) l'acquisition ou la location de l'équipement importé ;

. c) le paiement des commissions aux tiers pour des services rendus à l'étranger ;

. d) le paiement des honoraires aux personnes résidant à l'étranger, pour des services rendus ;

. e) le paiement des « royalties » afférent aux droits accordés au titulaire par de tiers étrangers ;

. f) la formation à l'étranger des employés congolais et les charges sociales des employés expatriés notamment les primes, les assurances professionnelles, les frais de transport et de déménagement ;

. g) les fonds correspondant aux dividendes dûment et légalement déclarés, destinés à être distribués aux actionnaires ou associés non-résidents du titulaire ;

. h) les fonds correspondant aux recettes de la vente des actions et toute somme provenant de la cession ou de la liquidation des actifs de la société, ainsi que toute indemnité d'expropriation ;

i) le remboursement des avances en compte courant d'associés ou d'actionnaires, à condition de ne pas amener le ratio des fonds empruntés aux fonds propres au-dessus de 75 : 25.

Par ailleurs, il est garanti au personnel étranger résidant sur le Territoire National, employé par le titulaire d'un titre minier, la libre conversion et le libre transfert de tout ou partie des sommes qui leur sont dues, sous réserve que les intéressés se soient acquittés de leurs impôts et cotisations diverses conformément à la législation en vigueur en République Démocratique du Congo.

Le transfert des fonds nécessaires aux opérations énumérées ci-dessus doit se faire uniquement par le canal d'une banque agréée moyennant la souscription d'un document de change.

Tout autre transfert vers l'étranger est soumis à la réglementation de change en vigueur.

La disposition rappelle que les transferts d'argent doivent se faire par voie bancaire pour des raisons de traçabilité, et ce, aussi bien de la RDC vers l'étranger que vice-versa.

La disposition énumère les différentes dépenses susceptibles d'être effectuées par le titulaire avec les fonds issus de l'exportation.

Il convient de préciser que seuls les comptes issus de la partie non rapatriée (40 %) doivent faire face au paiement des différentes dépenses ainsi prévues. La quotité rapatriée (60 %) ne devra servir qu'aux dépenses domestiques en faveur des résidents.

Il convient d'ouvrir une parenthèse en insistant sur le point ***e*** *de la présente disposition qui évoque le paiement des royalties. En effet, comme expliqué sous l'article 33 bis, la DGRAD prélève cette taxe en se fondant non pas sur le CM, mais sur la loi des Finances (art. 33 pour celle 2021).*

Les royalties sont perçues à la production pour compenser l'épuisement du sol à la suite de l'exploitation des minerais qui sont des ressources naturelles non-renouvelables.

Son taux de prélèvement est fixé dans le contrat signé avec la société du portefeuille du secteur minier et calculé sur base de la production brute.

Une quotité de 50 % du montant prélevé est portée sur les recettes non fiscales et perçue par la DGRAD au profit du Trésor public.

Article 265 : Du contrôle des transferts au bénéfice des sociétés affiliées

Nonobstant les dispositions de l'article 264, les transferts au bénéfice des sociétés affiliées du titulaire en paiement des biens fournis ou services rendus doivent être justifiés par rapport aux prix pratiqués sur le marché pour des biens ou services similaires.

Toute opération commerciale entre sociétés affiliées se déroule selon le principe de pleine concurrence.

Le législateur impose des règles rigoureuses en ce qui concerne le transfert au bénéfice des sociétés affiliées.

Le transfert doit se dérouler dans le strict respect du principe de la pleine concurrence. C'est ainsi que le titulaire du droit minier est tenu de déposer auprès de la direction des mines, dans les dix jours ouvrables après sa signature, une copie certifiée conforme de tout contrat conclu avec une société affiliée et transmettre, dans les quinze jours suivant la fin de chaque mois à la BCC et à la direction des mines, le rapport mensuel retraçant le transfert de fonds effectué au bénéfice des sociétés affiliées en paiement des biens fournis ou des services rendus dûment appuyés par les pièces justificatives requises (art. 552 RM).

Le contrôle des transferts au bénéfice des sociétés affiliées par la direction des mines se fait a posteriori. L'approbation préalable des paiements au bénéfice des sociétés affiliées n'est pas requise (art. 554 RM).

Chapitre II : De la gestion des recettes des ventes à l'exportation

Régime de change

Actes	*Taux*
Rapatriement obligatoire des recettes d'exportation	*– 60 % en phase d'amortissement* *– 100 % après l'amortissement*
Utilisation des recettes rapatriées	*uniquement pour les dépenses domestiques en faveur des résidents*
Redevance de contrôle et/ou suivi de change due à la BCC	*2/1000 sur 100 % des recettes d'exportation*

Article 266 : De l'exportation des produits miniers

Le titulaire est autorisé à exporter et à commercialiser sa production au prix du marché, sous réserve du droit pour l'État de déterminer la quotité de production à exporter en fonction des besoins de l'industrie locale. Les recettes en devises y relatives sont encaissées dans les quarante-cinq jours calendrier à dater de la sortie des biens du territoire national pour un pays africain et de l'embarquement à partir du territoire national ou d'un pays africain, sauf si le contrat de vente comporte des dispositions particulières concernant le délai de paiement.

Le titulaire a l'obligation de souscrire, pour toutes ses opérations d'exportation, un document de change conformément à la réglementation de change en vigueur.

Le Règlement minier fixe la quotité ainsi que les modalités d'application de la réserve émise à l'alinéa 1er du présent article.

Selon l'article 559 bis du RM, la quotité de la production que le titulaire doit vendre à l'industrie nationale est déterminée par voie d'arrêté interministériel des ministres des Mines et de l'Industrie, en tenant compte des besoins exprimés dans le Plan stratégique d'Industrialisation de la RDC.

Le titulaire doit payer les droits dus dans les quarante-cinq jours de la sortie des biens ou de l'encaissement. Sous le CM de 2002, ce délai était de trente jours.

Toutefois, le contrat peut expressément prévoir d'autre délai. En pareil cas, c'est celui-ci qui sera pris en compte.

Selon l'article 546 du RM, le titulaire doit, pour les opérations d'importation et d'exportation de biens et services, souscrire préalablement auprès d'une banque agréée, selon le cas, des Déclarations d'importation et d'exportation des biens ou des services.

Les titulaires sont autorisés à souscrire des déclarations modèles IB et EB dits « Formule globale » auprès d'une banque agréée de leur choix.

Article 267 : Du compte principal et des comptes de service de la dette étrangère

Par dérogation aux dispositions des articles 1 à 9 de l'Ordonnance-Loi n° 67/272 du 23 juin 1967 relative aux pouvoirs réglementaires de la Banque Centrale du Congo en matière de réglementation de change et ses mesures d'application, le titulaire qui exporte les produits des mines autorisés a le droit ainsi que l'obligation de :

. a) ouvrir un compte en devises appelé « Compte principal » auprès d'une banque étrangère de réputation internationale qui aura des relations d'affaires avec un correspondant pour la gestion des fonds qu'il est autorisé à tenir en dehors du Territoire National ;

. b) communiquer à la Banque Centrale du Congo et dans les moindres détails, toutes les coordonnées du compte principal ;

. c) verser les recettes d'exportation qu'il est autorisé à tenir en dehors du Territoire National conformément aux dispositions de l'article 269 ci-dessous dans son compte principal étranger avant toute redistribution ;

. d) payer à partir du compte principal le service de sa dette étrangère, y compris le principal, les intérêts, les commissions et les pénalités selon les conventions d'emprunt conclues avec les bailleurs de fonds étrangers ;

. e) communiquer les conventions d'emprunt conclues avec les bailleurs de fonds étrangers à l'Administration des Mines pour confirmer si les conventions d'emprunt correspondent au plan de financement d'une exploitation minière dûment autorisée. Dans le cas des conventions d'emprunt entre des sociétés affiliées, elle confirme également que les conditions d'emprunt ne sont pas moins favorables au titulaire que les termes d'un marché entre parties non affiliées. Elle en avise la Banque Centrale.

Le titulaire est autorisé à ouvrir des comptes en devises auprès des banques étrangères de réputation internationale où il gère ou fait gérer les fonds versés de son compte principal nécessaires pour le service de sa dette étrangère, ainsi que pour les provisions et réserves légales, statutaires et libres.

1. Types de comptes

Le titulaire est autorisé à détenir des comptes à l'étranger ouverts auprès des banques de réputation internationale, dont :

– un compte dénommé « compte principal » pour la gestion des fonds qu'il est autorisé à détenir en dehors du territoire national ;

– d'autres comptes où il gère ou fait gérer les fonds versés de son compte principal pour le service de la dette étrangère, ainsi que pour les provisions et réserves légales, statutaires et libres.

Il est également autorisé à détenir un ou plusieurs comptes en monnaies étrangères auprès du système bancaire national.

Le compte principal est crédité des recettes d'exportation, des préfinancements reçus, des emprunts et de tout autre financement à recevoir à quelque titre que ce soit.

Dans les trente jours suivant l'ouverture du compte à l'étranger, le titulaire est tenu de communiquer à la BCC le nom et les coordonnées de la banque à l'étranger ; le numéro du compte principal ; le nom de son principal contact auprès de cette banque étrangère (art. 559 RM).

Les sommes qui sont dans le compte principal servent aussi à payer les dettes du titulaire.

2. Des conventions d'emprunt

*Les conventions d'emprunt prévues au littera **e** doivent être conclues dans les conditions respectant la pleine concurrence.*

Ainsi, dans les dix-huit jours ouvrables suivant la signature de toute convention d'emprunt avec un ou des bailleurs de fonds étrangers, le titulaire est tenu de déposer auprès de la direction des mines quatre exemplaires de la convention d'emprunt ainsi que quatre exemplaires d'un plan d'investissement des fonds reçus en emprunt et quatre exemplaires du plan de financement du projet minier.

La direction des mines réserve à la BCC et à la DGI une copie de la convention d'emprunt ainsi qu'une copie du plan d'investissement des fonds reçus en emprunt et une copie du plan de financement du projet pour les besoins de leur contrôle respectif.

Dès réception de toute convention d'emprunt et dans le délai de quinze jours ouvrables suivant le dépôt de la convention d'emprunt, la direction des mines vérifie et émet un avis sur la concordance ou la discordance des conditions et termes de la convention d'emprunt avec ceux pratiqués sur le marché, sur la destination effective des emprunts destinés à la réalisation du projet minier ainsi que sur la hauteur des ratios des fonds empruntés sur fonds propres.

Cet avis est communiqué au titulaire avant l'encaissement de fonds emprunté.

Article 268 : Des comptes en devises

Le titulaire qui exporte les produits des mines peut ouvrir et détenir un compte ou un groupe de comptes en devises étrangères auprès des banques commerciales agréées, dont le siège social est en République Démocratique du Congo, pour gérer les recettes et les dépenses en devises du projet qu'il exploite à bien en vertu de son droit minier. Il bénéficie de la liberté de garder en devises toutes les recettes des ventes à l'exportation des produits du projet sans obligation de les convertir en monnaie nationale.

S'il a ouvert plusieurs comptes auprès du système bancaire national, le titulaire d'un droit minier a l'obligation de rapatrier les recettes d'exportation dans le compte ouvert dans une banque agréée auprès de laquelle l'exportation a été domiciliée.

Selon l'article 2 de la Réglementation de change, la détention des monnaies étrangères en RDC est libre.

De ce fait, le titulaire peut ouvrir un compte en devises étrangères qui lui facilitera ses transactions en recettes et dépenses.

Le législateur lui reconnaît la possibilité de garder tout son argent en devise sans obligation pour lui de les convertir en Francs congolais.

Article 269 : Du rapatriement des recettes des exportations

Le titulaire qui, en phase d'amortissement de son investissement, exporte les produits marchands des mines est :

a. autorisé à garder et à gérer dans son compte principal et ses comptes de service de la dette étrangère les recettes de ses ventes à l'exportation à concurrence de 40 %. Les modalités de l'approvisionnement des comptes destinés au service de la dette étrangère, ainsi que les modalités de paiement du service de la dette étrangère du titulaire, sont établies dans les conventions d'emprunt conclues par l'emprunteur avec ses bailleurs de fonds étrangers ;

b. tenu de rapatrier obligatoirement dans son compte tenu en République Démocratique du Congo, 60 % des recettes d'exportation dans les quinze jours à dater de l'encaissement au compte principal prévu à l'article 267 du présent Code ;

En cas d'amortissement de son investissement, il est tenu de rapatrier 100 % des recettes de ses ventes à l'exportation dans son compte national principal en République Démocratique du Congo dans le délai prescrit au littera b de l'alinéa précédent ;

Ne peut garder une quotité des recettes d'exportation ou des préfinancements à l'étranger que le titulaire des droits miniers qui a communiqué les coordonnées bancaires et qui transmet trimestriellement à la Banque Centrale du Congo le rapport de ses activités enregistrées dans le compte principal, tel que disposé à l'article 271 du présent Code.

La quotité rapatriée est destinée à couvrir les dépenses domestiques en faveur des résidents et ne peut servir à financer les transactions reprises à l'article 264 du présent Code.

Cette disposition ne vise que les titulaires des droits miniers et de l'AECP de production de ciment qui sont en phase d'amortissement de leurs investissements. À cet effet, ils sont autorisés de garder ce qui suit :

– 40 % des recettes d'exportation dans le compte principal ouvert auprès d'une banque à l'étranger. Il doit s'agir du titulaire des droits miniers et de l'AECP de production de ciment qui a communiqué les coordonnées bancaires et qui

transmet régulièrement à la BCC le rapport de ses activités enregistrées dans le compte principal. C'est sur ce compte que les transactions prévues à l'article 264 du présent code doivent s'effectuer.

– 60 % dans le compte ouvert auprès de la banque agréée de domiciliation des exportations en RDC. Ce compte permet de couvrir les dépenses domestiques en faveur des résidents.

La durée de rapatriement ne peut dépasser soixante jours.

Le rachat par l'État et la BCC des devises issues de recettes d'exportation est autorisé dans les conditions à négocier par ces derniers et les exportateurs concernés (art. 550 RM).

Il ne doit nullement s'agir d'un diktat d'une partie sur une autre. Cette opération se doit de respecter scrupuleusement les règles régissant le libre marché.

Cependant, si un titulaire exprime un besoin pour l'obtention de devises en des périodes de rareté de celles-ci, il est traité et servi en priorité.

Par ailleurs, si au fil des années, les dépenses domestiques en faveur des résidents deviennent moindres par rapport aux sommes reçues à titre de 60 %, le Gouvernement devrait être tenu d'autoriser le Titulaire de réinvestir ces sommes dans d'autres projets sur le territoire national. L'initiative du réinvestissement est exprimée par Titulaire qui est propriétaire desdites sommes.

Après la phase d'amortissement, les titulaires des droits miniers et de l'AECP de production de ciment rapatrient 100 % des recettes d'exportation dans leur compte logé en RDC.

Article 270 : Du paiement de la redevance de suivi de change

Le titulaire est tenu de payer à la Banque Centrale du Congo la redevance de suivi de change de 2/1000 sur les opérations suivantes :

a. tout paiement vis-à-vis de l'étranger effectué par les banques agréées sur les comptes en banque du titulaire en République Démocratique du Congo, aussi bien en recette qu'en dépense, à l'exception des rapatriements des recettes qui proviennent du compte principal ;

b. toute opération de débit ou de crédit effectuée sur son compte principal à l'exception des transferts en faveur de comptes de service de la dette étrangère, les paiements effectués de ces comptes de service de la dette étrangère sont également exonérés de la redevance de suivi de change.

Le titulaire des droits miniers est tenu de payer à la Banque Centrale du Congo ou à toute personne mandatée par cette dernière une redevance de suivi de Change de 2 ‰ sur la totalité de 100 % du montant de toute exportation réalisée. Cette redevance est calculée sur la totalité des recettes d'exportation et est prélevée sur la quotité rapatriée.

Selon la Réglementation de change, la BCC perçoit une redevance de suivi de change de 2 ‰ sur toutes les opérations de change sans distinction de la qualité du donneur d'ordre ou du bénéficiaire (art. 16).

Les opérations suivantes sont visées à savoir tout approvisionnement de compte par transfert international et tout paiement en provenance ou à destination de l'étranger ; toute importation sans achat des devises ; toute importation ou exportation effectuée en dehors du système bancaire national (art. 17).

Le CM apporte des précisions pour le domaine minier en prévoyant que les titulaires, sous-traitants et détenteurs d'agrément au titre d'entité de traitement sont tenus de payer à la BCC ou à toute personne mandatée par elle, une redevance de suivi de change de 2 ‰ (deux pour mille) sur tout paiement vers ou en provenance de l'étranger à l'exception des rapatriements des recettes provenant du compte principal ; des virements en faveur des comptes de service de la dette étrangère réalisés à partir du compte principal ; des paiements du service de la dette étrangère réalisée à partir des comptes pour le service de la dette ouverts auprès d'une banque étrangère (art. 549 RM).

En d'autres termes, le rapatriement des recettes d'exportation de l'ordre de 60 % et plus tard de 100 % ne fait pas l'objet de ce prélèvement.

L'alinéa 2 du présent article assouplit le principe posé à l'alinéa 1 en ce qui concerne uniquement les titulaires miniers dont un prélèvement est perçu au titre de redevance de suivi de change sur quotité rapatriée.

En d'autres termes, la quotité rapatriée ne fait pas l'objet de prélèvement de redevance de suivi de change pour les sous-traitants, les détenteurs d'agrément des entités de traitement, les titulaires des AECP y compris ceux de production du ciment.

Par contre, les titulaires des droits miniers paient le prélèvement de 2 ‰ sur l'ensemble des exportations mais prélevée sur la quotité rapatriée.

Article 271 : Du contrôle des opérations du compte principal local et extérieur

Le titulaire doit soumettre un rapport mensuel sur les mouvements des fonds versés dans le compte principal en devises à l'étranger, ainsi que les références des dossiers d'exportation sur les recettes versées dans ce compte. Ce rapport, accompagné d'une copie du relevé bancaire dudit compte est soumis à la Direction des Mines et à la Banque Centrale du Congo, pour contrôle de conformité avec les dispositions du présent chapitre.

Toutefois, la Banque Centrale conserve le droit de dépêcher ses délégués pour vérifier la régularité des opérations inscrites sur le compte principal après en avoir préalablement informé par écrit le titulaire.

Pour ce faire, le titulaire des droits miniers a l'obligation, dans les trente jours dès réception de cette correspondance, d'accuser réception et de transmettre à la Banque Centrale du Congo la copie légalisée de la lettre adressée à son banquier autorisant la vérification des opérations effectuées sur son compte principal.

La Direction des mines est chargée de surveiller et d'exercer le contrôle sur les titulaires des droits miniers d'exploitation et des droits de carrières d'exploitation, en rapport avec les opérations de rapatriement obligatoire des recettes d'exportation.

Ce pouvoir de vérification s'exerce aussi sur toutes les Institutions bancaires qui interviennent dans ces opérations de rapatriement des recettes d'exportation en collaboration avec la Banque Centrale du Congo.

Dans les quinze jours suivant la fin de chaque mois, le titulaire de droit minier est tenu de transmettre à la direction ayant la gestion des opérations du change de la BCC et à la direction des mines en cinq exemplaires le rapport mensuel retraçant les mouvements des fonds passés dans le compte principal.

À ce rapport, il est annexé, les références des dossiers d'exportation sur les recettes versées dans ce compte, une copie du relevé bancaire dudit compte, les contrats d'emprunt encaissé dans le mois, la preuve de paiement de la redevance de suivi de change sur les opérations réalisées dans le compte principal à l'étranger, les preuves douanières et de l'OCC des exportations réalisées.

La BCC se réserve le droit de vérifier la régularité des opérations inscrites sur le compte principal à l'étranger du titulaire des droits miniers après en avoir préalablement informé par écrit le titulaire dudit compte.

Pour ce faire, le titulaire des droits miniers a l'obligation, dans les trente (30) jours dès réception de cette correspondance, d'accuser réception et de transmettre à la BCC la copie légalisée de la lettre adressée à son banquier autorisant la vérification des opérations effectuées sur son compte principal.

Le titulaire des droits miniers ou des carrières communique également à la BCC, le plan d'amortissement de ses investissements en annexe de son rapport mensuel sur les mouvements de fonds du compte principal (art. 560 RM).

Article 272 : Des dispositions de change plus favorables et du régime de change applicable au titulaire d'un droit de carrières

Si une législation ou une réglementation de change de droit commun adoptée ou promulguée sur le Territoire National postérieurement à la date d'entrée en vigueur du présent Code prévoit des dispositions plus favorables que celles contenues dans le présent Code, ces nouvelles dispositions sont immédiatement applicables, de plein droit, dès leur entrée en vigueur.

Le titulaire des droits des carrières est soumis au droit commun quant à l'ensemble de ses opérations de change, à l'exception du titulaire d'une Autorisation d'exploitation de carrières permanente qui produit du ciment qui jouit des dispositions de la réglementation du change prévue dans le présent Code.

Cette disposition comprend deux parties distinctes :

1. Du régime de change la plus favorable

Le législateur a maintenu l'application des dispositions de change plus favorables en cas de modification de la loi ou de la réglementation de change de droit commun alors qu'il a abrogé l'article 222 du CM de 2002 en ce qui concerne les dispositions fiscales et douanières.

2. Quel est le régime de change applicable au droit de carrières ?

À l'exception du titulaire de l'AECP de production de ciment auquel le régime de change du CM s'applique, les titulaires des autres droits de carrières sont soumis au droit commun de change.

Article 272 bis : ***(des dispositions sur le change non prévu dans le CM)*** *(c'est nous qui titrons)*

Toute matière relative au change qui n'aurait pas été traitée par le présent Code sera régie par des dispositions de la Banque Centrale.

Cette disposition reconnaît à la BCC l'autorité qui est la sienne en matière de change sur toute l'étendue du territoire national et lui confère le pouvoir de réglementer sur les matières relatives au change qui ne sont pas expressément prévues dans le présent code.

Chapitre III :
Des garanties et du contrôle de l'État

Article 273 : Des libertés garanties

Sous réserve du respect des lois et Règlements miniers de la République Démocratique du Congo, l'État garantit aux titulaires des droits miniers et de carrières :

. a) le respect de la législation et des accords ou conventions signés avec des partenaires ;

. b) le droit de disposer librement de leurs biens et d'organiser, à leur gré, leurs entreprises ;

. c) la liberté d'embauche sous réserve d'employer en priorité le personnel congolais à qualification égale des diplômes et d'expérience pour la réalisation des opérations minières et sous réserve des conditions de licenciement conformément aux lois et règlements en vigueur ;

. d) le libre accès aux matières premières dans les limites des droits miniers et/ou de carrières ;

. e) la libre circulation sur le territoire national de leur personnel et de leurs produits ;

. f) la liberté d'importer des biens, des services ainsi que des fonds nécessaires aux activités, sous réserve de donner priorité aux entreprises congolaises pour tout contrat en relation avec le projet minier, à des conditions équivalentes en termes de quantité, qualité, prix et délais de livraison et de paiement ;

. g) la liberté de disposer des produits sur les marchés internes, d'exporter et de disposer sur le marché externe, sous réserve du respect des dispositions du présent Code ;

. h) la jouissance paisible des Périmètres faisant l'objet de leurs droits miniers et/ou de carrières.

. i) les facilités d'obtenir pour leur personnel étranger tous les documents requis pour accéder aux lieux de recherches ou d'exploitation sans préjudice du respect des normes légales et réglementaires régissant la police des étrangers.

Les libertés garanties dans cette disposition trouvent leurs sources dans la Constitution et dans les lois sectorielles. Le législateur a omis de mentionner avant l'énumération desdites libertés l'adverbe « notamment » parce que cette liste n'est pas limitative.

Chaque liberté énumérée doit être comprise comme s'appliquant sous réserve de se conformer à la législation à laquelle elle se rapporte.

Article 274 : Du rachat des devises

L'État et la Banque Centrale du Congo s'interdisent de racheter d'office les devises logées dans les comptes en devise des résidents et des non-résidents.

Si les besoins de l'économie nationale l'exigent, l'État et la Banque Centrale du Congo sont autorisés à racheter les devises des recettes rapatriées aux taux et hauteur à négocier.

En cas de rachat des devises, les besoins exprimés par les titulaires des droits miniers sont traités et servis en priorité.

Le Règlement minier en détermine les modalités pratiques.

En période de crise de devises et si le besoin de l'économie nationale l'exige, il est autorisé à l'État et à la BCC de racheter les devises des recettes d'exportation, aux taux et hauteur à négocier entre parties (art. 550 RM).

Il ne s'agit ni d'une « réquisition » ni d'une « nationalisation » des devises appartenant au titulaire. Le rachat d'office par l'État et la BCC est interdit.

L'opération doit se faire de manière concertée de sorte à ne pas préjudicier le titulaire dans ses futures transactions.

Quoiqu'il en soit, le titulaire dispose du droit de priorité d'être servi lorsqu'il existe plusieurs demandes de devises en traitement.

En pareil cas, si le titulaire exprime son besoin pour l'obtention de devises, le dossier est traité et il est servi en priorité.

La BCC prend une instruction fixant les modalités pratiques de cette disposition.

Article 275 : De l'indemnité d'expropriation

Les installations minières ou de carrières ne peuvent être expropriées par l'État que dans des circonstances exceptionnelles fixées par la loi, moyennant une juste indemnité payée au titulaire concerné au moins six mois avant l'exécution de la décision d'expropriation.

Dans les 48 heures qui suivent la date de la notification de la décision de l'expropriation, l'État communique au titulaire exproprié le montant de l'indemnité proposée et la date précise ou estimée à laquelle interviendra l'expropriation effective ou matérielle.

Sauf s'il requiert un délai supplémentaire, le titulaire exproprié doit réagir dans les dix jours à dater de la réception de la proposition de l'État.

L'indemnité est payée conformément à l'alinéa premier ci-dessus en cas d'acceptation.

En cas de désaccord, la réponse du titulaire exproprié doit comprendre la proposition de ce dernier quant à la hauteur réelle de l'indemnité.

Lorsque l'État rejette la proposition du titulaire exproprié, ce dernier peut requérir qu'il soit statué par le tribunal compétent ou par procédure d'arbitrage prévu aux articles 315 à 320.

L'exercice du recours judiciaire ou arbitral est également possible lorsqu'il n'y a pas eu notification de la mesure d'expropriation, du montant de l'indemnité ou en cas de notification tardive ou enfin, lorsque l'indemnité d'expropriation n'est pas encore payée alors que l'exécution de la décision d'expropriation approche les six mois.

L'expropriation est une procédure légale par laquelle un bien quitte le patrimoine d'une personne privée (l'expropriée) pour entrer dans le domaine public.

Elle procède d'une décision de l'administration ayant pour effet de retirer le droit de concession à une personne privée au profit de l'État dans l'intérêt général moyennant une indemnité préalable au profit de l'expropriée.

L'expropriation ne peut être déclenchée que pour cause d'utilité publique.

La procédure d'expropriation est régie par la loi n° 77-001 du 22 février 1977 sur l'expropriation pour cause d'utilité publique, des articles 101 et suivants de la loi du 20 juillet 1973 portant régime général des biens ainsi que de la présente disposition.

L'expropriation de la concession emporte aussi celle des immeubles par incorporation.

La présente disposition ne vise que l'expropriation des installations du titulaire.

Le délai du paiement d'indemnité est de six mois avant l'effectivité de la décision d'expropriation.

La disposition ne laisse aucune marge au titulaire de refuser l'opération d'expropriation parce qu'elle est envisagée pour l'intérêt général.

Les droits reconnus au titulaire, dont les installations font l'objet d'expropriation, sont de contester les conditions financières de l'opération c'est-à-dire de l'indemnité proposée.

Ainsi, en cas de désaccord sur la hauteur de cette indemnité, le titulaire peut saisir les tribunaux ou amorcer la procédure d'arbitrage.

Article 276 : De la garantie de stabilité

L'État garantit que les dispositions du présent Code ne peuvent être modifiées que si, et seulement si, le présent Code fait lui-même l'objet d'une modification législative adoptée par le Parlement.

L'État assure au titulaire des droits octroyés sous l'empire de la présente loi, la garantie de stabilité du régime fiscal, douanier et de change qui demeure acquise et intangible jusqu'à la fin d'une période de cinq ans, à compter de la date de :

a. l'entrée en vigueur du présent Code pour les droits miniers d'exploitation valides existant à cette date ;

b. l'octroi du droit minier d'exploitation acquis postérieurement en vertu d'un Permis de recherches valide existant à la date de l'entrée en vigueur de la présente loi.

1. Portée du concept « garantie de stabilité »

La garantie de stabilité prévue dans cette disposition a un lien avec la stabilité des prévisions d'investissement arrêtées par un promoteur du projet minier sur une période donnée, par rapport à l'évolution de la législation et à la réglementation qui peut affecter leurs activités minières.

C'est sur base de la législation et de la réglementation présentes que le montage juridique et financier a été conçu en tenant compte des dispositions légales en vigueur au moment de leur prise de décision d'investir et de réaliser les activités minières.

En d'autres termes, la garantie de stabilité vise à protéger et à permettre aux promoteurs miniers de réaliser leurs prévisions d'investissement.

De ce fait, elle les épargne des aléas et des appétits insatiables des gouvernements souvent tentés de modifier les règles de jeu de manière impromptue en cours de « match ».

Les régimes couverts par la garantie de stabilité sont supposés être intangibles pendant toute la période couverte par ladite clause.

2. Bref historique de la garantie de stabilité sous le CM de 2002

Sous le CM de 2002, le législateur avait inséré à l'article 276 une clause de garantie de stabilité sur le régime fiscal, douanier et de change d'une durée de 10 ans à dater de l'entrée en vigueur de la loi d'une part, ou d'autre part, de l'octroi du droit minier.

Finalement, le CM a été modifié en 2018 mais les titulaires ont été privés du droit à la garantie de stabilité ficelée dans la loi de 2002.

3. Garantie de stabilité sous le CM de 2018

La garantie de stabilité actuelle repose sur les aspects suivants :

a) garantie liée à la modification du CM

Le législateur offre l'exclusivité de la modification du CM à l'Assemblée nationale et au Sénat. Ainsi, seul le législateur est autorisé de modifier le CM sous le strict respect du processus législatif qui veut que le texte fasse l'objet d'une double lecture (si le processus commence à l'Assemblée nationale, une seconde lecture est faite au Sénat, vice-versa).

En d'autres termes, le Gouvernement ne peut, en aucune manière, et quelles que soient les circonstances, modifier le CM par voie d'ordonnance-loi.

Il est important de faire observer que la garantie de stabilité n'interdit pas le législateur de modifier le CM avant une certaine date. Il peut le modifier à tout moment mais la mise en application sur les dispositions fiscales, douanières et de change sera différée après cinq ans.

b) garantie au regard de son étendue

Les domaines couverts par la clause de garantie de stabilité sont le régime fiscal, douanier et de change. En d'autres termes, les obligations environnementales et sociales des titulaires, la durée des droits miniers, le principe de restriction des compétences, etc. ne sont pas couverts par la clause de garantie de stabilité.

c) garantie couverte par le temps

La période couverte par la clause de garantie de stabilité est réduite de dix à cinq ans et court :

– à l'entrée en vigueur du code pour les droits miniers d'exploitation existants.

Exemple : le PE 2222 a été accordé le 14 mars 2012. Ce projet ne bénéficiera plus de la garantie de stabilité à partir du 09 mars 2023 (point départ étant le 09 mars 2018, date d'entrée en vigueur du nouveau CM) ;

– à l'octroi du droit minier d'exploitation acquis après la date de promulgation du CM.

Exemple : le PE 1111 est accordé le 24 mai 2023. Ce projet ne bénéficie plus de la garantie de stabilité à partir du 24 mai 2028.

En d'autres termes, la fin du bénéfice de la garantie de stabilité dépend de la date du droit d'exploitation.

4. Questions soulevées et esquisses de réponse

a) L'application immédiate du CM de 2018 prévue à son article 342 concerne-t-elle le régime fiscal, douanier et de change ?

Si l'on reste dans la cohérence des textes qui régissent notre pays, l'application immédiate prévue à l'article 342 du CM de 2018 ne devrait pas s'appliquer aux titulaires qui ont acquis leurs droits avant sa promulgation en vertu de l'article 276 du CM de 2002 qui accordait une garantie de stabilité d'une durée de dix ans depuis l'octroi du droit. Il ne sert à rien d'adopter les lois et, par la suite, mépriser leur contenu par l'inobservance volontaire. Mais le gouvernement l'a appliqué immédiatement.

b) Pourquoi la garantie de stabilité se limite-t-elle au régime fiscal, douanier et de change ?

La limitation de la garantie de stabilité au régime fiscal, douanier et de change n'est pas pertinente.

Exemple : sous le CM de 2018, la durée d'un PE est de 25 ans. Si en 2023, le législateur modifie le CM et ramène ce délai à 10 ans. Le ministre des Mines est-il autorisé de prendre de nouveaux arrêtés abrogeant les premiers et ramenant les droits concernés à la nouvelle durée ? Un tel arrêté n'est pas illégal au regard de l'écriture de la loi.

Par ailleurs, la garantie de stabilité ne concerne pas les montants des droits, taxes, redevances et amendes fixés de façon nominale dans le CM. Ainsi, les montants fixés aux articles 199, 238, 299 à 311 quater peuvent être réajustés conformément à l'article 325 du CM. Le dernier réajustement date du 08 décembre 2021 (voir commentaires sous articles 199, 238 et 305 CM).

c) Pourquoi la durée de garantie de stabilité a-t-elle été ramenée à cinq en lieu et place de dix ans prévus antérieurement ?

La réduction de la garantie de stabilité à cinq ans s'expliquerait par le fait que certaines simulations auraient démontré que le promoteur pourrait commencer à récupérer son investissement dès le début de la cinquième année.

d) Que vise finalement la clause de garantie de stabilité ?

Comme dit en liminaire de ce point, la garantie de stabilité permet au promoteur du projet minier d'assurer la stabilité de ses prévisions et de récupérer son investissement pendant cette durée.

Si un investisseur en faveur de qui une clause de stabilité est reconnue pour dix ans, récupère son investissement dans les quatre ans, lui est-il possible de continuer à réclamer le bénéfice de cette garantie ?

Au-delà des considérations cantonnées essentiellement sur les aspects juridiques, cette question pose un problème de l'éthique économique et social et du devoir moral et effectif qui s'impose à tout investisseur de contribuer au développement des pays en voie de développement du lieu de l'exploitation.

Article 276 bis : De la transmission des parts sociales et des actions

Toute transmission des parts sociales ou d'actions au sein d'une société titulaire d'un permis d'exploitation entraînant la prise de contrôle de celle-ci par le bénéficiaire de la transmission est soumise à l'accord préalable de l'État.

Toute modification de l'actionnariat d'une société de droit congolais ou de droit étranger, ayant le contrôle d'une société filiale associée ou actionnaire dans une société titulaire d'un permis d'exploitation et entraînant la prise de contrôle de la société filiale contrôlée, est également soumise à l'accord préalable de l'État.

1. Notions et buts de prise de contrôle

Toute transmission de parts ou actions sociales ne donne pas lieu à accord préalable de l'État : seule celle qui est de nature à modifier la majorité de droit de vote dans l'actionnariat d'une société titulaire reste soumise à cette procédure.

Le législateur vise donc la prise de contrôle au sein des titulaires des PE. Il n'est point fait mention des titulaires des autres droits miniers ou de carrières.

En règle générale, les États interviennent dans les opérations de prise de contrôle dans le but de garantir la libre concurrence du marché et sauvegarder l'ordre public économique. Dans ce cas, l'État est obligé d'abandonner sa neutralité et son rôle de régulateur pour faire intrusion dans les affaires économiques des privés.

Telle est d'ailleurs l'orientation qu'offrent les articles 276 bis à quater dans la mesure où ils sont placés sous le chapitre III intitulé « des garanties et du contrôle de l'État ».

2. Justification de l'accord préalable de l'État

Dans le secteur minier, l'accord préalable de l'État trouve sa justification pour les raisons suivantes :

– la volonté de l'État de connaître ou mieux d'identifier les titulaires réels des droits miniers. Il en découle que l'État promeut la transparence et la traçabilité dans la cession des parts et des actions sociales en réduisant au maximum les sociétés-écrans ainsi que des prête-noms lesquels sont des acteurs de la corruption, de l'évasion et de la fraude fiscales ;

– l'objectif fiscal dans la mesure où la cession des parts et actions sociales donne lieu au paiement des droits proportionnels au profit du Trésor public de l'ordre de 1 % calculée sur la valeur nominale des parts ou actions sociales cédées à charge du cessionnaire (art. 527 bis RM) mais aussi cette cession peut, dans certaines hypothèses, entraîner une plus-value imposable (art. 253 bis CM). L'accord préalable permet d'identifier le titulaire réel et ensuite de lui imposer la taxe.

3. Quelle est l'autorité compétente étatique chargée de donner l'accord ?

L'accord préalable en matière de transmission des parts ou actions sociales entraînant prise de contrôle n'est pas une compétence exclusive du ministre des Mines parce qu'elle n'est pas expressément reprise à l'article 10 du CM.

S'agissant de la matière de prise de contrôle qui relève non seulement du droit de la société mais aussi du droit de la concurrence, il faut se référer aux législations sectorielles.

À cet effet, c'est la loi dite organique n° 18/020 du 09 juillet 2018 relative à la liberté des prix et à la concurrence qui apporte la solution idoine. En effet, son article 48 dispose que « la concentration économique résulte de tout acte ou moyen, quelle qu'en soit la forme, qui confère seul ou conjointement et compte tenu des circonstances de fait ou de droit, la possibilité d'exercer un contrôle ou une influence déterminante sur une ou plusieurs autres entreprises ».

Les articles 50 à 57 de la loi du 09 juillet 2018 reconnaissent au ministre ayant l'Économie nationale dans ses attributions la compétence d'accorder l'autorisation préalable pour tout cas de concentration économique dont la cession des parts ou actions sociales entraînant prise de contrôle.

Pour ce faire, le ministre de l'Économie nationale doit préalablement soumettre ledit dossier à l'examen et avis technique de la Commission de la Concurrence. En sus, avant de prendre sa décision, il est tenu de se concerter avec le ministre du secteur d'activités concernées en l'espèce, le ministre des Mines.

Article 276 ter : De la fusion

L'accord préalable de l'État est également requis pour toute opération de fusion entraînant l'absorption d'une société titulaire d'un Permis d'exploitation par une autre.

La fusion peut être définie comme la dissolution volontaire d'une société avec apport global de la totalité de son patrimoine à une autre société.

Du point de vue juridique, il existe deux sortes de fusions :

– la fusion-absorption : une société qui existe déjà, reçoit l'apport et absorbe l'autre. L'absorbante conserve sa personnalité juridique et souvent sa dénomination sociale ;

– la fusion-combinaison : deux sociétés se dissolvent ensemble et font apport de leurs patrimoines à une nouvelle société constituée exprès pour les recevoir. Une nouvelle société naît.

La fusion a pour effet un transfert à titre universel du patrimoine de la société absorbée à la société absorbante ou nouvelle, actif et passif compris (article 189 alinéa 3 et 190 alinéa 3 de l'Acte uniforme sur le droit des sociétés commerciales et groupement d'intérêt économique de l'Ohada).

La société absorbante est donc investie des droits et tenue des obligations de la société absorbée. Les associés de la société absorbée reçoivent en échange des titres de la société bénéficiaire.

En cas de fusion, l'accord préalable de l'État est aussi requis. Ce n'est donc pas le ministre des Mines qui est compétent pour conférer cet accord préalable parce que cette attribution ne figure pas à l'article 10 du CM.

En se référant aux législations sectorielles, l'on s'aperçoit que la loi du 09 juillet 2018 précitée considère la fusion, la création d'une entité nouvelle ou par des contrats spécifiques comme une opération de concentration économique.

Et les articles 50 à 57 de ladite loi confèrent la compétence d'accorder l'autorisation préalable en cas de fusion au ministre ayant l'Économie nationale dans ses attributions. Ce dernier doit préalablement soumettre ledit dossier à l'examen et avis technique de la Commission de la Concurrence. En sus, avant de prendre sa décision, il est tenu de se concerter avec le ministre du secteur d'activités concernées en l'espèce, le ministre des Mines.

Pour d'amples éclaircissements, lire commentaires sous article 276 bis du CM.

Article 276 quater : De la prise de contrôle

Au sens du présent article, on entend par prise de contrôle, l'acquisition du pouvoir, par le fait de la détention de la majorité des droits de vote, de déterminer les décisions de la société notamment celles de nommer ou de révoquer la majorité des membres des organes d'administration, de direction ou de surveillance de la société.

Le législateur définit le concept « prise de contrôle ».

Cependant, il aurait dû le faire à l'article 1er du présent code qui définit les concepts du texte.

Par ailleurs, il serait plus édifiant de se référer à la définition de l'Acte uniforme de l'OHADA sur les sociétés selon laquelle « le contrôle d'une société est la détention effective du pouvoir de décision au sein de cette société » (art. 174 AUDSCGIE). Et de poursuivre « une personne physique ou morale est présumée détenir le contrôle d'une société :

— lorsqu'elle détient, directement ou indirectement ou par personne interposée, plus de la moitie des droits de vote ;

— lorsqu'elle dispose de plus de la moitie des droits de vote en vertu d'un accord ou d'accords conclus avec d'autres associés » (art. 175 AUDSCGIE).

Pour d'amples éclaircissements, lire commentaires plus approfondis sous articles 276 bis et ter du CM.

Article 276 quinquies. Modalités d'application des dispositions relatives aux garanties et du contrôle de l'État (c'est nous qui ajoutons)

Le Règlement minier détermine les modalités d'application des dispositions du présent chapitre.

Cette disposition n'a aucune valeur ajoutée. L'incise devrait se situer à la fin de chaque article concerné. Par ailleurs, parmi les sept articles de ce chapitre, un seul (art. 274) comprend sommairement les modalités d'application dans le RM.

Titre XI : Des relations des titulaires des droits miniers et/ou de carrières entre eux et avec les occupants du sol

Chapitre I : Des relations entre titulaires

Article 277 : Des travaux entre deux mines voisines

Dans le cas où il est reconnu nécessaire d'exécuter des travaux d'intérêt commun pour deux mines voisines, les titulaires concernés ne peuvent s'y opposer. Les intéressés, entendus par la Direction des Mines, sont tenus d'y participer chacun dans la proportion de son intérêt.

Lorsque les travaux d'une mine occasionnent des dommages à une mine voisine, l'auteur des travaux en doit réparation.

Lorsque, au contraire, ces travaux apportent un allégement aux charges d'une mine voisine, ils donnent lieu à une indemnité.

Un massif de protection de largeur suffisante peut être prescrit par la Direction des Mines entre deux mines voisines sans que le maintien de ce massif de protection puisse donner lieu à indemnité.

Cette disposition prône le bon voisinage et institue un système de paix sociale entre les titulaires voisins.

Il y a des travaux qui imposent une participation commune des titulaires sous le regard de la direction des mines. Il y en a d'autres où un titulaire effectue et se fait rembourser par l'autre.

La direction des mines peut demander d'établir une sorte de « mur mitoyen » entre deux mines sans que cela ne donne lieu à indemnité.

Article 278 : Des servitudes

Le titulaire d'un Permis d'Exploitation ou d'un Permis d'Exploitation de Petite Mine a une servitude de passage sur le Périmètre d'exploitation des rejets en vue d'accéder à son Périmètre d'exploitation.

Pour autant qu'elles ne soient pas contraires aux dispositions du présent Code, les dispositions des articles 170 à 179 de la loi n° 73-020 du 20 juillet 1973 portant régime général des biens, régime foncier et immobilier et régime des sûretés trouvent application en cas de servitudes minières.

Le titulaire d'un Permis d'Exploitation des Rejets a droit à une indemnisation lorsque le passage sur le Périmètre du titulaire d'un Permis d'Exploitation ou d'un Permis d'Exploitation de Petite Mine lui cause un préjudice énorme qui s'analyse en une charge supplémentaire à son activité minière.

Le Règlement Minier fixe les conditions et modalités de l'établissement des servitudes dont question dans le présent article.

1. Notions de servitude de passage

La servitude est une charge imposée sur un fonds (le fonds servant) pour l'usage et l'utilité d'un autre fonds (fonds dominant) appartenant à un autre propriétaire (art. 169 de la loi du 20 juillet 1973).

La charge imposée sur le fonds servant doit procurer à l'autre fonds à savoir le fond dominant une utilité ou un avantage tel que le droit au passage.

Par droit de passage : l'on vise ici principalement le passage pour cause d'enclave.

Lorsqu'un fonds est enclavé, son propriétaire peut demander à ses voisins contre indemnité un passage suffisant vers la voie publique ou pour l'utilisation normale du fonds enclavé.

2. Cas visé par l'article 278 du CM

Cette disposition du CM ne traite que de la servitude de passage du titulaire du PE et du PEPM sur le périmètre du PER.

Ainsi, au regard de la loi, le fond servant est le périmètre du PER alors que le fond dominant est celui du PE et du PEPM.

Ainsi, les titulaires du PE et du PEPM paieront une indemnité en faveur du titulaire du PER s'il est démontré que ce dernier a subi un préjudice.

3. Qu'en est-il de la servitude de passage sur le périmètre du PR, du PE ainsi que par les populations riveraines ?

***En ce qui concerne les populations riveraines**, le législateur reste silencieux quant à la possibilité leur offerte pour passer sur le périmètre d'un PER, d'un PE ou d'un PR.*

Est-il autorisé ou non aux populations vivant aux alentours du périmètre minier de passer sur celui-ci ?

Cette question n'est pas traitée par cette disposition mais par l'article 281, alinéa 6, qui édicte que le simple passage par les populations riveraines sur le périmètre ne donne droit à aucune indemnité. De même, l'article 283, alinéa 2 considère que le droit de passage par les populations riveraines sur les périmètres miniers ou des carrières constitue une activité autorisée qualifiée de servitudes légales d'intérêt public.

***S'agissant du passage sur le PR et le PE**, à défaut du CM, le RM a prévu certaines modalités en ses articles 507 et 508 notamment :*

– la continuation de l'utilisation des routes, chemins, voies et infrastructures de transport et de communication de toute nature en place au moment de la création du PR ou du PE, jusqu'à la cessation de leur emploi ;

– l'effort de ne pas gêner les opérations existantes ou planifiées d'exploitation ;

– l'indemnisation du titulaire du PR ou du PE de la valeur marchande de la partie de son périmètre non utilisable du fait de la servitude de passage.

– l'indemnité à allouer au titulaire du PR ou du PE est à fixer librement entre lui et le bénéficiaire de la servitude.

Chapitre II :
Des relations des titulaires avec les occupants du sol

Article 279 : Des restrictions à l'occupation des terrains

Sauf consentement des autorités compétentes, nul ne peut occuper un terrain :

. a) réservé au cimetière ;

. b) contenant des vestiges archéologiques ou un monument national ;

. c) situé à moins de cinq cents mètres des limites d'un barrage hydroélectrique ou d'un bâtiment appartenant à l'État ;

. d) proche des installations de la Défense nationale ;

. e) faisant partie d'un aéroport ;

. f) réservé au projet de chemin de fer ;

. g) réservé à la pépinière pour forêt ou plantation des forêts ;

. h) situé à moins de cinq cents mètres des limites d'un barrage hydroélectrique ou d'un bâtiment appartenant à l'État ;

. i) constituant une rue, une route, une autoroute ;

. j) compris dans un parc national et sites touristiques.

Sauf consentement du propriétaire ou occupant légal, nul ne peut occuper un terrain situé à moins de :

a. mille mètres de maisons ou des bâtiments occupés, inoccupés ou temporairement inoccupés ;

b. huit cents mètres des terres sarclées et labourées pour cultures de ferme ;

c. huit cents mètres d'une ferme ayant un élevage de bovins, un réservoir, un barrage hydroélectrique ou une réserve d'eau privée.

Des Périmètres de protection de dimensions quelconques à l'intérieur desquels la recherche et l'exploitation minières peuvent être soumises à certaines conditions ou interdites, sans que le titulaire du titre minier puisse réclamer une quelconque indemnité, peuvent être établis par le Gouverneur de Province, sur constat du service compétent de l'Administration des Mines, pour la protection des édifices et agglomérations, sources, voies de communication, ouvrages d'art et travaux d'utilité publique comme en tous autres points où ils seraient nécessaires à l'intérêt général.

Une indemnité représentant le montant des dépenses afférente aux travaux ou ouvrages démolis ou abandonnés est toutefois due par la personne publique intéressée, au cas où le titulaire devrait démolir ou abandonner des travaux ou ouvrages régulièrement établis ou entamés par lui en vue de l'exploitation desdits Périmètres antérieurement à leur fixation.

La zone de restriction est définie comme toute portion du territoire national dont l'occupation à des fins minières est conditionnée par l'autorisation préalable de l'autorité compétente, du propriétaire ou de l'occupant légal (art. 2 RM).

L'exercice des activités sur les terrains repris dans cette disposition n'est pas interdit mais une autorisation préalable est requise.

Les autorités auprès de qui le titulaire doit s'adresser sont :

- *pour la Ville de Kinshasa : Gouverneur de la Ville ;*
- *pour la Province : Gouverneur de Province ;*
- *pour la Ville : Maire de la Ville ;*
- *pour la Commune : Bourgmestre ;*
- *pour le Secteur : Chef de Secteur ;*
- *pour la Chefferie : Chef de la Chefferie.*

L'on pourrait prolonger la liste en y ajoutant tout occupant légal ou coutumier qui n'est pas chef de chefferie.

Pour mieux identifier lesdits terrains en vue de les insérer dans son cahier des charges, le titulaire sera obligé d'associer les leaders locaux.

L'alinéa 3 de cette disposition évoque la possibilité de créer des zones tampons au sein des périmètres miniers pour la protection des édifices et autres ouvrages d'utilité publique.

En pareil cas, il n y a pas droit à paiement d'une quelconque indemnité.

*Néanmoins, l'alinéa 1 de cette disposition comporte une malfaçon en ses points **c** et **h** qui reprennent les mêmes éléments.*

Article 280 : De la responsabilité du fait de l'occupation du sol

Le titulaire ou l'amodiataire est, de plein droit, tenu de réparer les dommages causés par les travaux, même autorisés, qu'il exécute dans le cadre de ses activités minières.

En cas de mutation d'un droit minier d'exploitation ou d'une autorisation d'exploitation de Carrières Permanente, la responsabilité des dommages provenant de travaux antérieurs au transfert incombe solidairement à l'ancien et au nouveau titulaire.

En cas de mutation, l'ancien titulaire est tenu d'en informer par écrit le nouveau. Il l'informe également, pour autant qu'il les connaît, des dangers ou inconvénients importants qui résultent de l'exploitation. À défaut de cette information, le bénéficiaire de la mutation a le choix de poursuivre la résolution de la mutation ou de se faire restituer une partie du prix. Il peut aussi demander, aux frais de l'ancien titulaire, l'élimination des dangers ou la suppression des inconvénients qui peuvent causer préjudice au tiers.

Le titulaire peut être tenu de fournir caution, de payer toutes indemnités si ses travaux sont de nature à causer un dommage déterminé, et s'il est à craindre que ses ressources ne soient pas suffisantes pour faire face à sa responsabilité éventuelle.

Les tribunaux sont juges de la nécessité de cette caution et en fixent la nature et le montant.

Tous les dommages causés aux biens des tiers sont réglés à leur valeur réelle de remplacement, augmentée de la moitié, à moins qu'ils soient remis en leur état antérieur à la survenance du dommage.

Cette disposition évoque les aspects essentiels suivants :

– consécration de la responsabilité objective et sans faute du titulaire lors de l'exploitation minière.

La notion de « faute » est ici plus étendue que celle de l'action en responsabilité civile. En effet, une simple imprudence ou négligence suffit à constituer la faute sans qu'il ne soit besoin que l'on prouve l'intention malveillante ou le caractère subjectif c'est-à-dire l'imputabilité de la faute comme l'exigeraient les articles 258 et 259 du Code civil livre 3.

L'écriture de cette disposition montre qu'il n'est, en effet, nullement requis que le titulaire qui pose l'acte ait agi sur la base d'une volonté libre et consciente pour que sa responsabilité soit engagée. Il s'agit d'une faute non-imputable. Ainsi, il suffira de démontrer qu'il y a l'existence d'un acte culpeux résultant d'un abus de droit ou tout simplement du fait que le titulaire ne s'est pas comporté en bon père de famille ;

- consécration de la responsabilité solidaire entre les titulaires qui se succèdent.

Article 281 : De l'indemnisation des occupants du sol

Toute occupation de terrain privant les ayants-droits de la jouissance du sol, toute modification rendant le terrain impropre à la culture entraîne, pour le titulaire ou l'amodiataire des droits miniers et/ou de carrières, à la demande des ayants-droits du terrain et à leur convenance, l'obligation de payer une juste indemnité correspondant soit au loyer, soit à la valeur du terrain lors de son occupation, augmentée de la moitié.

Par sol dont il est question à l'alinéa ci-dessus, il faut entendre le sol sur lequel les individus ont toujours exercé ou exercent effectivement une activité quelconque.

Le règlement à l'amiable du litige s'effectue par toutes voies de droit non juridictionnelles, notamment la transaction, le compromis, l'arbitrage ou devant un Officier de police judiciaire ou un Officier du ministère public.

Faute d'arrangement à l'amiable entre les parties dans les trois mois à compter de la date de la survenance du litige, les indemnités seront allouées par le tribunal compétent en vertu des règles de l'organisation et de la compétence judiciaires en vigueur en République Démocratique du Congo.

Toutefois, l'occupant du terrain coutumier peut, en accord avec le titulaire, continuer à exercer son droit de culture à condition que les travaux des champs ne gênent pas les opérations minières. Le propriétaire du terrain ne pourra dès lors plus continuer à y construire des bâtiments.

Enfin, le simple passage sur le terrain ne donne droit à aucune indemnité si aucun dommage n'en résulte. Le passage doit s'effectuer dans les meilleures conditions de préservation de l'environnement.

En cas de déplacement des populations, l'opérateur minier est tenu préalablement de procéder à l'indemnisation, à la compensation et à la réinstallation des populations concernées.

Les modalités pratiques d'application des dispositions de cet article sont déterminées par le Règlement minier.

1. Principale innovation

Par rapport à la version de 2002, cette disposition a connu une modification notable à la suite du lobbying positif de la société civile concernant l'ajout des modalités d'indemnisation, de compensation et de réinstallation en cas de déplacement des populations.

2. Éléments caractéristiques résultant de la disposition

Il ressort de cette disposition trois éléments caractéristiques à savoir :

– consécration du principe de paiement d'une somme d'argent par le titulaire à titre d'indemnité en cas d'occupation privant les ayant droit de la jouissance du sol. Ici, le législateur vise les cas où l'activité minière ou de carrière a rendu le terrain impropre à la culture ;

– consécration du principe de la juxtaposition du droit minier avec le droit agricole familial ou du type familial sans que ce dernier ne gêne l'activité minière. Il doit s'agir de l'agriculture familiale ou du type familial excluant ainsi l'agriculture industrielle ;

– détermination de la procédure en cas de déplacement de la population.

3. Procédure en cas de déplacement de la population à la suite de l'exploitation minière ou de carrières

Cette procédure est prévue par l'Annexe XVIII portant directive relative à la délocalisation, l'indemnisation, la compensation, au déplacement et à la réinstallation des communautés affectées par les projets miniers.

Les principales étapes sont les suivantes :

– l'initiative du déplacement des communautés provient du titulaire qui en éprouve un besoin pour la réalisation de son projet minier ;

– le titulaire concerné amorce alors les études d'exploration des alternatives au déplacement des communautés. À l'issue de ses études, s'il s'avère que le déplacement est inévitable, il est tenu de prendre des mesures pour atténuer et minimiser l'impact dudit déplacement ;

– il procède aux études et enquêtes démographiques et socio-économiques sur les personnes à déplacer (nombre de ménages, activités de subsistance, mode de vie, groupes vulnérables, organisation sociale, etc.) ;

– mise en place d'un Comité de Réinstallation (CR) composé des représentants des communautés affectées, du titulaire, de l'autorité locale et des organisations de la société civile. Il a pour mission d'assurer l'encadrement de tous les travaux, discussions, échanges, consultations entre le promoteur de projet, les communautés affectées et les autres parties prenantes. Il assure

également la médiation pour les doléances et litiges non réglés entre l'entreprise et les membres des communautés ;

– consultation des communautés affectées et obligation de leur fournir toutes informations relatives au processus de déplacement. Cette consultation est organisée par le CR ;

– proposition par le CR du site de réinstallation suivi de la consultation des communautés hôtes ;

– implication du comité du suivi constitué des experts (ACE, DPEM, divisions provinciales de l'urbanisme, de l'habitat, de l'aménagement du territoire, des affaires foncières, du développement rural, de la santé et de l'agriculture, des services du Gouverneur de province) pour conseils techniques sur le choix du site de réinstallation ;

– identification des biens et barème à prendre en compte dans l'indemnisation et la compensation. Il s'agit des biens individuels (logements, plantes et récoltes, arbres fruitiers, etc.) et des biens collectifs (sites culturels et traditionnels, accès aux rivières et forêts, les cimetières, les marchés, églises). Cette compétence relève du CR ;

– définition des voies de recours et mécanismes de règlement des litiges. La recherche d'une solution amiable est obligatoire. On ne pourra s'adresser au juge qu'en cas d'échec ;

– définition des mesures de restauration des moyens de subsistance qui tiennent compte des activités réalisées par les communautés affectées en leur milieu d'origine ;

– processus de versement des indemnités. Le paiement se fait individuellement et chaque membre de la communauté signe avec le titulaire un procès-verbal prouvant montrant la perception des indemnités ;

– élaboration et approbation du plan de déplacement et de réinstallation. Ce plan est une annexe à l'EIES. Son instruction et son approbation suivent la même procédure que l'EIES ;

– construction des logements et infrastructures de remplacement. Ceux-ci doivent être supérieure à celle que les communautés utilisaient dans leur milieu d'origine ;

– déménagement des communautés affectées vers le site de réinstallation. Celui-ci a lieu dans les trois mois depuis la notification du processus de déménagement par l'autorité administrative locale ;

– restauration des moyens de subsistance des communautés réinstallées. Le titulaire soutient les activités génératrices de revenus et de réinsertion socio-économique (activités agricoles, élevage, artisanat, petit commerce) ainsi que l'appui aux formations à caractère technique alternatives ;

– institution d'un comité chargé du suivi et de l'évaluation du processus de délocalisation et réinstallation. Ce comité est constitué des services publics (ACE, DPEM, FNPSS).

De manière sommaire, l'on peut retenir que le processus est piloté globalement par le CR dont la mission se termine à la réinstallation effective.

Après chaque étape, le comité de suivi et d'évaluation constitué des experts gouvernementaux se rassure de la bonne applicabilité du processus.

Article 282 : Des zones d'interdiction

À la demande du titulaire d'un droit d'exploitation ou d'une autorisation d'exploitation de carrières permanente et après enquête, le ministre peut définir autour des sites des travaux du titulaire, une zone d'interdiction en tout ou en partie aux activités et/ou à la circulation des tiers.

Les dommages causés dans cette zone par les travaux d'exploitation minière ou de carrières aux tiers qui violeraient cette interdiction ne donnent droit à aucune réparation.

Le Règlement Minier fixe les modalités d'établissement de ces zones et en détermine la durée.

Les zones d'interdiction diffèrent des zones de restrictions. Ces dernières font l'objet d'une occupation soumise à autorisation alors que les activités sont prohibées sur les zones d'interdiction.

Les zones d'interdiction sont situées en dehors du périmètre minier.

En effet, si le titulaire estime que tout ou partie des activités des tiers ou leur circulation autour des sites des travaux est de nature à gêner les activités minières ou que celles-ci présentent un danger pour eux, il introduit une demande tendant à solliciter l'institution d'une zone d'interdiction auprès du ministre des Mines qui décide.

La zone d'interdiction est valable pour la durée du PE ou de l'AECP dont le périmètre est protégé. Il est renouvelable pour la même période.

Tout dommage survenu aux tiers dans cette zone ne relève pas de la responsabilité du titulaire. Les tiers victimes se voient appliquer le principe général de droit « nemo auditur suam propriam turpitudinem allegans ».

Pour empêcher les tiers de bénéficier du droit à la réparation pour les dommages subis dans cette zone, les titulaires ou l'État devraient au préalable avoir démontré que les panneaux et autres signalisations étaient affichés de manière claire et non équivoque en plusieurs langues y compris les dialectes locaux.

Article 283 : Des activités autorisées

Sans préjudice du droit de propriété de l'État sur son sous-sol, et sous réserve des droits éventuels des tiers sur le sol concerné, le titulaire d'un droit minier d'exploitation ou d'une autorisation d'exploitation de carrières permanente a, outre des droits attachés à son titre, sur autorisation du Gouverneur de la province concernée, après avis du service compétent de l'Administration des Mines :

a) À l'intérieur de son Périmètre délimité le droit de :

- occuper les terrains nécessaires à son activité et aux industries qui s'y rattachent, y compris la construction d'installations industrielles, d'habitations et autres à caractère sociale ;
- utiliser l'eau souterraine, l'eau des cours d'eau non navigables, non flottables notamment pour établir, dans le cadre d'une concession de chute d'eau, une centrale hydroélectrique destinée à satisfaire les besoins énergétiques de la mine ;
- creuser des canaux et des canalisations ;
- établir des moyens de communication et de transport de toute nature.

b) À l'extérieur de son Périmètre délimité, le droit d'établir des moyens de communication et de transport de toute nature.

Les droits d'occupation prévus au présent article constituent des servitudes légales d'intérêt public. Il ne peut y être porté atteinte directement ou indirectement par l'octroi des droits miniers et/ou de carrières subséquents.

Le caractère exclusif du PE et de l'AECP confère au titulaire des droits connexes à ceux miniers.

Il s'agit notamment du droit de construire des habitations ; des centrales hydroélectriques ; d'utiliser l'eau ; de creuser des canaux et canalisations ; établir des moyens de transport.

Le commencement de l'un de ces travaux est soumis à l'autorisation préalable du Gouverneur de province après dépôt d'une demande à la division provinciale des mines (art. 496 RM).

Devrait-il s'agir d'une autorisation ou d'une information ? En principe, l'autorisation devrait être accordée par l'autorité ou le service dont relève le secteur. Par la suite, le titulaire informe le Gouverneur de la suite y réservée.

Le législateur devrait éviter de créer des conflits de compétence.

Par exemple, l'occupation d'un terrain relève du pouvoir central et spécialement du ministère des Affaires foncières et non pas du Gouverneur. Quelle serait alors la portée de son autorisation ?

Article 284 : De l'exécution des travaux d'utilité publique ou d'exploitation de carrières y afférents

L'autorisation d'occupation des terrains ne fait pas obstacle à l'exécution des travaux d'utilité publique ou à l'ouverture de carrières temporaire pour fournir les matériaux nécessaires à ces travaux. Le titulaire ou l'amodiataire a droit à la réparation des dommages subis.

Cette disposition évoque la superposition d'un périmètre quelconque par l'ouverture d'une carrière temporaire en vue des travaux d'utilité publique.

L'article 30 du présent code énumère les différents cas de superposition.

Article 285 : De la disposition des substances minérales non spécifiées dans les titres miniers

Le titulaire d'un droit minier ou de carrières d'exploitation a le droit de disposer, pour les besoins de son exploitation et des industries qui s'y rattachent, des substances minérales autres que celles qu'il exploite et dont les travaux entraînent nécessairement l'abattage. L'occupant du sol peut demander qu'il lui soit permis de disposer de ces substances, si elles ne sont pas utilisées par l'exploitant, contre le paiement d'une juste indemnité s'il y a lieu, sauf si elles proviennent du traitement des substances minérales extraites.

Cette disposition n'est pas cohérente. Le législateur ne définit pas ce qu'il faut entendre par « substances minérales non spécifiées dans les titres miniers ».

– S'agit-il d'une substance minérale associée ? En ce cas, l'article 77 du présent code impose que le titulaire sollicite l'extension de son droit à cette substance. Il

ne doit pas en disposer, comme bon lui semble, tel que suggérée par cette disposition ;

– S'agit-il d'une substance minérale non-associée ? En ce cas, l'article 77 bis oblige le titulaire de solliciter un droit minier distinct.

Que vise vraiment le législateur lorsqu'il utilise le concept « d'abattage » comme s'il s'agissait des ressources fauniques ?

Le législateur rajoute encore une confusion lorsqu'il admet la possibilité pour l'occupant du sol de disposer de la substance minérale que le titulaire ne veut pas utiliser.

Ledit occupant devient-il, de ce fait, exploitant minier ? Et en retour, quel titre doit-on lui délivrer ?

Cette disposition manque manifestement de clarté.

Chapitre III :
De la responsabilité industrielle du titulaire

Article 285 bis : De la responsabilité industrielle du titulaire

Tout titulaire d'un droit minier et/ou des carrières est responsable des dommages causés aux personnes, aux biens et à l'environnement du fait de ses activités minières, même en l'absence de toute faute ou négligence. Il est tenu à les réparer.

Il ne peut être exonéré que s'il apporte la preuve que ces dommages proviennent d'une cause étrangère à son activité minière.

Le Règlement minier fixe les modalités de la réparation.

Cette disposition pose le principe général de responsabilité des titulaires de droits miniers ou de carrières.

La responsabilité à charge du titulaire en cas de dommages survenus est objective c'est-à-dire sans faute.

Ainsi, une simple imprudence ou négligence suffit à constituer la faute sans qu'il ne soit besoin que l'on prouve l'intention malveillante ou le caractère subjectif c'est-à-dire l'imputabilité de la faute comme l'exigeraient les articles 258 et 259 du Code civil livre 3.

La notion de « faute » est ici plus étendue que celle de l'action en responsabilité civile.

En d'autres termes, il n'est nullement obligatoire que le titulaire qui pose l'acte ait agi sur la base d'une volonté libre et consciente pour que sa responsabilité soit engagée. Ainsi, il suffira de démontrer qu'il y a l'existence d'un acte culpeux résultant d'un abus de droit ou tout simplement du fait que le titulaire ne s'est pas comporté en bon père de famille.

En pareil cas, la DPEM évaluera l'étendue du dommage et proposera au titulaire les mesures de réparation. Si ce dernier n'est pas d'accord, l'affaire est portée devant le juge.

Article 285 ter : Des dommages causés à des personnes et à l'environnement par contamination

La responsabilité du titulaire d'un droit minier et/ou des carrières est également engagée en cas de contamination directe ou indirecte du fait des activités minières ayant un impact sur la santé de l'homme et/ou entraînant la dégradation de l'environnement et se traduisant notamment par la pollution des eaux, du sol, de l'atmosphère et causant des dommages à l'homme, à la faune et à la flore.

Lire commentaires sous article 285 bis et 285 quinquies.

Article 285 quater : Des maladies imputables à l'activité minière

Le titulaire du droit minier et/ou de carrière est tenu de réparer tout dommage causé par des maladies imputables à l'activité minière conformément aux règles de droit commun.

La liste des maladies imputables à l'activité minière est déterminée dans le Règlement minier.

Le RM a renvoyé la compétence de déterminer la liste des maladies imputables à l'activité minière aux ministres ayant respectivement les Mines et la Santé publique dans leurs attributions par voie d'arrêté interministériel (art. 405 quater RM). À ce jour, ledit arrêté interministériel n'a pas encore signé malgré la récurrence et la gravité des maladies en milieu d'exploitation minière industrielle et artisanale.

Article 285 quinquies : De la prescription de l'action en réparation des dommages causés

Les actions en réparation des dommages causés par les activités minières sur l'homme et l'environnement sont imprescriptibles.

Cette disposition constitue une exception au droit commun qui consacre la prescription trentenaire. Le législateur érige certaines activités minières nuisibles à l'environnement, à la santé ou à la survie humaines en crimes graves dont l'action en réparation est imprescriptible.

On y mesure à juste titre l'impact à long terme que peuvent créer les activités minières sur l'humain, les biens et l'environnement.

Ainsi, quels que soient la période ou le temps écoulés, le titulaire demeure responsable des dommages commis aux personnes et à l'environnement.

Les actions en réparation pourront être intentées même après plusieurs années.

Cependant, le titulaire peut être déchargé de sa responsabilité à partir de l'octroi de l'attestation de libération des obligations environnementales délivrée par la DPEM (art. 472 à 476 RM).

Chapitre IV :
De la responsabilité sociétale du titulaire

Article 285 sexies : De l'obligation de contribuer au financement des projets de développement communautaire

Sans préjudice des dispositions des articles 212, 213, 214 et 242 alinéa 2 du présent Code, le titulaire des droits miniers d'exploitation et de l'autorisation d'exploitation de carrières permanentes est tenu de contribuer, durant la période de son projet, à la définition et à la réalisation des projets de développement socio-économiques et industriels des communautés locales affectées par les activités du projet sur la base d'un cahier des charges pour l'amélioration des conditions de vie desdites communautés.

Si les articles 212, 213 et 214 visent les infrastructures construites pour le besoin de ses activités minières, la présente disposition concerne l'obligation de construction des infrastructures et autres projets en faveur des communautés affectées par le projet. C'est l'une des obligations du maintien et du renouvellement du titre.

Article 285 septies : Du cahier des charges

Conformément à la présente loi, le cahier des charges définit la responsabilité sociétale des titulaires de droits miniers d'exploitation ou de l'autorisation d'exploitation de carrières permanente vis-à-vis des communautés locales affectées par les activités minières.

Le cahier des charges a pour objet d'orienter et d'organiser la mise en œuvre des engagements des titulaires de droits miniers d'exploitation ou de l'autorisation d'exploitation de carrière permanente relatifs à la réalisation des infrastructures socio-économiques et services sociaux au profit des communautés locales affectées par ses activités minières.

Il vise également à servir de cadre d'accord devant permettre la concrétisation des actions du développement durable visant à améliorer le bien-être économique, social et culturel des populations locales affectées par les activités minières des titulaires de droits miniers d'exploitation ou de l'autorisation d'exploitation de carrières permanente pendant et après l'exploitation.

Le titulaire de droits miniers d'exploitation ou de l'autorisation d'exploitation de carrières permanente est tenu, à partir de la délivrance de son titre minier et/ou de carrières et au plus tard dans les six mois avant le début de l'exploitation, d'élaborer et de déposer le cahier des charges définissant la responsabilité sociale vis-à-vis des communautés locales affectées par les activités minières et d'en obtenir l'approbation du Gouvernement provincial après avis des services techniques.

Le Règlement minier détermine les règles afférentes aux négociations ainsi que les modalités pratiques de l'établissement, du dépôt, de la recevabilité, de l'instruction et de l'approbation du cahier des charges définissant la responsabilité sociétale vis-à-vis des communautés locales affectées par les activités minières.

1. Historique de l'insertion du cahier des charges

Sous le CM de 2002, le législateur avait omis d'instituer le cahier des charges. Le titulaire du droit minier ou de carrières concerné n'était donc pas contraint de réaliser les actions sociales de développement durable. S'il le faisait, c'était de son plein gré et considéré comme une charité.

La révision du CM en 2018 a comblé ce vide en rendant obligatoire la signature du cahier des charges. Il ne s'agit plus d'une faculté mais d'une contrainte imposée aux titulaires de droit minier ou de carrière concernés.

2. Définition du cahier des charges

Le cahier des charges peut être défini comme une convention par laquelle le titulaire du droit minier ou de carrière et les communautés locales impactées par le projet minier s'obligent mutuellement et réciproquement à respecter les engagements qui y sont contenus.

Il découle de cette définition que chaque partie au cahier des charges dispose non seulement des droits mais également des obligations. Les titulaires visés sont ceux du PE, PER, PEPM, AECP. Ceux du PR et de l'ARPC ne sont pas tenus à l'obligation de négocier ou élaborer le cahier des charges.

Les articles 403bis à quater et 414bis à quinquies ainsi que l'Annexe XVII du RM comprennent les détails de mise en œuvre du cahier des charges.

3. À partir de quel moment le titulaire doit-il commencer le processus de négociation du cahier des charges ?

Le titulaire d'un droit minier ou de carrière concerné doit, dans le délai de six mois suivant la délivrance de son titre minier, organiser les consultations avec les communautés pour négocier et élaborer le cahier des charges. Les titulaires, détenteurs des titres avant la révision du CM et de son RM, sont tenus à l'obligation d'ouvrir les négociations dès la promulgation du CM (art. 342 bis CM) ou en tous les cas, au plus tard dans les six mois suivant cette promulgation.

4. Quelles sont les obligations qui pèsent sur les principales parties à la convention ?

a) À charge du titulaire du droit minier ou de carrière

Le titulaire a pour principales obligations de consulter et faire participer les communautés bénéficiaires dans la définition et la mise en œuvre du cahier des charges ; de réaliser les projets de développement convenus ; de fournir les détails sur les engagements pris et de les financer ; (art. 3 à 7 de l'Annexe XVII RM).

b) À charge des communautés locales

Les communautés locales ont pour principales obligations de collaborer dans la lutte contre l'exploitation illégale des substances minérales ; de ne pas détruire les infrastructures et biens du titulaire et de réparer tout dommage lui causé (art. 8 à 10, Annexe XVII RM).

5. Quels sont les acteurs intervenants ?

Les principaux acteurs qui interviennent à l'une ou l'autre phase lors de l'élaboration, l'instruction et l'approbation du cahier des charges sont : le comité local de développement (CLD), l'autorité administrative locale (le chef de secteur, le chef de chefferie, l'administrateur du territoire, bourgmestre ou maire, selon le cas), la commission permanente d'instruction, la division provinciale des mines, le ministre provincial des mines, le Gouverneur de province, le CAMI et le comité local de suivi (CLS).

Il convient de retenir que l'essentiel de la procédure relative au cahier des charges se déroule au niveau provincial et local.

***6. Quelles sont les étapes de négociation et d'établissement du cahier des charges** (art. 414 bis RM) ?*

– constitution du comité local de développement (CLD) composé de l'autorité locale, des représentants des communautés locales et du titulaire du droit minier ou de carrière concerné ;

– détermination de l'espace géographique de réalisation des projets de développement social ;

– identification des besoins prioritaires des communautés locales par une large consultation ;

– approbation communautaire des besoins prioritaires identifiés après les réunions populaires. Chaque réunion est sanctionnée par la signature d'un procès-verbal ;

– négociations sur le contenu du projet de cahier des charges. Si la négociation se déroule sur plusieurs jours, chaque réunion est sanctionnée par la signature d'un procès-verbal indiquant les points de négociations acceptés sur lesquels les parties n'y reviendront plus ;

– signature du procès-verbal de compromis sur les besoins prioritaires convenus ;

– élaboration du cahier des charges ;

– signature du cahier des charges par le titulaire du droit minier ou de carrière concerné, les représentants des communautés locales et l'autorité administrative locale ;

– transmission au gouvernement provincial ;

– institution de la commission permanente d'instruction et désignation de ses membres ;

– approbation par le gouvernement provincial ;

– transmission au CAMI ;

– institution de la commission locale de suivi.

7. Où doit-on déposer le cahier des charges ?

Le cahier des charges est déposé à la division provinciale des mines dans les trente jours suivant sa signature.

8. Quelle est la procédure d'instruction du cahier des charges ?

Il est institué une commission permanente provinciale d'instruction du cahier des charges. Il est composé du chef de division provinciale des mines, qui en est le président, et deux membres de sa division ; d'un délégué par services suivants : FNPSS, division provinciale des affaires sociales, de l'agriculture, développement rural, de la santé, des infrastructures, de l'éducation, du plan, de l'environnement (art. 414 quater RM).

L'instruction se fait dans un délai de quarante-cinq jours à compter du dépôt. À l'issue de l'instruction, la commission émet un avis qu'elle transmet au Gouverneur.

9. Qui approuve le cahier des charges ?

Dans le délai de trente jours depuis la transmission du dossier au Gouverneur, celui-ci prend une décision d'approbation du cahier des charges. Il le transmet au CAMI. À défaut de décision d'approbation dans ce délai, le cahier des charges est réputé approuvé (art. 403 ter RM).

Dans les cinq jours de l'approbation, le CAMI notifie et délivre au titulaire une attestation d'approbation du chronogramme d'exécution du cahier des charges avec copie à l'ACE et à la DPEM.

10. Qui finance le projet de développement communautaire ?

C'est le titulaire du droit minier ou de carrière concerné qui finance les différentes étapes du processus et le projet de développement communautaire à travers son budget social (art. 7 de l'Annexe XVII RM).

11. Qui assure le suivi et l'évaluation de la mise en œuvre des engagements ?

Un comité local de suivi (CLS) est institué pour assurer le suivi et l'évaluation de la mise en œuvre des engagements pris en vertu du cahier des charges. Le CLS est composé de l'administrateur du territoire ou le cas échéant du maire de la ville qui le préside ; du médecin-chef de zone de santé ; d'un délégué du titulaire du droit minier ou de carrière et de quatre représentants des communautés locales impactées par le projet. Ce contrôle se fait tous les six mois (art. 13 à 15 de l'Annexe XVII du RM).

Le cahier des charges est évalué tous les cinq ans par les parties prenantes qui transmettent le rapport au Gouverneur de province (art. 414 quinquies RM).

Article 285 octies : De la gestion de la dotation pour contribution aux projets de développement communautaire

Conformément au principe de la transparence dans l'industrie minière prescrit par la présente loi, une dotation minimale de 0,3 % du chiffre d'affaires pour contribution aux projets de développement communautaire prévu par l'article 258 bis du présent Code est mise à disposition et gérée par une entité juridique comprenant les représentants du titulaire et des communautés locales environnantes directement concernées par le projet.

Le Règlement minier détermine la nature juridique de l'entité chargée de la gestion de la dotation, le nombre de membres de chaque composante ainsi que les modalités de leur collaboration et de contrôle par les ministères en charge des mines et des affaires sociales.

Le but de la dotation de 0,3 % sur le chiffre d'affaires est d'améliorer la situation des communautés affectées par le projet en y construisant par exemple des infrastructures de base.

Ces fonds sont mis à la disposition des communautés locales mais gérés par une entité juridique.

1. Quel est le fondement légal et réglementaire de l'entité juridique chargée de gérer la dotation ?

En application de l'article 285 octies du CM, l'article 414 septies du RM a conféré aux ministres ayant respectivement les mines et les affaires sociales dans leurs attributions la compétence de fixer les modalités d'organisation et de fonctionnement de l'entité juridique chargée de la gestion de la dotation de 0,3 % et de l'approuver par un manuel des procédures.

Ainsi, les ministres précités ont signé un arrêté interministériel n° 00820/CAB.MIN/MINES/01 et n° 003/CAB.MIN/AFF.SOC.A.H.SN. du 21 décembre 2021 portant approbation du manuel des procédures de gestion de la dotation de 0,3 % minimum du chiffre d'affaires pour contribution aux projets de développement communautaire dans le secteur minier.

2. Quelle est la nature de l'entité de gestion de la dotation ?

Il s'agit d'une entité dotée de la personnalité juridique dénommée organisme spécialisé. Ce qui lui confère des prérogatives et des obligations, y compris la possibilité d'ouvrir un compte bancaire ou de saisir les instances administratives et judiciaires. L'organisme spécialisé chargé de la gestion de la dotation est en réalité une entité juridique non étatique dont la durée de vie dépend de l'existence du projet minier. Ce n'est ni un service public ni un établissement public encore moins une société commerciale du portefeuille. C'est un organisme sui generis qui joue le rôle de conseil d'administration parmi les structures gérant la dotation.

3. Quelle est la composition de l'organisme spécialisé ?

Outre les représentants du titulaire (deux) et des communautés locales (deux) prévus dans le CM, le RM y a ajouté les représentants des organisations de base (deux) ; de l'autorité administrative locale (deux) ; du FNPSS (deux) ; de la DPEM (deux).

L'organisme spécialisé est donc composé de douze membres désignés par leurs structures respectives pour un mandat de deux ans renouvelables une fois.

L'organisme spécialisé comprend trois composantes à savoir le titulaire minier ou de carrière d'une part ; les membres de la communauté affectée par le projet d'autre part et enfin les représentants des institutions étatiques. Ils exercent rotativement le mandat de membres au sein du bureau en qualité de président, de secrétaire et de trésorier pour une durée d'une année.

L'organisme spécialisé est l'autorité contractante des marchés publics alors que le Gouverneur est reconnu comme l'autorité approbatrice desdits marchés.

L'organisme spécialisé se réunit une fois par trimestre en session ordinaire.

Il convient de rappeler qu'au départ, un malentendu était né : certains représentants étatiques ont cru qu'on devrait avoir un organisme unique au niveau central devant gérer tous les projets et que les autorités du gouvernement central devraient y nommer des administrateurs ou mandataires provenant de l'État essentiellement parmi les bureaucrates de Kinshasa et d'autres grandes villes du pays. Ils espéraient donc y tirer des jetons de présence.

Il n'en est pas question.

Chaque projet minier dispose d'un organisme spécialisé de gestion.

4. Quels sont les principes régissant la gestion de la dotation ?

La gestion de la dotation doit respecter les principes de transparence (publication de toutes informations sur le site web des parties prenantes) ; de redevabilité à l'égard des communautés locales ; de participation citoyenne ; de complémentarité et d'équité.

5. Quelles sont les autres structures chargées de la gestion de la dotation ?

Alors que les CM et RM ne prévoient que l'hypothèse d'un organisme spécialisé, il est surprenant que l'arrêté interministériel du 21 décembre 2021 ait ajouté d'autres structures appelées à gérer la dotation.

a) Comité de supervision, d'orientation, de suivi et de contrôle

Pour la gestion de la dotation, l'arrêté interministériel crée un comité de supervision, d'orientation, de suivi et de contrôle.

Son rôle est d'assurer le pilotage politique pour la mobilisation des ressources ; de donner les orientations et les directives pour la réalisation des projets de développement communautaire ; d'assurer le suivi et le contrôle de la gestion de la dotation.

C'est presque un rôle politique d'actionnaire qui est conféré au comité. Il est quasiment l'équivalent de l'assemblée générale dans les sociétés du portefeuille.

Ce sont les ministres des Mines et des Affaires sociales qui en sont membres assistés de leurs services tels que la CTCPM, la DPEM, le FNPSS.

b) Unité d'exécution des projets

L'organisme spécialisé confère le mandat de gestion quotidienne de la dotation à l'Unité d'exécution des projets (UEP) dont les membres sont recrutés par lui sur base d'un appel d'offres public. Ses membres sont principalement un chef du projet, un superviseur technique et administratif, un responsable financier, un comptable, un secrétaire permanent, un auditeur interne.

6. Comment sont gérés les fonds mis à disposition ?

Les fonds issus de la dotation sont logés dans un compte ouvert au nom de l'organisme spécialisé dans une banque commerciale locale. La mise en mouvement du compte est effectuée sous la signature conjointe des représentants du titulaire ; de la communauté locale et des institutions publiques.

L'allocation des fonds se fait à concurrence de 90 % pour le financement des projets et 10 % pour le fonctionnement des organes. Pour la fraction du fonctionnement, le comité de supervision s'arroge 4 % alors que l'organisme spécialisé et l'unité d'exécution du projet se partagent les 6 %.

7. Appréciation critique

Il convient de relever que le gouvernement est allé au-delà de la volonté du législateur en créant des structures supplémentaires en dehors de l'organisme spécialisé de gestion de la dotation. En sus, l'une des structures créées s'arroge la part du lion dans la répartition des frais de fonctionnement. Il s'agit du comité de suivi qui s'attribue 4 %. Non seulement ses attributions sont floues mais il apparaît qu'il y a un seul comité de suivi pour l'ensemble de projets miniers sur toute l'étendue du territoire. En d'autres termes, ce comité à connotation essentiellement politique recevra les 4 % des dotations de tous les projets miniers. C'est énorme et inexplicable.

Une telle répartition risque de fragiliser l'action de l'organisme spécialisé et de son unité d'exécution pour insuffisance de fonds d'autant que l'étendue de leurs actions se limite à un projet minier.

Article 285 nonies : Des substances minérales précieuses trouvées occasionnellement

Toute personne physique de nationalité congolaise qui trouve occasionnellement une substance minérale précieuse, dont le commerce est réglementé, est autorisée de la vendre auprès d'un négociant ou d'un comptoir agréé moyennant paiement d'une taxe appropriée fixée par le ministre, pour autant que l'origine ne soit pas illicite. »

Cette disposition avait été insérée grâce à un lobbying des députés issues des provinces de production du diamant qui espéraient ainsi régler le sort de nombreuses personnes qui détiennent le diamant parce que trouvé de manière fortuite sur le chemin des champs ou ailleurs.

La disposition pose un réel problème de cohérence avec l'ensemble du texte.

En effet, quand on lit les articles 5, alinéa 3 et 108 sexies, le CM détermine les catégories de personnes susceptibles de détenir et commercialiser un produit minier.

Chaque catégorie est soumise à l'obtention préalable d'une autorisation ou d'un titre.

Curieusement, le Congolais visé par cette disposition détiendrait un produit minier sans titre. Ce qui est contraire à l'esprit et la lettre du CM qui promeut la traçabilité des produits miniers.

Au minimum, on conseillerait que le Congolais concerné s'empresse de se procurer une carte d'exploitant puis s'affilie à une coopérative minière pour ainsi régulariser sa situation.

L'article 527 quater impose néanmoins à ce détenteur de payer une taxe dont le taux est fixé par arrêté interministériel des ministres des Mines et des Finances. Selon l'arrêté interministériel du 22 février 2019 portant fixation des taux des droits, taxes et redevances à percevoir à l'initiative du ministère des mines, le détenteur paie au trésor 5 % de la valeur commerciale brute de la substance minérale précieuse trouvée occasionnellement.

Titre XII : Des manquements aux obligations administratives, sociales et des sanctions

Chapitre I : Des manquements aux obligations administratives et sociales

Article 286 : Du non-paiement des droits superficiaires, du défaut de commencer les travaux dans le délai légal et du non-respect des engagements vis-vis des obligations sociales dans le délai réglementaire

Sont considérés comme manquements aux obligations administratives et sociales :

- le non-paiement des droits superficiaires annuels par carré ;
- le défaut de commencer les travaux dans le délai légal prévu aux articles 196, 197, 198 et 199 ;
- le défaut de correction dans un délai de 60 jours après la mise en demeure prévue à l'article 292 du présent Code ;
- le non-respect des engagements vis-à-vis des obligations sociales conformément au chronogramme repris dans le cahier des charges prévu dans le Règlement minier.

Le législateur procède à l'énumération des actes qui peuvent, s'ils sont commis par action ou omission, entraîner des sanctions administratives qui relèvent de la compétence de l'autorité politico-administrative à savoir le ministre des Mines.

À ce propos, il convient de noter que, contrairement au CM de 2002, celui de 2018 a innové en insérant d'autres manquements.

Outre, le non-paiement des droits superficiaires annuels et le défaut de commencement des travaux dans le délai ; il a été ajouté le défaut de correction après mise en demeure et le non-respect des engagements sociaux.

Ainsi, le législateur a introduit dans le CM une dimension sociale très appréciable.

Selon l'article 289 du CM, ces manquements sont sanctionnés de déchéance.

La déchéance peut être précédée d'une mesure de suspension immédiate conformément à l'article 292 du CM.

Article 287 : Du constat de non-paiement des droits superficiaires par carré et de l'instruction des dossiers

Le Cadastre Minier constate les cas de non-paiement des droits superficiaires par carré à la fin du premier trimestre de chaque année. Il notifie au titulaire intéressé et affiche dans une salle déterminée par le Règlement Minier dans un délai de quinze jours ouvrables après la fin du trimestre, la liste des titulaires qui n'ont pas payé les droits superficiaires afférents à leurs droits miniers et/ou de carrières. Cette liste est également publiée par voie de presse dans la capitale et au chef-lieu de chaque province concernée.

Le titulaire dont le nom apparaît sur la liste peut présenter tout document ou moyen visant à sa défense dans les quarante-cinq jours qui suivent la date d'affichage de la liste, laquelle est également précisée dans la publication. Seules les preuves de paiement ou d'empêchement pour cause de force majeure sont reconnues comme moyens de défense.

L'instruction des dossiers de défense est effectuée par le Cadastre Minier dans un délai maximum de trente jours à compter de la fin de la période de défense. Le Cadastre Minier informe les titulaires concernés de son avis cadastral et le transmet avec les dossiers de défense ainsi qu'un projet de décision de déchéance du titulaire au ministre conformément aux dispositions des articles 40 et 41du présent Code.

Le législateur charge le CAMI, établissement public chargé d'éditer les notes de débit, de procéder au contrôle du fichier relatif au paiement des droits superficiaires.

Il convient de rappeler que la procédure de paiement de ces droits est prévue aux articles 394 à 403 du RM.

Le contrôle du CAMI s'exerce de manière permanente par exercice social et la liste de défaillants est publiée au 31 mars pour l'exercice écoulé.

La publication de la liste vaut information à l'endroit des titulaires lesquels disposent du droit de déposer des preuves contraires de paiement non pris en compte.

Ils peuvent aussi invoquer la force majeure prévue à l'article 297 du CM pour se soustraire de la décision de déchéance.

Cependant, la force majeure ne peut concerner que les cas de grèves sauvages, émeutes, insurrection, trouble civil, conflits sociaux, fait du prince, sabotage, catastrophe naturelle, incendies, faits de guerre. En effet, si l'on ne limite pas les cas de force majeure, tous les titulaires s'empresseraient de justifier leur défaut de respecter leurs obligations par des illustrations qui ressemblent aux cas de force majeure.

Article 288 : Du constat de non commencement des travaux et de l'instruction des dossiers

Le non-commencement des travaux dans les délais est constaté par la Direction des mines qui transmet le procès-verbal de son constat au ministre et au Cadastre minier. Ce dernier le notifie à l'intéressé dans un délai de dix jours ouvrables après la fin de la période pendant laquelle les travaux auraient dû commencer.

Le fait pour le titulaire d'un PR, PER, PEPM, AECP dans un délai d'un an (art. 197 du CM) et d'un PE dans un délai de trois ans, de ne pas commencer les travaux peut être assimilé à un gel du périmètre et donner lieu à sanction.

Le service compétent pour constater sur procès-verbal ce manquement est la direction des mines pour les droits miniers et la direction des carrières pour l'AECP.

Article 288 bis : Du constat du non-respect des engagements vis-à-vis des obligations sociales

Le non-respect par le titulaire de ses engagements vis-à-vis des obligations sociales dans le délai est constaté par l'Agence congolaise de l'Environnement en collaboration avec la Direction de protection de l'environnement minier, après enquête sur site et consultation des communautés concernées, qui transmet le procès-verbal de son constat au ministre et au Cadastre minier. Ce dernier le notifie à l'intéressé dans un délai de dix jours ouvrables après la fin de la période pendant laquelle ses engagements auraient dû se réaliser.

Dans un délai maximum d'un jour ouvrable suivant la réception du procès-verbal, le Cadastre minier affiche le constat de l'Agence congolaise de l'Environnement en collaboration avec la Direction de protection de l'environnement minier dans une salle indiquée par le Règlement minier. Une copie de ce procès-verbal est remise au titulaire.

Chaque titulaire a la responsabilité de s'informer du constat de l'Agence congolaise de l'Environnement en collaboration avec la Direction de protection de l'environnement minier concernant son projet.

Le titulaire dont le non-respect des engagements vis-à-vis des obligations sociales a été constaté peut présenter tout document relatif à sa défense dans les quarante-cinq jours qui suivent la date d'affichage du constat.

L'Agence congolaise de l'Environnement, en collaboration avec la Direction de protection de l'environnement minier, instruit le dossier de la défense dans un délai de trente jours à compter de la fin du délai fixé à l'alinéa précédent et transmet son avis technique au ministre et au Cadastre minier qui en informe le titulaire concerné.

Le Cadastre minier transmet le dossier y afférent et le projet de décision au ministre pour compétence.

Le non-respect des engagements vis-à-vis des obligations sociales est étendu. Il peut s'agir notamment du non-respect du chronogramme prévu dans le cahier des charges ; du non-versement dans le délai imparti et sans cause de la dotation aux projets de développement communautaire ; du refus d'indemniser et réinstaller les communautés déplacées du fait du projet minier.

Les services compétents que sont l'ACE et la DPEM sont tenus de constater le manquement sur procès-verbal.

Chapitre II :
Des sanctions

Article 289 : Des causes et de la décision de déchéance du titulaire

Sans préjudice des dispositions des articles 299 à 311 du présent Code, les manquements énumérés à l'article 286 constituent les causes de déchéance d'un titulaire de Permis de Recherches, de Permis d'Exploitation, de Permis des Rejets, de Permis d'exploitation de Petite Mine ainsi que de l'Autorisation d'Exploitation de Carrières Permanente.

Le Cadastre Minier notifie immédiatement au titulaire la décision de la déchéance et procède à son affichage dans une salle indiquée par le Règlement minier.

La notification de la décision de déchéance donne droit aux recours prévus aux articles 317 à 320 du présent Code. Ces recours doivent être exercés dans les trente jours qui suivent l'affichage de la décision dans le bureau du Cadastre Minier du ressort.

À défaut de recours dans le délai ci-dessus fixé, la décision de déchéance est inscrite dans un registre approprié et publiée au Journal officiel.

En cas de recours contre une décision de déchéance, le droit minier ou de carrière concerné reste valable pendant toute la durée de la procédure. Toutefois, il est fait mention de la décision et de la procédure de recours engagée au registre des permis et des autorisations octroyés.

Cette disposition rappelle les causes et l'autorité compétente en matière de déchéance.

Les causes de déchéance sont le non-paiement des droits superficiaires annuels, le défaut de commencement des travaux dans le délai ; le défaut de correction après mise en demeure et le non-respect des engagements vis-à-vis des obligations sociales.

Les personnes visées par la déchéance sont les titulaires d'un PR, PE, PER, PEPM, AECP.

L'autorité compétente pour déchoir est le ministre des Mines.

La notification de la décision est faite par le CAMI.

Un droit de recours est ouvert en faveur du titulaire déchu.

Selon le CM, c'est le recours arbitral qui est indiqué en pareil cas.

En attendant l'issue de la procédure, le titre déchu continue de produire ses effets.

Il est surprenant que le législateur ait préféré le recours arbitral en lieu et place de celui administratif étant donné que cette sanction résulte de la violation d'une obligation administrative.

Le RM tente de régulariser cette « bourde » du législateur en son article 561, alinéa 5 qui dispose que « le titulaire dispose d'un délai de trente jours à dater de l'affichage de la décision de déchéance au bureau du CAMI du ressort pour exercer le recours administratif auprès du ministre ».

Même si le CM est au-dessus du RM, il convient de mentionner que c'est une question de bon sens que le recours soit administratif et non pas arbitral.

À cet effet, le ministre des Mines ne pourrait pas rejeter l'arrêt résultant d'un recours administratif intervenu en pareil cas.

Article 290 : Du retrait des droits miniers et/ou de l'Autorisation d'Exploitation de Carrières Permanente

Les droits miniers et l'Autorisation d'exploitation de carrières permanente sont retirés par le ministre lorsque le titulaire n'a pas exercé le recours contre la décision de déchéance et lorsque les voies de recours sont forcloses ou si le recours est rejeté. La décision de retrait intervient au jour du rejet du recours ou au dernier jour utile où le recours aurait dû être engagé.

La décision de retrait est notifiée au Cadastre minier qui procède à son inscription dans le registre des titres annulés. Le Périmètre qui fait l'objet d'un droit minier ou de carrières retiré revient au domaine public de l'État et peut être reversé dans les zones réservées à la recherche géologique.

Le Règlement minier fixe les modalités de la création et de la gestion des zones réservées à la recherche géologique.

Le retrait est l'un des modes d'extinction du droit minier ou de carrière prévu à l'article 48 ter. Cette décision est prise par le ministre des Mines après une sanction de déchéance non suivie de recours ou avec un recours forclos ou rejeté.

Il est notifié au CAMI, qui à son tour, le transmet au titulaire dont le titre a été retiré. Le législateur ne mentionne pas expressément l'obligation de notification du CAMI au titulaire. Mais cela découle de la bonne et transparente administration que ce dernier soit avisé d'une décision qui emporte des conséquences sur son avenir dans le secteur minier. En effet, la sanction prive le titulaire du droit d'obtenir de nouveaux droits miniers ou de carrières dans un délai de cinq ans.

Si la déchéance vise le titulaire du droit, le retrait concerne le droit et le titre.

La décision de retrait emporte d'autres conséquences spécialement celle de faire rentrer ces périmètres dans le domaine public de l'État.

Par conséquent, le CAMI n'est pas autorisé de recevoir des demandes sur les périmètres dont les titres ont été retirés parce que les biens du domaine public sont hors commerce. Or, les biens hors commerce sont caractérisés par leur inaliénabilité, imprescriptibilité et insaisissabilité.

– Inaliénables : ils ne peuvent pas faire l'objet du commerce. Par conséquent, on ne saurait ni les concéder, ni céder ni faire l'objet d'une location tant qu'ils ne sont pas désaffectés. Ils ne sont pas susceptibles de circulation juridique ;

– Imprescriptibles : nul ne peut acquérir les biens du domaine public à la suite d'une prescription. En effet, aux termes de l'article 620 du Code civil livre III congolais, « on ne peut prescrire le domaine des choses qui ne sont pas dans le commerce ». Or, l'article 10 de la loi du 20 juillet 1973 prévoit que les biens du domaine public sont hors commerce, ils ne peuvent pas faire être prescrits ;

– Insaisissables : les biens du domaine public ne peuvent l'objet d'une saisie judiciaire dans la mesure où ils sont utiles à l'exercice de la mission et à la continuité du service public.

L'option offerte au CAMI est de reporter les périmètres retirés sur sa carte de retombes minières sous le nom de Zone de Recherches géologiques, en sigle « ZRG », portant un numéro cadastral ainsi que le nombre des carrés y afférents.

À cet effet, seul le SGNC pourrait se livrer à des activités d'investigations afin d'améliorer la connaissance géologique desdites zones (art. 563 RM).

Quoi qu'il en soit, le périmètre tombé dans le domaine public ne pourra faire l'objet des droits miniers ou de carrières que s'il est désaffecté préalablement. En attendant, aucun service de l'État ne peut ouvrir des droits miniers ou de carrières dans lesdites zones.

En ce qui concerne les droits expirés, renoncés et caducs, le législateur précise en certains cas qu'ils sont reversés dans le domaine privé de l'État et continueront à faire l'objet des transactions (notamment art. 61 et 78 CM).

Article 291 : De l'interdiction

Les titulaires des droits miniers et de l'Autorisation d'exploitation de carrières permanente déchus de leurs droits et dont les titres sont retirés ne peuvent obtenir de nouveaux droits miniers ou autorisation d'exploitation de carrières permanente qu'après un délai de cinq ans à compter de la date d'inscription du retrait au registre tenu par le Cadastre minier. En outre, le retrait des droits miniers ou de l'Autorisation d'exploitation de carrières permanente n'a pas pour effet de dégager le titulaire de ses obligations environnementales et fiscales.

La sanction d'interdiction prévue par cette disposition constitue l'un des effets de la décision de déchéance suivie du retrait des droit et titre du titulaire. Ainsi, pendant cinq ans à dater de l'inscription du retrait des droits, le titulaire déchu ne peut solliciter d'autres titres.

On considère donc que le titulaire est indigne d'exercer les activités minières pour ne pas avoir respecté ses engagements de sorte que l'État ne devrait plus avoir confiance en lui. Il reste à espérer qu'il médite, réfléchisse et s'amende en vue d'une nouvelle admission. Un délai de réflexion de cinq ans est jugé raisonnable pour ce faire.

Ce déficit de confiance entraînant interdiction doit être total. Il s'étend aux droits miniers et de carrières. Apparemment, les droits de carrière de recherche ne sont pas visés.

Article 292 : De la suspension

Toute faute grave définie dans le Règlement Minier commise par le titulaire est sanctionnée par la suspension immédiate des travaux décidée par le ministre, après une mise en demeure préalable.

La durée de la suspension est fixée par voie réglementaire en fonction de la gravité de la faute commise et de son incidence sur l'environnement, la santé et la sécurité publiques.

Pour remédier à cette faute grave, l'Administration des Mines peut, d'office ou sur demande des autorités locales concernées, imposer au titulaire les travaux qu'elle juge nécessaires pour la protection de la santé publique, de l'environnement, des travailleurs ou des mines voisines. En cas de défaillance du titulaire, l'Administration des Mines peut faire exécuter lesdits travaux par des tiers aux frais du titulaire.

Cette disposition vise la suspension des travaux pour faute lourde. Elle ne concerne pas la suspension du droit ni du titre.

Sont constitutifs de faute grave :

– le fait de causer aux communautés locales ou aux autres titulaires intentionnellement un préjudice matériel ou moral pendant ou à l'occasion de l'exécution de ses activités autorisées ;

– le fait de compromettre la sécurité des employés, des tiers ou des communautés locales voisines ;

– l'omission de prendre des mesures nécessaires visant la sécurité et la santé du personnel, la sécurité et la salubrité publiques, la solidité des édifices publics et privés, ou la conservation des voies de communication et des autres mines ;

– le défaut de construire un bâtiment devant abriter son siège social selon les normes des standards internationaux au chef-lieu de la province d'exploitation dans les cinq ans à dater de la délivrance du PE, PER, PEPM et AECP.

L'autorité compétente pour prendre la mesure de suspension des travaux est le ministre des Mines.

Est donc irrégulière, la décision de suspension prise par une autorité locale ou provinciale, fût-elle Gouverneur de province ou encore un juge. Ce dernier ne pourrait être compétent qu'à la suite d'un recours introduit contre la décision du ministre des Mines ayant ordonné une suspension des travaux.

Toute mesure de suspension des travaux est précédée d'une mise en demeure adressée au titulaire défaillant.

La durée de suspension des travaux ne peut dépasser un an et celle-ci peut être levée à tout moment si le titulaire régularise son défaut.

Article 293 : De la tenue irrégulière des documents

En cas de tenue irrégulière, dûment constatée, des documents obligatoires prescrits par le présent Code, l'Administration des Mines adresse par écrit un avertissement à l'opérateur minier concerné si ce manquement ne constitue pas une infraction.

En cas de récidive, ses activités peuvent, après une mise en demeure, être suspendues par le ministre pour une durée de trois mois.

À la fin de la période de suspension, l'Administration des Mines procède à une vérification. S'il est mis fin à l'irrégularité constatée, la suspension est levée. Dans le cas contraire, elle est reconduite pour une nouvelle période de trois mois.

Si la mise en demeure n'est pas suivie d'effet à l'expiration de la deuxième période de suspension, le titulaire est passible d'une astreinte dont le montant en francs congolais est équivalent à 500 USD par jour jusqu'à la régularisation, chaque jour commencé étant dû en entier.

Les registres et les rapports doivent être tenus de manière régulière c'est-à-dire conformément aux articles 216 du CM et 497 à 501 du RM.

À défaut, l'administration des mines adresse un avertissement au titulaire et en cas de récidive, une suspension d'activités peut être prononcée par le ministre des Mines pour une durée de trois mois.

Pour contraindre le titulaire récalcitrant, le législateur a trouvé utile de le frapper dans sa bourse en lui imposant le paiement d'une astreinte d'un montant de 500 USD par jour en cas de persistance de refus de régulariser la faute.

Article 294 : De la confiscation de la provision pour réhabilitation du site

Lorsqu'à la fin des travaux de recherches et/ou d'exploitation, le titulaire d'un droit minier ou de carrières n'exécute pas volontairement les obligations souscrites dans le PGEPS ou dans le PAR, le tribunal compétent prononce, à la requête de l'Administration des Mines et au profit de celle-ci, la confiscation de la provision correspondante constituée par le titulaire pour la réhabilitation du site.

Si la valeur de la garantie ou la provision ainsi confisquée ne suffit pas à couvrir les frais nécessaires à la remise en état du site concerné, l'Administration des Mines peut confier à un tiers l'exécution des travaux correspondant à la valeur de la différence. Les frais engagés pour la réalisation de ces travaux complémentaires sont mis à charge de l'exploitant défaillant.

À la requête de l'Administration des Mines, l'exploitant défaillant peut faire l'objet d'interdiction de sortie du Territoire National prononcée par le tribunal compétent jusqu'à la fin des travaux de réhabilitation du site.

Avant le commencement des travaux, le titulaire dépose une sûreté financière de réhabilitation en vue d'assurer ou de couvrir les coûts des mesures de réhabilitation de l'environnement.

La sûreté est donc une forme de garantie remboursable si le titulaire se comporte en bon père de famille.

Cette disposition vise les cas où le titulaire a fini ses travaux mais a failli à son obligation contenue dans son PGES ou son PAR.

Alors que fait-on de la sûreté financière versée ?

En cas de défaillance du titulaire dans ses obligations environnementales, il appartient au tribunal de commerce territorialement compétent, ou la chambre commerciale du tribunal de grande instance là où il n'y a pas de tribunaux de commerce, d'ordonner la confiscation de la sûreté financière au prorata du montant nécessaire pour la remise en état du site.

La requête est introduite par le ministre des Mines ou son délégué.

Si le coût d'exécution des travaux d'atténuation et de réhabilitation est inférieur à la sûreté financière, le titulaire a droit à la restitution du trop-perçu.

Si la sûreté financière de réhabilitation de l'environnement confisquée ne couvre pas les coûts réels du site endommagé, le ministre des Mines ou son délégué peut confier l'exécution des travaux correspondants à un tiers. Le surplus des frais est à charge du titulaire défaillant (art. 411 RM).

La décision du tribunal peut ordonner non seulement la confiscation des fonds mais aussi des mesures complémentaires telles que l'interdiction de sortie du territoire national du titulaire jusqu'à la fin des travaux de réhabilitation. Cette dernière mesure est exécutée par la direction générale de migration.

Article 295 : Du défaut de communication des rapports

Le défaut pour le titulaire d'un titre minier ou de carrières de communiquer les rapports périodiques obligatoires dans le délai réglementaire, fait l'objet d'une mise en demeure de trente jours maximum pour ce faire.

À l'expiration de ce délai, à moins qu'il soit dans un cas de force majeure, le titulaire défaillant est passible d'une astreinte dont le montant en francs congolais est équivalent à 1.000 USD par jour de retard depuis le dernier jour du délai réglementaire jusqu'à la communication des rapports, chaque jour commencé étant dû en entier.

Le législateur fait obligation au titulaire de communiquer notamment :

– les rapports relatifs aux résultats des travaux de recherche ;

– les rapports relatifs aux résultats des travaux d'exploitation ;

– les rapports des négociants ;

– les rapports d'évaluation des mesures d'atténuation et de réhabilitation ;

– les rapports annuels d'activités ;

– les rapports mensuels sur le transfert des fonds ;

– les rapports mensuels sur les mouvements des fonds, etc.

Le défaut de satisfaire à cette obligation constitue un manquement qui peut faire l'objet du paiement d'une astreinte.

Toute sanction étant chaque fois précédée d'une mise en demeure.

Article 296 : De la défaillance et de la fraude dans le paiement des droits, taxes et redevances

Le défaut de paiement, le retard de paiement et/ou la minoration de la somme due constituent des manquements sanctionnés conformément à la législation en la matière.

Le législateur renvoie le défaut ou le retard de paiement ainsi que la minoration des sommes aux législations relatives aux modes de recouvrement des droits dus au Trésor public ou en faveur des institutions publiques.

Article 297 : De la force majeure

Constitue un cas de force majeure, tout événement imprévisible, irrésistible, insurmontable et indépendant de la volonté du titulaire l'empêchant, malgré ses meilleurs efforts, d'exécuter en tout ou en partie ses obligations ou occasionnant un retard important dans l'exécution de celles-ci. Sont notamment considérées comme cas de force majeure les événements suivants : grèves sauvages, émeutes, insurrection, trouble civil, conflits sociaux, fait du prince, sabotage, catastrophe naturelle, incendies, faits de guerre ou cas imputables à la guerre.

L'excuse pour cause de force majeure peut être admise pour les manquements aux seules obligations qui n'ont pu être exécutées en raison de la survenance de cet événement.

Un acte, un agissement ou une omission imputable au titulaire n'est pas constitutif de cas de force majeure.

Les modalités d'application du présent article sont fixées par le Règlement Minier.

Le législateur définit ce qu'il convient de qualifier de cas de force majeure.

Même si la liste de cas énoncés par le législateur a une valeur énumérative, il faudrait bien se garder de l'élargir inconsidérément.

En effet, ce sont les critères de l'imprévisibilité et de l'irrésistibilité qui sont déterminants pour considérer une situation comme force majeure.

Aucun acte relevant de la faute et de la négligence du titulaire ne peut être classé parmi les cas de force majeure.

Chaque fois que le titulaire estime que le cas en présence est constitutif de force majeure, il notifie par écrit le CAMI en y joignant les preuves de l'existence dudit cas.

Le CAMI reste compétent pour apprécier la requête et prendre dans les trente jours une décision d'agrément ou de refus d'agrément du cas de force majeure.

Cette décision est transmise au titulaire par le CAMI.

Article 298 : Du délai de notification de cas de force majeure

Si le titulaire se trouve dans l'impossibilité d'exécuter totalement ou partiellement ses obligations en raison d'un cas de force majeure, il le notifie au Cadastre Minier immédiatement ou au plus tard dans les quinze jours de la survenance de cet événement, en spécifie les raisons constituant la force majeure, la date de commencement de la non-exécution et les moyens proposés pour y remédier.

Dès la survenance d'un cas de force majeure, l'exécution des obligations affectées est suspendue pendant la durée de celui-ci et pour une période additionnelle suffisante permettant au titulaire d'agir avec toute diligence requise, de se replacer dans les mêmes conditions qu'avant la survenance dudit événement. La durée résultant de la force majeure est ajoutée au délai d'exécution de ses obligations.

Le titulaire est tenu à plusieurs obligations en lien avec le cas de force majeure :

– notifier par écrit le cas de force majeure au CAMI dans un délai de quinze jours à dater de la survenance de l'événement ;

– notifier la cessation du cas de force majeure au CAMI dans les dix jours de l'événement en mentionnant clairement la date de la fin. Il y mentionne la période additionnelle pour le délai d'exécution de ses obligations suspendues. Le CAMI est tenu de certifier la durée du cas de force majeure.

Le titulaire dispose des droits lorsque le cas de force majeure a été agréé.

En effet, selon l'article 88 du RM : « la validité des droits miniers et de carrières dont l'exercice et la jouissance par leurs titulaires sont empêchés entièrement pendant plus de nonante jours par un cas de force majeure dûment notifié par le titulaire au CAMI et agréé par ce dernier est prorogée pour une période égale à celle du cas de force majeure agréé, augmentée de la période additionnelle. En cas de multiples cas de force majeure dûment notifiés et agréés, dont chacun persiste pendant plus de nonante jours, la validité du droit minier ou de carrière en cause est prorogée pour une période égale à la durée de l'ensemble de tels cas de force majeure ».

Titre XIII : Des infractions et des pénalités

Article 299 : Des activités minières illicites

Est puni d'une amende dont le montant en francs congolais est l'équivalent de 10.000 USD à 250.000 USD, quiconque se livre, sans autorisation, à des travaux de recherches ou d'exploitation des mines ou de carrières en violation des dispositions du présent Code.

Les substances minérales extraites illicitement sont saisies et leur confiscation est prononcée par le tribunal compétent au profit de l'État ou du titulaire du titre d'exploitation des mines ou des carrières concernées.

1. Élément matériel

L'élément matériel de cette infraction est réalisé en cas de :

– exercice de l'activité minière ou de carrière sans titre reconnu ;

– exercice de l'activité minière ou de carrière sans qualité ;

– exercice par un étranger d'une activité minière ou de carrière artisanale dévolue aux seuls nationaux.

2. Élément moral

L'intention volontaire de commettre l'infraction importe peu. Il y a infraction dès sa réalisation même si l'intention coupable n'est pas prouvée.

3. Sanction

– Peine d'amende de 10.000 USD à 250.000 USD. (Subsidiairement à ce que prévoit cette disposition, ces montants ont été réajustés conformément à l'art. 325 du CM et vont désormais de 12.336,97 USD à 308.424, 16 USD selon la Décision n° CAMI/DG/006/2021 du 08 décembre 2021).

– Aucune privation de liberté.

Article 299 bis : Des violations des droits humains

Sont illicites l'exploitation et le commerce de produits miniers provenant d'un site où une contravention des lois sur la protection des droits humains, des droits de l'enfant, ou des droits de la femme a fait l'objet d'un constat par procès-verbal d'une autorité compétente. Le Règlement minier fixe les modalités du constat.

Sans préjudice des dispositions de l'article 299 du présent Code, quiconque se livre à l'exploitation minière en violation du présent article est puni d'une amende dont le montant est l'équivalent en francs congolais de 10.000 USD par jour jusqu'à la cessation de la violation.

Sans préjudice des dispositions de l'article 302 du présent Code, quiconque se livre au commerce des produits miniers en violation du présent article est puni d'une amende égale à trois fois la valeur commerciale des produits en question.

1. Élément matériel

– contraindre ou laisser travailler les enfants mineurs sur un site minier ;

– permettre à une femme enceinte d'exercer une activité minière artisanale ;

– tout acte érigé en infraction par la loi n° 009/001 du 10 janvier 2009 portant protection de l'enfant et par la loi n° 06/018 du 20 juillet 2006 modifiant et complétant le décret du 30 janvier 1940 portant code pénal relatif aux violences faites aux femmes.

2. Élément moral

L'intention volontaire de commettre l'infraction importe peu. Il y a infraction dès sa réalisation même si l'intention coupable n'est pas démontrée.

3. Sanction

– Peine d'amende de 10.000 USD par jour jusqu'à cessation de la violation. (Subsidiairement à ce que prévoit cette disposition, ces montants ont été réajustés conformément à l'art. 325 du CM et vont désormais de 0,00 USD à 12.336,97 USD selon la Décision n° CAMI/DG/006/2021 du 08 décembre 2021).

– Aucune privation de liberté.

Article 300 : Du vol et du recel des substances minérales

Sans préjudice des dispositions particulières en matière des substances précieuses et de celles prévues par le Code pénal, est puni d'une peine de servitude pénale d'un mois à deux ans et d'une amende de l'équivalent en francs congolais de 5.000 USD à 20.000 USD ou de l'une de ces peines seulement, quiconque se rend coupable de vol ou de recel des substances minérales.

1. Élément matériel

Le vol est généralement défini en droit comme la soustraction frauduleuse d'un bien mobilier appartenant à autrui alors que le recel est le fait de cacher ou dissimuler ou protéger illicitement un bien issu du vol ou de manière générale dont la source est infractionnelle.

Ainsi, toute personne qui soutire les produits marchands ne lui appartenant pas dans un comptoir, un entrepôt ou à tout autre endroit quelconque avec l'intention d'en tirer un profit commet l'infraction de vol et recel des substances minérales.

Le produit dont question doit être un produit marchand détaché du sol ou du sous-sol. À défaut, la qualification du vol et recel tombe parce que un produit minier non détaché du sol demeure un bien immeuble.

2. Élément moral

L'auteur doit avoir l'intention de vendre et d'en tirer un maximum de profits égoïstes.

3. Sanction

– Peine d'amendes : 5.000 USD à 20.000 USD. (Subsidiairement à ce que prévoit cette disposition, ces montants ont été réajustés conformément à l'art. 325 du CM et vont désormais de 6.168,48 USD à 24.673,93 USD selon la Décision n° CAMI/DG/006/2021 du 08 décembre 2021).

– Peine d'emprisonnement : 1 mois à 2 ans.

Article 301 : Du détournement des substances minérales

Quiconque aura détourné les substances minérales est puni de cinq à dix ans de servitude pénale et d'une amende dont le montant en francs congolais est l'équivalent de 5.000 USD à 20.000 USD.

Quiconque aura facilité le détournement des substances minérales est puni de servitude pénale de deux à cinq ans et d'une amende dont le montant en francs congolais est l'équivalent de 5.000 USD à 10.000 USD.

1. Élément matériel

Le détournement peut être défini comme le fait pour un mandataire ou un détenteur précaire de ne pas restituer ou faire arriver à destination prévue des produits miniers ou de carrières lui confiés.

Ce serait le cas pour un transporteur ou tout autre mandataire de ne pas livrer au destinataire les produits miniers ou de carrières lui confiés.

2. Élément moral

Le transporteur doit avoir agi avec l'intention de se servir desdits produits à son profit. Il n y a pas détournement si les produits n'arrivent pas à destination à la suite d'un accident de circulation qui fait dépérir les produits.

3. Sanctions

– Peine d'amendes : pour l'auteur : 5.000 USD à 20.000 USD. (Subsidiairement à ce que prévoit cette disposition, ces montants ont été réajustés conformément à l'art. 325 du CM et vont désormais de 6.168,48 USD à 24.673,93 USD selon la Décision n° CAMI/DG/006/2021 du 08 décembre 2021).

Pour le complice : 5.000 à 10.000 USD. (Subsidiairement à ce que prévoit cette disposition, ces montants ont été réajustés conformément à l'art. 325 du CM et vont désormais de 6.168,48 USD à 12.336,97 USD selon la Décision n° CAMI/DG/006/2021 du 08 décembre 2021).

– Peine d'emprisonnement : 5 à 10 ans pour l'auteur et 2 à 5 ans pour le complice.

Article 302 : De l'achat et de la vente illicite des substances minérales

Est puni d'une amende dont le montant en francs congolais est l'équivalent de 10.000 USD à 30.000 USD, quiconque aura acheté ou vendu des substances minérales en violation des dispositions légales et réglementaires en vigueur.

Les substances minérales faisant l'objet desdites transactions sont saisies et leur confiscation est prononcée par le tribunal compétent au profit de l'État.

1. Élément matériel

L'article 5 du CM énumère les catégories de personnes qui peuvent vendre les produits miniers à savoir les titulaires, les entités de traitement, les comptoirs agréés, les coopératives minières agréées, les négociants.

Ainsi, le fait pour une personne non citée de vendre un produit minier constitue une vente illicite.

Par exemple :

– Commet une infraction de vente illicite des produits miniers ou de carrières, l'exploitant artisanal qui vend le produit minier issu de l'exploitation artisanale parce que seule la coopérative minière à laquelle il appartient est compétent pour la vente.

– Commet une infraction de vente illicite des produits miniers ou de carrières, tout responsable d'un établissement public ou encore tout fonctionnaire ou agent public, détenteurs ou gardiens des échantillons des produits miniers, qui s'y livre sans autorisation préalable.

L'acheteur qui sait pertinemment que lesdits produits lui sont vendus par une personne sans titre commet l'infraction d'achat illicite des produits miniers ou de carrières.

2. Élément moral

Il n'est point besoin d'élément intentionnel pour la personne qui vend car elle sait qu'elle ne dispose pas de titres miniers ou de carrières. Le simple fait de vendre sans droit ni titre réalise l'infraction.

Par contre, l'acheteur doit démontrer qu'il ne savait pas que son vendeur manquait de qualité pour vendre.

3. Sanctions

– Peine d'amendes : 10.000 USD à 30.000 USD. (Subsidiairement à ce que prévoit cette disposition, ces montants ont été réajustés conformément à l'art. 325 du CM et vont désormais de 12.336,97 USD à 37.010,90 USD selon la Décision n° CAMI/DG/006/2021 du 08 décembre 2021).

– Pas de privation de liberté.

Article 303 : De la détention illicite des substances minérales

Quiconque aura détenu illégalement des substances minérales sera puni d'une servitude pénale de deux mois au maximum et d'une amende dont le montant en francs congolais est l'équivalent de 2.000 USD à 20.000 USD ou d'une de ces peines seulement.

1. Élément matériel

Les article 5, 108 sexies et 115 du CM énumèrent les catégories de personnes qui peuvent détenir les produits miniers à savoir les titulaires, les entités de traitement, les comptoirs agréés, les coopératives minières agréées, les négociants ; les établissements de crédit, l'administration des mines, les universités et centres de recherche, les bijoutiers, les joailliers, les artistes, les dentistes, les acheteurs agréés, les transporteurs agréés, l'exploitant artisanal.

Ainsi, le fait pour une personne non citée de détenir un produit minier constitue une détention illicite.

Par exemple :

– Commet une infraction de détention illicite des produits miniers ou de carrières, le fonctionnaire du ministère de l'Agriculture ou du parlement auprès de qui l'on retrouve un produit minier.

2. Élément moral

Il n'est point besoin d'élément intentionnel pour la personne qui détient car elle sait qu'elle n'a pas le droit de détenir un tel produit. Le simple fait de détenir sans qualité réalise l'infraction.

3. Sanctions

– Peine d'amendes : 2.000 USD à 20.000 USD. (Subsidiairement à ce que prévoit cette disposition, ces montants ont été réajustés conformément à l'art. 325 du CM et vont désormais de 2.467,39 USD à 24.673,93 USD selon la Décision n° CAMI/DG/006/2021 du 08 décembre 2021).

– Peine d'emprisonnement : deux mois.

Article 304 : Du transport illicite des substances minérales

Celui qui, sans autorisation, aura transporté ou fait transporter des substances minérales, est puni d'une servitude pénale de deux mois et d'une amende dont le montant en francs congolais est l'équivalent de 2.000 à 20.000 USD ou d'une de ces peines seulement.

1. Élément matériel

Le transport des produits miniers ou de carrières est considéré comme illicite lorsque le titulaire s'est abstenu de faire identifier le transporteur ou que celui-ci n'a pas obtenu l'autorisation spéciale préalable auprès de la direction des mines d'assurer le transport desdits produits miniers ou de carrières.

2. Élément moral

Le fait de transporter les produits miniers sans les documents requis suffit pour réaliser cette infraction.

3. Sanctions

– Peine d'amendes : 2.000 USD à 20.000 USD. (Subsidiairement à ce que prévoit cette disposition, ces montants ont été réajustés conformément à l'art. 325 du CM et vont désormais de 2.467,39 USD à 24.673,93 USD selon la Décision n° CAMI/DG/006/2021 du 08 décembre 2021).

– Peine d'emprisonnement : deux mois.

Article 305 : De la fraude

Toute exportation ou tentative d'exportation frauduleuse des substances minérales en contravention du régime douanier et des accises prévues par le présent Code est soumise aux pénalités et amendes prévues par la législation douanière et accisienne en la matière.

Pour la répression relative à cette disposition, il convient de se référer aux éléments réprimant la fraude d'exportation des produits miniers contenus dans les articles 389 et 390 de la loi du 20 août 2010 portant code des douanes libellés :

Sont passibles d'une peine d'emprisonnement maximum de 3 ans, de la confiscation des marchandises de fraude, de la confiscation des moyens de transport, de la confiscation des marchandises ayant servi à masquer la fraude et d'une amende dont la hauteur est comprise entre une et trois fois la valeur des marchandises de fraude, tout fait de contrebande ainsi que tout fait d'importation ou d'exportation sans déclaration lorsqu'ils se rapportent à des marchandises qui ne sont ni prohibées ni soumises à des mesures de restriction (art. 389).

Sont passibles d'une peine d'emprisonnement maximum de 3 ans, de la confiscation des marchandises de fraude, de la confiscation des moyens de transport, de la confiscation des marchandises ayant servi à masquer la fraude et d'une amende dont la hauteur est comprise entre une et cinq fois la valeur des marchandises de fraude, tout fait de contrebande ainsi que tout fait d'importation ou d'exportation sans déclaration lorsqu'ils se rapportent à des marchandises prohibées ou soumises à des mesures de restriction (art. 390).

Article 306 : Des violations des règles d'hygiène et de sécurité

Est passible d'une servitude pénale d'un mois à un an et d'une amende dont le montant en francs congolais est l'équivalent de 5.000 USD à 10.000 USD ou d'une de ces peines seulement, quiconque aura contrevenu aux dispositions de la réglementation minière concernant l'hygiène et la sécurité publiques.

1. Élément légal

Les éléments constituant cette infraction sont contenus dans les législations éparses telles qu'édictés par les articles 207 du CM et 492 du RM lorsqu'ils évoquent les règlements particuliers.

Quelle que soit la législation sectorielle, la sanction est celle prévue ci-dessous dans le CM.

2. Sanctions

– Peine d'amendes : 5.000 USD à 10.000 USD. (Subsidiairement à ce que prévoit cette disposition, ces montants ont été réajustés conformément à l'art. 325 du CM et vont désormais de 6.168,48 USD à 12.336, 97 USD selon la Décision n° CAMI/DG/006/2021 du 08 décembre 2021).

– Peine d'emprisonnement : un mois à un an.

Article 307 : De la corruption des agents des services publics de l'État

Sont passibles des peines de servitude pénale prévues aux articles 147 à 149 du Code pénal livre II et d'une amende dont le montant en francs congolais est équivalent à 1000 USD, les personnes visées auxdits articles qui, étant habilitées à procéder aux opérations minières en exécution du présent Code, se seraient rendues coupables des infractions prévues et punies par les articles susmentionnés.

Pour la bonne compréhension de cette disposition, il faut se référer au Code pénal ordinaire. En effet, selon les articles 147 à 149 ter du code pénal, tout fonctionnaire ou officier public, toute personne chargée d'un service public ou parastatal, toute personne représentant les intérêts de l'État (...) qui aura agréé des offres, des promesses, qui aura reçu des dons ou présents pour faire un acte de sa fonction, de son emploi ou de sa mission, même juste mais non sujet à salaire, sera puni de six mois à deux ans d'emprisonnement et d'une amende de 1.000 USD.

La peine prévue à l'alinéa précédent pourra être portée au double du maximum, s'il a agréé des offres ou promesses ou s'il a reçu des dons ou présents, soit pour faire, dans l'exercice de sa fonction, de son emploi ou de sa mission, un acte injuste, soit pour s'abstenir de faire un acte qui rentre dans l'ordre de ses devoirs.

Ces peines peuvent aller jusqu'à quinze ans d'emprisonnement et suivies de mesures de confiscation si les circonstances sont aggravées.

La peine d'amende a été réajustée à 1.233, 70 USD conformément à l'art. 325 du CM selon la Décision n° CAMI/DG/006/2021 du 08 décembre 2021).

Article 308 : Des destructions, des dégradations et des dommages

Est puni d'une servitude pénale de cinq à six ans et d'une amende dont le montant en francs congolais est l'équivalent de 5.000 USD à 10.000 USD ou d'une de ces peines seulement, quiconque aura frauduleusement ou méchamment :

. a) porté une fausse indication sur un poteau-signal ou une borne ;

. b) placé, déplacé ou dégradé un poteau-signal ou une borne ;

. c) fait une fausse déclaration ou fait usage des documents qu'il savait faux ou erronés en vue, soit d'obtenir ou de faire obtenir un droit minier ou une autorisation de carrières, soit d'empêcher autrui d'obtenir ou d'exploiter des droits miniers ou autorisations de carrières.

Le contenu de cette disposition est équivoque par rapport à son intitulé qui porte expressément sur les destructions, les dégradations et des dommages.

1. Élément matériel

– le fait de mentionner sur le poteau-signal un nom autre que celui du titulaire du droit, un numéro inexact du titre et de la borne ;

– le fait de déplacer la borne par rapport au lieu fixé par l'agent du CAMI en vue d'accroître la superficie du périmètre ;

– le fait de placer soi-même un poteau ou une borne en l'absence du géomètre du CAMI ;

– l'usage de fausses identités et déclarations pour se passer pour une personne éligible aux droits miniers ou de carrières.

2. Sanctions

Peine d'amendes : 5.000 USD à 10.000 USD. (Subsidiairement à ce que prévoit cette disposition, ces montants ont été réajustés conformément à l'art. 325 du CM et vont désormais de 6.168,48 USD à 12.336,97 USD selon la Décision n° CAMI/DG/006/2021 du 08 décembre 2021).

Peine d'emprisonnement : cinq à dix ans.

Article 309 : Des outrages ou violences envers les agents de l'Administration et des Services spécialisés des Mines

Sans préjudice des autres dispositions prévues par le droit commun, est puni d'une peine de servitude pénale ne dépassant pas six mois et d'une amende dont le montant en francs congolais est l'équivalent de 1.000 USD à 5.000 USD ou de l'une de ces peines seulement, celui qui aura outragé par faits, paroles, gestes, menaces ou frappé un agent de l'administration ou des services spécialisés des mines, dans l'exercice ou à l'occasion de l'exercice de ses fonctions.

1. Élément matériel

Les personnes protégées sont les fonctionnaires ou officiers publics, personnes chargées d'un service public ou parastatal, toute personne représentant les intérêts de l'État, victimes des menaces de tout genre à l'occasion de l'exercice de leurs fonctions telles que lors des inspections ou toutes autres opérations.

2. Élément moral

L'élément intentionnel est requis pour la réalisation de cette infraction.

3. Sanctions

– Peine d'amende : 1.000 USD à 5.000 USD. (Subsidiairement à ce que prévoit cette disposition, ces montants ont été réajustés conformément à l'art. 325 du CM et vont désormais de 1.233,70 USD à 6.168,48 USD selon la Décision n° CAMI/DG/006/2021 du 08 décembre 2021).

– Peine d'emprisonnement : six mois maximum.

Article 309 bis : Du non-rapatriement des recettes d'exportation

Le titulaire qui ne rapatrie pas les 60 % des recettes d'exportation, conformément aux dispositions de l'article 268 alinéa 2 du présent Code, est puni d'une amende d'un montant égal à 5 % du montant non rapatrié.

1. Élément matériel

– non-rapatriement de 60 % des recettes d'exportation. Il s'agit de la totalité de ce pourcentage. Ainsi, le titulaire qui rapatrie 59 %, 50 % ou 10 % est considéré comme passible de cette infraction. Il y a exigence de rapatrier tous les 60 % et non pas un pourcentage inférieur.

2. Élément moral

Le fait de rapatrier un montant sachant qu'il est inférieur à 60 % réalise cette infraction.

3. Sanction

Peine d'amende : 5 % du montant non rapatrié. En d'autres termes, si un titulaire rapatrie 40 %, le montant de l'amende portera sur 5 % des 20 % restant dû.

Article 310 : Des entraves à l'activité de l'Administration des Mines

Quiconque fait obstacle à l'exécution des travaux ordonnés ou autorisés par les services des mines tel que prévu par le présent Code et le Règlement Minier est puni d'une servitude pénale de six mois et d'une amende dont le montant en francs congolais est l'équivalent de 2.000 USD à 10.000 USD ou d'une de ces peines seulement.

Le refus par toute personne de se soumettre aux instructions conformes à la loi ou aux règlements des services relevant du ministère des Mines constitue une entrave punissable d'une peine d'emprisonnement de six mois et d'une amende de 2.000 USD à 10.000 USD. (Subsidiairement à ce que prévoit cette disposition, ces montants ont été réajustés conformément à l'art. 325 du CM et vont désormais de 2.467,39 USD à 12.336,97 USD selon la Décision n° CAMI/DG/006/2021 du 08 décembre 2021).

Ce sera le cas de l'abstention pour un titulaire de transmettre le procès-verbal de bornage malgré la mise en demeure formulée par le CAMI (art. 482 du RM).

Article 311 : Des contraventions aux arrêtés du ministre et du Gouverneur de Province

Tout contrevenant aux dispositions des arrêtés ministériels notifiés par le Secrétaire général aux mines et des arrêtés du Gouverneur de province dans le secteur minier artisanal ou industriel au titre de mesures d'application du présent Code est puni de sept jours à un mois de servitude pénale et d'une amende dont le montant en francs congolais ne dépasse pas l'équivalent de 1.000 USD pour le secteur minier artisanal, et 10.000 USD pour le secteur minier industriel ou de l'une de ces peines seulement.

Les dispositions des décrets, arrêtés du ministre des Mines, des Gouverneurs de province, des ministres provinciaux des mines ainsi que des chefs de division provinciale des mines doivent être scrupuleusement respectées tant qu'ils n'ont fait pas l'objet de recours administratifs valables.

Tout contrevenant est puni d'une peine d'emprisonnement de sept jours à un mois. L'amende va de 0,00 USD à 10.000 USD selon le secteur d'activité. (Subsidiairement à ce que prévoit cette disposition, ces montants ont été réajustés conformément à l'art. 325 du CM et vont désormais de 1.233,70 USD à 12.336,97 USD selon la Décision n° CAMI/DG/006/2021 du 08 décembre 2021).

Article 311 bis : De la fraude et du pillage des ressources naturelles minières

Est puni d'une peine de servitude pénale de dix à vingt ans et d'une amende dont le montant s'élève à l'équivalent en francs congolais de 250.000 à 500.000 USD, quiconque aura, par tout acte généralement quelconque, tout accord, toute convention, tout arrangement ou tout autre fait, qui a pour conséquence de priver la nation, les personnes physiques ou morales de tout ou partie de leurs propres moyens d'existence tirés de leurs ressources ou richesses minières, outre la confiscation des biens et avoirs issus du délit.

1. Élément matériel

L'infraction de pillage telle que reprise par cette disposition est instaurée par la Constitution de la RDC du 20 février 2006 qui prévoit que « tout acte, tout accord, toute convention, tout arrangement ou tout autre fait, qui a pour conséquence de priver la nation, les personnes physiques ou morales de tout ou partie de leurs propres moyens d'existence tirés de leurs ressources ou de leurs richesses naturelles, sans préjudice des dispositions internationales sur les crimes économiques, est érigé en infraction de pillage punie par la loi » (art. 56).

Les lois sectorielles définissent le pillage comme les actes de dépouillement ou de spoliation des denrées, marchandises ou autres effets appartenant soit à l'État, soit à d'autres personnes morales nationales ou étrangères, soit à des particuliers. Ces actes sont souvent accompagnés de violences ou atteintes à l'intégrité physique des personnes et perpétrés en bandes ou non, des assimilés ou autres individus embarqués ou non ; avec ou sans armes. (art. 200, 202 et 207 du Code pénal du 30 janvier 1940 tel que modifié à ce jour ainsi que 63 à 65 du code de justice militaire du 18 novembre 2002).

2. Sanctions

– Peine d'amende : 250.000 USD à 500.000 USD. (Subsidiairement à ce que prévoit cette disposition, ces montants ont été réajustés conformément à l'art. 325 du CM et vont désormais de 308.424,16 USD à 616.848, 32 USD selon la Décision n° CAMI/DG/006/2021 du 08 décembre 2021).

– Peine d'emprisonnement : dix à vingt ans.

Article 311 ter : De l'entrave à la transparence et à la traçabilité dans l'industrie minière

Est passible d'une amende dont le montant s'élève à l'équivalent en francs congolais de 100.000 à 1.000.000 USD, quiconque, par tout acte, tout accord, toute convention, tout arrangement ou tout autre fait, entrave à la transparence et à la traçabilité dans l'industrie minière. »

Le non-respect des procédures prévues aux articles 7 ter du CM et 25 bis à 25 vecies ter ainsi qu'aux normes internationales et régionales en la matière constitue une entrave à la transparence et à la traçabilité punissables.

Sanction

Peine d'amende : 100.000 USD à 1.000.000 USD. (Subsidiairement à ce que prévoit cette disposition, ces montants ont été réajustés conformément à l'art. 325 du CM et vont désormais de 123.369,66 USD à 1.233.696,64 USD selon la Décision n° CAMI/DG/006/2021 du 08 décembre 2021).

Article 311 quater : De l'omission et du refus de communiquer le changement de domicile

Est puni, après une mise en demeure de quinze jours ouvrables faite par la Direction des mines ou le Cadastre minier, selon le cas, d'une amende dont le montant s'élève à l'équivalent en franc congolais de 5.000 USD par jour, toute personne qui aura omis ou refusé de signaler auprès de ces services tout changement de localisation de son domicile ou du siège social et administratif.

Le délai court à dater de l'envoi de ladite mise en demeure à la dernière adresse renseignée auprès des services concernés.

1. Élément matériel

Tout titulaire de droit congolais ou de droit étranger est tenu de déclarer son siège social au CAMI. De même en cas de changement d'adresse, il doit tenir informé le CAMI (art. 23 CM et 27 RM). L'omission de cette obligation constitue une infraction.

2. Sanction

Peine d'amende : 5.000 USD par jour. (Subsidiairement à ce que prévoit cette disposition, ces montants ont été réajustés conformément à l'art. 325 du CM et vont désormais de 0,00 USD à 6.168,48 USD selon la Décision n° CAMI/DG/006/2021 du 08 décembre 2021).

Titre XIV :
Des recours

Chapitre I :
Des dispositions générales

Article 312 : Des voies de recours

Il est reconnu au titulaire et à l'État le droit d'exercer les recours par voies administrative, judiciaire et/ou arbitrale prévus par le présent Code.

Par cette disposition, le législateur rappelle le prescrit constitutionnel selon lequel toute personne a le droit de former un recours (art. 21 de la Constitution). Il s'agit, à n'en point douter, d'un droit fondamental garanti non dérogeable même en temps de guerre, de siège ou d'urgence (art. 61 de la Constitution).

Chapitre II :
Du recours administratif

Article 313 : De l'application des règles de droit commun

Sous réserve des dispositions des articles 46 et 315 du présent Code, le recours dirigé contre les actes administratifs édictés par les autorités administratives en application ou en violation des dispositions du présent Code ou celles du Règlement Minier sont régis par le droit commun en la matière, notamment par les dispositions des articles 146 à 149 et 158 de l'Ordonnance-Loi n° 82-020 du 31 mars 1982 portant Code de l'organisation et de la compétence judiciaires et par l'Ordonnance-Loi n° 82-017 du 31 mars 1982 relative à la procédure devant la Cour Suprême de Justice, telles que modifiées et complétées à ce jour.

Le contenu de cette disposition et, de manière générale, de ce titre montre que le législateur, très préoccupé à régler les questions fiscales, douanières et de change, n'a pas manifesté beaucoup d'intérêt sur le mécanisme de recours qu'il n'a quasiment pas modifié malgré les évolutions légales nationales et régionales en la matière.

Dans cette disposition, il cite l'ordonnance-loi n° 82-020 du 31 mars 1982 sur l'organisation et compétence judiciaires alors que cette loi a été modifiée depuis 2013 par la loi organique n° 013/011-B du 11 avril 2013 portant organisation, fonctionnement et compétence des juridictions de l'ordre judiciaire.

De même, il cite l'ordonnance-loi n° 82-017 du 31 mars 1982 relative à la procédure devant la Cour suprême de justice alors qu'en matière administrative celle-ci a été abrogée par la loi organique n° 16/027 du 15 octobre 2016 portant organisation, compétence et fonctionnement des juridictions de l'ordre administratif.

C'est donc aux lois de 2013 et 2016 précitées qu'il faut se référer et non celles obsolètes citées par la présente disposition.

Article 314 : De l'abréviation des délais

Par dérogation aux dispositions des articles 79, 88 et 89 alinéa 1er de l'ordonnance-loi n° 82-017 du 31 mars 1982 susmentionnée, la réclamation préalable du requérant, justiciable devant la Section administrative de la Cour Suprême de Justice, à l'autorité pouvant rapporter ou modifier l'acte doit être introduite dans les trente jours qui suivent la date de la publication ou de la notification à lui faite personnellement de l'acte entrepris. La requête en annulation est introduite dans les vingt jours à compter du jour où le rejet total ou partiel de la réclamation a été notifié.

Le délai de dépôt du mémoire en réponse et celui du dossier administratif est de quinze jours ouvrables à compter de la signification de la requête. Le même délai s'applique à l'avis du Procureur Général de la République. La prorogation des délais imposée aux parties pour la transmission de la requête et du mémoire en réponse pouvant éventuellement être décidée par ordonnance motivée du Président de la Section administrative de la Cour Suprême de Justice, ne peut excéder douze jours ouvrables.

L'abréviation des délais prévue aux alinéas précédents du présent article ne concerne que le refus d'octroi des droits miniers et/ou de carrières et d'approbation ou de réalisation des hypothèques.

En tout état de cause, l'arrêt de la Cour Suprême de Justice est rendu dans les trente jours ouvrables à dater de la prise en délibéré de l'affaire.

Cette disposition comprend des concepts qui ne sont plus d'usage dans notre système tels que le procureur général de la République ; la Cour suprême de justice.

Il convient de retenir que la procédure à suivre est celle prévue dans la loi organique n° 16/027 du 15 octobre 2016 portant organisation, compétence et fonctionnement des juridictions de l'ordre administratif.

C'est le Conseil d'État qui est compétent pour les actes des autorités centrales ayant violé la loi et la cour d'appel administrative pour les actes des autorités provinciales.

La possibilité d'abréviation de délai en cas de refus d'octroi des droits miniers ou de carrières et d'approbation ou de réalisation d'hypothèque est prévue notamment à l'article 154 de ladite loi.

Chapitre III :
Du recours judiciaire

Article 315 : Des matières concernées par le recours judiciaire

Sans préjudice des dispositions de l'article 46 du présent Code, font l'objet de recours judiciaire notamment :

- le retrait et le refus de renouvellement des cartes d'exploitant artisanal et de négociant ;
- le refus de transfert de titre en cas de mutation ou de l'amodiation par le responsable du Cadastre Minier ou son représentant local ;
- les empiétements entre les titulaires des droits miniers ;
- les litiges entre les titulaires ou avec les occupants du sol ;
- la confiscation au profit de l'Administration des Mines de la garantie ou de la provision de réhabilitation du site ;
- le contentieux d'indemnité d'expropriation ;
- le recours contre les décisions d'astreinte prises par l'Administration des Mines en cas de tenue irrégulière des documents ;
- l'interdiction de sortie du Territoire National ;
- l'imposition d'amende en cas du défaut de communication des rapports ;
- la majoration des pénalités pour retard de paiement de la redevance minière et le contentieux pour cas de force majeure ainsi que l'action civile relative aux infractions prévues par le présent Code.

Cette disposition reprend de manière énumérative les matières pouvant faire l'objet du contentieux judiciaire.

Étant donné le caractère énumératif, plusieurs autres matières non citées peuvent faire l'objet de contentieux judiciaire.

Cependant, il est surprenant que le législateur ait inséré le retrait et le refus de renouvellement de la carte d'exploitant artisanal et de négociant au titre de contentieux judiciaire alors que l'acte relève du contentieux d'excès de compétence. Un tel contentieux aurait dû être administratif.

Article 316 : Des règles applicables

Les cours et tribunaux saisis d'un litige ou d'un recours contre une décision judiciaire relative aux matières prévues à l'article précédent appliquent la procédure de droit commun prévue par les Codes congolais de Procédure civile, Procédure pénale, Procédure devant la Cour Suprême de Justice ainsi qu'éventuellement tous les textes et principes généraux de droit applicables en matière judiciaire.

Les règles et procédures applicables pour le règlement du contentieux judiciaire sont celles de droit commun.

Au niveau de cassation, ce sont les règles prévues par la loi organique n° 13/010 du 19 février 2013 relative à la procédure devant la Cour de cassation et non plus l'ancienne loi de 1982.

Chapitre IV :
Du recours arbitral

Article 317 : De l'arbitrage

Sous réserve des dispositions relatives aux recours administratif et judiciaire, aux manquements, aux pénalités et sanctions prévues par le présent Code, les litiges pouvant résulter de l'interprétation ou de l'application des dispositions du présent Code peuvent être réglés par voie d'arbitrage prévue aux articles 318 à 320 du présent Code.

Cette disposition pose le principe général du recours à l'arbitrage.

Les acteurs du secteur minier ou de carrière sont autorisés de recourir à l'arbitrage. Celui-ci est régi par l'acte uniforme du 23 novembre 2017 relatif au droit d'arbitrage.

Il convient de préciser que l'arbitrage est ouvert à toute personne physique ou morale mais uniquement pour des droits dont elles ont la libre disposition. De façon prosaïque, il doit s'agir des droits sur lesquels l'on peut transiger.

Mais pour arriver à un arbitrage, les parties doivent convenir d'une convention d'arbitrage, et ce avant même, l'existence ou la survenance d'un conflit.

Article 318 : De l'arbitrage interne

Les litiges résultant de l'interprétation ou de l'application des dispositions du présent Code font l'objet d'un arbitrage selon la procédure prévue aux dispositions des articles 159 à 174 du Code de Procédure civile congolais.

L'article 35 de l'acte uniforme du 23 novembre 2017 stipule que celui-ci tient lieu de loi relative à l'arbitrage dans les États Parties.

En d'autres termes, la loi interne à laquelle le CM fait allusion ne peut point s'appliquer. Le législateur a donc fait référence aux dispositions obsolètes.

Seul le droit d'arbitrage de l'Ohada est d'application.

Article 319 : De l'arbitrage international

Nonobstant les dispositions de l'article 318 du présent Code, les litiges pouvant survenir à l'occasion de l'interprétation ou de l'application des dispositions du présent Code, peuvent être réglés, à la requête de la partie la plus diligente, par voie d'arbitrage conformément à la Convention sur les Règlements des Différends relatifs aux Investissements entre État et Ressortissants d'autres États, à la condition que le titulaire soit Ressortissant d'un autre État contractant aux termes de l'article 25 de ladite convention.

Du fait de l'acceptation de la délivrance du titre minier ou de carrière par le Cadastre minier, le titulaire est censé avoir donné d'office son consentement à un tel arbitrage conformément à ladite convention et l'exprime tant en son nom qu'en celui de ses sociétés affiliées. Il accepte, en outre, qu'une telle société affiliée soit considérée comme ressortissant de l'État duquel l'Investisseur est un ressortissant d'un autre État contractant.

Si l'investisseur a effectué son investissement par l'intermédiaire d'une société affiliée de droit congolais, une telle société est considérée, aux fins de la Convention CIRDI comme un ressortissant de l'État duquel l'Investisseur est un ressortissant.

Sans préjudice des dispositions de l'alinéa 5 du présent article, les titulaires qui ne sont pas ressortissants d'un autre État contractant peuvent soumettre les litiges survenant à l'occasion de l'interprétation ou de l'application des dispositions du présent Code à tout tribunal arbitral compétent de leur choix pour autant que ce tribunal ne soit pas régi par les lois de leur pays et n'y siège.

Les titulaires qui ne sont pas ressortissants d'un autre État contractant notifient au Cadastre minier les noms, les coordonnées et le règlement de trois tribunaux arbitraux choisis par eux, dans un délai de trente jours à compter de la délivrance du titre minier. L'État agrée un tribunal arbitral parmi les trois proposés, sous réserve pour lui d'objecter, pour les motifs mentionnés à l'alinéa précédent in fine, dans le délai de trois mois à compter de la date de la notification du choix des tribunaux arbitraux.

À défaut d'agrément ou d'objection par l'État dans le délai de trois mois, le titulaire notifie au Cadastre minier dans un délai de trente jours le tribunal arbitral de son choix parmi les trois proposés.

Dès la délivrance du titre minier ou de carrière, les parties sont présumées avoir accepté de se soumettre à l'arbitrage prévu par la CIRDI mais aussi par l'OHADA.

Article 320 : Des règles et des décisions d'arbitrage

Conformément à l'article précédent, l'arbitrage se fait en langue française au lieu convenu par l'État et le titulaire.

Aux fins de l'arbitrage, l'instance arbitrale se réfère aux dispositions du présent Code, aux lois de la République Démocratique du Congo et à ses propres règles de procédure.

Les décisions rendues par l'arbitre sont exécutoires et leur exécution peut être demandée devant toute juridiction compétente dans le Territoire National selon la forme prévue par le Code de Procédure civile congolais ou dans le pays dont relève le titulaire.

En cas d'application des dispositions de l'alinéa précédent, l'État renonce à se prévaloir de toute immunité de juridiction ou d'exécution.

Contrairement à la présente disposition, l'instance arbitrale, la sentence arbitrale, le recours contre les sentences arbitrales, les éventuels recours et l'exécution des sentences arbitrales relèvent de l'acte uniforme sur le droit d'arbitrage.

Le droit d'ouverture d'arbitrage est également offert à l'État et à ses démembrements.

Seulement à ce niveau, l'État ne peut se prévaloir de ses prérogatives de puissance publique. En fait, lorsque l'État accepte de transiger, il doit se comporter comme une personne privée qui est prête à discuter et à transiger pour régler un différend.

Chapitre V :
De la représentation de l'État et de la signification des actes

Article 321 : De la représentation de l'État

Dans toutes les instances administratives, arbitrales et judiciaires où l'État est mis en cause, sa représentation est assurée, en demande ou en défense, par le Responsable de l'Administration des Mines ou son représentant local tant au pays qu'à l'étranger.

Le droit de représentation prévue par cette disposition n'est pas conforme à la législation congolaise.

En effet, en matière des contentieux judiciaire et arbitral, l'État ne peut pas être représenté par le ministre des Mines. Il est représenté par le ministre de la Justice qui est le conseiller juridique de l'État congolais.

Il convient de rappeler que les ministères formant le gouvernement de la République ne disposent pas de personnalité juridique distincte pour prétendre représenter l'État à l'exception du ministère de la Justice.

Par contre, dans les contentieux administratifs pour excès de pouvoir ou violation de la loi, le ministre des Mines peut être représenté étant donné que c'est son acte qui est attaqué mais c'est le ministre de la Justice qui sera toujours là en garantie des intérêts de l'État.

Article 322 : De la signification des actes de procédure

Tout recours, tout jugement, tout arrêt et autres actes de procédure sont signifiés à l'État au Bureau du ministre ou au Bureau de sa représentation locale.

Toute signification faite à tout autre endroit du Territoire National ou à l'étranger est nulle et non avenue.

Il est établi que la signification des actes de procédure est faite au cabinet du représentant de l'État qui était partie au procès.

Pour les contentieux dont le ministre de la Justice est partie, les actes sont signifiés en son bureau.

Le ministre des Mines recevra signification des actes pour lesquels il a été partie au contentieux.

Le législateur instaure le principe de signification des actes uniquement sur le territoire national, et rend non avenue toute signification en dehors du pays.

Titre XV : Des dispositions diverses

Article 323 : De la consultation des registres et des cartes de retombes minières au Cadastre Minier par le public

Les registres relatifs aux droits miniers et de carrières ainsi que les cartes de retombes minières peuvent être consultés gratuitement par le public auprès du Cadastre Minier.

Néanmoins, la levée des données est subordonnée au paiement des frais fixés par le Règlement Minier.

Les articles 14 du RM et 2 des statuts du CAMI du 03 avril 2017 confèrent à celui-ci le pouvoir de tenir régulièrement ses registres et cartes de retombes minières suivant un cadastre spécifique national ouvert à la consultation du public.

La consultation est gratuite pour toute personne. Cependant, les personnes qui désirent lever les données contenues dans ses registres et cartes sont tenues de payer des frais.

Article 324 : De la confidentialité

Les renseignements à caractère technique, géologique et minier fournis par le titulaire sont confidentiels pour une durée de dix ans. Passé ce délai, ils sont accessibles au public.

Toutefois, ces renseignements pourront être utilisés et publiés globalement à des fins documentaires avant l'expiration de ce délai sans divulgation des renseignements à caractère individuel.

Ils cessent d'être confidentiels lorsque le droit minier ou de carrières expire ou lorsque son Titulaire y renonce ou est déchu de ces droits.

Les renseignements fournis par le titulaire dans le cadre de ses levées géophysiques ou autres campagnes à l'administration des mines et à ses services spécialisés sont frappés du sceau de la confidentialité pendant une durée de dix ans.

La confidentialité implique que le public ne peut y avoir accès ni pour raison de consultation ni pour celle de levée de données.

L'accès devient libre après ce délai ou encore en cas d'expiration, de renonciation ou de retrait du titre.

Article 325 : De l'ajustement des montants

Les montants exprimés en monnaie étrangère dans la présente loi sont exprimés en valeur de cette monnaie à la date d'entrée en vigueur du présent Code. Ces montants sont ajustés annuellement par décision du responsable du Cadastre Minier sur avis de la Banque Centrale du Congo afin de maintenir constante leur valeur.

1. Qu'entendre par réajustement et quelle est sa périodicité ?

Le réajustement peut être défini comme l'opération qui consiste à modifier le montant fixé par la loi pour l'adapter et lui conférer sa valeur initiale.

Le législateur autorise que l'ajustement se fasse chaque année si les paramètres financiers nationaux et internationaux le permettent.

2. Qui est compétent pour procéder au réajustement et selon quelle procédure ?

L'organe pour réajuster est le CAMI. Et l'autorité compétente est son Directeur Général. Mais il ne le fait pas d'autorité.

Il est tenu d'adresser une requête à la BCC dans laquelle il sollicite l'actualisation des montants des droits, taxes, impôts et amendes visés. À l'appui de sa lettre, le CAMI doit démontrer notamment que l'indice des prix de consommation connaît une augmentation ou que les paramètres financiers internationaux ont évolué spécialement la devise étrangère de référence à savoir le dollar américain a connu une dévaluation depuis la période visée.

Ensuite, une commission mixte CAMI-BCC composée de leurs experts respectifs se réunit pour analyser la requête.

Au regard des éléments fournis, le Gouverneur de la BCC autorise le CAMI de procéder au réajustement en déterminant le coefficient de réajustement. Dans la dernière décision du 08 décembre 2021, le coefficient est de 1,1456 pour la période de 2019 à 2021.

Il est bon de rappeler que depuis la promulgation du CM en 2002, cinq décisions de réajustement ont été prises à savoir n° CAMI/DG/044/2008 du 16 octobre 2008 ; n° CAMI/DG/054/2012 du 18 octobre 2012, n° CAMI/DG/004/2017 du 24 février 2017, n° CAMI/DG/007/2019 du 17 décembre 2019 et n° CAMI/DG/006/2021 du 08 décembre 2021.

3. Quels sont les effets induits par le réajustement ?

Il convient de préciser que le réajustement ne concerne que les montants fixés nominalement en monnaie étrangère spécialement en dollars américains. Le réajustement ne peut pas concerner les montants fixés en termes des taux ou de pourcentages.

En autorisant que les montants fixés dans la loi soient modifiés par une autorité relevant de l'exécutif à savoir le directeur général du CAMI, le législateur tente d'atténuer le principe de garantie de stabilité. À titre d'exemples, les montants jusque là réajustés sont ceux prévus aux articles 199, 238, 299 à 311 quater du CM.

Article 326 : Des matières non réglées dans le présent Code

Les matières connexes non expressément prévues, définies ou réglées par les dispositions du présent Code relèvent du Règlement Minier.

Les modalités et les procédures relatives aux opérations et activités minières sont régies par le CM. Si certains aspects n'y figurent pas, les personnes concernées doivent se référer au RM et éventuellement aux autres actes réglementaires signés par le ministre des Mines seul ou conjointement avec d'autres ministres sectoriels.

Article 326 bis : De la propriété des biens mobiliers et immobiliers

Sans préjudice des obligations de réhabilitation du site prévues dans son plan de gestion environnementale et sociale, la propriété des biens immobiliers de toute nature acquis par le titulaire des droits miniers et/ou des carrières dans le cadre de ses activités et se trouvant sur le périmètre est transférée à l'État en cas d'expiration, de retrait, d'annulation ou de renonciation totale du titre minier et/ou des carrières.

Le Règlement minier détermine les modalités d'application de cette disposition.

Deviennent propriété de l'État et tombe dans son domaine public :

– les biens immeubles du titulaire situés sur le périmètre minier ou de carrière du titulaire ;

– le transfert se fait à la suite de l'expiration, du retrait, d'annulation et de renonciation du droit (art. 575 bis du RM et 214 CM).

Par contre, les biens immeubles qui sont situés en dehors du périmètre minier ou de carrière ainsi que des biens meubles situés sur ou en dehors du périmètre demeurent propriété du titulaire.

Titre XVI :
Des dispositions transitoires

Chapitre I :
Des droits miniers et de carrières en vigueur

Article 327 : (abrogé).

Chapitre II :
Des demandes relatives aux droits miniers et/ou de carrières en instance

Article 328 : Des demandes d'octroi en instance à la date de la promulgation du présent Code

Les requérants qui ont des demandes d'octroi des droits miniers et/ou de carrières en instance à la date de la promulgation de la présente loi, sont tenus de les reformuler conformément aux dispositions du présent Code dans un délai de trois mois, à compter de son entrée en vigueur.

On entend par demandes en instance, les demandes des droits miniers et de carrières déposées au Cadastre minier, en cours d'instruction cadastrale, technique et/ou environnementale.

Cette disposition règle le sort des demandes déposées avant l'entrée en vigueur du CM, mais dont la promulgation du nouveau CM a rencontré en pleine instruction cadastrale, technique et environnementale.

Pour celles qui ont déjà reçu l'un ou l'autre avis, l'on ne devrait pas revenir sur les avis émis.

Mais pour les autres, les titulaires doivent les reformuler endéans trois mois en se conformant à la nouvelle loi.

Article 329 : (abrogé).

Article 330 : Des droits de carrières

Dans les 3 mois qui suivent l'entrée en vigueur du présent Code, le Chef de division des mines établit la liste des droits des carrières octroyés dans sa province à partir de 2003.

Il dresse, dans le même délai, un inventaire des dossiers clos archivés, des dossiers en cours d'instance, des contentieux ouverts par devant lui, en vue de leur dévolution au ministre provincial ayant les mines dans ses attributions qui intervient dans le mois qui suit l'entrée en vigueur du Règlement minier révisé.

Cette disposition assure une sorte de remise et reprise entre le chef de division des mines qui avait compétence en matière d'octroi de l'ARPC, AECT et AECP des matériaux de construction d'usage courant en faveur du ministre provincial des mines qui en devient compétent en vertu des dispositions du présent code notamment l'article 11 bis.

Chapitre III :
Des partenariats avec l'État

Article 331 : (abrogé).

Article 332 : (abrogé).

Article 333 : (abrogé).

Chapitre IV :
De la mise en application de nouvelles dispositions

Article 334 : Des modalités d'application de la présente loi

Les modalités d'application des dispositions du présent Code sont fixées par le Règlement minier tel que modifié et complété et par d'autres décrets d'application pris dans les 90 jours suivant la promulgation de la présente loi.

En attendant la publication des mesures prévues à l'alinéa précédent du présent article, les modalités d'application urgentes peuvent être prises par voie d'arrêté ministériel ou interministériel, le cas échéant.

Le législateur a pris l'option de contenir l'essentiel des mesures d'application dans le secteur minier dans un même texte appelé RM qui est signé non pas par le ministre des Mines mais par le Premier ministre.

Il convient de rappeler qu'un membre du Gouvernement faisant l'intérim du Premier ministre, absent ou empêché, n'est pas habilité de modifier le RM.

Le CM ordonne que ce dernier soit signé au plus tard dans les trois mois suivant sa promulgation. En l'espèce, le RM fut signé dans le délai à savoir le 8 juin 2018 par décret n° 18/024.

Mais entre le 9 mars 2018 et le 7 juin 2018, le législateur a conféré les pleins pouvoirs au ministre des Mines de mettre en œuvre le CM, soit seul, soit conjointement avec d'autres ministres sectoriels.

Article 335 : De la suspension des demandes des droits miniers et de carrières, des cartes d'exploitation artisanale et d'agrément

Les nouvelles demandes d'octroi de droits miniers et de carrières de recherches, des cartes d'exploitant artisanal et de négociant ainsi que les demandes d'agrément au titre de comptoirs d'achat et de vente des substances minérales, des entités de traitement, des coopératives minières agréées sont suspendues pendant la période qui court de la promulgation de la présente loi à l'entrée en vigueur du Règlement minier révisé.

Les demandes d'octroi des droits miniers ou de carrières d'exploitation, les demandes de renouvellement, de mutations, d'amodiation, d'extension, de sûretés relatives aux droits miniers ou des carrières en cours de validité, la réalisation de tous autres actes et procédés juridiques concernant de tels droits se font au cours de la période visée à l'alinéa précédent conformément aux dispositions du présent Code et des autres règlements en vigueur.

Au cours de la période visée par le premier alinéa du présent article, une commission ad hoc instituée par le ministre procède à l'inventaire des gisements miniers dont les droits miniers et des carrières ont été versés dans le domaine public conformément aux dispositions du présent Code.

Cette disposition ordonne trois situations distinctes :

1. La suspension de dépôt de toutes nouvelles demandes des droits miniers et de carrières, des demandes d'agrément de comptoirs et d'entités de traitement du 9 mars au 8 juin 2018 ;

2. Les demandes d'octroi en cours c'est-à-dire celles qui ont déjà obtenu des avis cadastral, technique et environnemental doivent faire l'objet d'une décision d'octroi ou de refus avant le 8 juin 2018, et ce, conformément au CM de 2002 ;

3. Dans la période allant du 9 mars au 8 juin 2018, une commission a été instituée par voie d'arrêté pour faire l'inventaire des gisements dont les droits miniers et des carrières ont été versés dans le domaine public. Ces derniers sont ou devraient être reversés dans les zones réservées à la recherche géologique (ZRG).

Article 336 : (abrogé).

Article 337 : (abrogé).

Article 338 : (abrogé).

Article 339 : (abrogé).

Article 340 : De la validité des conventions minières

Toutes les conventions minières en vigueur à la promulgation de la présente loi sont régies par les dispositions du présent Code.

Les conventions minières sont les contrats que l'État congolais a conclus avec certaines sociétés minières et qui leur conférait des avantages dérogatoires à la législation minière et au droit commun. De la sorte, elles étaient régies sur les aspects fiscaux, douaniers et de change non pas par le CM, mais par les conventions largement avantageuses qui les liaient.

La durée pendant laquelle les sociétés concernées devaient bénéficier de ces avantages a été de vingt ans, et en certains cas, pour une durée parfois illimitée.

Il a donc existé un dualisme en matière de régime d'imposition fiscale, douanière et de change dont certaines sont régies par le droit commun c'est-à-dire le CM alors que d'autres le sont par un régime spécifique à savoir les conventions.

Au regard de cette situation anormale, le législateur de 2018 a supprimé le régime conventionnel qui apparaissait comme une violation des normes éthiques et de redevabilité sociale.

Sinon, comment peut-on exploiter une ressource naturelle non renouvelable sans en payer les droits, taxes et impôts correspondants.

Ces conventions avaient créé un déséquilibre incompréhensible et anormal entre les avantages procurés à la société exploitante des mines et l'absence de contrepartie en faveur de la collectivité publique et des communautés locales frappées par le projet.

Jusqu'à la promulgation du CM de 2018, les sociétés minières qui ont bénéficié du régime conventionnel sont Tenke Fungurume Mining (TFM), Anvil Mining, Banro, Kinsenge Manganèse (MDDK). Désormais, elles sont toutes régies par le régime fiscal, douanier et de change du CM de 2018.

À titre de rappel, le tableau d'exonération était le suivant :

Sociétés	***Exonération fiscale et douanière***	***Exonération du régime de change***	***Durée du bénéfice de l'exonération***
BANRO Corporation Resource	*Exonération de tous les droits, impôts, taxes ci-après :* - *Impôt professionnel sur le bénéfice* - *IPR* - *Impôt forfaitaire*	*Aucune contrainte légale sur le rapatriement des devises.*	*25 ans, à compter du 07 mars 1997 et expire le 17 mars 2022.*

	sur les avantages en nature - *IERE* - *ICA à l'intérieur* *Exonération totale à l'import-export.*		
ANVIL MINING	*Exonération de tous les droits, impôts, taxes ci-après :* - *Impôt professionnel sur le bénéfice* - *IPR* - *Impôt forfaitaire sur les avantages en nature* - *IERE* - *ICA à l'intérieur* *Exonération totale à l'import-export.*	*Aucune contrainte légale sur le rapatriement des devises.*	*20 ans, à compter du 27 février 1998* *expire le 26 février 2018.*
MDDK (KISENGE MANGANESE -CLUFF)	*Exonération de tous les droits, impôts, taxes ci-après :* - *Impôt professionnel sur le bénéfice* - *IPR* - *Impôt forfaitaire sur les avantages en nature* - *IERE* - *ICA à l'intérieur*	*Aucune contrainte légale sur le rapatriement des devises.*	*25 ans, à compter du 28 octobre 1998 et expire le 27 octobre 2023*

	Exonération totale à l'import-export.		
TENKE FUNGURUME MINING	*non-paiement des impôts et taxes.* *Cependant, paiement de la redevance minière conformémen t au CM.*	*liberté de commercialise r ses produits en devises étrangères et de disposer librement du produit de ses ventes.*	*Durée indéterminé e et aussi longtemps que les ressources sont exploitables par T.F.M.*

Article 341 : (abrogé).

Article 342 : De la garantie de stabilité

Les dispositions de la présente loi sont d'application immédiate à l'ensemble des titulaires des droits miniers valides à la date de son entrée en vigueur.

En cas de modification législative dans les cinq ans à dater de l'entrée en vigueur du présent Code, les titulaires des droits miniers visés à l'alinéa précédent bénéficient de la garantie de stabilité du régime fiscal, douanier et de change du présent Code.

Cette disposition pose un problème de forme et de fond.

1. Sur le plan de la forme

La présente disposition est sous le titre relatif aux dispositions transitoires. Et pourtant, il n y a rien de transitoire en son contenu. En sus, son intitulé reprend les mêmes termes « garantie de stabilité » déjà utilisés à l'article 276 lequel est sous le titre et chapitre relatifs aux garanties de l'État.

En principe, cette disposition devrait s'intituler « de l'entrée en vigueur ou du fixant vigueur » et se situer dans le titre relatif aux dispositions finales comme dernier article.

L'alinéa 2 reprend le contenu de l'article 276, alinéa 2 qui est d'ailleurs plus précis.

2. Sur le plan du fond

Le législateur prend une décision d'autorité en imposant une application immédiate de la nouvelle loi.

Il estime que la loi de 2002 était déséquilibrée en ce qui concerne le partage du revenu issu de l'exploitation minière et qu'il fallait une mesure de l'immédiateté. Il s'est agi d'une décision du législateur qui a passé outre les recommandations des experts du gouvernement qui avaient suggéré le respect de l'article 276 du CM de 2002.

Néanmoins, une telle option ne manque pas de risque parce qu'elle constitue une violation manifeste de l'option que le législateur avait levée sous le CM de 2002 qui reconnaît aux titulaires le droit de bénéficier des avantages du CM jusqu'à dix ans après sa modification.

Même si l'écriture de l'article 276 CM de 2002 offre beaucoup de largesses et pose quelques problèmes d'ordre éthique, il était nécessaire de montrer une attitude d'élégance parce que le texte avait été voté en 2002 par le parlement et non pas par les opérateurs miniers. Il était donc important de respecter son propre engagement.

En son alinéa 2, le législateur entretient un flou par rapport à l'écriture de l'article 276 qui est lisible et auquel il faudrait se référer pour cerner la portée de la garantie de stabilité en lieu et place de la présente disposition.

La présente disposition ne consacre la garantie de stabilité que pour les titulaires dont les droits sont valides au moment de la promulgation du CM.

Quoi qu'il en soit, les articles 276 et 342 visent aussi bien les titulaires de droits miniers d'exploitation que ceux de droits de carrières d'exploitation permanente nonobstant le contenu de cet article qui omet de citer les titulaires des droits de carrières permanentes.

À ce jour, personne ne peut rassurer que le législateur et le gouvernement seront en mesure de respecter cette nouvelle garantie de stabilité de cinq ans prévue dans les articles 276 et 342 parce que la précédente a été foulée aux pieds et violée.

Il se pose donc un souci de confiance réciproque quant au respect de nos textes législatifs.

À l'avenir, il est important d'améliorer cette attitude.

Article 342 bis : Du délai d'application de l'obligation de traitement et de transformation en République Démocratique du Congo pour les titulaires actuels des droits miniers

Les titulaires des droits miniers en cours de validité disposent d'un délai de trois ans pour procéder, sur le territoire de la République Démocratique du

Congo, au traitement et à la transformation des substances minérales par eux exploitées.

Le délai prévu à l'alinéa premier du présent article ne peut être réduit ou prorogé que par une modification de la présente disposition par les deux chambres du Parlement.

La présente disposition produit ses effets dès l'entrée en vigueur de la présente loi.

Cette disposition fait suite à l'obligation contenue à l'article 108 bis du présent code selon laquelle le titulaire est tenue à l'obligation d'effectuer le traitement des substances minérales sur le territoire national.

Pour s'y conformer, un délai de trois ans est accordé à tous les titulaires. En quelque sorte, la présente disposition a valeur de moratoire permettant aux titulaires d'exporter les substances à l'état brut jusque dans les trois ans depuis la promulgation de la loi.

L'écriture de la disposition revêt un caractère impératif d'autant que le délai ainsi fixé ne peut être prolongé que par le législateur et non par le gouvernement.

Néanmoins, il convient de faire observer qu'il est intéressant d'insérer des règles impératives dans la loi. Mais il est aussi nécessaire de prendre des mesures idoines pour permettre aux opérateurs miniers de respecter la loi.

Comment peut-on effectuer ce traitement localement dans ce délai si la question du déficit énergétique n'est pas encore résolue au niveau national ?

Les trois ans sont déjà épuisés depuis le 9 mars 2021 mais rien n'y est fait.

Titre XVII : Des dispositions abrogatoires et finales

Article 343 : Des dispositions abrogatoires

Sont abrogées à la date de la promulgation de la présente loi, toutes les dispositions légales et réglementaires contraires aux dispositions du présent Code, et notamment :

. a) l'Ordonnance-Loi n° 81-013 du 2 avril 1981 portant législation générale sur les mines et les hydrocarbures telle que modifiée et complétée à ce jour, à l'exception des dispositions applicables aux autorisations d'exploitation ou de commercialisation des produits des mines artisanales, aux hydrocarbures, et sauf en ce qui concerne les conventions minières dûment signées et approuvées à la promulgation du présent Code ;

. b) l'article 4 de la loi n° 77-027 du 17 novembre 1977 portant mesures générales de rétrocession des biens zaïrianisés ou radicalisés en ce qui concerne les mines et les carrières ;

. c) la loi n° 74-019 du 15 septembre 1974 portant création d'une brigade minière ;

. d) l'Ordonnance-Loi n° 72-005 du 14 janvier 1972 tendant à renforcer la protection de certaines substances contre le vol ;

. e) l'Ordonnance n° 84-082 du 30 mars 1984 portant règlement des activités des comptoirs d'achat des substances minérales précieuses ;

. f) le Décret n° 0012 du 22 janvier 1997 instituant un nouveau tarif des droits et taxes à l'importation en ce qui concerne les mines et carrières ;

. g) le Décret n° 121 du 11 septembre 1998 portant création d'un service public à caractère social dénommé Service d'Achats des Substances Minérales Précieuses « S.A.S.M.I.P. » et ses mesures d'exécution ;

. h) la Loi n° 78-017 du 11 juillet 1978, en ce qui concerne les emprunts destinés à financer les activités minières des sociétés privées dans le cadre de la jouissance de leurs droits miniers ;

. i) toutes dispositions légales et réglementaires contraires aux dispositions du présent Code.

Article 344 : (abrogé).

Bibliographie indicative

1. Bakandeja Wa Mpungu, G., *Droit minier et des hydrocarbures en Afrique centrale*, Bruxelles, Larcier, 2009
2. Bambi Kabashi, A., *Le droit minier congolais à l'épreuve des droits foncier et forestier*, Paris, L'Harmattan, 2012.
3. Kabwe Sabwa, H., *Droit minier en République démocratique du Congo. Genèse, évolution et perspectives*, Bruxelles, Bruylant, 2019.
4. Kola Gonze, R., *Manuel de droit fiscal congolais*, Kinshasa, 2021.
5. Kashoba Kabonshi, D., *Protection du contribuable en droit fiscal congolais. Les limites aux pouvoirs exorbitants de l'Administration fiscale de la République démocratique du Congo*, Louvain, PUL, 2018.
6. Lassourd, Th., *La fiscalité du nouveau code minier de la République démocratique du Congo*, online, www.resourcegovernance.org/sites/default/files/documents/la-fiscalite-du-nouveau-code-minier-de-la-republique-democartique-du-congo.pdf, consulté le 24 mai 2021, 31 pp.
7. Mukendi Wafwana E., *Le droit minier. Principes de gestion du domaine minier*, vol. 1, Bruxelles, Bruylant, 2005.
8. Mulungulungu Nachinda, C., *Code minier. Commenté et annoté*, Louvain-la-Neuve, Academia, 2021.
9. Mupande Kapwa, J.-F. (sous la coordination de), *Code minier revisé et annoté de la République démocratique du Congo*, Bruxelles, Bruylant, 2020.
10. Mupepele Monti, L., L'industrie minérale congolaise. Chiffres et défis, t. 1, Paris, L'Harmattan, 2012.
11. Ndela Kubokoso, J., *Le droit et la fiscalité miniers de la République démocratique du Congo. Bilan et perspectives d'avenir*, Paris, L'Harmattan, 2020.

12. Owenga Odinga, E. L., *Droit minier. Régime minier général pour les mines et les carrières*, Kinshasa, 2014.

13. Sakata M. Tawab, G., *Code forestier congolais et ses mesures d'application. Commentaire pratique*, Louvain-la-Neuve, Academia-Bruylant, 2010.

14. Sakata M. Tawab, G., *La réforme du secteur des ressources naturelles en République Démocratique du Congo. Enjeux et bilans*, Annuaire des Grands Lacs, Anvers, 2009, 10 p.

Table des matières

www.ingramcontent.com/pod-product-compliance
Lightning Source LLC
LaVergne TN
LVHW050053061026
849532LV00001BA/126
* 9 7 8 2 8 0 6 1 0 6 6 6 7 *